Religiöse Sozialisation, Erziehung und Bildung in historischer Perspektive

Studien zur Religiösen Bildung (StRB)

Herausgegeben von
Michael Wermke und Thomas Heller

Band 4

Antje Roggenkamp | Michael Wermke (Hrsg.)

Religiöse Sozialisation, Erziehung und Bildung in historischer Perspektive

Arbeitsfelder historischer Religionspädagogik

EVANGELISCHE VERLAGSANSTALT
Leipzig

Bibliographische Information der Deutschen Nationalbibliothek
Die Deutsche Nationalbibliothek verzeichnet diese Publikation in der Deutschen Nationalbibliographie; detaillierte bibliographische Daten sind im Internet über http://dnb.dnb.de abrufbar.

Printed in Germany · H 7717

Das Buch wurde auf alterungsbeständigem Papier gedruckt.

Cover: Kai-Michael Gustmann, Leipzig
Coverbild: Jan-Peter Kasper, Jena
Satz: Christina Koch, Jena/Stotternheim
Druck und Binden: Hubert & Co., Göttingen

ISBN 978-3-374-03377-5
www.eva-leipzig.de

Vorwort

Vorliegender Band versammelt Beiträge, die auf der Tagung des Arbeitskreises für historische Religionspädagogik im März 2013 in Neuendettelsau zum Vortrag kamen. Die Veranstalter hatten sich für eine themenoffene Gestaltung entschieden. Dies geschah nicht nur aus dem Grund, einen Überblick über die gegenwärtig brennenden Fragen der historischen Religionspädagogik zu erhalten. Es sollte auch die Möglichkeit geboten werden, neue Themenfelder der historischen Erforschung unserer Disziplin gezielt anzustoßen.

Das Tagungskonzept, das auch diesem Band zugrunde liegt, eröffnet Einsichten in folgende Bereiche: Lebenswelten, Kontexte, Medien, Begriffssemantiken und Konsequenzen des »Spatial Turn«. Im Einzelnen kommen folgende Autoren mit je spezifischen Fragestellungen zu Wort:

Im Bereich der Personen- und Institutionengeschichte wird weiterhin kontinuierlich geforscht. Unter dem Stichwort »Lebenswelten« werden im Folgenden Beiträge aus verschiedenen Epochen subsumiert: Werner Simon untersucht die Katechismus-Reformen im schlesischen Sagan. Dabei richtet sich der Blick auf den Beitrag von Benedikt Strauch zur Gestaltung einer katholischen Aufklärung. Jonas Flöter beschäftigt sich mit der Bedeutung Wilhelm Herbsts für den Neuhumanismus und die Hofpredigerpartei, die diesen gezielt als Leiter der Eliteanstalt Pforta berufen ließ. Michael Wermke rückt die Ausbildung jüdischer Lehrerinnen und Lehrer in der simultanen christlichen Pädagogischen Akademie Frankfurt a. M. in den Fokus seiner Ausführungen.

Die Ausrichtung auf politische, soziale und verfassungsspezifische Rahmenbedingungen ist zwar nicht prinzipiell neu, wohl aber der zeitliche bzw. mikrohistorische Fokus. Unter dem Schlagwort »Kontexte« sind folgende Beiträge zusammengefasst: Vanessza Heiland setzt sich mit westfälischen Petitionen zur Trennung von Staat und Kirche auseinander. Hierbei verfolgt sie die Frage nach dem Einfluss der Frankfurter Reichsverfassung auf die Säkularisierung des Volksschulwesens im Kontext der sich allmählich vollziehenden Trennung von Kirche und Staat. Sylvia E. Kleeberg stellt die historischen und politischen Rahmenbedingungen des Volksschulreligionsunterrichts der Reußschen Fürstentümer dar.

Unter dem Oberbegriff »Medien« erscheinen inter- und intradisziplinär ansetzende Studien: Antje Roggenkamp geht dem Wandel des Religionsbuchs in drei verschiedenen politischen Systemen vor dem Hintergrund der neuerdings international breiter diskutierten These des »deutschen Sonderwegs« (Ulrich Wehler) nach. Dieter Reiher bezieht das aus der Christenlehre stammende didaktische Konzept der Situationsorientierung auf Unterrichtsmedien christlicher und sozialistischer Herkunft, Richard Janus reflektiert den Umgang mit Lutherbildern in Religionsbüchern der Bonner und Berliner Republik.

Auffällig ist des Weiteren, dass sich in jüngster Zeit ein neues Interesse an der Begriffsgeschichte abzeichnet. Dies kann im Rahmen eines grundsätzlichen Forschungszugangsgeschehen. Stefanie Pfister überträgt Reinhart Kosellecks Konzept auf ihre an Religion und Realien orientierten Überlegungen. Demgegenüber denkt Reinhard Mokrosch der Frage nach dem Lernbegriff bei Bonhoeffer nach. Hein Retter schließlich stellt den Religionsbegriff des amerikanischen Pragmatismus in den Fokus seiner Überlegungen und wendet ihn auf neuere religionspädagogische Konzepte (Symbol- und Zeichendidaktik, Kindertheologie, Performative Didaktik) an.

Der »Spatial Turn«, jenes hybride Phänomen, das sich der Analyse von wissenschaftlichen Prozessen in regionalen, nationalen und transnationalen Räumen widmet,[1] hat nach der historischen Bildungsforschung nun auch die historische Religionspädagogik erreicht. Während sich Johannes Wischmeyer mit den Bildungskonzepten des 19. Jahrhunderts beschäftigt und diese in den Fokus der Transnationalen Forschung rückt, bezieht Kathrin Winkler diesen Ansatz auf die Möglichkeiten interreligiöser Konzeptualisierung und – vor allem – auf praktisch-phänomenologische Beobachtungen.

Auffällig scheint uns die erfreuliche Breite der neueren Forschungsarbeiten. Der Rückgriff auf Konzepte, die die theologischen Nachbardisziplinen (u. a. Literatur-, Geschichts-, Religionswissenschaften) entwickeln und entwickelt haben, entbirgt schon jetzt neuartige Fragestellungen und verspricht zukunftsträchtige Ergebnisse, die nicht nur die bisherige Historiographie der Religionspädagogik nachdrücklich verändern, sondern mit ihren erweiterten Wurzeln auch die Sicht auf Phänomene gegenwärtiger Religionspädagogik langfristig verändern dürften.

---

1 Vgl. ECKHARDT FUCHS/CHRISTOPH LÜTH, Transnationale Bildungsbemühungen und die Konstruktion des Raumes in historisches Perspektive, in: Bildung und Erziehung 61 (2008), 1–10.

Die Herausgeber danken der Rektorin der Augustana-Hochschule, Frau Prof. Dr. Gury Schneider-Ludorff, auf deren Einladung die Tagung stattfand, sowie allen Autoren, die in dieser Publikation mitgewirkt haben. Ebenso gilt unser Dank Frau Christina Koch, Frau Maria Köhler, Frau Viktoria Sobottka und Frau Jette Förster für ihre Hilfe bei der redaktionellen Bearbeitung, der Organisation und dem Satz des Buches. Der Tagungsband wurde aus Mitteln des Landesgraduiertenkollegs »Protestantische Bildungstraditionen in Mitteldeutschland« und des »Zentrums für Religionspädagogische Bildungsforschung« (ZRB) der Universität Jena finanziert.

Göttingen/Jena, im November 2013

Antje Roggenkamp/Michael Wermke

Inhalt

Lebenswelten

Katechese im Kontext katholischer Aufklärung

Benedikt Strauch (1724–1803) und die Reformen im niederschlesischen Augustinerchorherrenstift Sagan

Werner Simon

Dass der Mensch durch Erziehung und Bildung zu einem tugendhaften Leben motiviert werden kann und soll, durch das sowohl individuelles Glück als auch die allgemeine Wohlfahrt gleichermaßen gemehrt und befördert werden, ist ein Kerngedanke der Aufklärung: »Aufgrund der Synchronisierung von individueller Glückseligkeit und der Vollkommenheit des Gemeinwesens werden soziale Brauchbarkeit und Nützlichkeit zu erstrebenswerten Tugenden und zu legitimen Erziehungszielen.«[1] So kommt es insbesondere in der 2. Hälfte des 18. Jahrhunderts auch in den katholischen Territorien des Heiligen Römischen Reiches Deutscher Nation zu umfassenden Reformen des niederen (Elementarschulen) und des höheren Schulwesens (Gymnasien, Universitäten), die zugleich zum Ausbau einer staatlichen Schulaufsicht, zu einer Verbesserung der Lehrerausbildung (Normalschulen, Lehrerseminare) sowie zu einer nachdrücklicheren Durchsetzung einer allgemeinen Schulpflicht führen.[2]

Eine überregionale Bedeutung erlangen in diesem Zusammenhang die Reformen des niederen Schulwesens (Stadt- und Dorfschulen), die in den 1760er Jahren in den Pfarrschulen des niederschlesischen Augustinerchorherrenstifts Sagan durchgeführt wurden. Promotor dieser Reformen war Johann Ignaz von Felbiger (1724–1788), der dem Stift von 1758 bis 1778 als

---

1 Winfried Böhm, Geschichte der Pädagogik. Von Platon bis zur Gegenwart, München 2004, 66.

2 Vgl. Maria Zenner, Die Bedeutung der Aufklärung für die Entwicklung des katholischen Schul- und Bildungswesens, in: Zur Geschichte des katholischen Schulwesens (Handbuch Katholische Schule; Bd. 3) bearbeitet von Christoph Kronabel, Köln 1992, 69–111; Notker Hammerstein/Ulrich Hermann (Hrsg.), Handbuch der deutschen Bildungsgeschichte. Bd. 4: 18. Jahrhundert. Vom späten 17. Jahrhundert bis zur Neuordnung Deutschlands um 1800, München 2005.

Abt vorstand. Felbiger wurde aufgrund der als vorbildlich wahrgenommenen Reformen vom preußischen König Friedrich II. mit der Abfassung des 1765 erlassenen »Königlich Preußischen General-Land-Schul-Reglements für die Römisch-Catholischen in den Städten und Dörfern des souverainen Herzogthums Schlesien und der Grafschaft Glatz« beauftragt und 1774 von Maria Theresia mit Zustimmung Friedrichs II. nach Wien berufen, wo er auf der Grundlage der noch im gleichen Jahr veröffentlichten »Allgemeinen Schulordnung für die deutschen Normal-, Haupt- und Trivialschulen in sämmtlichen Kaiserl. Königl. Erbländern« die grundlegende Reform des österreichischen niederen Schulwesens organisierte und durchführte.[3]

Zeitgenössische und zeitnahe Quellen[4] weisen darauf hin, dass die am Anfang dieser Entwicklung stehenden Reformen in Sagan in einer engen Zusammenarbeit Abt Felbigers mit dem ihm freundschaftlich verbundenen

---

3 Vgl. Ulrich Krömer, Johann Ignaz von Felbiger. Leben und Werk (Untersuchungen zur Theologie der Seelsorge; Bd. 22), Freiburg/Br. 1966; Josef Stanzel, Die Schulaufsicht im Reformwerk des Johann Ignaz von Felbiger (1724–1788). Schule, Kirche und Staat in Recht und Praxis des aufgeklärten Absolutismus (Rechts- und Staatswissenschaftliche Veröffentlichungen der Görres-Gesellschaft. Neue Folge; Bd. 18), Paderborn 1976; Peter Baumgart, Johann Ignaz von Felbiger (1724–1788). Ein schulischer Reformer der Aufklärung zwischen Preußen und Österreich, in: Jahrbuch der Schlesischen Friedrich-Wilhelms-Universität zu Breslau 31 (1990), 121–140; Winfried Romberg, Johann Ignaz von Felbiger und Kardinal Johann Heinrich von Franckenberg. Wege der religiösen Reform im 18. Jahrhundert (Arbeiten zur schlesischen Kirchengeschichte; Bd. 8), Sigmaringen 1999.

4 Vgl. »Ausführliche Nachricht von der erst zu Sagan, dann in ganz Schlesien und in der Grafschaft Glatz unternommenen Verbesserung der katholischen Schulen«. Die zunächst als Vorwort für die von Strauch verfassten »Katechetischen Betrachtungen« (Bamberg 1768) konzipierte und gedruckte »Ausführliche Nachricht« wird von Felbiger übernommen und »mit wenigen Veränderungen« als § 1 der »Einleitung« in die von ihm herausgegebenen »Kleinen Schulschriften« (Sagan 1769) integriert. – »Michael Ignaz Schmidts der heil. Schrift Doctors, wirkl. Geistl. Raths, und der Universität zu Würzburg Bibliothekars Katechist nach seinen Eigenschaften und Pflichten oder die rechte Weise die ersten Gründe der Religion zu lehren«. Aus dem Lateinischen übersetzt durch Benedict Strauch Can. Reg. Ord. S. Augustini Congr. Later. bey unser lieben Frauen zu Sagan Prior. Mit einer Vorrede des saganischen Prälaten Johann Ignaz von Felbiger, Bamberg/Würzburg: Göbhardt 1772, Kapitel 6, § 31, Nr. 8. – Johann Gottlieb Worbs, Geschichte des Herzogthums Sagan, Züllichau 1795. Neuausgabe: Sagan 1930, 452–454. – Strauch (Benedikt), in: Georg Friedrich Hamburger/Johann Georg Meusel (Hrsg.), Das gelehrte Teutschland, oder Lexikon des jetzt Lebenden teutschen Schriftsteller, Bd. 7, Lemgo 1798, 692f. – Benedict Strauch, in: Litterarische Beilage zu den Schlesischen Provinzialblättern. Zwölftes Stück. Dezember 1803, 353–365. Der mit »*St.-l.* « unterzeichnete »Nekrolog« wurde von einem Ordensangehörigen des Augustinerchorherrenstifts Sagan verfasst und noch im Todesjahr Strauchs gedruckt. – Benedict Strauch, in: Heinrich Doering, Die gelehrten Theologen Deutschland im achtzehnten und neunzehnten Jahrhundert. Nach ihrem Leben und Wirken dargestellt, Bd. 4, Neustadt/Orla 1835, 416–418 und 898 (im Anschluss an frühere lexikalische Quellen).

Prior des Stiftes Benedikt Strauch (1724–1803) eingeleitet und durchgeführt wurden. Aus diesen Quellen kann darüber hinaus erschlossen werden, dass nicht wenige der in der Folgezeit unter dem Namen Felbigers überlieferten und rezipierten Schriften von Strauch verfasst oder mitverfasst wurden. Während Felbigers Wirken und Werk sowohl in der älteren als auch in der jüngeren Forschung breite Aufmerksamkeit gefunden haben, fehlen vergleichbare Untersuchungen zur Person und zum spezifischen Beitrag Strauchs im Zusammenhang der Saganschen Reformen.

Der Grund für diesen Umstand dürfte zum einen in der überregionalen Bedeutung liegen, die Felbigers Wirken zukommt und die auch aus dem Netzwerk der in Felbigers Korrespondenz aufscheinenden Beziehungen ersichtlich wird. Ein weiterer Grund kann darin gesehen werden, dass zahlreiche Schriften der Saganschen Reform unter der Herausgeberschaft Felbigers veröffentlicht und von diesem mit Vorworten versehen wurden. Sie wurden somit vom Abt des Stiftes autorisiert, dem Strauch als Prior – trotz einer bestehenden persönlichen Freundschaft – doch weisungsgebunden untergeordnet blieb. Als dritter Grund dürfte auch das Verlegerinteresse wirksam gewesen sein, die Veröffentlichungen unter einem werbewirksamen Autorennamen auf dem Buchmarkt zu vertreiben.

Der folgende Beitrag versucht in Auswertung von vorliegenden biographisch und bibliographisch relevanten Quellen und von Schriften Strauchs sowie in Sichtung der bisher gewonnenen Forschungsergebnisse die Bedeutung Benedikt Strauchs und seines Wirkens im Zusammenhang der mit dem Namen von Johann Ignaz von Felbiger verbundenen Schulreform zu präzisieren und vorläufige Antworten auf Fragen zu finden, die zugleich zu weiteren und differenzierteren Einzeluntersuchungen anregen wollen:

- Wer war Benedikt Strauch? Wie verlief sein Lebensweg? Wie waren die Lebenswege Strauchs und Felbigers miteinander verknüpft?
- Wie lässt sich der Beitrag Strauchs zu den Saganschen Schulreformen näher bestimmen und abgrenzen?
- Worin besteht der Beitrag Strauchs zur Reform der nun als schulisches Unterrichtsfach konzipierten und institutionalisierten Katechese?
- Welches religionsdidaktische Profil zeigen die von Strauch zu diesem Zweck verfassten Religionsbücher?
- Wie lassen sich die gewonnenen Einsichten und Ergebnisse im Kontext ›katholischer Aufklärung‹ verorten und interpretieren?

I. BENEDIKT STRAUCH UND JOHANN IGNAZ VON FELBIGER

Benedikt Strauch wurde am 12. März 1724 in Frankenstein/Niederschlesien geboren. Nach dem Besuch des Elementarunterrichts an der dortigen Stadtpfarrschule wechselte er an das von Jesuiten geleitete Gymnasium in Breslau. Die sich anschließenden philosophischen und theologischen Studien an den Universitäten Olmütz und Breslau schloss er mit dem Erwerb des Grades eines Baccalaureus ab. Beide Universitäten waren »Jesuitenuniversitäten« und boten nach Maßgabe der *Ratio studiorum* ein dem Aristotelismus und der scholastischen Theologie verpflichtetes Bildungsprogramm an.[5] Nach Abschluss des Studiums trat Strauch am 20. November 1746 in das Augustinerchorherrenstift Sagan ein, legte nach einjährigem Noviziat am 26. November 1747 die Ordensgelübde ab und empfing am 21. September 1748 die Priesterweihe.

Nur fünf Monate früher als Strauch war Johann Ignaz von Felbiger in das Stift eingetreten. Am 8. Januar 1724 und somit im gleichen Jahr wie Strauch in Groß-Glogau/Niederschlesien geboren, war er nach den im Jahr 1744 abgeschlossenen philosophischen und theologischen Studien an der Universität Breslau zunächst als Hauslehrer tätig gewesen. Die Ordensgelübde legte Felbiger nach dem Noviziat wie Strauch im Jahr 1747 ab und wurde Ostern 1748 zum Priester geweiht. In der gemeinsamen Zeit des Noviziats wurden

---

5 Vgl. WERNER SIMON, »Ratio studiorum«. Organisation von Bildung im Kontext neuzeitlicher Herausforderungen, in: MARIANO DELGADO/HANS WALDENFELS (Hrsg.), Evangelium und Kultur. Begegnungen und Brüche (FS Michael Sievernich SJ) (Studien zur christlichen Religions- und Kulturgeschichte; Bd. 12), Fribourg/Stuttgart 2010, 518–529. – WERNER SIMON, Katholische »Katechetik«. Anfänge ihrer Institutionalisierung, in: BERND SCHRÖDER (Hrsg.), Institutionalisierung und Profil der Religionspädagogik. Historisch-systematische Studien zu ihrer Genese als Wissenschaft (Praktische Theologie in Geschichte und Gegenwart; Bd. 8), Tübingen 2009, 23–51; KARL HENGST, Jesuiten an Universitäten und Jesuitenuniversitäten. Zur Geschichte der Universitäten in der Oberdeutschen und Rheinischen Provinz der Gesellschaft Jesu im Zeitalter der konfessionellen Auseinandersetzungen (Quellen und Forschungen aus dem Gebiet der Geschichte. Neue Folge; Bd. 2). – Zur Geschichte der Universität Breslau im 18. Jahrhundert: CARSTEN RABE, Alma Mater Leopoldina. Kolleg und Universität der Jesuiten in Breslau 1638–1811 (Neue Forschungen zur schlesischen Geschichte; Bd. 7), Köln u.a. 1999; PETER BAUMGART, Die Breslauer Leopoldina zwischen Habsburg und Preußen (1702–1811), in: Ders., Universitäten im konfessionellen Zeitalter. Gesammelte Beiträge (Reformationsgeschichtliche Studien und Texte; Bd. 149), Münster 2006, 423–443. – Zur Geschichte der theologischen Fakultät der Universität Olmütz: JOSEF TITTEL, Geschichte der theologischen Fakultät in Olmütz, in: HERMANN ZSCHOKKE, Die theologischen Studien und Anstalten der katholischen Kirche in Österreich, Wien/Leipzig 1894, 308–345.

Grundlagen für eine Freundschaft gelegt, die bei gemeinsamen Interessen zu einem kontinuierlichen und regen geistigen Austausch der in den persönlichen Studien gewonnenen Einsichten und Erkenntnisse führten.

Das 1217 zunächst als Propstei zu Naumburg/Bober gegründete, später zur Abtei erhobene und 1284 nach Sagan verlegte Augustinerchorherrenstift »Unserer Lieben Frauen« war, wie seine bedeutende Klosterbibliothek und sein astronomisches Observatorium belegen, ein Zentrum der Bildung und gelehrter Studien und Forschungen. Es verfügte darüber hinaus über einen beachtlichen landwirtschaftlichen Besitz in 13 Stiftsdörfern. An der Spitze des Stifts stand ein infulierter und auf Lebenszeit gewählter Abt, ihm zur Seite ein Prior als sein Stellvertreter. Zur Zeit Felbigers zählte das Stift etwa 30 Priester. Außerdem waren etwa 15 auswärtige Pfarreien mit Stiftsangehörigen besetzt. Stiftsgeistliche nahmen die Seelsorge sowohl in der Stadtpfarrei der Stadt Sagan als auch auf den Stiftsdörfern wahr. Die Stadtpfarrkirche war zugleich Klosterkirche. Dem Stift oblag auch die Schulaufsicht über die katholischen Pfarrschulen in der Stadt und in den Stiftsdörfern, die u. a. die Einsetzung, die Besoldung und die Pensionierung der Lehrer sowie die Benennung der Inspektoren implizierte. Das 1628 in Sagan gegründete Jesuitenkolleg mit seinem Gymnasium ermöglichte ein über den Elementarunterricht der Stadtpfarrschule hinausgehendes Angebot höherer schulischer Bildung. Sagan war Residenzstadt des mittelbaren Herzogtums Sagan und zählte 1791 knapp 4000 Einwohner. Die Bevölkerung war mehrheitlich protestantisch. Die vor der Stadt errichtete evangelisch-lutherische Kirche zählt zu den mit der Altranstädter Konvention (1707) bewilligten »Gnadenkirchen« und war mit einer evangelisch-lutherischen Pfarrschule verbunden.[6]

Nach der Priesterweihe nahmen Felbiger und Strauch Aufgaben in unterschiedlichen Aufgabenfeldern des Stiftes wahr. Während Felbiger Erfahrungen vor allem in der Verwaltung und Besorgung der äußeren Angelegenhei-

[6] Vgl. WERNER BEIN, Sagan und Sprottau in der schlesischen Geschichte. »Les vues de Sagan«, Würzburg 1992. – Als zeitgenössische Quellen: WORBS, Geschichte; JOHANN ADAM VALENTIN WEIGEL, Geographische, naturhistorische und technologische Beschreibung des souverainen Herzogthums Schlesien. Bd. 6: Die Fürstenthümer Sagan und Breslau, Hamburg 1802, 1–17. – Zur Geschichte des Kollegs und des Gymnasiums der Jesuiten: HERMANN HOFFMANN, Die Saganer Jesuiten und ihr Gymnasium, Sagan 1928. Felbiger war Rektor der bei den Jesuiten in Sagan bestehenden Marianischen Kongregation. Vgl. KRÖMER, Johann Ignaz von Felbiger, 12.

ten des Stiftes sammelte, war Strauch nach einer nur kurzzeitigen Tätigkeit als Kirchen- und Kellermeister vor allem auf Feldern der Seelsorge tätig: als Kaplan in Dittersbach und als Stadtkaplan in Sagan.

Felbiger wird nach dem Tod seines Vorgängers Gottfried Ignaz Kamur 1758 zum Abt gewählt und übernimmt so die Leitung des Stifts und damit auch die Schulaufsicht über die dem Stift zugehörigen Pfarrschulen. Strauch, der schon bisher als Stadtkaplan den Prior des Stifts Jakob Hegenbart in der Seelsorge unterstützte, wird am 27. August 1762 zu dessen Nachfolger im Amt des Priors gewählt und so Stellvertreter Felbigers. Mit dem Amt des Priors übernimmt er zugleich die Aufgabe des Proparochus (Stellvertreter des Abtes als Stadtpfarrer), in der er durch zwei Kapläne unterstützt wird, und damit verbunden die Aufgabe der sonntäglichen Predigt, ferner das Amt des Novizenmeisters und so die Verantwortung für die Bildung der jüngeren Stiftsgeistlichkeit.

Es waren Erfahrungen in der Stadtseelsorge, die Strauch bereits 1761 veranlassten, Abt Felbiger auf offensichtliche Mängel des Zustands der Stadtpfarrschule und des in ihr erteilten Unterrichts hinzuweisen und auf deren Behebung zu drängen. So kommt es in den Folgejahren zu tiefgreifenden Reformen der Pfarrschulen des Stifts Sagan in einer noch näher zu untersuchenden Zusammenarbeit Felbigers und Strauchs, dem bereits vor der Wahl zum Prior die Aufsicht über die Stadtpfarrschule in Sagan übertragen wurde. Die Reformen finden ihre maßgeblichen Vorgaben in den Verordnungen der Jahre 1761 (»Erste Verordnung zur Verbesserung der katholischen Trivialschulen zu Sagan« vom 30. November 1761) und 1763 (»Vorläufige Anzeige von besserer Einrichtung der öffentlichen Trivialschule zu Sagan« vom 17. Juni 1763; »Verordnung, nach welcher die Schulen der zum Saganischen Stift gehörigen Dörfer eingerichtet und verbessert werden sollen« vom 10. November 1763). Das General-Land-Schul-Reglement vom 3. November 1765 bestimmt neben sechs weiteren Schulen auch die »Schule [...] des Augustinerstifts zu Sagan« als eine der Schulen, »in denen nicht allein die Jugend vorzüglich gut unterrichtet, sondern auch Erwachsene angeführt werden sollen, wie sie sich beim Unterricht der Jugend weislich verhalten können.«[7] Die für die Ausbildung in diesem Lehrerseminar maßgeblichen Grundsätze entfaltet das im Jahr 1768 veröffentlichte – und nach Auskunft des »Nekrologs«

---

[7] Königlich Preußisches General-Land-Schul-Reglement für die Römisch-Katholischen in Städten und Dörfern des souverainen Herzogthums Schlesien und der Grafschaft Glatz vom 3. November 1765, Nr. 2. Zitiert nach: JOHANN IGNAZ VON FELBIGER, General-Landschul-Reglement – Eigenschaften, Wissenschaften und Bezeigen rechtschaffener Schulleute – Methodenbuch. Besorgt von Julius Scheveling, Paderborn 1958, 5f.

als »gemeinschaftliche Arbeit Felbigers u. Strauchs«[8] anzusehende – Lehrerhandbuch »Eigenschaften, Wissenschaften und Bezeigen rechtschaffener Schulleute, um nach dem in Schlesien für die Römischkatholischen bekannt gemachten Königl. General-Landschul-Reglement in den Trivialschulen der Städte, und auf dem Lande der Jugend nützlichen Unterricht zu geben«.[9] Die wichtigsten Verordnungen, Instruktionen und Rundschreiben sowie weitere die Schulreform betreffende Dokumente und Zeugnisse veröffentlichte Felbiger im darauf folgenden Jahr in den »Kleinen Schulschriften nebst einer ausführlichen Nachricht von den Umständen und dem Erfolge der Verbesserung der kath. Land- und Stadt-Trivialschulen in Schlesien und Glatz«.[10] Das Jahr 1769 bedeutete insofern einen Einschnitt im Hinblick auf die angestoßenen Reformen, als Felbiger mit dem Tod des schlesischen Provinzialministers Ernst Wilhelm von Schlabrendorff (1719–1769), der die Reformen bisher tatkräftig unterstützt hatte, einen Förderer verlor, so dass in der Folgezeit die Schwierigkeiten bei der Durchsetzung und Verwirklichung der Reformmaßnahmen zunahmen.

Mit der Beurlaubung Felbigers nach Wien im Jahr 1774 wuchsen die Aufgaben, die Strauch nun als Stellvertreter des Abtes auch in der Leitung des Stiftes oblagen. Als Felbiger 1777 durch Friedrich II. vor die Entscheidung gestellt wird, nach Sagan zurückzukehren oder auf die Prälatur zu verzichten, legt er, um den Fortgang der eingeleiteten österreichischen Reformen nicht zu gefährden, am 21. März 1778 nach Entlassung aus dem preußischen

---

8 Nekrolog , 357.

9 Sagan: Verlag der katholischen Trivialschule 1768. Weitere Auflagen: Bamberg/Würzburg 1772; Fulda/Würzburg/Bamberg 1773; Würzburg 1773; Bamberg/Würzburg 1780, 1791; Breslau 1792; Sagan/Breslau 1792. Vgl. Krömer, Johann Ignaz von Felbiger, 262f. – Karen Lambrecht macht auf eine bisher übersehene Quelle aufmerksam, die offensichtlich dem Lehrerhandbuch als Vorbild diente: Conrad Friedrich Stresow, Vollständiges Handbuch für Schulmeister, besonders auf dem Lande, die ihnen anvertraute Jugend fruchtbarlich zur Seligkeit zu unterweisen, Halle: Buchhandlung des Waisenhauses 1765. Stresow war Propst und Konsistorialrat in Burg auf Fehmarn (Holstein). Vgl. Karen Lambrecht, »Die nötige Erziehung in der Religion und in den bürgerlichen Pflichten«. – Die katholischen Reformbemühungen Johann Ignaz von Felbigers und Karl Egon von Fürstenbergs, in: Joachim Bahlcke/Karen Lambrecht/Hans-Christian Maner (Hrsg.), Konfessionelle Pluralität als Herausforderung. Koexistenz und Konflikt in Spätmittelalter und Früher Neuzeit (FS Winfried Eberhard), Leipzig 2006, 575–601, 578.

10 Sagan: Verlag der katholischen Trivialschule 1769. Weitere Auflagen: Bamberg/Würzburg 1772; Wien 1775. Vgl. Krömer, Johann Ignaz von Felbiger, 263f.

Untertanenverband die Abtswürde nieder. Noch im gleichen Jahr ernennt Maria Theresia Felbiger zum Oberdirektor des Normalschulwesens für die österreichischen Staaten und nominiert ihn als Propst des Kollegiatstiftes Preßburg.

Bereits am 28. März 1778 wird Strauch in einer einstimmigen Wahl zum 1. Kandidaten für die Nachfolge Felbigers gewählt und in der Folge als neuer Abt des Stiftes Sagan installiert.

Strauch und Felbiger stehen auch nach 1778 in einem freundschaftlichen Austausch, der auch nach der Entlassung Felbigers als Oberdirektor des Normalschulwesens durch Joseph II. im Jahr 1782 fortdauert. Felbiger verbringt seine letzten Lebensjahre als Propst in Preßburg mit dem Auftrag, von dort aus auch die Reform der ungarischen niederen Schulen voranzutreiben. Dort stirbt er am 17. Mai 1788. Ein Zeugnis der freundschaftlichen Verbundenheit Strauchs und Felbigers ist der letzte Brief Felbigers, in dem er sich bei Strauch für den Trost bedankt, den ihm dessen Betrachtungs- und Gebetsbuch für Kranke gewährt habe.[11]

Strauch trug weiterhin auch als Abt Sorge für die Bildung der jüngeren Stiftsgeistlichkeit:

> »Wie zuvor als Prior, hielt er alle Tage selbst Vorlesungen, und sein eben so deutlicher als herzlicher Vortrag machte diese Unterrichtsstunde stets zu einer der angenehmsten des Tages.«[12]

Ebenso nahm er im Rahmen der ihm verbliebenen zeitlichen Möglichkeiten Aufgaben der Schulaufsicht wahr:

> »Wenn es ihm seine Geschäfte nicht mehr erlaubten sie (die Schuljugend) persönlich zu unterrichten, so unterließ er es doch nicht, den jährlichen Schulprüfungen so wohl hier in Sagan, als auf den stiftlichen Dörfern beyzuwohnen, sich von den gemachten Fortschritten der Schuljugend zu überzeugen, und sie dann zu beschenken.«[13]

---

11 Vgl. Krömer, Johann Ignaz von Felbiger, 156.

12 Nekrolog, 362.

13 A. a. O., 363.

Benedikt Strauch leitete das Stift als Abt über den Zeitraum eines Vierteljahrhunderts. Er starb im 80. Lebensjahr am 19. Oktober 1803 an den Folgen eines Schlaganfalls. Nur sieben Jahre später wurde das Augustinerchorherrenstift Sagan im Jahr 1810 aufgehoben und säkularisiert.

2. Die Reform der niederen Schulen des Stifts Sagan

Die Bedeutung, die Benedikt Strauch im Hinblick auf die Reform des niederen Schulwesens des Stifts Sagan zukommt, kann aus der »Ausführlichen Nachricht von der erst zu Sagan, dann in ganz Schlesien und der Grafschaft Glatz unternommenen Verbesserung der katholischen Schulen«[14] erschlossen werden.

Wie bereits erwähnt, ging die Initiative zu der Reform von Strauch aus. Sie hatte das Ziel, Mängel des schulischen Unterrichts in der katholischen Stadtpfarrschule abzustellen, die dazu führten, dass auch katholische Bürger ihre Kinder den qualitativ besseren Unterricht der protestantischen Pfarrschule besuchen ließen. Erste disziplinarische Anweisungen Felbigers erwiesen sich im Hinblick auf die angestrebte Verbesserung als wenig effektiv.

> »Dieser war hierzu wohl geneigt, aber wegen ermangelnder Einsicht nicht imstande, den Gebrechen abzuhelfen; denn nie war er in einer öffentlichen Trivialschule gewesen und hat damit in seinem ganzen Leben nichts zu schaffen gehabt.«[15]

Es bedurfte einer konzeptionellen Neuorientierung. Die diesbezüglichen Maßstäbe und Modelle gewann Felbiger zunächst durch das literarische Studium zeitgenössischer protestantischer Schulschriften.

---

[14] Vgl. Anm. 4. Im Folgenden zitiert nach dem Abdruck in: Heinrich Kreutzwald, Zur Geschichte des Biblischen Unterrichts und zur Formgeschichte des biblischen Schulbuches (Untersuchungen zur Theologie der Seelsorge; Bd. 11), Freiburg/Br. 1957, 69–74.

[15] A. a. O., 70.

»Der Buchhändler schickte ihm so viel Schriften über diesen Gegenstand, daß der Abt einen ganzen Monath, solche durchzuschlagen und die vornehmsten zu lesen nöthig hatte. Der dritte Theil des Schulbuchs der Berliner Realschule und das Schulreglement für die braunschweigischen Lande haben ihn am meisten aufgeklärt und von der guten Beschaffenheit der Trivialschulen einige Begriffe gemacht.«[16]

Ein im Mai 1762 inkognito durchgeführter Besuch der Berliner Realschule überzeugte Felbiger auch durch die Praxis des Unterrichts vom vorbildlichen Modellcharakter der in dieser von Johann Julius Hecker (1707–1768)[17] im Jahr 1747 als »Ökonomisch-mathematische Realschule« gegründeten Reformschule verwirklichten Lehrart. Diese wurde nun zum normativ maßgebenden Muster für die in den Folgejahren in Sagan eingeführten Reformen. Nach einer aus Mitteln des Stifts finanzierten Ausbildung an dem mit der Berliner Realschule verbundenen Lehrerseminar wurden im Juni 1763 an der Stadtpfarrschule in Sagan zwei mit der ›verbesserten‹ Lehrart vertraute Lehrer neu eingestellt, die zugleich die Funktion von Multiplikatoren im Zusammenhang der Weiterbildung der Lehrer der übrigen Stiftsschulen übernahmen. Zeitgleich wird die neue Lehrart mit den Verordnungen vom 17. Juni und vom 10. November 1763 in den Schulen des Stifts eingeführt und verpflichtend gemacht.

Dass Strauch diese von Felbiger konzeptionell und organisatorisch vorangetriebene Neuorientierung des Schulwesens tatkräftig unterstützte, wird zum einen daraus ersichtlich, dass er aus eigenen Mitteln die Ausbildung eines weiteren Lehrers am Berliner Lehrerseminar finanzierte:

»Ihm war es nicht genug, daß nur in der Saganischen Schule die Jugend im Lesen, Schreiben und Rechnen besser als zuvor unterrichtet wurde, er glaubte, man müsse auch diejenigen vorbereiten, welche in die Schulen der Jesuiten sich zu begeben Lust haben. Er hatte gehört, dass man in der Berliner Realschule besondere Vortheile brauchte, um in Sprachen, ohne die sonst gewöhnlichen Um-

---

16 A. a. O., 70f. – Vgl. Des Berlinischen neu eingerichteten Schulbuches 3. Theil welcher die Lehrart, wornach die im 1. und 2. Theil befindlichen Sachen der Jugend beyzubringen sind, enthält, Berlin 1758; Ordnung für die Schulen auf dem Lande in dem Herzogthum Braunschweig Wolfenbüttel und dem Fürstenthum Blankenburg, 1753 (Abdruck in: Friedrich Koldewey (Hrsg.), Braunschweigische Schulordnungen von der ältesten Zeit bis zum Jahr 1828, Bd. 2 [Monumenta Germaniae Paedagogica; Bd. 8], Berlin 1890, 299–357).

17 Vgl. Gotthard Bloth, Johann Julius Hecker (1707–1768). Seine *Universalschule* und seine Stellung zum Pietismus und Absolutismus, in: Jahrbuch des Vereins für Westfälische Kirchengeschichte 61 (1968) 63–129; Georg Schindler, Art. Hecker, in: NDB (1969) 182f.; Georg Schindler, Art. Hecker, in: BBKL 1 (1990) 632.

schweife, Unterricht zu ertheilen; dieß bewog ihn, gleich nach unternommener Schulverbesserung, noch eben in dem Jahre 1763, seinem Abte neue Vorstellungen zu thun, um ihn dahin zu bringen, jemanden nach Berlin zu schicken, auch diese Vortheile zu erlernen; er erboth sich zur Bezahlung der hierzu nöthigen Kosten; er bezahlete sie wirklich; und dadurch veranlaßte er, daß Joseph Kauschke noch mit Ende des 1763ten Jahres nach Berlin geschickt und daselbst fast ein halbes Jahr unterhalten wurde.«[18]

Die Rezeption der für die Saganschen Reformen maßgeblichen »Lehrart« der Heckerschen Realschule bedeutet zugleich eine Anknüpfung an die für diese Reformschule maßgebliche pietistische Tradition Hallescher Prägung. Hecker hatte nach seinem Theologiestudium in Jena und Halle 1729 die Stelle eines Lehrers am Pädagogium der Franckeschen Stiftungen übernommen, bevor er 1735 als Prediger, Lehrer und Schulinspektor an das nach Halleschem Vorbild gegründete Militärwaisenhaus in Potsdam und 1739 als Prediger an die Dreifaltigkeitskirche in Berlin berufen wurde. Die systematisch ausgebauten *Vereinigten Dreifaltigkeitsschulen* vereinigten eine deutsche Schule, eine Lateinschule, die Realschule, eigene Töchterklassen und ein Pädagogium sowie das 1753 als *Küster- und Schulmeisterseminar für die königlichen Amtsdörfer in der Kurmark* institutionalisierte Lehrerseminar. Sie bildeten in dieser Ausdifferenzierung eine institutionell durchlässige »Universalschule«.

Erziehung zielt im Verständnis dieser von August Hermann Francke (1663–1727)[19] geprägten pietistischen Tradition auf eine in praktischer Frömmigkeit fundierte und sich im tätigen Leben bewährende Sittlichkeit und findet ihren Endzweck in der Ehre Gottes. Der Unterricht in den diesem Erziehungskonzept verpflichteten Schulen intendiert eine »nützliche« und »realistische« Bildung, die die Schüler auf ein Leben in der bürgerlichen Ge-

---

18 Kreutzwald, Geschichte, 71f.

19 Vgl. Peter Menck, Die Erziehung der Jugend zur Ehre Gottes und zu Nutzen des Nächsten. Die Pädagogik August Hermann Franckes (Hallesche Forschungen; Bd. 7), Tübingen/Wiesbaden ³2001; Siegfried Wibbing, August Hermann Francke (1663–1727), in: Henning Schröer/Dietrich Zillessen (Hrsg.), Klassiker der Religionspädagogik (FS Klaus Wegenast), Frankfurt a.M. 1989, 74–84; Gerhard Ringhausen, August Hermann Francke (1663–1727), in: Hans Scheuerl (Hrsg.), Klassiker der Pädagogik, Bd. 1, München 1979, 83–93; Juliane Dittrich-Jacobi, Pietismus und Pädagogik im Konstitutionsprozess der bürgerlichen Gesellschaft. Historisch-systematische Untersuchungen der Pädagogik August Hermann Franckes (1663–1727), Diss. phil. Bielefeld 1976; Gerhard Schmalenberg, Pietismus – Schule – Religionsunterricht. Die christliche Unterweisung im Spiegel der vom Pietismus bestimmten Schulordnungen des 18. Jahrhunderts, Bern/Frankfurt a.M. 1974.

sellschaft und in der Berufswelt (Handwerk, Wirtschaft, Handel) vorbereitet und im Hinblick auf deren Erfordernisse »ertüchtigt«. Eingebettet in diesen erziehlichen Rahmen akzentuiert die unterrichtliche Lehrart die Aufgabe einer effektiven Schulung nicht nur des Gedächtnisses, sondern auch des Verstandes und von praxisorientierten Fähigkeiten und Fertigkeiten. Einen besonderen Stellenwert erlangt in diesem Zusammenhang die von Johann Friedrich Hähn (1710–1789)[20] entwickelte Literal- und Tabellarmethode. Hähn war in seiner Zeit als Pastor adjunctus an der Dreifaltigkeitskirche von 1753 bis 1759 Inspektor der Realschule und zur Zeit der Saganschen Reformen von 1762 bis 1771 Abt und Direktor der Klosterschule von Kloster Bergen und in diesem Amt zugleich Generalsuperintendent des Herzogtums Magdeburg.

Felbiger stand in dieser Zeit im Austausch sowohl mit Hecker als auch mit Hähn. So orientiert sich auch der von Felbiger verfasste Entwurf des General-Land-Schul-Reglements von 1765 am Vorbild des für die evangelischen Landschulen erlassenen Königlich Preußischen General-Land-Schul-Reglements von 1763, das auf einen Entwurf Heckers zurückgeht, der sich selbst wiederum an der im Jahr 1754 erlassenen Schulordnung für Minden-Ravensberg orientiert.

Als die vier tragenden Säulen der in der Folge als »Sagansche Methode« rezipierten verbesserten Lehrart gelten den Reformern:

1. das Zusammenunterrichten:

> »Alle Kinder einer Klasse müssen nicht nur einerlei Sachen vornehmen, sondern sie müssen es auch zur gleichen Zeit tun; anstatt daß nach dem ehemaligen Brauche ein Kind nach dem anderen, wie Schulmeister reden, aufsagt, so sagen jetzt alle zugleich auf; sie buchstabieren, lesen, schreiben, rechnen, lernen zugleich auswendig, sie wiederholen und antworten; kurz, sie machen alles zusammen und zu gleicher Zeit.«[21]

---

[20] Georg Schindler, Art. Hähn, in: NDB 7 (1996) 432; Georg Schindler, Art. Hähn, in: BBKL 1 (1990) 434f.

[21] »Eigenschaften« [Anm. 9]: 2. Hauptstück, 1. Abschnitt, § 1. Zitiert nach Felbiger, General-Landschul-Reglement, 57.

2. der Unterricht durch Fragen oder das Katechisieren:

»Weil die Schüler alles, was sie lernen, nicht bloß ins Gedächtnis fassen, sondern deutlich verstehen sollen, so ist es nötig zu erforschen, ob dies geschehen sei. Ein Schulmann muss also hierüber Untersuchungen anstellen, dies kann er nicht leichter als durch Fragen tun, [...] er muß seine Fragen so einrichten, daß er dadurch in Erfahrung bringe, ob der Schüler alles, was zur Sache gehört, deutlich gefaßt habe.«[22]

3. die Buchstabenmethode (Literalmethode):

Bei dieser Methode werden die Anfangsbuchstaben der Wörter des in Tabellen gefassten und memorierend zu lernenden Lehrstoffs als Stütze beim Auswendiglernen und Wiederholen an die Tafel geschrieben. Sie gilt als eine Methode, das, was gelernt werden soll, besser ins Gedächtnis zu bringen.

»Alles, was ins Gedächtnis gefaßt oder, wie man insgemein sagt, auswendig gelernt werden soll, wird durch die Buchstabenmethode viel leichter als auf andere Art gelernt.«[23]

4. die Tabellen (Tabellarmethode):

»Tabellen, von denen hier die Rede ist, sind Aufsätze, durch die man das, was Schüler lernen sollen, nach allen Hauptstücken und Nebendingen, Abteilungen, Zusätzen und Bestimmungen dergestalt geordnet hat, daß Lernende daraus nicht allein alles, was sie von solchen Sachen zu wissen nötig haben, sondern auch die Ordnung einsehen können, wie eins auf das andere folgt und mit ihm zusammengehört.«[24]

Prägnant werden am Ende des zweiten Hauptstücks des Lehrerhandbuchs die »alte« und die »neue« Lehrart unterschieden und kontrastiert:

» I. Die alten Schulleute sahen vornehmlich nur auf das Gedächtnis; sie plagten die Jugend mit Auswendiglernen und glaubten, alles getan zu haben, wenn sie nur für das Gedächtnis ihrer Schüler sorgten.

---

22 2. Hauptstück, 2. Abschnitt, § 1. – A. a. O., 60.

23 2. Hauptstück, 3. Abschnitt, § 4. – A. a. O., 70.

24 2. Hauptstück, 4. Abschnitt, § 1. – A. a. O., 71.

Bei der neuen Lehrart sucht man

a) das Gedächtnis nicht mit bloßen Wörtern, sondern mit Sachen anzufüllen,
b) den Verstand zu üben, zum Nachdenken und Überlegen anzuleiten.
c) Man gibt von allen Dingen soviel wie möglich den Grund an und läßt ihn von der Jugend wieder angeben, um überzeugt zu werden, daß sie ihn einsehe, oder ihr zu helfen, wenn dies nicht geschehen ist,
d) Man gewöhnt die Jugend durch beständiges Antworten auf die vorgelegten Fragen daran, über Dinge ihre Gedanken zu äußern und von dem zu reden, was sie gelernt hat.
e) Man sucht den Willen der Jugend geneigt, auch sie geschickt zu machen, das zu lernen und zu tun, was notwendig, nützlich und anständig ist, um in der Welt fortzukommen.

II. Früher lehrte man in den Schulen, ohne sich sehr darum zu bekümmern, ob das, was man der Jugend beibrachte, auch so gelehrt würde, wie man es braucht. Man begnügte sich in den meisten Schulen damit, die Kinder bloß lesen und einen kurzen Katechismus auswendig lernen zu lassen; an das Rechnen oder andere Fächer wurde nicht gedacht. Nun bemüht man sich,

a) nichts, als was man im täglichen Leben braucht, und dies so, wie man es braucht, zu lehren.
b) Man trachtet danach, sowohl vernünftige als auch brauchbare, arbeitsame und gesittete Leute in den Schulen zu bilden.«[25]

Strauch war nicht nur Initiator der durch sein Drängen auf die Abstellung bestehender Mängel angestoßenen Reformen. Er trug auch im Rahmen der Schulaufsicht Verantwortung für deren konkrete Durchführung und Durchsetzung: zunächst als Prior und in Stellvertretung des Abtes während Felbigers dreijähriger Visitationsreise als Schulinspektor im Zusammenhang der schlesischen Schulreform (1765–1768) und während seiner Beurlaubung nach Wien (1774–1778), dann – nach der Resignation Felbigers im Jahr 1778 – als Abt und als Erzpriester des dem bischöflichen Kommissariat Glogau unterstehenden Archipresbyterats Sagan. Ein enger Kontakt zur Schulpraxis bestand auch durch den selbst erteilten Unterricht in der Stadtpfarrschule und durch die Lehrpraxis in den Kursen des mit dieser Schule verbundenen Lehrerseminars.

Die Verordnungen von 1761 und 1763 hatten die bisher als sonntägliche Kirchenkatechese erteilte Christenlehre für die Kinder und Jugendlichen in den Lehrplan der Schule integriert, so dass sie von nun an als schulischer Unterricht erteilt wurde. Die Verordnung von 1763 trifft Bestimmungen zum Inhalt und zur Methode des für die Schulen des Stifts als Pflichtfach einge-

---

25 2. Hauptstück, Anhang. – A. a. O., 75.

führten Religionsunterrichts, der nach der verbesserten Lehrart der Stadtpfarrschule in Sagan erteilt wird.

> »Er umfasste außer der für alle Schulen vorgesehenen Christenlehre (eine Stunde in der Woche) je eine Stunde Religionsgeschichte, Sittenlehre (nur in den Stadtschulen) und die Perikopenstunde am Wochenende; daneben blieb die Kirchenkatechese am Sonntag für Erwachsene Pflicht. Die täglichen Leseübungen aus der Evangelienübersetzung und die ebenfalls täglich zu leistende Arbeit der Lehrer in Vorbereitung und Wiederholung der [durch Geistliche erteilten] Katechese bedeuteten eine weitere Vermehrung der religiösen Belehrung.«[26]

Aus diesem Umstand ergab sich die Notwendigkeit, für den schulischen Unterricht und damit für das Zusammenlernen und für das Katechisieren geeignete Unterrichts- und Lesebücher zu erarbeiten. Im Auftrag seines Abtes erarbeitete Strauch im Zeitraum von weniger als einem Jahrzehnt fast alle maßgeblichen Schulbücher für den Religionsunterricht. Von Felbiger als Abt autorisiert und herausgegeben, wurden sie vornehmlich in der mit königlichem Privileg vom 28. März 1765 als Verlag der katholischen Trivialschule eingerichteten und von Johann Christoph Lauhen betriebenen Schulbücherdruckerei in Sagan verlegt. Die Verfasserschaft Strauchs darf dabei für die folgenden Werke als gesichert gelten:[27]

- Die Evangelien, wie sie von den vier Evangelisten Matthaeo, Marco, Luca und Johanne geschrieben worden, nebst den Lectionen und Episteln, die das ganze Jahr hindurch in der Catholischen Kirche gelesen werden, zum Gebrauche der Lese-Schüler des Saganschen Stifts, 1764[28]
- Römisch Katholischer Katechismus für die II. Classe der Kinder der Schulen des Saganischen Stifts Can. Reg. S. Augustini Congr. Lateran., Sagan 1765[29]

---

26 KREUTZWALD, Geschichte, 52.

27 Vgl. Anm. 4 und die Ergebnisse der Untersuchungen von KREUTZWALD, Geschichte und KRÖMER, Johann Ignaz von Felbiger.

28 Der »Nekrolog« gibt an, dass die *Evangelien* neunmal aufgelegt wurden. Vgl. Nekrolog, 356. Vgl. auch KRÖMER, Johann Ignaz von Felbiger, 257.

29 Der Katechismus für die 2. Klasse wurde als erster Druck der neu eingerichteten Druckerei des Verlags der katholischen Trivialschule Mitte Dezember 1765 ausgeliefert. Weitere Auflagen: Sagan 1767, 1776; Koblenz: 4 Auflagen zwischen 1775 und 1779, 1780, 1781, 1785, 1787, zahlreiche weitere Auflagen bis Ende der 1840er Jahre. Vgl. KRÖMER, Johann Ignaz von Felbiger, 259.

- Römisch-Katholischer Katechismus für die III. Classe der Kinder in den Schulen des Saganischen Stifts Can. Reg. Ord. S. Augustini Congr. Lateran. Nebst einer Vorrede, darin von der Einrichtung und dem Gebrauche des für jede Classe verfertigten Catechismus ausführlich gehandelt wird, Sagan 1766[30]
- Kern der Biblischen Geschichte des Alten Testaments, daraus der Jugend die vornehmsten Begebenheiten des Volkes Gottes und der berühmtesten Personen aus diesem Volke sehr leicht bekanntgemacht werden können, Sagan 1767[31]
- Kurze Geschichte der Religion, nebst dem Hauptsächlichsten aus der christlichen Sittenlehre für die zum Saganischen Stift gehörigen Stadtschulen, Sagan 1769[32]
- Kern der biblischen Geschichte alten und neuen Testaments mit beygesetzen kurzen Sittenlehren, Bamberg und Würzburg 1777.[33]

Die angeführten Werke erfuhren zahlreiche Neuauflagen und erlangten dadurch eine weite überregionale Verbreitung. Die Katechismen für die 2. und 3. Klasse wurden gemeinsam mit dem von Felbiger verfassten »Römisch-katholischen Catechismus für die erste Classe der Kinder in den Schulen Saganischen Stifts Can. Reg. Ord. S. Augustini Congr. Lat.«[34] in einer dem Breslauer Weihbischof Johann Moritz von Strachwitz dedizierten Gesamtausgabe zusammengefasst und 1766 mit dem von diesem genehmigten Zusatz »zum Gebrauche der Schlesischen Schulen« gedruckt und veröffentlicht.[35]

---

[30] Gedruckt im Verlag der katholischen Trivialschule. Weitere Auflagen: Sagan 1771, 1776; Koblenz: 3 Auflagen zwischen 1775 und 1776, [8]1826, [17]1840; Hadamar [6]1821. Vgl. Krömer, Johann Ignaz von Felbiger, 259.

[31] Gedruckt im Verlag der katholischen Trivialschule. Weitere Auflagen: Bamberg und Würzburg 1771; Münster 1773; Mannheim 1777. Vgl. a.a.O., 261.

[32] Gedruckt im Verlag der katholischen Trivialschule. Die »Kurze Geschichte« wird später in Felbigers »Lesebuch für die Schüler der deutschen Schulen in den k. k. Staaten« (Wien 1774) und Felbigers »Großes Lesebuch für Schüler der deutschen Normal- und Hauptschulen in den k. k. Staaten« (Wien 1777) aufgenommen. Vgl. a.a.O., 263.

[33] Gedruckt und verlegt bei Göbhardt. Weitere Auflagen: Bamberg/Würzburg 1777; Bamberg 1805, 1809; Würzburg 1782, 1784, 1802, 1812; Sagan 1799; Köln 1777, 1785, 1799, 1809, 1813, 1821; Bonn 1811; Ehrenbreitstein 1813; Rastatt 1810; Vgl. a.a.O., 270.

[34] Sagan 1765. Weitere Auflagen: 1766, 1768, [9]1788, 1792, 1793, 1795, 1801; Vgl. a.a.O., 258f.

[35] Sagan: Verlag der katholischen Trivialschule 1766. – Vgl. Johannes Hofinger, Geschichte des Katechismus in Österreich von Canisius bis zur Gegenwart. Mit besonderer Berücksichtigung der gleichzeitigen gesamtdeutschen Katechismusgeschichte (Forschun-

Die Widmung dieser fortan als »Schlesischer Katechismus« rezipierten Gesamtausgabe unterschrieben Benedikt Strauch als Prior, Joseph Sucher als Direktor und Johannes Luby als Inspektor der Saganschen Schulen. Die Ausgabe von 1775 greift in ihrem Titel die zwischenzeitlich erreichte weite Verbreitung des Katechismus auf: »zum nunmehrigen Gebrauch fast aller Schulen Deutschlands«.[36]

Zu erwähnen bleibt, dass Strauch von Felbiger auch mit der Übersetzung des für die Entwicklung einer systematisch reflektierten Theorie der Katechese bedeutenden Schlüsselwerks beauftragt wurde, das der Regens des adligen Seminars in Würzburg Michael Ignaz Schmidt (1736–1794)[37] unter dem Titel »Methodus tradendi prima elementa religionis, sive catechizandi«[38] im Jahr 1769 veröffentlicht hatte. Das in Kenntnis der Saganschen Reformen verfasste Werk vertritt in seinen inhaltlichen und methodischen Vorschlä-

---

gen zur Geschichte des innerkirchlichen Lebens; Bd. 5/6), Innsbruck/Leipzig 1937, 38. – Die im Bestandskatalog der Staatsbibliothek Berlin ausgewiesene Ausgabe des »Römisch-katholischen Katechismus zum Gebrauche der Schlesischen Schulen für jede der drey Classen« (Sagan: Verlag der katholischen Trivialschule 1766) gilt als durch Kriegsverlust verschollen. Sie erwähnt im Titel einen »Anhang von katechetischen Gesängen«, der dem Katechismus beigefügt wurde. Es handelt sich hierbei um eine Sammlung von 13 katechetischen Gesängen, die Ignaz Franz, Pfarrer und Erzpriester in Schlawa/Niederschlesien auf Anregung von Felbiger verfasste und die – ohne Angabe des Verfassers – von Felbiger auch separat herausgegeben wurden: »Die christliche Lehre in Liedern; das ist: Catechetische Gesänge zum Gebrauche der Saganischen Schulen« (Sagan: Verlag der katholischen Trivialschule 1766). Vgl. Krömer, Johann Ignaz von Felbiger, 188f. und 261. Ferner: Rainer Bendel, Der Seelsorger im Dienst der Volkserziehung. Seelsorge im Bistum Breslau im Zeichen der Aufklärung (Forschungen und Quellen zur Kirchen- und Kulturgeschichte Ostdeutschlands; Bd. 27), Köln u.a. 1996, 425–432. – Zu Ignaz Franz: Rainer Bendel, Ignaz Franz (1719–1790), in: Joseph Joachim Menzel (Hrsg.), Schlesische Lebensbilder, Bd. 7, Stuttgart 2001, 105–111; Helmut Loos, Ein Gesangbuch der Aufklärung von Ignatz Franz in Breslau, in: Wojciech Kunicki (Hrsg.), Aufklärung in Schlesien im europäischen Spannungsfeld. Traditionen – Diskurse – Wirkungen, Wrocław 1996, 177–195; Walter Dürig, Das Lied »Großer Gott wir loben Dich« und sein Dichter, der schlesische Pfarrer und Regens Ignaz Franz, in: Archiv für schlesische Kirchengeschichte 38 (1980) 175–194.

36 Sagan: Verlag der katholischen Trivialschule 1775. Zu weiteren Auflagen und zur weiten Verbreitung auch außerhalb Schlesiens vgl. Krömer, Johann Ignaz von Felbiger, 260.

37 Vgl. Wilhelm Büttner, M. I. Schmidt als Katechet. Ein Beitrag zur Geschichte der Katechese im Aufklärungszeitalter, Paderborn 1921; Uwe Puschner, Art. Schmidt, in: NDB 23 (2007) 210f.; Silvia Wimmer, Art. Schmidt, in: BBKL 9 (1995) 471–473; Karl Josef Lesch, Neuorientierung der Theologie im 18. Jahrhundert in Würzburg und Bamberg, Würzburg 1978.

38 Methodus tradendi prima elementa religionis, sive catechizandi. Accedit ad calcem brevis historia catechetica, sistens facta catecheseos, nec non celebriores, qui prodierunt usque ad nostra tempora, catechismos. Authore M. I. Schmidt, Würzburg: Göbhardt 1769.

gen zur Verbesserung der Katechese einen dem Saganschen vergleichbaren Ansatz, so dass Felbiger durch die von Schmidts Verleger Tobias Göbhardt (1734–1794)[39] angeregte Übersetzung diesen seinen eigenen verwandten Reformideen eine breitere Rezeption und so auch größere Wirksamkeit ermöglichen wollte. Die Übersetzung Strauchs wurde mit einem Vorwort Felbigers, in dem er in einem geschichtlichen Abriss die Katechese als eine zentrale Aufgabe der Pfarrseelsorge aufweist, im Jahr 1772 unter dem Titel »Der Katechist nach seinen Eigenschaften und Pflichten, oder die rechte Weise, die ersten Gründe der Religion zu lehren«[40] in Bamberg und Würzburg ebenfalls bei Göbhardt verlegt. Sie fand in der Folgezeit überregionale Verbreitung und wurde auch als Lehrbuch in der katechetischen Ausbildung verwandt.

Felbiger war sich bewusst, welch großen Anteil Strauch an den Reformen hatte, die in der Folgezeit vor allem mit seinem eigenen Namen verknüpft und überliefert wurden. So schreibt er 1778 im Zusammenhang seiner Resignation als Abt in einem Brief an Strauch: »Sie sind doch der Urheber von allem, und Ihnen gebüret aller Dank und alle Ehre.«[41] Auch die Aufnahme der »Ausführlichen Nachricht« in die von Felbiger herausgegebenen »Kleinen Schulschriften« (1769), die Strauchs Verdienste um die durchgeführten Reformen betont und deutlich herausstellt, lässt erkennen:

> »Beide, Felbiger und Goebhardt, sind [...] Zeugen für die mitgeteilten Tatsachen; beide trafen sich offenbar auch in dem Wunsche, den Anteil Strauchs an der Schulverbesserung klar ans Licht zu stellen und für kommende Zeiten festzuhalten.«[42]

Der »Nekrolog« formuliert einschränkend: »Nur ist zu bemerken, daß Strauch meistens dasjenige im Stillen entwarf, was Felbiger öffentlich verbreitete.«[43]

---

39 Vgl. Klaus Walther, »Eine kleine Druckerei, in welcher manche Sünde geboren wird«. Bambergs erster Universitätsbuchhändler. Die Geschichte der Firma Göbhardt, Bamberg 1999; Klaus Walther, Buch und Leser in Bamberg. Zur Geschichte der Verlage, Buchhandlungen, Druckereien, Lesegesellschaften und Leihbibliotheken (Beiträge zum Buch- und Bibliothekswesen; Bd. 39), Wiesbaden 1999; Klaus Walther, Wissenstransfer im 18. Jahrhundert – die Firma Göbhardt in Bamberg, in: Ludolf Pelizaeus/Franz Stephan Pelgen (Hrsg.), Kontrolle und Nutzung – Medien in geistlichen Gebieten Europas 1680–1800 (Mainzer Studien zur Neueren Geschichte; Bd. 28), Frankfurt a. M. u. a. 2011, 65–73.

40 Vgl. Anm. 4.

41 Krömer, Johann Ignaz von Felbiger, 241.

42 Kreutzwald, Geschichte, 74.

43 Nekrolog, 356.

3. CHRISTENLEHRE ALS SCHULISCHER KATECHISMUSUNTERRICHT

Maßgeblich für die schulische Christenlehre wird der nun als schulisches Unterrichtswerk konzipierte Katechismus. Der »Schlesische Katechismus« ist – in Kenntnis französischer Vorbilder (Claude Fleury (1640–1723),[44] Jaques-Bénigne Bossuet (1627–1704),[45] François-Aimé Pouget (1666–1723)[46]) – ein mehrstufiger Katechismus und umfasst drei Katechismen für die drei *Classen* der nach Altersstufen eingeteilten Schüler.[47] Die Stufung erfolgt entwicklungspsychologisch begründet und in der Tradition der augustinischen Anthropologie nach den in den verschiedenen Altersstufen vornehmlich ausgebildeten und daher vornehmlich anzusprechenden Seelenkräften. So wendet sich der Katechismus für die 1. Klasse zunächst an das Gedächtnis. Ihm entspricht als Lernform das Memorieren. Der Katechismus für die 2. Klasse wendet sich vor allem an den Verstand und zielt auf ein durch Wort- und Sacherklärungen gefördertes Verstehen. Der Katechismus für die 3. Klasse schließlich wendet sich vor allem an den Willen und will durch einsichtige Beweisführungen und lebenspraktische Anwendungen zum Handeln anleiten und motivieren. In der Ausgabe des »Schlesischen Katechismus« von 1775 hat der Katechismus für die 1. Klasse einen Umfang von 7 Seiten, der Katechismus für die 2. Klasse einen Umfang von 37 Seiten und der Katechismus für die 3. Klasse einen Umfang von 226 Seiten.[48] Der inhaltliche Aufbau folgt in allen drei Teilkatechismen dem klassischen Modell der fünf Hauptstücke der Katechismen des Petrus Canisius S J (1521–1597), wobei

---

44 Catéchisme historique, contenant en abrégé l'Histoire Sainte et la Doctrine Chrétienne. 2 Bde., Paris 1683. Deutsche Übersetzung des kleinen Katechismus: Wien 1750, des größeren Katechismus: Wien 1776.

45 Catéchisme du diocèse de Meaux, Paris 1687. Deutsche Übersetzung: München 1775.

46 Instructions générales en forme de catéchisme où l'on explique en abrégé par l'Écriture sainte et par la tradition, l'histoire et les dogmes de la religion, la morale chrétienne, les sacraments, les prières, les cérémonies et les usages de l'Église, à l'usage des anciens et des nouveaux catholiques et de tous ceux qui sont chargés de leur instruction, avec deux catéchismes abrégés des enfants, Paris 1702 (»Catéchisme du diocèse de Montpellier«). Deutsche Übersetzungen: Köln 1709; Wien 1734.

47 Vgl. zum Folgenden: BENDEL, Seelsorger; KRÖMER, Johann Ignaz von Felbiger; HOFINGER, Geschichte des Katechismus, 29–61; FRANZ XAVER THALHOFER, Entwicklung des katholischen Katechismus in Deutschland von Canisius bis Deharbe, Freiburg/Br. 1899, 78–90.

48 Vgl. THALHOFER, Entwicklung, 125f.

der »Schlesische Katechismus« das fünfte Hauptstück (»Von der wahren christlichen Gerechtigkeit«) in drei Hauptstücke aufteilt, so dass sich folgende Gliederung ergibt:

1. Hauptstück: Vom Glauben
2. Hauptstück: Von der Hoffnung
3. Hauptstück: Von der Liebe
4. Hauptstück: Von den heiligen Sakramenten
5. Hauptstück: Von den Sünden, die wir meiden sollen
6. Hauptstück: Von den Dingen, die wir üben sollen
7. Hauptstück: Von den Dingen, die wir gewärtigen sollen

Felbiger verdeutlicht in der von ihm verfassten »Vorrede« zum »Schlesischen Katechismus« die mit dieser Gliederung verbundene religionspädagogische Intention:

> »Die Religion bestehet im göttlich Glauben, Hoffen, Lieben, daß ist, im rechtschaffen Leben; sie bietet die Hülfsmittel dar, die zur Erfüllung dieser Forderungen nöthig sind; sie dienet dazu, um ihre Bekenner zeitlich und ewig glückselig zu machen. Die Jugend muß also von sieben Stücken; nämlich: a) von den Wahrheiten, die wir glauben; b) von den Gütern, die wir hoffen; c) von den Dingen, die wir lieben; d) gebrauchen, e) meiden, f) üben und g) gewärtigen sollen, unterrichtet werden.«[49]

Der von Felbiger verfasste und 1765 im Verlag der katholischen Trivialschule gedruckte Katechismus für die 1. Klasse hat einen Vorläufer in den »vornehmsten Stuecken des Christenthums«, die als Anhang dem 1763 veröffentlichen »Neu eingerichteten ABC-Buchstabir- u. Lesebüchlein« für den Unterricht in den Schulen des Stifts beigefügt waren.[50] Dieser für Kinder bis zum Alter von 7/8 Jahren gedachte Katechismus listet – ergänzt durch einen Anhang mit Morgen-, Abend- und Tischgebeten – die traditionellen kateche-

---

[49] Vorrede, § 12. Zitiert nach Krömer, Johann Ignaz von Felbiger, 201.

[50] Neu eingerichtetes ABC-Buchstabir- u. Lese-Büchlein zum Gebrauche der Schulen des Fürstl. Stifts Cananicor. Regul. Ord. S. August. Congreg. Lateran. bey unser lieben Frauen zu Sagan. Nebst einer Vorrede in welcher ausführlich angezeigt wird, worin der Vorzug bestehe, den diese neue Einrichtung vor der alten hat, und einiger Anleitung vom nützlichen Gebrauch dieses Büchels beym wirklichen Unterricht, 1763. Als Anhang: Die vornehmsten Stuecke des Christenthums sammt kurzen Morgen-, Abend- und Tisch-Gebethen, ein Anhang zum Saganischen ABC, 1763. Vgl. a. a. O., 257.

tischen Grundtexte (Apostolisches Glaubensbekenntnis, Vaterunser, Ave Maria, Gebot der Gottes- und Nächstenliebe, Dekalog) und traditionelle katechetische Reihen (Sünden, Tugenden, Werke der Barmherzigkeit u. a.) auf, ohne Fragen oder Erklärungen und zum Zweck der memorierenden Aneignung.

Der von Strauch verfasste und ebenfalls im Jahr 1765 erstveröffentlichte Katechismus für die 2. Klasse ist als Frage-Antwort-Katechismus konzipiert. Der in 14 Lektionen geordnete Lehrstoff korrespondiert den 14 Wochen des verpflichtenden Schulbesuchs der Dorfkinder im Winterhalbjahr. Der Katechismus wendet sich an Kinder im Alter von 7 bis 10/11 Jahren. Die Erklärung der katechetischen Formeln und Reihen des Katechismus für die 1. Klasse, die zum Zweck der Anknüpfung und der Wiederholung artikelweise am Seitenrand mit abgedruckt werden, erfolgt in 309 Fragen und Antworten, so dass auf jede Lektion im Durchschnitt 20 Fragen und Antworten entfallen. Dem Katechismus für die 2. Klasse wird im »Schlesischen Katechismus« ab dem Jahr 1768 ein Anhang beigefügt. Er handelt in fünf Lektionen von der heiligen Messe, vom Anhören der Predigt, von der Beichte, von der heiligen Kommunion und vom Ablass. Der »Nekrolog« nennt Strauch als Verfasser des »Vorbereitende[n] Unterricht[s] vor [sic!] der Vorbereitung zur heiligen Beichte und Kommunion, als ein Anhang zum zweyten Schlesischen Katechismus«.[51]

Gesichert ist auch die Verfasserschaft Strauchs für den im Jahr 1766 erstveröffentlichten Katechismus für die 3. Klasse. In einer diesem Katechismus vorangestellten »Vorrede« erläutert Felbiger als Herausgeber die bei der Abfassung der drei neu eingeführten Katechismen maßgeblichen Grundsätze und benennt Grundregeln für die methodische Erarbeitung im Unterricht. Von Felbiger stammt auch die 1. Lektion des 1. Hauptstücks »Vom Glauben«. Der Katechismus für die 3. Klasse ist als Lehrstückkatechismus konzipiert und wendet sich an Kinder ab 11 Jahren. In 43 Lektionen entfaltet er den Inhalt der Katechese in zusammenhängenden Lesetexten, in denen die Lehre mit Beweisführungen zur Überzeugung des Verstandes und Paränesen zur Motivation des Willens verknüpft wird. In den Text eingewoben sind zahlreiche Zitate aus den biblischen Schriften. In Fußnoten werden ihre Fundstellen ausgewiesen, so dass sie in der Bibel nachgeschlagen werden können. Die Lektionen enden in der Regel mit »Lehren«: Anwendungen auf die Glaubens-

---

51 Nekrolog, 358.

und Lebenspraxis oder auch passenden Schriftstellen. Auf jeder Seite finden sich unter dem Strich auf den Lesetext bezogene und in diesem durch Fußnotenverweise ausgewiesene Fragen, die bei der Überprüfung des Verständnisses des Textes im Unterricht Hilfestellungen geben wollen.

> »Der Katechismus für die 3. Klasse ist zweifellos die originellste Arbeit unter den Saganer Katechismen, bildet er doch einen ganz neuen Typ in der Katechismusliteratur Deutschlands. Er ist wohl der erste Katechismus in zusammenhängenden Lehrstücken.«[52]

Nur zwei Jahre nach der Drucklegung des »Schlesischen Katechismus« erschien eine weitere katechetische Veröffentlichung Strauchs, die – da kein Schulbuch – nicht in Sagan, sondern in Bamberg im Verlag Tobias Göbhardts verlegt wurde. Sie trägt den Titel »Katechetische Betrachtungen, in denen der Inhalt des hl. röm.-kath. Glaubens dergestalt vorgetragen wird, daß Personen, welche in der Jugend schlecht unterrichtet worden, oder die den erhaltenen Unterricht vergessen haben, die Glaubenswahrheiten und Lebenspflichten dieser hl. Religion sich leicht und rührend bekannt machen können«.[53] Die in ihrem Aufbau der Gliederung des »Schlesischen Katechismus« folgenden »Katechetischen Betrachtungen« wenden sich an Erwachsene. Sie sind weder ein Kommentar zum Unterrichtswerk noch ein Unterrichtswerk für Erwachsene. Vielmehr wollen sie in einer elementaren und das Gemüt ansprechenden Weise (»*leicht und rührend*«) die »Glaubenswahrheiten und Lebenspflichten« der christlichen Religion erschließen. Die »Ausführliche Nachricht« beschreibt die mit ihrer Abfassung verbundene Intention Strauchs:

> »[E]r hoffte durch solche den Verstand derjenigen aufzuklären und deren Herzen zu bewegen, die, ohne guten Unterricht in der Jugend gehabt zu haben, in Unwissenheit erwachsen und hernach selten geneigt sind, sich aus gewöhnlichen Unterrichtsbüchern zu belehren.«[54]

Strauch selbst verweist in der »Vorrede« auf das Vorbild der geistlichen Schriften François Fénelons (1651–1715):

---

52 Hofinger, Geschichte, 48 (ohne die Hervorhebungen des Originals).

53 Bamberg: Göbhardt 1768. Weitere Auflagen: Preßburg 1770; Krems 1771; Sagan 1775; Münster 1788. Vgl. Krömer, Johann Ignaz von Felbiger, 262.

54 Kreutzwald, Geschichte, 73.

»[S]ie klären nicht allein den Verstand über die wichtigsten Gegenstände der Sittenlehre auf, und stellen sie aus einem sehr gefälligen Gesichtspunkte vor; sondern, was das vornehmste und schätzbarste ist, sie bewegen den Willen und machen ihn geneigt zur Befolgung des Guten.«[55]

Die Saganschen Katechismen entfalten die Glaubenslehre auf der Grundlage der geschichtlichen Offenbarung, die in den biblischen Schriften glaubwürdig bezeugt und überliefert wird. Ansätze einer natürlichen Theologie oder einer Begründung der Sittenlehre im Rekurs auf eine natürliche Sittlichkeit lassen sich nicht erkennen.

»Was ist der Glaube? Eine Gnade Gottes und Licht, vermöge welcher wir alles für wahr halten, was Gott geoffenbart hat, und uns durch seine Kirche zu glauben vorstellt.«[56]

Der Glaube ist für Strauch ein kirchlich vermittelter Glaube:

»Ehret die Kirche mit kindlichem Gehorsame, sie ist eure geistliche Mutter, sie ist die Braut Jesu Christi. Haltet euch fest an sie, sie ist die Säule und Grundfeste der Wahrheit. Man setzet sich der Gefahr aus, in dem Glauben der Kirche zu wanken, wenn man ihren Gebothen [sc. den Kirchengeboten] ungehorsam wird.«[57]

In den »Katechetischen Betrachtungen« beschreibt Strauch den Primat, der der Offenbarung Gottes auch gegenüber der menschlichen Vernunft zukommt:

»[...] so bered und rührend auch das Firmament mit seinem Sternenheere mir die Macht, Weisheit und Herrlichkeit Gottes erzählet; so lerne ich doch GOtt und seine Eigenschaften noch besser aus einem Buche kennen, welches von außen und von innen solche Merkmale an sich hat, die nicht zweifeln lassen, daß dieses Buch von GOtt selber, welcher allein in die Zukunft, in die späteren Zeiten, ja in alle Ewigkeit, eine uneingeschränkte Aussicht hat, sey eingegeben worden; denn es enthält Prophezeyungen solcher Dinge, die niemand vermuthen konnte,

---

55 Katechetische Betrachtungen, Vorrede. Zitiert nach der Ausgabe Münster 1788.

56 Katechismus für die 2. Klasse, 1. Hauptstück, 1. Lektion. Zitiert nach der Ausgabe Trier 1822.

57 Katechismus für die 3. Klasse, 3. Hauptstück, Lehren der 14. Lektion. Zitiert nach ebd.

die aber dennoch zu bestimmten Zeit sind erfüllt worden. In diesem Buche, an dessen Göttlichkeit nur noch Thoren zweifeln, lese ich, daß GOtt nicht nur ewig, unendlich, weise, mächtig, gerecht, gütig, barmherzig, und der einzige Gott, sondern auch, daß er dreifach in den Personen sey.
Ueber diese unerwartete Wahrheit stuzet meine Vernunft, sie will Schwierigkeiten machen, und ihr anfänglich den Beyfall versagen; wenn sie aber bedenket, daß niemand besser zu sagen wisse, was GOtt sey, als GOtt selber, der zugleich in seinen Offenbarungen wahrhaft, und untrüglich ist, so leget sie sich zum Ziele, sie unterwirft sich, und hält für wahr, was GOtt saget, ohngeachtet, daß sie es nicht einsieht, und versteht; sie glaubet, daß der einzige GOtt in dem Vater, Sohne und heiligen Geiste müsse angebethet werden. Nimm, o GOtt! diese Unterwerfung meiner Vernunft unter deine Offenbarung, als ein Opfer an, das ich deiner untrüglichen Wahrheit schuldig bin, gestatte nicht, daß Zweifel und Unglauben jemal dieses Opfer deiner Wahrheit streitig machen, sondern stärke meinen Glauben immer mehr und mehr, damit ich den von dir geoffenbarten Wahrheiten zu allen Zeiten einen ungezweifelten Beyfall leiste. Amen.«[58]

4. Unterricht in der biblischen Geschichte

Die »Vorläufige Anzeige« der verbesserten Einrichtung der Stadtpfarrschule in Sagan vom 17. Juni 1763 erwähnt zum ersten Mal einen von der Christenlehre unterschiedenen biblischen Geschichtsunterricht:

> »Montags zu eben der Zeit (sc. 10–11 Uhr) unterrichtet der Katechet in der Religionsgeschichte und erklärt die zu dem Ende für die Schulen bestimmten Bilder, sobald als solche fertig seyn werden.«[59]

In der die Reform der Dorfschulen des Stifts regulierenden Verordnung vom 10. November 1763 findet diese Montagsstunde keine Erwähnung. Es findet sich dort jedoch die für jeden Tag geltende Bestimmung: »Von ¾ auf 10 bis ¼ auf 11 lesen erstlich die Kinder der ersten und zweyten Klasse zusammen aus dem für die Schulen gedruckten Evangelium.«[60] Ausführlich geht das 1768 veröffentlichte Lehrerhandbuch auf die Methode ein, »[w]ie der

---

58 Katechetische Betrachtungen, Das apostolische Glaubensbekenntnis, 1. Artikel. Zitiert nach der Ausgabe Münster 1788.

59 Vorläufige Anzeige von besserer Einrichtung der öffentlichen Trivialschule. Zitiert nach Kreutzwald, Geschichte, 58f.

60 Verordnung, nach welcher die Schulen der zum Saganischen Stift gehörigen Dörfer eingerichtet und verbessert werden sollen. Zitiert nach a.a.O., 59.

Inhalt der Evangelien und Episteln in den Schulen der Jugend beizubringen ist«,[61] und setzt dabei die Praxis der samstäglichen Perikopenstunde als eine allgemeine Praxis voraus. Es galt nun, auch für die in den schulischen Unterricht integrierte biblische Unterweisung geeignete Unterrichtsbücher zu erarbeiten. Strauch kommt auch in dieser Hinsicht die führende Rolle zu, so dass er mit Recht als der »eigentlich[e] Begründer des biblischen Geschichtsunterrichts«[62] im katholischen deutschen Sprachraum angesehen werden kann.

Er veröffentlichte 1764 zunächst ein als Lesebuch konzipiertes Evangelienbuch »Die Evangelien, wie sie von den vier Evangelisten Matthaeo, Marco, Luca und Johanne geschrieben, nebst den Lectionen und Episteln, die das ganze Jahr hindurch in der Catholischen Kirche gelesen werden, zum Gebrauch der Leseschüler des Saganischen Stifts«.[63] Die »Ausführliche Nachricht« merkt dazu an: »Die ausgesonderten Stücke, welche an Sonn- und Festtagen gelesen werden, schienen ihm nicht weitläufig genug; daher sah er es für gut an, die Evangelien unzertrennt, so wie sie in der Heiligen Schrift stehen, drucken zu lassen.«[64] Die Textfassung des Evangelienbuchs ist eine von Strauch unter Benutzung der Vulgata und der Polyglotte des Benito Arias Montanus (1527–1598)[65] überarbeitete Fassung des Textes der deutschen Bibelübersetzung des Wessobrunner Benediktiners Thomas Erhard (1675–1743).[66]

Drei Jahre später folgte als »eine zusammenhängende kurze Geschichte des Alten Testamentes«[67] der von Strauch verfasste »Kern der Biblischen Geschichte des Alten Testaments, daraus der Jugend die vornehmsten Begebenheiten des Volkes Gottes und der berühmtesten Personen aus diesem Volke sehr leicht bekanntgemacht werden können«.[68] Der »Kern der Biblischen Geschichte des Alten Testaments« bietet einen »Auszug« der Bibli-

---

61 Vgl. Eigenschaften, 3. Hauptstück, 2. Teil, § 4. – FELBIGER, General-Landschul-Reglement, 87–92.

62 KREUTZWALD, Geschichte, 75.

63 Vgl. Anm. 28.

64 KREUTZWALD, Geschichte, 72.

65 Biblia sacra hebraice, chaldaice, graece et latine, Antwerpen 1568–1571.

66 Biblia sacra vulgatae editionis. Bibel oder Heilige Schrift des Alten und Neuen Testaments, Augsburg 1723. Vgl. KREUTZWALD, Geschichte, 248, Anm. 120 (im Anschluss an CHRISTIAN WALCH).

67 A.a.O., 72.

68 Vgl. Anm. 31.

schen Geschichte. Er trifft einerseits eine Auswahl von Erzählungen und Erzählzusammenhängen, die mit eigenen Worten, oft knapp zusammengefasst, nacherzählt werden. Er will anderseits aber auch den Zusammenhang der als historische Zeit gegliederten biblischen Geschichte wahren, in deren »großen Begebenheiten [...] sich Gott dem menschlichen Geschlechte geoffenbaret und seinen Willen und Ratsschlüsse bekanntgemacht hat.«[69] 6 Hauptstücke mit 39 Lektionen gliedern die Lesetexte, die ohne zusätzliche Fragen oder Erklärungen der Chronologie der Geschehnisse folgend dargeboten werden. In der Gliederung der Hauptstücke folgt Strauch der Zeitberechnung des französischen Benediktinerabts Augustin Calmet (1762–1757):[70]

1. Hauptstück: Von der Erschaffung der Welt bis auf die Sündfluth
   1675 Jahre – 4 Lektionen
2. Hauptstück: Von der Sündfluth bis zur Verkündung des Gesetzes
   865 Jahre – 12 Lektionen
3. Hauptstück: Von der Verkündigung des Gesetzes bis zur Einweihung des ersten Tempels
   487 Jahre – 9 Lektionen
4. Hauptstück: Von der Einweihung des ersten Tempels in Jerusalem bis zur Zerstörung desselben
   416 Jahre – 7 Lektionen
5. Hauptstück: Von der Zerstörung des ersten Tempels zu Jerusalem und Einweihung des zweiten
   73 Jahre – 4 Lektionen
6. Hauptstück: Von der Erbauung und Einweihung des zweiten Tempels bis auf Christi Geburt
   511 Jahre – 3 Lektionen

Das »Vorwort« beschreibt den didaktisch-methodischen Ort des »Kerns der Biblischen Geschichte des Alten Testamentes« im biblischen Unterricht:

---

[69] »Kern der Biblischen Geschichte des Alten Testamentes« [Anm. 31], Vorrede. Zitiert nach KREUTZWALD, Geschichte, 76. – Vgl. in diesem Zusammenhang auch: WERNER SIMON, »Heilsgeschichte« – ein Versuch, biblische Geschichte(n) im Zusammenhang zu erzählen. Zum didaktischen Ansatz ›Biblischer Geschichten‹ des 17.–19. Jahrhunderts, in: WERNER SIMON, Im Horizont der Geschichte. Religionspädagogische Studien zur Geschichte der religiösen Bildung und Erziehung (Forum Theologie und Pädagogik; Bd. 2), Münster 2001, 49–69.

[70] Histoire sainte de l'Ancien et du Nouveau Testament et des Juifs, Paris 1718. Deutsche Übersetzung: Augsburg 1759.

»Will man dieses Büchlein bey Kindern, welche in der Schule lesen lernen, mit Nutzen und Vortheil brauchen: so lasse man sie in ihren Leseübungen nebst dem Evangelio und dem Katechismo, täglich, oder auch über den anderen Tag durch die Woche, ein und die nämliche Lektion lesen; am Ende der Woche oder zu Anfang der künftigen Woche erkläre man ihnen diese Lektion, man katechisiere und examiniere sie darüber, man lasse sie selbige erzählen; da wird man nach Verlauf eines Jahres (denn binnen dieser Zeit kömmt man mit diesem Büchlein zu Ende, weil es nicht gar 50 Lectionen enthält) finden, daß die Kinder nicht nur die Begebenheiten zu erzählen wissen, sondern sie werden auch Muster und Regeln tugendhafter Sitten innehaben, die einst auf ihren Lebenswandel einen starken Einfluß haben können: durch diese Erzählungen lernen die Kinder auch sich über andere Begebenheiten und Vorfälle auszudrücken, die sie dermal einst dürfen vorzutragen haben; welches unseres Erachtens kein geringer Vortheil ist.«[71]

Die »Ausführliche Nachricht« (1767/1768) erwähnt, dass Strauch auch bereits den zweiten Teil des »Kerns der biblischen Geschichte« ausgearbeitet habe, der »die vornehmsten Begebenheiten des Neuen Testaments«[72] enthalte, dessen Drucklegung jedoch aus quellenmäßig nicht belegbaren Gründen erst ein Jahrzehnt später durch Integration in den im Jahr 1777 veröffentlichten »Kern der biblischen Geschichte alten und neuen Testaments« erfolgt. Dies gilt auch für die nach Auskunft der »Ausführlichen Nachricht« ebenfalls bereits ausgearbeiteten »tabellarisch verfaßten Episteln und Evangelien«,[73] die als Hilfen für den Unterricht in der Perikopenstunde gedacht waren.

Nur zwei Jahre nach der Drucklegung des »Kern der Biblischen Geschichte des Alten Testaments« erscheint die ebenfalls von Strauch verfasste »Kurze Geschichte der Religion, nebst dem Hauptsächlichsten der christlichen Sittenlehre für die zum Saganischen Stift gehörigen Stadtschulen«.[74] Sie bietet in einem knappen Abriss in skizzenhafter Form die »Religionsgeschichte des Alten Testaments« bis zur Einnahme des Gelobten Landes und die »Religionsgeschichte des Neuen Testaments vom Kommen Christi in die Welt bis zu [a]llerley Anordnungen, die in den Schriften der Apostel vorkommen«, mit genauen Angaben der jeweiligen biblischen Belegstellen. »Das Ganze erweckt den Eindruck, daß es sich hier um einen zusammenfassenden Überblick, eine Art vertiefende Wiederholung und Auswertung des schon im ein-

71 »Kern der Biblischen Geschichte des Alten Testamentes« [Anm. 31], Vorrede. Zitiert nach Kreutzwald, Geschichte, 76.

72 A. a. O., 73.

73 Ebd.

74 Vgl. Anm. 32.

zelnen bekannten biblischen Stoffes handelt«,[75] so dass eine Verwendung als Wiederholungs- und Lesebuch wahrscheinlich ist. Das der »Geschichte der Religion beigefügte Hauptsächlichste der christlichen Sittenlehre ist ein Auszug aus den Christliche[n] Grundsätzen und Lebensregeln zum Unterrichte der Jugend in den niederen Schulen, besonders in den angeordneten Wiederholungsstunden«,[76] für die aufgrund der im »Nekrolog« vorgenommenen Zuschreibung an Strauch wohl dessen Mitverfasserschaft angenommen werden darf.[77] Diese bieten einen Abriss der Sittenlehre in der Form einer Aufzählung der Pflichten nach den drei Pflichtenkreisen (Pflichten gegenüber Gott, den Mitmenschen, sich selbst) unter Beifügung von Belegstellen aus der Heiligen Schrift.

Die »Ausführliche Nachricht« weist auch darauf hin, dass die im »Kern der Biblischen Geschichte des Alten Testamentes« von 1767 veröffentlichte »Geschichte des Alten Testaments« – wie wohl auch die übrigen katechetischen Werke Strauchs – aus der Praxis eigenen Unterrichts erwachsen sind:

> »Er hat sie [...] nicht nur lange zuvor schon verfertigt und auch die zur Erinnerung der vornehmsten Begebenheiten entworfenen Bilder gleich zu Anfang der Schulverbesserung auf eigene Kosten mahlen und dadurch der großen Schulstube eine nützliche Verzierung geben lassen, sondern er hat sie auch mit den Schülern selbst seit einigen Jahren wöchentlich, besonders alle Montage abgehandelt, so wie er auch an den Sonnabenden die tabellarische Abhandlung des Evangelii und der Episteln seit zwey Jahren auf sich genommen und zum besten der Jugend fortgesetzt hat.«[78]

Das bedeutendste Werk unter den von Strauch für den Unterricht erarbeiteten biblischen Schulbüchern ist der »Kern der biblischen Geschichte alten und neuen Testaments mit beygesetzten kurzen Sittenlehren«.[79] Es handelt sich dabei um »die erste vollständige Biblische Geschichte für den Schulunterricht im katholischen Deutschland«.[80] Dem Text der biblischen Geschichte vorgeschaltet werden ein »Vorwort« und ein »Kurzer Unterricht von der Hei-

---

75 KREUTZWALD, Geschichte, 85.

76 Sagan: Verlag der katholischen Trivialschule 1768. Weitere Auflagen: Bamberg/Würzburg 1770, 1772; Würzburg 1786: Vgl. KRÖMER, Johann Ignaz von Felbiger, 262.

77 Nekrolog, 357.

78 KREUTZWALD, Geschichte, 73.

79 Vgl. Anm. 33.

80 KREUTZWALD, Geschichte, 90.

ligen Schrift oder der Bibel, das ist von den Büchern des Alten und Neuen Testaments«, in dem ein Überblick über Gliederung, Umfang und Themen der einzelnen biblischen Schriften gegeben wird. Es folgt – in fast wörtlicher Übereinstimmung mit dem Text des »Kerns der Biblischen Geschichte des Alten Testamentes« von 1767 – die »Geschichte des Alten Testaments« in 6 Hauptstücken mit 39 Lektionen sowie an sie anschließend die »Geschichte des Neuen Testaments« in 5 Hauptstücken mit 27 Lektionen:

1. Hauptstück: Von der Geburt Jesu bis zu seynen drey letzten Lebensjahren
   5 Lektionen
2. Hauptstück:
   Erste Abtheilung: Von der Taufe Jesu bis zu seinem Einzug in Jerusalem
   3 Lektionen
   Andere Abtheilung: Von den merkwürdigen Wunderwerken, Sittenlehren, Parabeln und anderen Vorfällen Jesu
   3 Lektionen
3. Hauptstück: Von dem Einzug Jesu in Jerusalem bis zu seiner Auferstehung
   4 Lektionen
4. Hauptstück: Von der Auferstehung Jesu bis zur Sendung des Heiligen Geistes
   3 Lektionen
5. Hauptstück: Von der Sendung des Heiligen Geistes über die Apostel und der ferneren Ausbreitung der christlichen Kirche
   9 Lektionen

Heinrich Kreutzwald identifiziert in einer sorgfältigen und überzeugend durchgeführten Untersuchung diese »Geschichte des Neuen Testaments« mit dem von Strauch bereits bei Erscheinen der »Ausführlichen Nachricht« (1767/1768) ausgearbeiteten und bisher unveröffentlichten zweiten Teil des »Kerns der biblischen Geschichte«.[81]

Dem »Vorwort« korrespondiert ein »Beschluß«, der sich an den neutestamentlichen Teil des »Kerns der biblischen Geschichte alten und neuen Testaments« anschließt.

Die ausgewählten überwiegend erzählenden biblischen Texte werden in einem dem erzählten Geschehensablauf folgenden Zusammenhang nacherzählt. Im Text eingefügte Fußnotenhinweise verweisen auf Fragen, die auf

---

[81] Vgl. a. a. O., 73.

der jeweiligen Seite unter dem Strich beigegeben werden und die – ebenfalls am erzählten Geschehensablauf orientiert – bei der fragenden Überprüfung des Textverständnisses im Unterricht Hilfestellungen geben wollen. Jede Lektion endet – wie die Lektionen des Katechismus für die 3. Klasse – mit einer »Sittenlehre« paränetischen Charakters, die in der Regel in einem pointierenden Schriftwort gipfelt.

Das »Vorwort« verteidigt die Darstellungsweise in Zusammenhängen gegenüber zu erwartenden Einwänden:

> »Es werden vielleicht einige Schullehrer wünschen, daß man diese Geschichte nicht in einer verbundenen, zusammenhängenden Rede, sondern in Fragen und Antworten abgefasst hätte; allein man hat die gemeinere Schreibart der Geschichte beygehalten, weil man aus der Erfahrung weiß, daß die Jugend bei einem zusammenhängenden Vortrage der Geschichte viel aufmerksamer als bey demjenigen ist, der durch beständige Frage und Antworten unterbrochen wird, wenn derselbe auch noch so gut und geschickt eingerichtet ist. Man hat auch befürchtet, die Kinder möchten auf solche Weise in den Schulen nur bloß das Gedächtnis brauchen und die erlernten Antworten maschinenmäßig hersagen, da sie nach der gegenwärtigen Einrichtung zugleich in die Nothwendigkeit versetzt sind, ihren Verstand anzustrengen und die Antwort mit ihren eigenen Worten vorzutragen [...].«[82]

Es wird auch auf eine mögliche Vernetzung des biblischen Unterrichts mit dem Katechismusunterricht hingewiesen:

> »Diese Geschichten können an Stelle der Exempel treten, welche die Kinder nur gar zu gerne hören. Und damit den Kindern das Lernen durch die ganze Schulzeit angenehm bleibe, so sollen die Schullehrer diese Geschichten in die gehörigen Orte des Katechismus vertheilen und also dem katechetischen Unterrichte am gehörigen Orte miteinmischen. Diese Abwechslung macht den Kindern ungemeine Lust und erleichtert ihnen zugleich den Begriff der christlichen Lehre.«[83]

---

82 »Kern der biblischen Geschichte alten und neuen Testaments« [Anm. 33], Vorwort. – Zitiert nach a. a. O., 91.

83 A.a.O., 92.

Der »Beschluß« akzentuiert die gleichermaßen ethisch-pragmatische wie religiös-erziehende Ausrichtung der biblischen Geschichte:

> »Dies ist die kurze Geschichte unserer heiligen allein seligmachenden Religion. Durchaus strahlet die unendliche Liebe Gottes gegen uns Menschen darinnen hervor, der uns, nachdem er uns, ohne unser benöthigt zu seyn, zu seinem Wohlgefallen erschaffen, durch die geoffenbarte Religion hat lehren wollen, wie wir seine Gaben hier auf Erden zu seiner Ehre und unserem Besten gebrauchen und nach diesem Leben den Weg der ewigen Glorie nicht verfehlen sollen. [...] und überhaupt ist diese heilige Religion nichts anderes als die weiseste, gütigste Vorschrift, wie wir unseren Leib und unsere Seele vor Unglücken bewahren, wie wir hinwieder jedermann das Seinige gönnen, wie wir einander in der Noth beystehen, wie wir in Widerwärtigkeiten nicht verzagen; wie wir endlich untereinander unsere leibliche und geistliche Glückseligkeit befördern sollen.«[84]

Es lassen sich Traditionen benennen, die Strauch bei der Abfassung seiner Bücher für den biblischen Unterricht bekannt gewesen sein dürften, ohne dass jedoch eine direkte Abhängigkeit quellenmäßig belegt werden kann.

In diesem Zusammenhang ist zunächst das Vorbild des Unterrichts der Berliner Realschule anzuführen, in dem in pietistischer Tradition der Bibel und ihrer gemeinsamen Lektüre ein zentraler Stellenwert zukam. Auch die dem Evangelienbuch beigefügte und von Felbiger verfasste »Tabelle, daraus die Zahl und Eintheilung sämmtlicher Bücher der Heiligen Schrift nebst der Zahl der Capitel jedes Buches ersehen werden können«,[85] findet ein Vorbild in der dem Berliner Buchstabier- und Lesebüchlein im Anhang beigegebenen biblischen Tabelle. Quellenmäßig belegen lässt sich auch die Kenntnis der französischen und in deutschen Übersetzungen vorliegenden »historischen Katechismen« von Fleury und Pouget, die dem dogmatischen Teil des Katechismus einen biblisch-geschichtlichen Teil in der Funktion einer Grundlegung voranstellen und diesen in Fragen und Antworten erschließen.[86] Schließlich sind aus der protestantischen Tradition die als katechetische Kinderbibel konzipierten »Zweymahl zwey u. funffzig auserlesene[n]

---

84 Kern der biblischen Geschichte alten und neuen Testaments [Anm. 33], Beschluß. – Zitiert nach a.a.O., 100.

85 Sagan 1764. Vgl. KRÖMER, Johann Ignaz von Felbiger, 258; KREUTZWALD, Geschichte, 283.

86 Vgl. a.a.O., 13–29 (»Die historischen Katechismen Frankreichs im 17. und beginnenden 18. Jahrhundert als Wegweisung zu einem besonderen biblischen Geschichtsunterricht«).

Biblische[n] Historien aus dem Alten und Neuen Testamente, der Jugend zum Besten abgefasset«[87] zu nennen, die Johann Hübner (1668–1731) als Rektor des Merseburger Domgymnasiums verfasste und die Felbiger in ihrer Anlage und Form als bemerkenswert erwähnt.[88]

> »Die Bibel ist in Lektionen für 52 Wochen [...] aufgeteilt, die aus dem Text u[nd] jeweils drei Anhängen bestehen, die ›drey herrliche Talente des Kindes‹ schulen sollen: das Gedächtnis durch Fragen, den Verstand durch Lehren, den Willen durch Reimverse (Vorrede).«[89]

Hübner fügt mit dieser Zweckbestimmung dem Erzähltext der jeweiligen *Historie* und an ihn anschließend »Deutliche Fragen, Nützliche Lehren und Gottselige Gedanken« bei (letztere in Versform und in späteren Auflagen auch zusätzlich in lateinischer Übersetzung).

5. Benedikt Strauch und die Reform im Stift Sagan – ein Ansatz ›katholischer Aufklärung‹?

Die Reform des niederen Schulwesens im Stift Sagan teilt das zeitgenössische aufgeklärte Erziehungsideal einer Vorbereitung und Ertüchtigung für das praktische Leben und beschreibt den Weg tugendhafter Pflichterfüllung als Weg zu einem glückseligen Leben.

> »Aus der Sicht der Aufklärung ist das Schulwesen ein zentraler Ansatzpunkt, um die Bildung, die Aufklärung des Volkes anzuheben, um es auf eine höhere Stufe der Sittlichkeit und damit zur Glückseligkeit zu führen.«[90]

---

87 Leipzig 1714. – Vgl. Christine Reents, Die Bibel als Haus- und Schulbuch für Kinder. Johann Hübner, Zweymal zwey und funffzig Auserlesene Biblische Historien, der Jugend zum Besten abgefasset... Leipzig 1714 bis Leipzig 1874 und Schwelm 1902 (Arbeiten zur Religionspädagogik; Bd. 2), Göttingen 1984. – Vgl. auch: Christine Reents/Christoph Melchior, Die Geschichte der Kinder- und Schulbibel. Evangelisch – katholisch – jüdisch (Arbeiten zur Religionspädagogik; Bd. 48), Göttingen 2011, 151–230 (Kapitel 4: »Vom heiligen Buch zur biblischen Erzählung für Kinder. Spätorthodoxie – Pietismus – Aufklärung im 18. Jahrhundert«).

88 So in den »Vorlesungen über die Kunst zu katechisieren« (Sagan 1774). Hier nach Krömer, Johann Ignaz von Felbiger, 230.

89 Christine Reents, Art. Hübner; in: LexRP 1 (2001) 844–846, 845.

90 Bendel, Seelsorger, 285.

Der erste Paragraph des 1. Hauptstücks des Lehrerhandbuchs formuliert prägnant die »Hauptabsicht« des schulischen Unterrichts: Die Kinder sollen, »tüchtig gemacht werden [...], nützliche Glieder des Staates, vernünftige Menschen, rechtschaffene Christen, d.i. Mitgenossen zeitlicher und ewiger Glückseligkeit zu werden.«[91]

Das »Korrespondentennetz«,[92] das aus Felbigers Briefwechsel rekonstruiert werden kann, zeigt einen überregionalen Austausch mit führenden Vertretern der innerkirchlichen katholischen Aufklärung wie Michael Ignaz Schmidt (1736–1794) in Würzburg, dem Fürstabt der Benediktinerabtei St. Blasien Martin Gerbert (1720–1793), dem Propst des Augustinerchorherrenstifts Polling Franz Töpsl (1711–1796) und Stephan Alexander Würdtwein (1722–1796) in Mainz. Seine Schulschriften trugen Felbiger im Frühjahr 1766 die Ehrenmitgliedschaft der im Jahr 1759 gegründeten Churbayrischen Akademie der Wissenschaften in München ein. Felbiger korrespondiert mit deren Sekretär, dem Benediktiner Ildephons Kennedy (1722–1804). Beziehungen zu einem Vertreter protestantischer Aufklärungspädagogik dokumentiert der Briefwechsel Felbigers mit Friedrich Eberhard von Rochow (1734–1805)[93], der als Vertreter einer »Volksaufklärung« auf seinem Gut in Reckahn bei Brandenburg eine vom Erziehungsdenken der Philanthropen (Johann Bernhard Basedow (1724–1790), Christian Gotthilf Salzmann (1744–1811)) beeinflusste Musterschule für die Ausbildung von Landschullehrern gründete und entscheidende Impulse für die Reform der Landschulen in der Mark Brandenburg gab. Felbiger gehört auch zu den Subskribenten des im Jahr 1774 erstveröffentlichten vierbändigen »Elementarwerks« Basedows, des Hauptvertreters der deutschen Aufklärungspädagogik.[94]

---

91 Eigenschaften [Anm. 9], 1. Hauptstück, § 1. – Felbiger, General-Land-Schul-Reglement, 35.

92 Vgl. Karen Lambrecht, Gelehrte Briefe: Sagan und das Korrespondentennetz von Johann Ignaz Felbiger, in: Marek Hałub/Anna Mańko-Matysiak (Hrsg.), Śląscka republika uczonych. Schlesische Gelehrtenrepublik. Slezská vědecká obec, Bd. 1, Wrocław 2004, 302–324; Karen Lambrecht, Johann Ignaz Felbiger (1724–1788) und das Stift der Augustiner-Chorherren zu Sagan, in: Bein, Sagan, 85–90.

93 Vgl. Hanno Schmitt/Frank Tosch (Hrsg.), Vernunft fürs Volk. Friedrich Eberhard von Rochow 1734–1805 im Aufbruch Preußens, Berlin 2001; Annegret Völpel, Art. Rochow, in: NDB 21 (2003) 683f.; Rainer Lachmann, Art. Rochow, in: BBKL 8 (1994) 461–466.

94 Elementarwerk. Ein geordneter Vorath aller nöthigen Erkenntniß. Zum Unterrichte der Jugend von Anfang, bis ins academische Alter. Zur Belehrung der Eltern, Schullehrer und Hofmeister. Zum Nutzen eines jeden Lesers, die Erkenntniß zu vervollkommnen. In Verbindung mit einer Sammlung von Kupferstichen, und mit französischer und lateini-

Gleichwohl fehlt im Saganschen Ansatz der Reform des Unterrichts und der Katechese ein zentrales Element der Aufklärungspädagogik und der von führenden Aufklärungspädagogen vertretenen Religionspädagogik. Denn der im Modell des Katechisierens entfaltete Ansatz des »Unterrichts durch Fragen«[95] darf nicht mit der für die Aufklärungspädagogik maßgeblichen »sokratischen Methode« verwechselt werden. Letztere beschreibt in Analogie zur sokratischen Mäeutik ein Unterrichtsverfahren, »das die Unterrichtsinhalte nicht in die Kinder *hineinlegen*, sondern aus ihnen *herausholen* soll«[96]. Der induktiv von der Erfahrung ausgehende Ansatz der Sokratik korreliert dabei mit dem Religionsverständnis einer natürlichen Religion, die ihrerseits im Ausgang von der Erfahrung und durch die Vernunft pädagogisch erschlossen werden kann. Eine solche undogmatische Grundlegung der Religionspädagogik ist dem konsequent offenbarungstheologisch profilierten katechetischen Ansatz Strauchs und Felbigers fremd.

Vor diesem Hintergrund gewinnen zwei weitere Traditionslinien Gewicht, die sich für den vorgestellten Saganschen Ansatz namhaft machen lassen.

Dies ist zunächst die bereits mehrfach erwähnte pietistische Tradition der Pädagogik Hallescher Prägung – vermittelt im pädagogischen und didaktisch-methodischen Konzept der von Hecker gegründeten Berliner Realschule. Das in diesem Zusammenhang konzeptionell maßgebliche Interesse an einer realistischen Bildung konvergiert mit dem Interesse der Aufklärung an einer sittlichen Bildung. Felbiger besucht während seiner zweiten Studienreise im Jahr 1765 Hecker in Berlin, Hähn in Kloster Bergen und die Franckeschen Stiftungen in Halle, mit dem Leiter deren Waisenhausdrukkerei Johann Michael Witte (1721–1793) er ebenfalls in Kontakt steht, aber auch zeitgleich einen führenden Vertreter der deutschen Aufklärung, Johann Christoph Gottsched (1700–1766) in Leipzig.

Mit dem Hinweis auf das Vorbild Fénelons im Vorwort der »Katechetischen Betrachtungen« erinnert Strauch an eine weitere Traditionslinie, die in seinen katechetischen und geistlichen Schriften zum Tragen kommt: den Einfluss der französischen katechetischen und geistlichen Literatur des 17. und des 18. Jahrhunderts, die im deutschen Sprachraum auch in Überset-

---

scher Uebersetzung dieses Werks, 4 Bde., Dessau 1774. – Vgl. Johann Schmitt, Der Kampf um den Katechismus in der Aufklärungsperiode Deutschlands, München 1935, 281.

[95] Eigenschaften [Anm. 9], 2. Hauptstück, 2. Abschnitt: Vom Unterrichte durch Fragen oder von dem Katechisieren. – Felbiger, General-Land-Schul-Reglement, 60–67.

[96] Michael Meyer-Blanck, Art. Sokratik, in: LexRP 2 (2001) 1995f., 1995.

zungen weit verbreitet war. Die Textgattungen sowohl des mehrstufigen Katechismus als auch der biblischen Geschichte kennen französische Vorbilder. In einer eigenen Übersetzung aus dem Französischen veröffentlicht Strauch »Des Herrn Franz Latifau; Bischoffs zu Sisteron, geistliche Briefe an eine Closterjungfer«.[97] Sowohl Fénelon (1651–1715) als auch Pierre-François Latifau (1685–1764) stehen frömmigkeitsgeschichtlich in einer Tradition, deren Spiritualität des inneren Gebets das Gemüt als einen Ort der Gotteserkenntnis und der Gottesliebe identifiziert und in diesem Zusammenhang die Aufgabe der Gemütsbildung[98] als eine zentrale Aufgabe geistlicher Begleitung und religiöser Erziehung beschreibt.[99] In dieser Aufgabenbeschreibung konvergieren Ansätze sowohl katholischer als auch pietistischer Spiritualität.

Antworten des Strauchschen Katechismus für die 2. Klasse gewinnen in diesem Kontext ein spezifisches Profil:

> »Wie übet man die Hoffnung? Mit dem Bethen.«[100]
> »Worin besteht das Gebeth? In der Erhebung unseres Gemüthes zu Gott.«[101]
> »Worin besteht die Liebe Gottes? Dieß ist die Liebe Gottes, daß wir seine Gebothe halten.«[102]
> »Können wir die Gebothe Gottes halten? Ja mit der Gnade Gottes.«[103]

---

97 Bamberg/Würzburg: Göbhardt 1767. – Vgl. auch die folgenden nach Angaben des »Nekrologs« von Strauch verfertigten geistlichen Schriften: Katholisches Gebetbuch vornehmlich zum Gebrauch gemeiner Leute, Sagan 1768; Katholisches Gebetsbüchlein, Sagan 1779; Betrachtungen und Gebete, besonders für Personen, die lange krank sind, und sich christlich zu sterben vorbereiten wollen, Pressburg 1789. Das »Katholische Gebetsbüchlein« wurde von Strauch 1795 um einen Anhang vermehrt und erschien von nun an unter dem Titel: Katholisches Gebetbüchlein für diejenigen, welche dem öffentl. Gottesdienste nicht beywohnen können. Vgl. Nekrolog, 357.

98 Vgl. in diesem Zusammenhang auch: Martin Schreiner, Gemütsbildung und Religiosität (Arbeiten zur Religionspädagogik; Bd. 8), Göttingen 1992.

99 Vgl. Louis Dupré, Jansenismus und Quietismus, in: Louis Dupré/Don E. Saliers in Verbindung mit John Meyendorff (Hrsg.), Geschichte der christlichen Spiritualität. Bd. 3: Die Zeit nach der Reformation bis zur Gegenwart, Würzburg 1997, 145–167.

100 Katechismus für die 2. Klasse [Anm. 29]: 2. Hauptstück, 1. Lektion. Zitiert nach der Ausgabe Trier 1822.

101 Ebd.

102 Zitiert nach ebd.

103 Ebd.

Zu prüfen wäre, wie in den katechetischen und geistlichen Schriften Strauchs auch die augustinische Ordensspiritualität zum Tragen kommt: etwa im Verständnis des Wirkens der göttlichen Gnade und im Verständnis der Liebe als christlicher Grundhaltung, in der anthropologischen Gewichtung des Strebevermögens der menschlichen Seele sowie in der Auslegung der Glückseligkeit als Ziel des menschlichen Strebens.

Wie aber – so bleibt abschließend zu fragen – versteht Benedikt Strauch selbst das Verhältnis von christlicher Religion und Aufklärung? Rainer Bendel macht in seinen Analysen der am Sonntag Laetare des Jahres 1765 – am *Gedächtnißtag des in Schlesien vor acht hundert Jahren eingeführten Christenthums* – in der Stifts- und Pfarrkirche zu Sagan gehaltenen und im Jahr 1768 als Musterpredigt veröffentlichten Rede Strauchs[104] auf einen Schlüsseltext aufmerksam, der uns bei der Beantwortung dieser Frage helfen kann.[105] Strauch wählt in dieser Predigt die für die Aufklärung bezeichnende Lichtmetaphorik und ruft seine Zuhörer dazu auf, Gott, »dem Vater der Lichter [vgl. Jak 1,17], mit freudigen und frohlockenden Herzen [zu] danken, daß er heute vor acht hundert Jahren das Licht des Evangelii unserm Vaterlande aufgehen und das Christenthum einführen«[106] ließ. Unter Bezugnahme auf Joh 1,9 erinnert er daran, dass Gott alle Menschen *erleuchtet*:

> »Die Religion lehret uns zwar, daß wir den Willen des himmlischen Vaters nicht thun, und seine Gebothe aus eigenen Kräften nicht halten können, es sey denn, daß uns Gott hiezu seine Gnade verleihe; diese fehlet aber keinem Menschen, Gott erleuchtet alle Menschen, die in diese Welt kommen, wenn die meisten dem Lichte seiner Gnade nicht folgen, so geschieht es aus eigener Boßheit.«[107]

Das »für unser ewiges und zeitliches Heil so wichtige Werk der Bekehrung Schlesiens« ist keinem »blinden Zufall« beizumessen, sondern der »erbar-

104 Rede an dem Sonntag Lätare 1765 dem Gedächtnißtage des in Schlesien vor achthundert Jahren eingeführten Christenthums gehalten, in der Stifts- und Pfarrkirche zu Sagan von Benedicto Strauch, des Fürstlichen Stifts Canon. Reg. Lat. Ord. St. Augustini daselbst, Priore und Proparocho, Bamberg und Würzburg: Göbhardt 1768.

105 Vgl. Bendel, Seelsorger, 343–345; Rainer Bendel, Aufklärung und religiöses Leben in Schlesien, in: Joachim Köhler/Rainer Bendel (Hrsg.), Geschichte des christlichen Lebens im schlesischen Raum, Münster 2002, 577–613, 577–581; Rainer Bendel, Prediger im Bistum Breslau zwischen Jansenismus und Aufklärung, in: Kunicki, Aufklärung, 197–214; 204f.

106 Rede an dem Sonntag Lätare [Anm. 104], 18.

107 A.a.O., 44f.

menden Güte des Vaters der Lichter«.[108] Das »Licht des Evangeliums« führt zur wahren Erkenntnis Gottes und zur wahren Erkenntnis der Bestimmung des Menschen. Die christliche Religion hat insofern eine *aufklärende* Kraft und trägt zur zeitlichen und ewigen Glückseligkeit bei, indem sie den Menschen die richtigen Begriffe von Gott, von Christus als dem Erlöser und vom Menschen und seinen Pflichten gibt. Sie leistet darin zugleich einen Beitrag zum Wohl der Gesellschaft, »indem sie jedem Stande solche Gesetze vorschreibet, mit deren Beobachtung die öffentliche Ruhe, die Glückseligkeit des Staates aufs genaueste verknüpft ist«:[109]

> »Ich sage mit kurzen Worten, sie machet nicht nur dem äußerlichen Scheine nach, sondern aus innerlicher Ueberzeugung gnädige und gerechte Obrigkeiten, gehorsame Unterthanen, billige Herrschaften, treue Dienstboten, züchtige Eheleute, weise Eltern, fromme Kinder, standhafte Freunde, ehrliche Handelsleute, arbeitsame Handwerker.«[110]

Strauch gewinnt aus dem Verständnis der christlichen Religion als einer Offenbarungsreligion das Verständnis einer in der Offenbarung selbst gründenden *Aufklärung*.[111] Diesem Zweck dient auch die schulische Erziehung, für die er in seinen Büchern für den Religionsunterricht neue Medien bereitstellt: als Medien der Belehrung, der Bildung und der Frömmigkeit. Der »Nekrolog« verortet Strauch als den Vertreter einer »via media«:

> »In Ansehung seiner Religiosität will ich blos bemerken, daß sie auf ächt christlich katholischen Grundsätzen beruhete, und er in seinen Meinungen, so wie in seinen Handlungen, von der Mittelstraße nie abwich. Er prüfte alles, und behielt stets das Beste.«[112]

---

108 A. a. O., 23.

109 A. a. O., 43.

110 A. a. O., 43f.

111 Vgl. in diesem Zusammenhang auch die positionelle Verortung Johann Ignaz von Felbigers im Spannungsfeld von Orthodoxie, Jansenismus und Aufklärung: ROMBERG, Wege, 40–71.

112 Nekrolog, 365.

Neuhumanismus und »Hofpredigerpartei«

Zu geschichtsphilosophischen und kirchenpolitischen Positionen bei Wilhelm Herbst (1825–1882)*

Jonas Flöter

Wilhelm Herbst ist als Person heute nur noch im Umfeld der Landesschule Pforta bekannt.[1] Zwischen 1873 und 1878 leitete er die renommierte und traditionsreiche evangelische Bildungseinrichtung. Der Umstand, dass Herbst die leitende Position eines preußischen »Endstationsgymnasiums« erreicht hatte,[2] führte allerdings nicht zu einem verstärkten bildungsgeschichtlichen oder geschichtsdidaktischen Interesse. Dass ihm in dem von Siegfried Quandt herausgegebenen Band ein Beitrag gewidmet wurde,[3] ist seinen biographischen Arbeiten, vor allem aber seinem geschichtsdidaktischen Oeuvre geschuldet. Herbst hatte sich immer wieder zu inhaltlichen und methodischen Fragen des Geschichtsunterrichts geäußert.[4] In diesen Werken zeigt

---

* Im Gedenken an Günther Wartenberg (17. Mai 1943–9. Juli 2007) zum 17. Mai 2013.

1 Vgl. Petra Dorfmüller, rectores portenses. Leben und Werk der Rektoren der Landesschule Pforta von 1543 bis 1935, Beucha 2006, 63–66.

2 Marita Baumgarten prägte für den akademischen Karriereweg des 19. Jahrhunderts an Universitäten die Begriffe der »Einstiegsuniversität«, der »Durchgangsuniversität« und der »Endstationsuniversität«. Zu letzteren gehörten Ende des 19. Jahrhunderts die Universitäten in Berlin, Leipzig und München. Dieses Modell lässt sich auch auf die Gymnasien des 19. Jahrhunderts übertragen. Die sächsischen und preußischen Fürstenschulen zählen zweifellos zu den »Endstationsgymnasien«. Vgl. Marita Baumgarten, Professoren und Universitäten im 19. Jahrhundert. Zur Sozialgeschichte deutscher Geistes- und Naturwissenschaftler, Göttingen 1997.

3 Vgl. Heinz Sproll, Wilhem Herbst (1825–1882), in: Siegfried Quandt (Hrsg.), Deutsche Geschichtsdidaktiker des 19. und 20. Jahrhunderts, Paderborn u. a. 1978, 110–136.

4 Vgl. Friedrich Ludwig/Wilhelm Herbst, Historisches Hülfsbuch für die oberen Klassen der Gymnasien und Realschulen, 3 Bde., Mainz 1864–1867; Friedrich Ludwig Wilhelm Herbst, Historisches Quellenbuch zur alten Geschichte. Für obere Gymnasialklassen, Leipzig 1866–1868; Friedrich Ludwig Wilhelm Herbst, 1. Thukydides auf der Schule; 2. Über Thukydides I, 22,1, Magdeburg 1869; Friedrich Ludwig Wilhelm Herbst, Zur Frage über den Geschichts-Unterricht auf höheren Schulen. Ein erweitertes Vorwort

sich Herbst als neuhumanistisch gebildeter Schulmann und somit als ein Exponent seiner Epoche.[5]

Es sind vor allem zwei Positionen, die bisher bei Wilhelm Herbst weitgehend unberücksichtigt geblieben sind. Zum einem ist dies seine Stellung als Geschichtslehrer von Karl Lamprecht, den er 1873/74 in Oberprima unterrichtete. Die Wirkung dieses Unterrichts war so überwältigend, dass Lamprecht dem Rat seines Lehrers folgend Geschichte studierte. Darüber hinaus blieb er zeitlebens seinem Geschichtslehrer und der Landesschule treu verbunden. Diese Verbundenheit drückte Lamprecht nicht nur durch häufige Besuche und großzügige Spenden aus. Er bestimmte auch den Portenser Friedhof zu seiner letzten Ruhestätte. Ferner blieb er stets darauf bedacht, der Schulbibliothek alle seine Schriften sowohl in den ersten als auch in allen weiteren Auflagen zukommen zu lassen. Dies wird in einem Begleitschreiben vom November 1909 offenbar, mit dem er die letzten Bände seiner »Deutschen Geschichte« nach Schulpforte übersandte:

> »Mit besonderen Empfindungen überreiche ich anbei die letzten Bände meiner Deutschen Geschichte. Dies Werk hat mich schreibend etwa zwei Jahrzehnte beschäftigt, denkhaft aber reicht es über diese Zeit zurück bis in die Anfänge schüchterner selbständiger geschichtlicher Auffassung: und diese Anfänge, ich weiß es wohl, verdanke ich der teuern, lieben Anstalt, die mich im biegsamsten Alter gebildet hat. Wie kann ich mich noch erinnern, daß es mich im Innersten traf, wenn Herbst einmal im Geschichtsunterricht bemerkte, ich habe in diesem oder jenem Zusammenhange etwas Unerwartetes gesagt; wie stolz bin ich noch heute darauf, daß solche Beobachtungen in meiner Geschichtszensur im Abiturientenzeugnis einen Ausdruck gefunden haben!«[6]

---

zu dem historischen Hülfsbuch, Mainz 1869; Friedrich Ludwig Wilhelm Herbst, Die neuere und neueste Geschichte auf Gymnasien. Ein Votum, Mainz 1877; Friedrich Ludwig Wilhelm Herbst, Hülfsbuch für die Deutsche Literaturgeschichte zum Gebrauche der obersten Klassen der Gymnasien und Realschulen, Gotha 1879; Friedrich Ludwig Wilhelm Herbst, Die neuhochdeutsche Literatur auf der obersten Stufe der Gymnasial- und Realschulbildung: Erläuternde Bemerkungen zu dem Hülfsbuch für die deutsche Literaturgeschichte, Gotha 1879.

5 Als solcher findet Herbst auch Eingang in die Überblicksdarstellung von Frank-Michael Kuhlemann. Vgl. Frank-Michael Kuhlemann, Kulturgeschichte in geschichtsdidaktischen Positionen des Kaiserreichs, in: Bärbel Kuhn/Susanne Popp (Hrsg.), Kulturgeschichtliche Traditionen der Geschichtsdidaktik, St. Ingbert 2011, 89–110.

6 Max Hoffmann, Karl Lamprecht, in: Ecce der Königlichen Landesschule Pforta 1915, 22.

Der Einfluss, den Herbst auf seinen Schüler Lamprecht ausübte, ist bis heute unerforscht.

Zum anderen wurde Wilhelm Herbst bisher – wenn überhaupt – allein aus seinem neuhumanistischen Kontext heraus bewertet. Dabei sind die theologischen und konfessionellen Bezüge weitgehend außer Acht gelassen worden. Entsprechend wird im folgenden ersten Teil sein beruflicher und wissenschaftlicher Lebensweg nachgezeichnet. Im zweiten Abschnitt werden dann die Verbindungslinien zwischen Herbst und der sog. Hofpredigerpartei[7] analysiert, um abschließend eine Neubewertung des geschichtsphilosophischen und bildungsgeschichtlichen Standorts von Wilhelm Herbst vornehmen zu können.

I. Berufliche und wissenschaftliche Entwicklung

Wilhelm Herbst wurde am 8. November 1825 in Wetzlar geboren.[8] Sein Vater, Dr. Johannes Herbst, war zu dieser Zeit als Lehrer am Gymnasium zu Wetzlar tätig. Seine Mutter entstammte ebenfalls einer Darmstädter Gymnasiallehrerfamilie. Nach privatem Unterricht durch einen Hauslehrer erhielt er seine Vorbildung auf einer Privatschule und besuchte dann das Wetzlarer Gymnasium, an dem auch sein Vater lehrte. Mit der Versetzung des Vaters an das Gymnasium Duisburg wechselte Michaelis 1841 auch der Sohn dorthin und legte Ostern 1844 seine Reifeprüfung ab. Seinen Bildungsweg setzte er an der Universität Bonn fort, wo er anfänglich klassische Philologie bei Friedrich Wilhelm Ritschl und Friedrich Gottlieb Welcker und später Geschichtswissenschaft bei Heinrich von Sybel und dem klassischen Archäologen, Ludwig von Urlichs, der die textkritische Methode in die Archäologie einführte, studierte. Besonders nachhaltig wirkten die Vorträge Friedrich Christoph

[7] Der Begriff der »Hofpredigerpartei« wurde durch den Hallenser praktischen Theologen Willibald Beyschlag geprägt. Willibald Beyschlag, Aus meinem Leben, Teil 2: Erinnerungen und Erfahrungen der reiferen Jahre, Halle (Saale) 1899, 449.

[8] Wenn nicht anders erwähnt, gehen die biographischen Daten auf Eduard Jacobs, Friedrich Ludwig Wilhelm Herbst, in: Allgemeine Deutsche Biographie 50 (1905), 218–226, und den Jahresbericht über die Königliche Landesschule Pforta von Ostern 1872 bis Ostern 1873, Naumburg 1873, XIIf. zurück.

Dahlmanns über die Französische Revolution. Alle drei Historiker prägten im jungen Herbst die Verzahnung aus neuhumanistischer und nationaler Idee, die seine späten Schriften dann wesentlich prägen sollten. Rückblickend schrieb Herbst über seine Bonner Studienzeit:

> »Der nun Abschied nahm, war nicht derselbe, der vor drei Semestern gekommen war. Ich rede nicht von einer Charakterentwicklung überhaupt, aber es war ein neuer Sinn in die Seele gesenkt, der keimartig aufwuchs zu fester Gestalt, der Sinn für das öffentliche Leben des Volks, für Staat und Vaterland.«[9]

Friedrich Ludwig Wilhelm Herbst (1825–1882)
Foto: Archiv und Bibliothek der Landesschule Pforta

Michaelis 1845 wechselte Herbst an die Universität Berlin und studierte auch hier bei den bedeutendsten Philologen und Historikern seiner Zeit, bei August Boeckh und Leopold von Ranke. Über die persönlichen Beziehungen, die er zu Ranke pflegte, erhielt er offenbar auch Kontakt zu Alexander von Humboldt. Die Berliner Studienzeit prägte Herbst, und er verinnerlichte den von Boeckh und Ranke etablierten systematischen und quellenkritischen Ansatz.

---

[9] WILHELM HERBST, Aus der Jugendzeit. Kleine Memorabilien aus vormärzlichen Tagen, Gotha 1882, 102.

Nach Beendigung seines Studiums kehrte er Ostern 1847 nach Duisburg zurück und beschäftigte sich mit philologischen und geschichtsphilosophischen Fragen, die seine gesamten weiteren Arbeiten begleiteten. Von ähnlich großer Bedeutung wurde seine Tätigkeit als Hauslehrer bei Neuwied, die er von Michaelis 1847 bis August 1848 ausübte. Auf die methodischen Anregungen, die er dort erhielt, wies er ebenfalls immer wieder hin.[10]

Im Revolutionsjahr 1848 ging er nach Halle, leistete dort seinen Einjährig-Freiwilligen Dienst ab und absolvierte gleichzeitig seine Oberlehrerprüfung. Anschließend arbeitete er an seiner Promotion und erwarb am 23. Januar 1850 die Doktorwürde.[11] Ostern 1850 wechselte er wieder nach Duisburg und absolvierte am Gymnasium seines Vaters das Probejahr, erhielt aber bereits ein halbes Jahr später eine Anstellung als Lehrer am Friedrich Wilhelms-Gymnasium zu Köln. Schon zu Jahresbeginn 1851 folgte er einem Ruf an das Vitzthum'sche Gymnasium und die Blochmann'sche Erziehungsanstalt in Dresden. Die Erfahrungen und die Kontakte, die Herbst hier sammelte, sollten für seinen gesamten weiteren Entwicklungsweg bestimmend werden. Eine lebenslange Freundschaft entwickelte sich mit dem Philologen Alfred Fleckeisen, dem späteren Redakteur der »Jahrbücher für Philologie«, der bereits durch seine Arbeiten zu Plautus und Terenz einen wissenschaftlichen Ruf besaß. Noch nachhaltiger wurde die Freundschaft zu dem Theologen Rudolf Kögel, der im Oktober 1852 in das Kollegium des Vitzthum'schen Gymnasiums eintrat. Die Verbindung zu Kögel, der durch den preußischen König 1863 zum Oberhof- und Domprediger nach Berlin berufen wurde, verschaffte auch Herbst Kontakte in die höchste preußische Politik, worauf im nächsten Abschnitt eingegangen wird.

In Dresden verkehrte Herbst in den renommierten Künstlerkreisen, insbesondere mit den Romantikern Ludwig Richter und Julius Schnorr von Carolsfeld sowie dem Bildhauer Ernst Rietschel. Vermutlich motivierten sie Herbst, im Frühjahr 1854 eine klassische Bildungsreise durch Süddeutschland, Oberitalien, über Triest, die Tauern, das Salzkammergut und durch Böhmen anzutreten. Nach weiteren wissenschaftlichen Arbeiten in Bonn übernahm er von Michaelis 1854 bis Michaelis 1858 die Stelle des dritten Oberlehrers am Gymnasium in Elberfeld. Allerdings war er im letzten Jahr nicht als Lehrer tätig, sondern erhielt eine einjährige Freistellung für theologische Studien in Berlin. Erstmals wirkten sich hier die freundschaftlichen Bande zu Kögel aus.

---

10 Vgl. WILHELM HERBST, Aus Schule und Haus, Gotha 1882, 79–83.

11 Vgl. WILHELM HERBST, De civilibus Atheniensium factionibus, Halle (Saale) 1850.

Nach diesem Forschungsjahr übernahm Herbst im Oktober 1858 die Stelle als erster Oberlehrer am Gymnasium zu Cleve. Diese Gelehrtenschule war traditionell eine reformierte Lehranstalt und wurde Mitte des 19. Jahrhunderts bevorzugt von evangelischen Schülern besucht, besaß gleichzeitig aber einen hohen Anteil katholischer Schüler.[12] Mit seinem Amtsantritt erhielt Herbst die Geschäfte des bisherigen Direktors, Dr. Friedrich Ferdinand Jakob Helmke, übertragen, der in den Ruhestand trat. Am 16. April 1859 wurde Herbst dann offiziell als Nachfolger Helmkes eingeführt. In Cleve verheiratete sich Herbst 1860 mit Luise, der ältesten Tochter des Pastors Karl Wilhelm Theodor Wellershaus. Aus der Ehe gingen drei Söhne und drei Töchter hervor, von denen eine Tochter jung in Magdeburg verstarb.

Unmittelbar nach seiner Hochzeit erhielt Herbst zu Michaelis 1860 den Ruf als Direktor des königlichen Friedrich-Wilhelms-Gymnasiums in Köln. Damit trat er nicht nur die Leitung des Kölner Gymnasiums mit der höchsten Zahl an evangelischen Schülern an, sondern organisierte auch die Integration von Realklassen in die seit 1825 durchweg als Gymnasium geführte höhere Schule.[13] Nachdem er von Ostern 1865 bis Michaelis 1867 die Leitung des Gymnasiums und der Realschule erster Ordnung zu Bielefeld übernommen hatte, wechselte Herbst in die Provinz Sachsen und übernahm die Stelle eines Probstes und Direktors des Pädagogiums zum Kloster Unserer Lieben Frauen in Magdeburg. Herbst widmete sich nun erstmals einem renommierten Gymnasium, das mit einem Alumnat verbunden war und besaß nach sechsjähriger Leitungstätigkeit nun die besten Voraussetzungen, um Ostern 1873 das Rektorat der königlichen Landesschule zu Pforta, dem »Ideal der süddeutschen Gymnasialpädagogik«,[14] zu übernehmen.

---

12 1863 lernten am Gymnasium Cleve: 75 evangelische, 52 katholische und vier jüdische Schüler. Vgl. Ludwig Adolf Wiese (Hrsg.), Das höhere Schulwesen in Preussen. Historisch-statistische Darstellung, Berlin 1864, 370–372.

13 1863 wurden am Friedrich-Wilhelms-Gymnasiums: 125 evangelische, 215 katholische und 16 jüdische Schüler unterrichtet. Vgl. a.a.O., 342f.

14 Friedrich Paulsen, Geschichte des gelehrten Unterrichts auf den deutschen Schulen und Universitäten vom Ausgang des Mittelalters bis zur Gegenwart. Mit besonderer Berücksichtigung auf den klassischen Unterricht, Bd. 2, Berlin/Leipzig 1921, 410.

Allerdings war Herbst aus gesundheitlichen Gründen schon nicht mehr im Stande, seine ganze Kraft für die Landesschule einzusetzen. In seinen letzten Magdeburger Jahren war er schwer an der Herzbeutelwassersucht erkrankt, so dass Kögel offenbar um das Leben seines Freundes fürchtete.[15] An der Verabschiedung des Amtsvorgängers, Carl Ludwig Peter, konnte Herbst nicht teilnehmen, da er zu dieser Zeit noch in Wiesbaden zur Erholung weilte. Sein Amt trat er daher erst am 16. Juni 1873 an. Entsprechend der zeremoniellen Regeln für die Amtseinführung eines Rector Portensis wurde Herbst mit einem Festakt durch den Geheimen Oberregierungsrat Ludwig Wiese im Beisein des Provinzialschulrats Karl Todt eingesetzt.[16]

In Schulpforte vollendete Herbst zwar seine biographische Arbeit über den bedeutenden Homer-Übersetzer Johann Heinrich Voss,[17] zwei Anfälle von Gelenkrheumatismus sowie ein fortschreitendes schmerzhaftes Augenleiden, das ebenfalls schon in Magdeburg begonnen hatte, zwangen ihn wiederholt, seine amtlichen und wissenschaftlichen Arbeiten zu unterbrechen. Im Oktober 1876 musste er krankheitsbedingt Urlaub beantragen. Diesen verbrachte er bis Michaelis 1877 im milderen Klima von Coburg. Da sich keine grundlegende Besserung einstellte, musste er für Ostern 1878 seinen Ruhestand beantragen, der ihm auch gewährt wurde. Herbst zog nach Halle, wo er sich, so weit es sein Gesundheitszustand zuließ, wissenschaftlichen und literarischen Arbeiten widmete. Ferner lehrte er an der Theologischen Fakultät und der Philosophischen Fakultät der Universität. Letztere hatte ihm 1881 eine ordentliche Honorarprofessur der Pädagogik verliehen. Die Vorlesungen und Übungen über Didaktik, die er im Winterhalbjahr 1881/82 angekündigt hatte, konnte er nach einem Blutsturz und Schlaganfall nur noch mit Mühe zu Ende führen. In der Nacht vom 19. zum 20. Dezember 1882 erlag Wilhelm Herbst einem weiteren Schlaganfall.

---

15 Kögel schrieb, dass er gemeinsam mit seinem »Schwager Leopold Schultze in der Dorfkirche in Elbei bei Magdeburg« für das Leben seines Freundes betete. GOTTFRIED KÖGEL, Rudolf Kögel. Sein Werden und Wirken, Bd. 1, Berlin 1899, 203.

16 Vgl. Jahresbericht über die Königliche Landesschule Pforta von Ostern 1872 bis Ostern 1873, Naumburg 1873, XII; Jahresbericht über die Königliche Landesschule Pforta von Ostern 1873 bis Ostern 1874, Naumburg 1874, XI.

17 Vgl. FRIEDRICH LUDWIG WILHELM HERBST, Johann Heinrich Voss, 2 Bde., Leipzig 1872–1876. Diese Biografie hatte Herbst Kögel gewidmet: »Meinem Lieben Freunde Rudolf Kögel, Doctor Der Theologie, Oberconsistorialrath, Hof- und Domprediger in Berlin. Ein Zeichen Zwanzigjähriger Freundschaft.«

2. WILHELM HERBST UND DIE »HOFPREDIGERPARTEI«

»Von allen Dresdener Freunden [...] stand mir Wilhelm Herbst am nächsten. Ein Glück, das er nach kurzem Besitz verlor, und der Heimgang meiner Mutter brachten uns einander schnell nahe. Sein geschichtliches Wissen war reich und lichtvoll. Dabei war er ein tief religiöses Gemüth.«[18]

Mit diesen Worten skizzierte Rudolf Kögel in seinen Lebenserinnerungen seine engen freundschaftlichen Bande zu Wilhelm Herbst, die für dessen beruflichen Lebensweg von entscheidender Bedeutung sein sollten. Die gemeinsame Lehrtätigkeit am Vitzthum'schen Gymnasium sowie der gemeinschaftliche Austausch mit den Dresdener Künstlerkreisen hatte sie zusammengeführt. Aus dieser Zeit berichtet Kögel über eine Vision:

»Noch in Dresden war es mir mit Herbst eigenthümlich ergangen. Auf der Elb-Brücke blieb ich plötzlich stehen im Anblicke einer Vision. Ich sah meinen Freund, wie mit leiblichem Auge, durch das Thor der Schulpforte als Rektor hindurchgehen, faßte ihn bei der Hand und theilte ihm mit, was ich soeben geschaut. Auf langen Umwegen über Elberfeld, Cleve, Köln, Magdeburg zog er an den Ort seiner Bestimmung. Hätte ich damals es ihm nicht ausdrücklich gesagt, so hätte ich das Ganze hinterdrein für Einbildung gehalten.«[19]

Die Förderung, die Kögel seinem Freund in den folgenden zwei Jahrzehnten zukommen ließ, erscheint wie Selbsterfüllung der eigenen Prophezeiung.

Kögel wechselte nach seiner Tätigkeit am Vitzthum'schen Gymnasium nach Berlin und war dort als Lehrer am Seminar für Stadtschulen tätig. Hier baute er enge Kontakte zu den führenden Kreisen in der evangelischen Landeskirche und der Kultusbürokratie, insbesondere zu Anton Wilhelm Ferdinand Stiehl auf, der unter den preußischen Unterrichtsministern Friedrich Eichhorn und Karl Otto von Raumer als Geheimer Oberregierungsrat für das Volksschul- und Seminarwesen zuständig war. Auf ihn gingen die im Oktober 1854 erlassenen »Preußischen Regulative für das Volksschul-, Präparanden- und Seminarwesen«, die sog. Stiehlschen Regulative, zurück.[20] Diesen Kontakten hatte es Herbst offenbar zu danken, dass ihm während seiner Oberlehrertätigkeit am Gymnasium in Elberfeld ab Herbst 1857 ein

---

18 KÖGEL, Rudolf Kögel, Bd. 1, 203.

19 Ebd.

20 A. a. O., 249.

einjähriger Forschungsaufenthalt an der Berliner Universität gewährt wurde. Herbst wandte sich bei seinen theologischen Studien insbesondere den Professoren Karl Immanuel Nitzsch und August Twesten zu. Nitzsch, den Herbst noch aus seiner Bonner Studienzeit kannte, war bereits dort der profilierteste Vertreter der Vermittlungstheologie und trat gegen ein Wiedererstarken des lutherischen-orthodoxen Konfessionalismus auf. Er war Abgeordneter der Berliner Generalsynode von 1846 und hatte dort maßgeblichen Einfluss auf das Gutachten zur Bekenntnisverpflichtung. Unter Bezug auf die preußische Union vertrat er eine Mittelposition und forderte eine Verpflichtung der Geistlichen zur rechten Lehre. Diese Verpflichtung sollte aber nicht auf ein bestimmtes Bekenntnis bezogen sein. Er wollte damit einen Beitrag zur Überwindung der wachsenden Konfrontation zwischen konfessionellen und liberalen Strömungen innerhalb der evangelischen Kirche leisten und präsentierte sich als entschiedener Vertreter der Union und der preußischen Landeskirche.[21]

Die Vorlesungen von August Twesten mussten für Herbst aus mehreren Gründen anziehend gewirkt haben. Twesten hatte 1835 den Ruf auf die Professur für Neues Testament und Dogmatik an die Friedrich-Wilhelms-Universität zu Berlin erhalten und wurde somit Nachfolger Friedrich Schleiermachers. Bereits während seiner Lehrtätigkeit an der Universität Kiel hatte Twesten im theologischen Sinne Schleiermachers gewirkt. In Berlin hielt er Vorlesungen über analytische Logik, allgemeine und christliche Religionsphilosophie, neutestamentliche Exegese und Dogmatik. Auch in der Frage der kirchlichen Unionsbestrebungen vertrat Twesten die Linie Schleiermachers, erkannte darin aber eine rein organisatorische Union. Theologische Fragen sollten davon nicht berührt sein. Entsprechend nahm auch er in den kontroversen Auseinandersetzungen um die Union eine vermittelnde Stellung ein. Anregend waren für Herbst zweifellos auch Twestens Vorlesungen über Pädagogik, in denen er sich den systematischen Ideen Johann Friedrich Herbarts anschloss.[22]

Die Berliner Forschungssemerster prägten Herbsts weiteres Schaffen. Zum einen hatte er sich jenen Theologen zugewandt, die eine vermittelnde Position zwischen lutherischem orthodoxen Konfessionalismus und libera-

---

[21] Vgl. WILHELM HEINRICH NEUSER, Kirche zwischen Romantik und Konstitutionalismus. Die Preußische Generalsynode von 1846, in: Monatshefte für Evangelische Kirchengeschichte des Rheinlandes 33 (1984), 201–227.

[22] Vgl. CARSTEN ERICH CARSTENS, August Detlev Christian Twesten, in: Allgemeine Deutsche Biographie 39 (1895), 30–34.

lem Protestantismus einnahmen. Zum anderen konnte Herbst vor allem bei Twesten eine »Vermittlung zwischen biblisch-reformatorischem Offenbarungsglauben und historisch-kritischer Wissenschaft«[23] erleben. Darüber hinaus wurde Herbst in seinem Bekenntnis für die unierte preußische Landeskirche bestärkt. Diese drei Komponenten wurden die Basis, von der aus er seine weiteren historischen, geschichtsdidaktischen und philologischen Studien betrieb.

Theologische Fragen im engeren Sinne spielten dabei allerdings eine untergeordnete Rolle. Lediglich in zwei, zeitlich weit auseinanderliegenden Vorträgen äußerte sich Herbst in kirchenpolitischen Fragen. Beide Arbeiten waren aber vom Kulturkampf geprägt und boten diesbezüglich keine Anhaltspunkte einer »Vermittlungstheologie«. Großen Raum nahm aber die Frage der unierten Kirche ein, wodurch sich Herbst von den gängigen Kirchenkämpfern unterschied:

> »In dem Begriffe der Ev. Kirche liegt aber ausgesprochen, daß wir diese Kirche als ein Ganzes fassen, ohne die konfessionellen Scheidungen zu betonen. Und dies ist ja der historisch berechtigte Standpunkt, es ist auch hier der evangelische Unionsgedanke, von dem wir ausgehen dürfen, müssen. Nicht als ob die lutherische und reformirte Kirche nicht auch in ihrer Stellung zur nationalen Cultur Verschiedenheit kännten; – wir brauchen blos an den bilderstürmerischen Geist der ersten reformirten Kirche wider die Werke der Kunst zu erinnern, der als bilderfeindlicher und kunstfremder Geist fortdauert bis auf unsere Tage. Aber dies sind Angesichts der ursprünglichen Wesensharmonie doch nur sekundäre, untergeordnete Momente. Es war von entscheidender Wichtigkeit, daß die Reformation in ihren ersten Anfängen keinen grundsätzlichen Dissensus kannte, nicht mit getheilter und darum halb gebrochener Kraft in die Welt trat. Also die Ev. Kirche ist uns von vornherein, geschichtlich und grundsätzlich, eine Unionskirche.«[24]

---

23 Erdmann Schott, Vermittlungstheologie, in: RGG 3, Bd. 6, 1363.

24 Friedrich Ludwig Wilhelm Herbst, Die Bedeutung der evangelischen Kirche für unsere nationale Kultur. Vortrag vor der Versammlung der Evangel. Vereine der östlichen Provinzen der preuß. Landeskirche zu Erfurt am 5. Oktober 1881, Halle (Saale) 1881, 5f.

Entsprechend urteilte auch Eduard Jacobs über Herbsts Berliner Studienzeit:

> »Ihn beseelte dabei neben dem starken Zuge zum preußisch-deutschen Vaterlande der zur evangelischen Kirche, die er mit aller Inbrunst deutscher Liebe hochhielt, ein Zug, der dann auch bis an sein Ende andauerte.«[25]

Seiner Rolle als fördernder Freund konnte Kögel nach seiner Rückkehr nach Berlin noch weit besser gerecht werden. Nachdem er von 1854 bis 1857 als Pfarrer in Nakel bei Bromberg und anschließend als Prediger der deutsch-evangelischen Gemeinde in Den Haag tätig war, wurde er 1863 vom preußischen König als Oberhof- und Domprediger nach Berlin berufen und gleichzeitig zum Mitglied des Konsistoriums der Mark Brandenburg und zum vortragenden Rat im Unterrichtsministerium ernannt.[26] Zu dieser Zeit standen dem Hofpredigerkollegium Karl Wilhelm Moritz Snethlage als erster und Wilhelm von Hengstenberg als dritter Prediger vor. Beide entstammten reformierten Pfarrerfamilien aus dem niederländisch-westfälischer Raum und standen dem preußischen Unionsgedanken im Sinne Karl Immanuel Nitzschs nahe.[27] Zweiter Hofprediger war Ludwig Friedrich Wilhelm Hoffmann. Er kam aus einer württembergischen pietistischen Pfarrerfamilie und war durch König Friedrich Wilhelm IV. an den Berliner Dom berufen worden. Ungeachtet seiner lutherischen konfessionellen Präferenz arrangierte er sich mit der preußischen Union und trat Anfang der 1850er Jahre offen für deren Fortbestand ein. Kögel zitierte die Erklärung, mit der Hoffmann in die oberste Kirchenbehörde eingetreten war:

> »Ich bin Mitglied des evangelisch-lutherischen Bekenntnisses, sofern ich in der lutherischen Kirche erzogen, confirmirt und ordinirt wurde, füge aber ausdrücklich bei, daß meine theologische Ueberzeugung auch auf die Union der beiden Bekenntnisse führt, wie sie in der Augsburgischen Confession in Wahrheit

---

25 JACOBS, Herbst, 219.

26 Kögel erhielt 1868 die Ehrendoktorwürde der Rheinischen Friedrich-Wilhelms-Universität Bonn verliehen. 1873 übernahm er als weiteres Amt das eines Ephorus des Domkandidatenstifts. Nachdem Minister Falk Kögels Austritt aus dem Unterrichtsministerium bewirkt hatte, wurde Kögel 1878 zum Mitglied des altpreußischen Evangelischen Oberkirchenrats und 1879 zum Generalsuperintendenten der Kurmark ernannt. Vgl. ARTHUR TITIUS, Rudolf Kögel, in: Allgemeine Deutsche Biographie 51 (1906), 299–310.

27 Vgl. PAUL TSCHACKERT, Karl Wilhelm Moritz Snethlage, in: Allgemeine Deutsche Biographie 34 (1892), 522–527; KARL KUPISCH, Ernst Wilhelm Theodor Herrmann Hengstenberg, in: Neue Deutsche Biographie 8 (1969), 522.

> längst besteht, daß das lutherische Dogma bloß als solches und ohne Mitaufnahme des reformirten mir ebensowenig den theologischen Ausdruck meiner Glaubensüberzeugung darbietet wie das reformirte ohne seine Erfüllung und Ergänzung im lutherischen, daß ich daher eine wirkliche innerliche Union beider Bekenntnisse für unerläßliche Forderung jedes derselben erkenne und nur eine evangelisch-protestantische Kirche in zwei Bekenntnißtypen, aber nicht zweierlei evangelische Kirchen anzuerkennen weiß!«[28]

Snethlage, der Kögel bereits nach Den Haag vermittelt hatte, wurde in Berlin zum engsten Vertrauten, der »ihm wie ein Vater zugethan[...]«[29] war. Beide bildeten den Kern der sich entwickelnden »Hofpredigerpartei«. Aus kirchenpolitischem Kalkül heraus setzten sie nun den Plan um, Herbst in die preußische Provinz Sachsen zu ziehen. Diese Möglichkeit ergab sich, als der bisherige Probst und Direktor des Pädagogiums des Klosters Unserer Lieben Frauen in Magdeburg, Gottlob Wilhelm Müller,[30] in den Ruhestand trat. Während Kögel über seine Stellung im Unterrichtsministerium wirkte, warb Snethlage beim König für die Berufung von Herbst nach Magdeburg. Die konfessionelle Frage schien hier den Hauptausschlag gegeben zu haben. Herbst hatte im Rheinland stets jene Gymnasien geleitet, die zwar konfessionell gemischt waren, am jeweiligen Ort aber die evangelischen Staatsgymnasien repräsentierten. Im »Kernland der Wittenberger Reformation« sollte ihm nun die Aufgabe zufallen, als Lutheraner die Idee der preußischen Union zu stärken. Dieser Kurs hatte in der Provinz Sachsen bereits 1825 mit der Berufung Friedrich August Tholucks an die Universität Halle eingesetzt. Er sprach sich entschieden für die Union aus und wandte sich gegen lutherische Konfessionalisten wie Ferdinand Guericke. Tholuck trat gegen den theologischen Rationalismus auf und erkannte im Pietismus eine kirchliche Erneuerungsbewegung, die sich bewährt hatte. Entsprechend würdigte er den halleschen und württembergischen Pietismus[31] und griff aktiv in die Besetzungspolitik der Fakultät ein, um Rationalisten zu verhindern. So soll er 1836 die Berufung des Tübinger Kirchen- und Dogmenhistorikers, Ferdinand Christian Baur,

---

28 Rudolf Kögel, Ludwig Friedrich Wilhelm Hoffmann, in: Real-Encyklopädie für protestantische Theologie und Kirche, Bd. 6, Gotha ²1880, zitiert nach Otto von Ranke, Wilhelm Hoffmann, in: Allgemeine Deutsche Biographie (ADB) 50 (1905), 422.

29 Kögel, Rudolf Kögel, Bd. 2, 55f. und 170f.

30 Gottlob Wilhelm Müller besuchte als Schüler von 1806 bis 1811 Landesschule St. Afra in Meißen und studierte 1814/15 bei Gottfried Hermann in Leipzig. Vgl. Programm Pädagogium Unserer Lieben Frauen zu Magdeburg 1868 und 1899.

31 Vgl. Hans-Martin Kirn, Umkämpfter Glaube – umkämpfte Geschichte. August Tholuck als Kirchenhistoriker, in: Pietismus der Neuzeit 27 (2001), 140.

nach Halle verhindert haben.[32] Gleichzeitig unterstützte auch Tholuck die Idee, Wilhelm Herbst die Leitung des Magdeburger Pädagogiums zu übertragen. Allerdings sprang Kögel als Vermittler ein. Kögel hatte während seiner Studienzeit von 1847 bis 1852 an den Universitäten in Halle und Berlin seinen Lehrer Friedrich August Tholuck auf einer Reise nach Frankreich und Spanien begleitet. Seine Sympathie für das »Projekt Herbst« erwies Tholuck nun dadurch, dass er diesem 1870 die Ehrendoktorwürde der Theologischen Fakultät der Universität Halle-Wittenberg (Doctor der Gottesgelahrtheit) verleihen ließ.[33] Nominell gehörte Herbst nun jenem wissenschaftlichen Kollegium an, dass, aus der Rechtslage der Frühen Neuzeit heraus, auch für das 19. Jahrhundert ein Aufsichtsrecht über die Landesschule Pforta beanspruchte. Dass die verliehene Ehrendoktorwürde in erster Linie ein Förderungsinstrument war, wird auch dadurch erkennbar, dass Herbst erst sieben Jahre später, nach seiner Pensionierung, in Halle Lehrveranstaltungen anbot. Insofern ist davon auszugehen, dass Tholuck und Kögel seit dieser Zeit gleichermaßen danach strebten, Herbst die Leitung in Schulpforte zu übertragen. Da der bisherige Rector Portensis Carl Ludwig Peter bereits 62 Jahre alt war, erschien dies als ein überschaubarer Zeitraum.[34] Auf diesem Weg erschien die Berufung auf das Direktorat des Magdeburger Pädagogiums von besonderem Vorteil. Einerseits gehörte diese Schule neben dem Domgymnasium zu den bedeutenden Magdeburger Gelehrtenschulen, andererseits verfügte das Pädagogium über ein Alumnat mit 72 Plätzen und war mit einem Candidatenconvict verbunden, das vorzugsweise evangelische Religionslehrer für höhere Schulen ausbildete.[35]

In der Besetzungsfrage des Portenser Rektors liefen die strategischen Interessen von Kögel und Tholuck parallel. Tholuck ging es darum, den Einfluss der unter seiner Ägide stehenden Hallenser Theologischen Fakultät auf die Landesschule Pforta zu erhöhen. Dabei erschien es zwingend, die theologische Ausrichtung jener Bildungsinstitution mitzubestimmen, die trotz des starken Nivellierungsdrucks durch die preußische Kultusbürokratie auf die

---

32 Vgl. Michael Lehmann (Hrsg.), Tholuck. Der lebendige und fromme Christ, Halle (Saale) 1999, 5f.

33 Herrn Johannes Wischmeyer danke ich für diesen Hinweis.

34 Vgl. Dorfmüller, rectores portenses, 127–131.

35 Vgl. Wiese, Schulwesen, 227–229.

Gymnasien die Kaderschmiede für den Theologen- und Pfarrernachwuchs des Landes darstellte.[36] Gerade hier galt es, den Einfluss der in der Provinz Sachsen besonders starken lutherischen Konfessionalisten zurückzudrängen. In diesem Sinne sollte auch die Kontinuität gewahrt bleiben, da Carl Ludwig Peter dem Pietismus nahe stand und mit der Erweckungsbewegung sympathisierte.

Kögel ging es seinerseits nicht nur darum, – seiner Vision folgend – den Freund aus Dresdener Tagen zu fördern, sondern in erster Linie um die Etablierung der »Hofpredigerpartei« an der Landesschule. Für ihn standen weniger theologische als kirchenpolitische Fragen im Vordergrund. Kögel hatte sich nach kurzer Zeit zum führenden Kopf der »Hofpredigerpartei« und der konservativen Theologenkreise am Berliner Hof entwickelt und bekämpfte die Kirchenpolitik von Unterrichtsminister Adalbert Falk und des von diesem berufenen Präsidenten des Evangelischen Oberkirchenrats der Altpreußischen Union, Emil Herrmann. Diese Politik war letztlich gegen Bismarck gerichtet, da Falk die Kulturkampfgesetze erarbeiten und verabschieden ließ. Kögel, der keineswegs mit der katholischen Kirche sympathisierte, stand dem Kulturkampf aber wegen seiner Rückwirkungen für die evangelische Kirche skeptisch gegenüber. Entsprechend bekämpfte er das 1872 erlassene Schulaufsichtsgesetz, das den Kirchen den Einfluss auf die Volksschulen entzog und das Gesetz über die Zivilehe, das sogenannte Zivilstandsgesetz von 1874.[37] Den Zorn der »Hofpredigerpartei« zog sich Falk 1876 durch die im preußischen Landtag verabschiedete Synodalverfassung für die preußischen Kirchenprovinzen zu, durch die diese größere Selbstständigkeit erhielten. Kögels Engagement für Herbst war damit ein Teil seiner kirchenpolitischen Auseinandersetzung mit Minister Falk, den er zum Jahreswechsel 1878/79 dann auch stürzen konnte. Durch die Einsetzung von Persönlichkeiten seines Vertrauens, wollte Kögel offenbar ein konservatives Netzwerk und eine Parallelstruktur neben der staatlichen Schulbürokratie schaffen, um so zu weit gehenden staatlichen Eingriffen in das Schulwesen entgegenwirken zu können. Die Landesschule Pforta musste bei diesen Überlegungen eine prominente Rolle spielen. Dass Kögels Kalkül in Bezug auf Schulpforte keine nachhaltigen Folgen hatte, lag am Gesundheitszustand von Herbst, der nach fünfjähriger Tätigkeit das Rektorat in Pforte aufgeben musste.

---

36 Vgl. Jonas Flöter, Eliten-Bildung in Sachsen und Preußen. Die Fürsten- und Landesschulen Grimma, Meißen, Joachimsthal und Pforta (1868–1933), 446.

37 Vgl. Kögel, Rudolf Kögel, Bd. 3, 110–112.

3. GESCHICHTSPHILOSOPHISCHER UND BILDUNGSGESCHICHTLICHER STANDORT

Seine geschichtsphilosophische Position legte Wilhelm Herbst bereits in seinem Erstlingswerk »Das classische Altertum in der Gegenwart« dar, das, glaubt man Rudolf Kögel, »ihm viel Anerkennung«[38] einbrachte. Darin setzte er sich mit der in dieser Zeit vielfach diskutierten Frage auseinander, welche Bedeutung das Studium der Antike nach der Revolution 1848/49 haben könne.[39] Auslöser dieser Debatte war in erster Linie der Abgeordnete der Zweiten Kammer des Sächsischen Landtags und Lehrer an der Dresdener Kreuzschule Hermann Köchly. Köchly hatte sich in einer durch das sächsische Märzministerium eingesetzten Reformkommission mit seinen Ideen für das höhere sächsische Schulwesen durchgesetzt. Das von der Kommission im Mai 1849 vorlegte Reformkonzept sah zwei Arten von Gymnasien vor: das Humangymnasium und das Realgymnasium. Bezüglich der humanistischen Gymnasien hatte sich die Kommission den Vorschlägen der Leipziger und der Meißener Gymnasiallehrerversammlungen angeschlossen und Umfang und Ziel des Unterrichtes in den klassischen Sprachen gleichgestellt.[40] Damit erhielt der altsprachliche Unterricht insgesamt einen neuen Stellenwert. Als spezifische Grundlage des humanistischen Gymnasiums wurde nun das historische Prinzip anerkannt, in dem die klassische Bildung einen herausgehobenen Teil bilden sollte. Innerhalb dieser klassischen Bildung wurde eine formale und eine materielle Bildung unterschieden und das »gründliche Erlernen der lateinischen und der griechischen Sprache«[41] zum Hauptbestandteil der formalen Bildung erklärt.

> »Die materielle Seite besteht in der durch umfangreiche und eingehende Lectüre der in den Kreis der Schule gehörenden Musterschriftsteller gewonnenen Erkenntniß des griechischen und römischen Alterthums nach seinen eigenthümlich-classischen, insbesondere echt-menschlichen Richtung, namentlich in Religion, Staat, Poesie und Nationalbildung.«[42]

---

38 A. a. O., Bd. 1, 203.

39 FRIEDRICH LUDWIG WILHELM HERBST, Das classische Altertum in der Gegenwart. Eine geschichtliche Betrachtung, Leipzig 1852, 7.

40 Vgl. dazu FLÖTER, Eliten-Bildung, 95–102.

41 HERMANN KÖCHLY, Der ursprüngliche Entwurf zu dem allgemeinen Schulgesetze für das Königreich Sachsen, Leipzig 1850, 20, § 108.

42 Ebd.

Damit wurde als Lehrziel des humanistischen Gymnasiums der geisteswissenschaftliche, insbesondere der historisch-ethische Unterricht bezeichnet, in dem der altsprachliche und der althistorische Unterricht einen integralen Bestandteil bildeten.

Der Radikalität dieses Köchly'schen Reformprojekts schloss sich Herbst nicht an. Dennoch nahm er Grundelemente auf, die seiner Meinung nach die Zukunft der klassischen Bildung und deren Bildungswerte für die Jugend seiner Zeit sichern sollten. Entsprechend hielt er am Studium des klassischen Altertums fest, betonte aber mehr die geschichtswissenschaftliche und weniger die philologische Seite. Dies hatte Auswirkungen auf sein geschichtsphilosophisches Denken. Herbst war sich des Werts des neuhumanistischen Bildungsdenkens und der darauf aufbauenden historistischen Methode bewusst. Es bestand in dem subsummierenden Prinzip, wonach »Staat, Kirche, Recht, Kunst, Wissenschaft nach ihrer zeitlich-weltlichen Erscheinung als Product geschichtlicher Entwicklung, in denen sich die wechselnden Generationen berühren und die Hände reichen«, ineinandergreifen. Entsprechend bestünden zwischen der Geschichtswissenschaft und der Philosophie auch nur methodische Unterschiede:

> »Die Geschichtsschreibung, die dieses Namens werth ist, wird von der wahren Philosophie nur in der Methode, die bei ihr synthetisch, bei dieser analytisch ist, abweichen. Je sicherer also die wahrhaft historische Lebensanschauung mit der speculativen übereinkommen wird, wenn letztere von dem menschlichen Bewustsein als einer Thatsache ausgeht und diese nach dem Reichthum ihrer Erscheinungen entwickelt, um so weiter werden sie sich voneinander entfernen, wenn die Speculation in trauriger Verkennung der Wirklichkeit den creatürlichen Geist mit dem absoluten zu identificieren sucht. Diese Aufhebung des Unterschieds zwischen Schöpfer und Geschöpf, zwischen Himmel und Erde, zwischen Anthropologie und Theologie, zwischen Ewigkeit und Geschichte, der natürliche Gegensatz gegen die früher angenommene starre Trennung und Entfernung, ist die vollständige Umkehr des wahren Verhältnisses. Der Historiker kennt keinen absoluten Geist in der geschichtlichen Erscheinung, sondern nur einen relativen, ein Streben.«[43]

---

[43] Herbst, Das classische Altertum, 67f.

Diese geschichtlichen Erscheinungen spiegelten sich aber ausschließlich im individuellen menschlichen Handeln und der Persönlichkeit. Aufgabe des Historikers sei es daher, »die Trübungen und Verhüllungen der Wahrheit, die irdisch-menschlichen Hemmungen« wie »Leidenschaften, Interessen, das Böse in jeder Gestalt«[44] offen zu legen:

> »Die Betrachtung des geschichtlichen Menschen, der Persönlichkeit in ihrem Verhältnis zu den grossen Lebensformen der Nationalität, des Staats, der Kirche u.s.w. und andererseits die Gestaltung und Entwicklung dieser Lebensformen selbst nebst der Beobachtung der sich in ihnen bewegenden Massen und der sich durchziehenden Richtungen und geistigen Strömungen – das ist der Gegenstand der historischen Darstellung.«[45]

Nach Herbst bestehe ein Einvernehmen zwischen der Geschichtswissenschaft und der Philosophie aber nur dann, als letztere »von dem menschlichen Bewustsein als einer Thatsache ausgeht und diese nach dem Reichthum ihrer Erscheinungen entwickelt.«[46] Im Gegensatz dazu lehnte er Georg Wilhelm Friedrich Hegels System ab, »in der ›das endliche Selbstbewustsein aufgehört hat endlich zu sein‹ oder, wie derselbe Gedanke an einer anderen Stelle anders ausgedrückt ist, wo die Verschiedenheit ›des Subjects vom absoluten Geist aufgehoben ist.‹«[47] Die Vielfalt menschlicher Geistigkeit und der Wert der ethischen Persönlichkeit könne nicht auf ein panlogisches Weltverständnis reduziert werden. Es sei ein Irrtum, die Welt oder den Kosmos an die Stelle des göttlichen Geistes setzen zu wollen.[48]

Das Ineinandergreifen von Philosophie, Geschichtswissenschaft und Philologie erschien Herbst allerdings nun möglich, da er im Sinne des Neuhumanismus von einer schrittweisen Annäherung zwischen erkennendem

---

44 A.a.O., 68f.

45 Ebd.

46 Friedrich Ludwig Wilhelm Herbst, Die neuere und neueste Geschichte auf Gymnasien. Ein Votum, Mainz 1877, 10.

47 Herbst, Das classische Altertum, 69f. Herbst zitiert hier aus Hegels »Vorlesungen über die Geschichte der Philosophie«, Bd. 3, Abschn. 3 und der »Vorlesungen über die Philosophie der Religion«, Bd. 2, Teil 3.

48 Heinz Sprolls Behauptung, dass für Herbst »kein außergeschichtliches, innerweltliches Sein« existiere, ist nicht belegbar. Im Gegenteil stellt Herbst immer wieder den Geist Gottes heraus, der einem objektiven Geist Hegel'scher Prägung diametral entgegen stehe. Sproll, Wilhelm Herbst, 112.

Subjekt und erkanntem Objekt ausging.[49] In einem ersten Schritt müsse der Historiker aus seinem Zeitkontext heraus die deutsche Geschichte, insbesondere die des Mittelalters und der Neuzeit angemessen erkennen. Dies könne er nur durch eine Konfrontation mit der antiken Geschichte. Im Sinne des Humboldt'schen Neuhumanismus und unter Bezug auf Barthold Georg Niebuhr geht Herbst – wie viele seiner Zeitgenossen – davon aus, dass die deutsche und die griechische Geschichte eines Wesens seien.[50] Eine metahistorische Perspektive könne sich aber nur dann bilden, wenn der Historiker die Grenzen positiver Wissenschaft mit religiösen Kategorien überschreitet, um so das in der Geschichte wirkende Transzendente und die damit verbundenen ethischen Werte zu erkennen. Das wiederum sei die Voraussetzung um »Einsicht in die realen, praktischen Verhältnisse selbst [zu gewinnen], die in der Geschichte zu ihrer Entwicklung kommen«.[51] Im hermeneutischen Akt des Verstehens verbinden sich somit die höchsten Seinsebenen wie Subjekt und Objekt, Besonderes und Allgemeines, Relatives und Absolutes.[52] Diese Einheit findet in gewisser Hinsicht ihre Grenze im Dualismus zwischen geschichtlicher Immanenz und religiöser Transzendenz. Allerdings spiegelt gerade die Geschichte, so Herbst, »Erziehung und Führung zur ewigen Wahrheit, zur vollen Bildung, zu Gott«.[53]

Bei seinen geschichtsphilosophischen Überlegungen erhielt das Studium des klassischen Altertums nun einen neuen Stellenwert. Während Anfang des 19. Jahrhunderts Neuhumanisten wie Friedrich August Wolf und Gottfried Hermann[54] ihr Hauptaugenmerk konkret der Antike widmeten, kam dieser für Herbst im Humboldt'schen Sinne nun eine Mittlerfunktion zu. Insbesondere die griechische Geschichte besäße eine außergewöhnliche Be-

---

49 »Je tiefer und schärfer jeder historische Darsteller das Einzelne durchdringt, desto klarer wird auch in seiner Arbeit das Gesetz der Bewegung, das Hinstreben des Relativen zum Absoluten sich abspiegeln. Aber schon die Betrachtung einer einzelnen Seite des geistigen Lebens, des Staats, der Kirche, der Literatur, der Kunst in ihrem ruhenden Zustand führt ihn ein in den Reichthum des Gesamtlebens, die Entwicklung des einen Elements ist nicht von der des andern zu trennen, er muss sie unter sich aufeinander beziehn, diese Beziehungen wiederum führen ihn aus der Gegenwart in die Vergangenheit zurück, es bildet sich in seinem Geiste eine Uebersicht des Allgemeinen.« Herbst, Das classische Altertum, 181f.

50 Vgl. a.a.O., 149f.

51 A.a.O., 181.

52 Vgl. dazu Sproll, Wilhelm Herbst, 113f.

53 Herbst, Das classische Altertum, 68.

54 Vgl. Kurt Sier/Eva Wöckener-Gade (Hrsg.), Gottfried Hermann (1772–1848). Internationales Symposium in Leipzig 11.–13. Oktober 2007, Tübingen 2010.

deutung in Wissenschaft und Bildung. Ihre schöpferischen Leistungen in der Philosophie, der Literatur und der Kunst ragen über ihre eigene Zeit hinaus und prägten die europäische Geschichte bis in die Gegenwart hinein. Ohne sie wären Humanismus, Reformation und die deutsche Nationalliteratur undenkbar. Damit besäße die Antike aber auch eine eminente Bedeutung für den christlichen Glauben. Allerdings nahm Herbst hier eine klare konfessionelle Scheidung vor:

> »Wir meinen freilich nicht die auch damals schon in einzelnen Zeichen und Personen hervortretende Buhlerei mit der Antike, wie sie etwa am Hofe der Medicäer oder in Rom unter Leo X. antichristlicher Aegide sich breit machte, denn diese Symptome gehören ja gerade dem faul gewordenen Katholicismus und dem in der Anbetung des Antiken aufgezognen Romanenthum an, sondern wir meinen die Sympathie unsrer Reformatoren und ihrer Gesinnungsgenossen mit dem Besten was uns Hellas und Rom überliefert haben, wir meinen die jedesfalls wunderbare Gleichzeitigkeit, mit der das Erwachen religiöser Erneuerung und die Wiederbelebung der verschollenen Classicität auftrat. [...] Der letzte Grund der Erscheinung liegt ohne Frage darin, dass das Zurückstreben zu dem Ursprung des religiösen Lebens, für den einzelnen in das Innerste seiner Seele, auf die erste und tiefste Beziehung zu Gott, auf den Glauben, für die Gemeinschaft zur ersten Kirche, in allen Gebieten auch des weltlichen Daseins ein Verlangen nach den ersten Quellen, nach einem unmittelbaren Geistesleben erweckte.«[55]

Diese Überlegungen überführte Herbst nun in zwei scheinbar gegensätzliche Richtungen. Zum einen spannte die Auseinandersetzung insbesondere mit der griechischen Geschichte den Bogen zur deutschen klassischen Literatur sowie zur Geschichte des deutschen Volkes und seiner Nationwerdung im Allgemeinen. Zum anderen führte sie Herbst zu der Einsicht in eine universale Qualität der Neueren Geschichte, die ihre Ursprünge in Humanismus, Renaissance und Reformation hätten. Gerade dadurch stünden die Nationen Europas in einem von gegenseitigen Abhängigkeiten geprägten geistigen und politischen Beziehungsgeflecht. Damit verdeutlichte Herbst aber auch, dass für ihn allein eine ideen- und kulturgeschichtliche Betrachtungsweise denkbar sei, da nur durch sie die Totalität einer Epoche zu erfassen und gleichzeitig das Beziehungsgeflecht zwischen dem Individuum und dem Allgemeinen darstellbar wäre.

---

55 Herbst, Das classische Altertum, 121f.

Als adäquate Ausdrucksform dessen erkannte Herbst die Biografie und das aus mehreren Gründen. Zum einen wäre die Biografie das wichtigste Medium zur Vermittlung historischen Wissens seiner Zeit.[56] Ferner würde allein die Biografie dazu in der Lage sei, individuelles und allgemeines miteinander zu verknüpfen:

> »Und da der Regel nach nur solche Lebensläufe die Kunst des Biographen erfahren, [...] so mischt sich in solchen Lebensbildern das Interesse an dem objektiv-geschichtlichen Leben mit dem Reiz des Individuellen. [...] Aber der Reiz kann zur Ueberreizung, der befugte Trieb zum verkehrten werden. Erkennen wir nicht auch etwas von dem subjektiv-zerfahrenen Charakter unserer Zeit in jener Erscheinung wieder, die sich gegen die objektiv-realen Ordnungen des Lebens in Staat und Kirche sträubt, sie zerpflücken möchte, Früchte jener eitlen Selbstbespiegelung, die vom Cultus des Genius einen Reflex auf das eigene sich mitfeiernde und mitgenießende Ich empfängt?«[57]

Abschließend ordnet Herbst diese Literaturgattung in seinen geschichtsphilosophischen Kontext ein, die ein Bindeglied zwischen der antiken und der christlichen als auch der deutschen nationalen Literatur bilde:

> »Die Biographie ist in ihrer wahren Gestalt wesentlich eine Schöpfung des christlich-germanischen Lebens, in ihren formalen Typen und materiellen Anfängen (wie alle wissenschaftlichen Formen) von der antiken Litteratur überliefert, aber umgeschaffen, mit neuem Geiste erfüllt, zu seiner eigentlichen Idee hingeführt durch das Christenthum.«[58]

Diese Grundsatzüberlegungen setzte Herbst konsequent in seinem biografischen Schaffen zu Matthias Claudius und Johann Heinrich Voss um.[59]

---

56 »Trügt mich nicht alles, so gehört das biographische Interesse zu den vorragenden Geistesinteressen der Gegenwart.« FRIEDRICH LUDWIG WILHELM HERBST, Die Anfänge der griechischen und christlichen Biographie. Aus und nach einem Vortrag, in: Vorträge für das gebildete Publikum. Vierte Sammlung, hrsg. von dem Rheinisch-Westfälischen Provinzial-Ausschuß für innere Mission zum Besten des Stipendienfonds der Rheinischen Provinzialsynode, Elberfeld 1867, 149.

57 A. a. O., 150.

58 A. a. O., 152.

59 Vgl. FRIEDRICH LUDWIG WILHELM HERBST, Matthias Claudius der Wandsbecker Bote, Gotha 1857; HERBST, Johann Heinrich Voss.

4. Resümee

Wilhelm Herbst gehörte seinem wissenschaftlichen Werdegang und seinem wissenschaftlichen Interesse entsprechend der neuhumanistischen Bewegung sowie der historistischen Schule an. In seinen geschichtsphilosophischen, biografischen und geschichtsdidaktischen Arbeiten griff er die zentrale Frage über die Bedeutung des Studiums der Antike für seine Gegenwart auf. Ausgelöst wurde sein Forschungsinteresse durch die Revolution 1848/49, mit der für Herbst eine »Umwertung aller Werte« verbunden war. Die Antwort, die er fand, unterschied sich kaum von den Aussagen anderer Neuhumanisten und war wesentlich am kultur- und altertumswissenschaftlichen Konzept Wilhelm von Humboldts und August Boeckhs orientiert.

Das Besondere ergab sich aus Herbsts konfessioneller Stellung. Sein grundsätzliches Bekenntnis zur Wittenberger Reformation und zur Confessio Augustana war eng mit seinem Bekenntnis zur preußischen Union sowie zur Einheit des Protestantismus verbunden. Mit dieser Präferenz für die preußische Staatskirche war Herbst für die konservative »Hofpredigerpartei« von Interesse, die in Auseinandersetzung mit der liberalen Kirchenpolitik um Unterrichtsminister Adalbert Falk und Oberkirchenrat Emil Herrmann uneingeschränkt für den preußischen Staatskirchenzentralismus mit dem preußischen König als summus episcopus eintraten. Exponenten dieser kirchenpolitischen Richtung waren Herbsts enger Freund und Vertrauter, Rudolf Kögel, und der damalige erste Oberhof- und Domprediger Karl Wilhelm Moritz Snethlage. Dass es zwischen den reformierten Theologen der »Hofpredigerpartei« und Herbst nicht zu theologischen Differenzen kam, ist in erster Linie mit der Zurückhaltung der »Hofpredigerpartei« in theologischen Lehrfragen sowie dem Grundsatzbekenntnis Herbsts zur preußischen Union zu erklären.[60] Die Berufung von Wilhelm Herbst an renommierte Gelehrtenschulen in der Provinz Sachsen, insbesondere als Rektor der Landesschule Pforta, bildete somit ein Element im Konflikt zwischen der liberalen lutherisch geprägten Kultusbürokratie und der unionistischen »Hofpredigerpartei«.

---

[60] Vgl. Titius, Rudolf Kögel, 300f.

Jüdische Lehrerbildung an der ›christlich simultanen‹ Pädagogischen Akademie in Frankfurt a. M. von 1927 bis 1933

Erste Befunde und Forschungsfragen

Michael Wermke

Mit der Etablierung der Pädagogischen Akademien in Preußen nach 1925 wurde ein Modell der Volksschullehrerbildung eingeführt, das die spätere Struktur der Pädagogischen Hochschulen in Westdeutschland, die in den 1970er Jahren in Pädagogische Hochschulen mit Ausnahme von Baden-Württemberg zu Universitäten umgewandelt bzw. in bestehende Universitäten überführt wurden, grundlegend prägte. Mit der Etablierung der universitären Volksschullehrerbildung, deren westdeutsches Modell mit der Wiedervereinigung schließlich auch in den ostdeutschen Bundesländern eingeführt wurde, ging eine bereits im 19. Jahrhundert von den Lehrerverbänden aufgestellte und zur Zeit der Weimarer Republik zwischen den deutschen Staaten, den jeweiligen Ministerien, den Parteien, den Lehrerverbänden und Kirchen intensiv diskutierte Forderung in Erfüllung. Die preußischen Pädagogischen Akademien bilden damit eine wichtige Phase innerhalb der Institutionalisierungsgeschichte der universitären Volksschullehrerbildung einschließlich der jüdischen Lehrerbildung in Deutschland.[1] In der historischen Bildungsforschung ist kaum bekannt, dass die 1927 gegründete Pädagogische Akademie in Frankfurt a. M. die reichsweit erste und bis in die Gegenwart hinein einzige staatliche Lehrerbildungsstätte gewesen ist, an der jüdische Studentinnen und Studenten gemeinsam mit nicht-jüdischen Lehramtsstudierenden an einer pädagogischen Hochschule für den Volksschulunterricht

---

[1] Die ersten Akademiegründungen erfolgten 1926 in Elbing (evangelisch), Kiel (evangelisch), Bonn (katholisch) und 1927 in Frankfurt a. M. (simultan). Weitere Akademien wurden 1929 in Breslau (evangelisch), Erfurt (evangelisch), Dortmund (evangelisch) und Hannover (evangelisch), 1930 in Altona (evangelisch), Beuthen (katholisch), Cottbus (evangelisch), Frankfurt O. (evangelisch), Halle (Saale) (evangelisch), Kassel (evangelisch) und Stettin (evangelisch) gegründet.

einschließlich des Religionsunterrichts ausgebildet wurden.[2] Die Etablierung der jüdischen Volksschullehrerbildung an der Pädagogischen Akademie in Frankfurt a. M. bildet daher eine bildungsgeschichtliche Ausnahmeerscheinung, der daher ein besonderes Forschungsinteresse gebührt.

Das politische Ziel der Akteure der akademischen Volksschullehrerbildung bestand darin, durch ein an reformpädagogischen Motiven ausgerichtetes Bildungswesen zu einer demokratischen Umgestaltung der Gesellschaft beizutragen:

> »Neben dem reformpädagogischen Ansatz einer altersgemäßen Förderung der körperlichen, geistigen und seelischen Entwicklung der Kinder – der auf den Pestalozzi'schen Ansatz der Elementarbildung von ›Kopf, Hand und Herz‹ zurückverweist – stand das Bestreben, in der Schule eine staatsbürgerliche Erziehung im Sinne der parlamentarisch-demokratisch verfassten Republik zu realisieren, die sich nicht auf ein Fach beschränkt, sondern durch das gesamte Schulleben sowie die Einstellung und das Verhalten des Lehrers repräsentiert werden sollte.«[3]

Nach Art. 143,2 der Reichsverfassung (RV) von 1919 waren die gesamte künftige Volksschullehrerbildung universitären Standards anzupassen und damit die bisherigen konfessionell gebundene seminaristische Lehrerbildung aufzulösen.[4] Die preußischen (einschließlich der jüdischen) Lehrerseminare und Präparandenanstalten wurden mit Beginn der 1920er Jahre sukzessive abgebaut und die Lehrerinnenbildung an den Oberlyzeen eingestellt.[5] Grund-

---

2 Seit 2002 wird an der *Hochschule für jüdische Studien* in Heidelberg ein Studiengang für jüdische Religionslehre an Gymnasien angeboten. Die 1979 gegründete, staatlich anerkannte Hochschule befindet sich in Trägerschaft des Zentralrates der Juden in Deutschland.

3 WOLFGANG WERTH, Die Vermittlung von Theorie und Praxis an den Preussischen Pädagogischen Akademien 1926–1933 – dargestellt am Beispiel der Pädagogischen Akademie Halle/Saale (1930–1933), (Sozialhistorische Studien zur Reformpädagogik und Erwachsenenbildung 5), Frankfurt a. M. 1985, 169.

4 S. GERHARD ANSCHÜTZ, Die Verfassung des Deutschen Reiches vom 11. August 1911. Ein Kommentar für Wissenschaft und Praxis (Stilkes Rechtsbibliothek 1), Berlin [13]1930, 577, Anm. 3 zu Art. 143: »›Höhere Bildung‹ im Sinne Abs. 2 ist soviel wie akademische Bildung, Hochschulbildung.« Vgl. WALTER LANDÉ, Die Schule in der Reichsverfassung, Berlin 1929, 219: »Vor allem werden für die Frage simultaner oder konfessioneller Organisation der Lehrerbildung keine anderen Grundsätze gelten dürfen als für die höhere Bildung allgemein.«.

5 Die Präparandenanstalten wurden in den Jahren 1921 bis 1923, die Seminare 1924 bis 1926 geschlossen. Zum Abbau der preußischen Seminare und Präparandenanstalten

sätzlichen Widerstand gegen ein vollwertiges Universitätsstudium leisteten jedoch das preußische Finanzministerium, das v. a. eine kostenintensive Umbildung der Besoldungsstruktur befürchtete, sowie die Universitäten, die aus ihrem akademischen Selbstverständnis heraus ein universitäres Volksschullehrerstudium ablehnten. Die Gründung eigenständiger pädagogischer Hochschuleinrichtungen, die zumindest in ihrer Gründungsphase keinen Universitätsstatus besaßen, bot sich hier als Kompro-misslösung an.[6]

Trotz aller politischen Bestrebung der fortschrittlichen Parteien und Verbände wurde die konfessionelle Bindung der Lehrerbildung nicht aufgehoben. So handelte es sich bei den Akademien um Lehrerbildungseinrichtungen ›auf christlicher Grundlage‹. Mit der 1927 erfolgten vierten Akademiegründung in Frankfurt a. M. (Provinz Hessen-Nassau) fand der Streit um die Konfessionalität resp. Entkonfessionalisierung der Volksschullehrerbildung ihren Höhepunkt.[7] Als ›simultane‹ Pädagogische Akademie sollte sie evangelischen wie katholischen, jüdischen und konfessionell ungebundenen (›dissidentischen‹) Studierenden offen stehen. Im Vorfeld stieß die Gründung der ›Simultanakademie‹ allerdings auf energische Gegenwehr der katholischen Kirche und der Zentrumspartei, die mit der Einführung dieser Form der Akademie die bekenntnisgebundene Lehrerbildung in Preußen unterhöhlt und das bekenntnisungebundene Schulwesen ›unter der Hand‹ eingeführt sahen.[8]

Entgegen der entschiedenen Ablehnung seitens der katholischen Kirche und ihrer Organisationen wurden die Vorbereitungen zur Eröffnung der Frankfurter Akademie seitens des Kultusministeriums zügig vorangetrieben. Aber erst auf Beschluss des Landtags am 30. März 1927 wurde der Etat zur Verfügung gestellt; einen Tag vor der offiziellen Eröffnung der Akademie am 01.04.1927. Damit konnte zu Beginn des Sommerhalbjahres 1927 die schließlich einzige simultane Akademie in Frankfurt eröffnet und der Lehr-

---

s. Michael Sauer, Volksschullehrerbildung in Preußen. Die Seminare und Präparandenanstalten vom 18. Jahrhundert bis zur Weimarer Republik (Studien und Dokumentationen zur deutschen Bildungsgeschichte 37), Köln/Wien 1987, 164–168.

[6] Ausführlich Rita Weber, Die Neuordnung der preußischen Volksschullehrerbildung in der Weimarer Republik (Studien und Dokumentationen zur deutschen Bildungsgeschichte Bd. 26), Köln/Wien 1984.

[7] Vgl. Helmuth Kittel, Die Entwicklung der Pädagogischen Hochschulen, Lehrte-Hannover 1957, 176–193.

[8] Zur Simultanschule und zur Lehrerbildung in Nassau s. Wilhelm Gerhard Schuwerack, Der Kampf um die simultane pädagogische Akademie in Frankfurt a. Main, Düsseldorf 1929, 9–14. Bei Schuwerack findet sich eine materialreiche Dokumentation der Kontroverse um die Frankfurter Akademie, wenngleich mit katholischer Färbung.

betrieb aufgenommen werden.[9] Bereits im November 1926 wurde Herrmann Weimer (1872–1942) zum kommissarischen Direktor ernannt. Nach seiner Pensionierung 1932 folgte Erich Weniger (1894–1961) als Hochschuldirektor, der am 21. September 1933 gemäß § 4 GWBB aus diesem Amt entlassen wurde.[10] Am 06.05.1933 erfolgte die Umbenennung in Hochschule für Lehrerbildung, rückwirkend zum 1. Mai. Im selben Jahr wurde gegen den Widerstand der Frankfurter Stadtverordnetenversammlung die Verlegung der Hochschule nach Weilburg verfügt.[11]

Zu den schulpolitischen Auseinandersetzungen um die Gründung einer simultanen Pädagogischen Akademie in Frankfurt a. M. in den katholischen, evangelischen und jüdischen Religionsgemeinschaften

Diskussionen um die Gründung einer akademischen Volksschullehrerbildung in Frankfurt wurden in den Frankfurter Lehrerverbänden und Parteien bereits seit Anfang der 1920er Jahre geführt. Den offiziellen Anstoß für die Verhandlungen des Frankfurter Magistrats mit der Preußischen Staatsregierung bot eine Eingabe des *Frankfurter Lehrervereins* an die Stadtverordnetenversammlung vom 15.06.1925 um Einrichtung einer Pädagogischen Akademie.[12] In der Sitzung der Stadtverordnetenversammlung am 02.07.1925 wurde der Antrag des Magistrats auf Gründung einer simultanen Akademie angenommen. Hingegen erhielt der vom Zentrumsabgeordneten

---

9 Die Ausschreibung für Studienbewerber erfolgte im Städtischen Anzeigenblatt der Stadt Frankfurt am 12. Februar 1927. Bewerbungsvoraussetzung war das Reifezeugnis einer neunjährigen höheren Lehranstalt bzw. die Reifeprüfung und eine Aufnahmeprüfung.

10 S. Alexander Hesse, Die Professoren und Dozenten der preußischen Pädagogischen Akademien (1926–1933) und Hochschulen für Lehrerbildung (1933–1941), Weinheim 1995, 776.

11 Die Verlegung der Hochschule für Lehrerbildung nach Weilburg an der Lahn erfolgte 1934. Mit Beginn des zweiten Weltkriegs wurde die Einrichtung am 01.11.1939 geschlossen und im Herbst 1945 als Pädagogisches Institut Weilburg für die Lehrerausbildung des Landes Hessen wiedereröffnet. 1963 wurde die Lehrerbildungsstätte in die Justus-Liebig-Universität Gießen integriert, s. Karl Dienst, Kirche-Schule-Religionsunterricht. Untersuchung im Anschluss an die Kirchenkampfdokumentation der EKHN, Münster 2009, 335.

12 Eingabe des Lehrervereins Frankfurt a. M., SA [Stadtarchiv] Frankfurt. Stadtverordnetenversammlung 1.130 o. p.

und Landesvorsitzenden der *Katholischen Schulorganisation* Gerhard Börner (1878–1967) eingebrachte Gegenantrag auf Gründung einer katholischen Akademie keine Zustimmung der Mehrheit. In der unmittelbaren Folgezeit entbrannte ein heftiger Streit insbesondere mit der katholischen Kirche und ihren Lehrerverbänden, der die Gründung der Frankfurter Akademie um ein Jahr verzögerte.

In den bisherigen Darstellungen zur Geschichte der preußischen Volksschullehrerbildung in der Weimarer Republik werden die konfessionelle Gliederung und der eingeschränkte Hochschulcharakter der Akademien auf das politische Agieren der katholischen Kirche zurückgeführt, der es gelungen sei, mit Unterstützung der ihr nahe stehenden Zentrumspartei ihre bildungspolitischen Interessen durchzusetzen, um einer Säkularisierung des bislang konfessionell gegliederten Volksschulwesens bzw. der Volksschullehrerbildung vorzubeugen.[13] So beanspruchte der Vorsitzenden der Fuldaer Bischofskonferenz und Fürstbischof von Breslau, Adolf Kardinal Bertram (1859–1945) in einer am 27.09.1925 dem preußische Wissenschaftsministerium eingereichten Eingabe die Einrichtung katholischer Akademien, bei der der Kirche u. a. Einfluss auf die Auswahl der Dozenten und die Lehrplangestaltung zu nehmen gestattet werden solle. Zudem teilte Bertram mit, dass die Bischofskonferenz einstimmig erklärt habe, die *missio canonica* nur denjenigen Studenten zu erteilen, die eine katholische Akademie absolviert haben. Frauen sollten zu den katholischen Akademien nicht zugelassen werden.[14] Mit dieser und weiteren öffentlichen Eingaben bestärkte die katholische Kirche die Befürchtungen der liberalen, sozialdemokratischen und kommunistischen Parteien und Standesorganisationen wie des *Preußischen Lehrervereins* gegenüber einer kirchlichen Vereinnahmung der Volksschullehrerbildung. Zugleich verstärkte die katholische Kirche in der 1929 veröffentlichten päpstliche Enzyklika *Divinus illius Magistri* mit dem Hinweis auf die Funktion der Schule als »Ergänzung und Hilfe der Familie und der Kirche« ihren Anspruch auf die Gestaltung des öffentlichen Schulwesens:

---

[13] So Rita Weber, Die Neuordnung der preußischen Volksschullehrerbildung in der Weimarer Republik (Studien und Dokumentationen zur deutschen Bildungsgeschichte Bd. 26), Köln/Wien 1984.

[14] S. Schuwerak, Kampf, 20–22,

»Dafür ist notwendig, daß der ganze Unterricht und Aufbau der Schule: Lehrer, Schulordnung und Schulbücher, in allen Fächern unter Leitung und mütterlicher Aufsicht der Kirche von christlichem Geiste beherrscht sind.«[15]

Trotz der vielfältigen öffentlichen Proteste der katholischen Kirche stimmte der Preußische Landtag am 18.02.1926 gegen die Stimmen der Zentrumspartei für die Errichtung einer ›vierten Pädagogischen Akademie auf simultaner christlicher Grundlage als Versuchsanstalt‹ in Frankfurt a. M. Auch der auf Betreiben der Zentrumspartei angerufene Staatsgerichtshof erkannte darauf, dass die Einrichtung der Akademie »auf paritätischer Grundlage« nicht im Widerspruch zu Art. 174,1 RV steht.[16] Als mit diesem Beschluss das höchste deutsche Gericht die Verfassungsmäßigkeit der beabsichtigten simultanen Lehrerbildung feststellte, griff die katholische Kirche mit der Verweigerung der *missio canonica* zum letzten der ihr zur Verfügung stehenden Mittel, um an ihr Ziel einer katholischen Lehrerbildung für ein katholisches Schulwesen zu gelangen. Zwar versuchte das Kultusministerium weiterhin, mit dem Vorsitzenden der Fuldaer Bischofskonferenz über die Möglichkeit der Ausbildung katholischer Lehrer in Frankfurt zu verhandeln. Jedoch hatte bereits am 2. Dezember 1926 Kardinal Bertram dem preußischen Ministerium für Wissenschaft, Kunst und Volksbildung nochmals unmissverständlich mitgeteilt:

»Der Episkopat lehnt es ab, einem an einer simultanen Pädagogischen Akademie vorgebildeten Lehrer (Lehrerin) die *misso canonica* zu erteilen.«[17]

---

15 Berthold Michael/Heinz-Herrmann Schepp, Die Schule in Staat und Gesellschaft. Dokumente zur deutschen Schulgeschichte im 19. und 20. Jahrhundert (Quellensammlung zur Kulturgeschichte 22) Göttingen/Zürich 1993, 282.

16 Zu den rechtlichen Auseinandersetzungen um die Pädagogischen Akademien vgl. den Überblick bei Werner Weber, Die Konfessionalität der Lehrerbildung in rechtlicher Betrachtung, Tübingen 1965, 8–10.

17 Schreiben des Vorsitzenden der Fuldaer Bischofskonferenz vom 2.12.1926, zit. n. Hermann Weimer, Vorgänge betreffend die Errichtung einer christlich-simultanen Pädagogischen Akademie in Frankfurt a. M. Bericht an Ministerialrat von den Driesch vom 29.12.1926, 5 HHStAW [Hessisches Hauptstaatsarchiv Wiesbaden] 800/123. Allerdings gelang es der katholischen Kirche trotz dieser Drohung nicht, katholische Abiturienten von einem Studium an der Frankfurter Akademie abzuhalten. So musste Gerhard Börner bereits 1928 in einem Schreiben an Bischof Kilian enttäuscht feststellen: »Die Erfahrungen, die bislang mit dem Besuch der Frankfurter Akademie durch Katholiken gemacht wurden, zeigen leider, daß der Prozentsatz katholischer Abiturienten und Abiturientinnen, die sich zur Aufnahme in Frankfurt melden, verhältnismäßig groß ist.« S. Schreiben der *Katholischen Schulorganisation* an Bischof Kilian vom 23.10.1928, zit.n. Heinz Blan-

Innerhalb der verschiedenen evangelischen Landeskirchen war die Entkonfessionalisierung, aber auch die Einführung eines simultanen Volkschulwesens und der Volksschullehrerbildung höchst umstritten.[18] Noch zu Beginn der 1920er Jahre war die Haltung innerhalb der evangelischen Kirchen von Nassau, Hessen und Frankfurt gegenüber des bereits bestehenden Simultanschulwesens und der Einrichtung einer entsprechenden Lehrerakademie keineswegs geschlossen. Aber kurz vor der Entscheidung des preußischen Parlaments für die Einrichtung einer simultanen Akademie in Frankfurt, fasste der Nassauische Kirchentag den Beschluss:

> »Der Kirchentag der Evangelischen Landeskirche in Nassau erkennt an, daß bei den zur Zeit in Nassau bestehenden rechtlichen und tatsächlichen Volksschulverhältnissen die Ansprüche der religiösen Erziehung im allgemeinen und der evangelischen Erziehung im besonderen voll gewahrt werden können. Er unterstützt deshalb alle Bestrebungen, die darauf abzielen, die *naussauische Simultanschule als einzige Schulform für unsere nassauische Heimat in ihrem jetzigen Charakter zu erhalten.*«[19]

Für die Diskussion um die Einrichtung einer simultanen Pädagogischen Akademie in Frankfurt a. M. war es entscheidend, dass sich im Herzogtum Nassau bereits im 19. Jahrhundert eine simultane Lehrerbildung etabliert hatte.[20] Die von der Kirchenleitung erhobene Forderung nach einer Sicherung des Simultanschulwesens zeigt, dass die Kirche im Schulterschluss mit den Kommunalparlamenten, dem Allgemeinen Lehrerverein und den schulreformerischen Parteien stand. Damit bedeutete aus Sicht der nassauischen

---

kenberg, Politischer Katholizismus in Frankfurt am Main 1919–1933 (Veröffentlichungen der Kommission für Zeitgeschichte Reihe B: Forschungen 34), Mainz 1981, 184.

18 Zur schulpolitischen Debatte bspw. in der Thüringer Landeskirche s. David Käbisch/ Michael Wermke, Einleitung, in: Gerhard Bohne. Religionspädagogik als Kulturkritik. Texte aus der Weimarer Republik, eingeleitet, hrsg. u. komm. von David Käbisch und Michael Wermke, Leipzig 2007, 67–104.

19 Beschluss des 1. Nassauischen Kirchentages vom 8.12.1925, zit. n. Emil Schmidt, Die nassauische Simultanschule. Ihre Entstehung und ihre Geschichte, Leipzig 1931, 56. Die Evangelische Landeskirche in Nassau ging 1922 aus der früheren Kirche des Herzogtums Nassau hervor; 1933 bzw. 1947 wurde sie mit der Evangelische Landeskirche Frankfurt am Main und der evangelischen Landeskirche in Hessen zur Evangelischen Landeskirche in Hessen und Nassau vereinigt.

20 S. Christian Spielmann, Art. Simultanschule, nassauische, in: Wilhelm Rein (Hrsg.), Handbuch der Pädagogik Bd. 8 (²1908), 568–576, sowie ausführlich Schmidt, Simultanschule.

Kirche die Errichtung der Frankfurter simultanen Akademie die erfolgreiche Sicherung und Fortsetzung der nassauischen Tradition des Simultanschulwesens. Der Schulhistoriker Emil Schmidt resümierte 1931:

> »Die simultane Akademie in Frankfurt a. Main stellt endlich wieder die Rückkehr zu der gesetzlichen Grundlegung der Lehrerbildung in Nassau dar und ist in diesem Sinne die unmittelbare Fortsetzung des Idsteiner Lehrerseminars. Mit ihrer Errichtung ist im Grunde schon das Zugeständnis der Erhaltung der überlieferten [christlich-simultanen] Schulform gemacht worden.«[21]

Auch in der jüdischen Religionsgemeinschaft wurde die Etablierung eines Simultanschulwesens und einer entsprechenden Lehrerbildung intensiv diskutiert. Im Sommer 1925 fand die Jahrestagung des *Verbandes der jüdischen Lehrervereine* in Köln statt, in dessen Mittelpunkt die vom preußischen Kultusministerium 1925 herausgegebene Denkschrift *Die Neuordnung der Volksschullehrerbildung* (1925)[22] mit Blick auf die Zukunft der jüdischen Religions- und Volksschullehrerbildung stand.[23] Der ersten drei Ausgaben der im Oktober desselben Jahres gegründeten *Jüdischen Schulzeitung. Monatsschrift für Pädagogik und Schulpolitik*, herausgegeben vom *Verband der jüdischen Lehrervereine im Deutschen Reich*, widmeten sich ausführlich der Verbandstagung und druckten die Hauptvorträge sowie einen kritischen Rückblick auf den Tagungsablauf ab.[24] In der kontrovers geführten Debatte, bei der Vertreter der jüdischen Lehrerbildungseinrichtungen, der Ausbildung für die Kan-

---

21 Schmidt, Simultanschule, 58.

22 [Johannes von den Driesch], Die Neuordnung der Volksschullehrerbildung in Preußen. Denkschrift des Preußischen Ministeriums für Wissenschaft, Kunst und Volksbildung, Berlin 1925. Die Denkschrift regelte Sinne eines Ministerialerlasses die Organisationsstruktur der ersten Pädagogischen Akademien.

23 Der 1895 als *Verband der jüdischen Lehrervereine im Deutschen Reich* gegründete, 1926 unbenannte *Reichsverband der jüdischen Lehrervereine* umfasste um 1929 ca. 950 Mitglieder und bezweckte »die Behandlung und Förderung aller ideellen und materiellen Interessen der jüdischen Schule und ihrer Lehrer«, s. Redaktion, Art. Reichsverband der jüdischen Lehrervereine, in: JL (1927), Bd. 4/1, 1306f.

24 Die Schriftleitung lag von 1925 bis 1933 bei Moritz Meyer Steinhardt (1864–1940) und anschließend bis zum Verbot der Zeitschrift 1938 bei Siegfried Braun (1885–1969). Die Herausgeber beabsichtigten *»das Band zwischen Pädagogik und Religionswissenschaft einerseits und Religionsunterricht andererseits fest zu knüpfen und diese Verbindung sorgsam zu pflegen.«* S. Heinemann Stern, Zum Geleit, in: Jüdische Schulzeitung, 1 (15.10.1925), 1, Hervorhebungen im Original. Damit besaß der Lehrerverband neben den im *Hamburger israelitischen Familienblatt* erscheinenden *Blätter für Erziehung und Unterricht* ein weiteres Organ.

toren und Kultusbeamten und der jüdischen Lehrerschaft auftraten, bildete sich keine einhellige Haltung gegenüber dem Simultanschulwesen und einer simultanen Lehrerbildung aus.

Die vorherrschende Meinung in der damaligen Debatte fasste der Pädagoge Moritz Rosenfeld (1879–1939) in seinem Artikel *Schulwesen* im *Jüdischen Lexikon* (1927) wie folgt zusammen:

> »Da aber die paritätische oder simultane Schule, wie man in neuester Zeit erkennt, den objektiven und subjektiven Forderungen einer j[üdischen] Erziehung nicht entspricht, vielmehr, wenn auch nicht den Namen so doch dem Wesen nach, christliche Schule ist und in der Verfolgung ihrer Erziehungsziele das j[üdische] Kind seinem J[uden]tum religiös und national entfremdet, macht sich das Bestreben nach Rückkehr zur j[üdischen] konfessionellen Schule, die der Anknüpfung an die j[üdische] Tradition und der Pflege der hebr[äischen] Sprache gewidmet sein soll, immer mehr geltend und hat zur Gründung einer bereits ansehnlichen Zahl j[üdischer] Volksschulen des modernsten Typus und einzelner höherer Schulen geführt.«[25]

Umso überraschender ist es daher, dass trotz einer eher distanzierten Haltung innerhalb der jüdischen Gemeinden ein Studiengang für jüdische Religionslehrkräfte in Frankfurt etabliert werden konnte.

Die festliche Eröffnung der Pädagogischen Akademie in Frankfurt a. M. am 10.05.1927 fand in Anwesenheit von preußischen Minister für Wissenschaft, Kunst und Volksbildung Carl Heinrich Becker (1876–1933, parteilos), den Repräsentanten der Stadt Frankfurt, des Regierungsbezirks Wiesbaden, der evangelischen Kirche und der jüdischen Gemeinde, der Lehrerverbände und der bereits berufenen Dozenten der Akademie mit ihrem Direktor Hermann Weimer. Die Frankfurter Jüdische Gemeinde war mit ihrem liberalen wie auch orthodoxen Flügeln prominent vertreten. Die Einladungsliste führt Rabbiner Dr. Caesar Seligmann (1860–1950), den Vorsitzender des Vorstandes der Israelitischen Gemeinde, Justizrat Dr. Julius Blau (1861–1939), sowie Rabbiner Dr. Jakob Horovitz (1873–1939) auf. Horovitz war bereits zum künftigen Dozenten für den Bereich ›Jüdische Religionswissenschaft‹ ernannt.[26] Ein Grußwort eines Vertreters der jüdischen Gemein-

---

[25] MORITZ ROSENFELD, Art.: Schulwesen, jüdisches, in: JL (1927) IV/2, 283–289, 287.

[26] Nach JOHANN PETER STEFFES, Art. Religionswissenschaft, in: Lexikon der Pädagogik der Gegenwart (1932) Bd. II, 737f., bedeutete der Begriff Religionswissenschaft in dem damals gebräuchlichen Sinne »einmal wissenschaftl[iche] Bearbeitung der R[eligion]

de war allerdings nicht vorgesehen. Der Vertreter der evangelischen Kirche Frankfurts, Präses Wilhelm Bornemann (1858–1946), hielt ein Grußwort, in dem er die Tatsache, dass auch jüdische Studierende an der Akademie Frankfurt studieren werden, eigens hervorhob und die »Mitarbeit der israelitischen Mitbürger« begrüßte.[27] Die katholische Kirche wurde durch den Frankfurter Stadtpfarrer Dr. Jakob Herr (1867–1950) nur in inoffizieller Weise vertreten.

Das Fach ›Jüdische Religion‹ an der Pädagogischen Akademie Frankfurt unter Dr. Jakob Horovitz

Jakob Horovitz, geboren am 30.04.1873 in Lauenburg/Pommern, stammte aus einer angesehenen Rabbinerfamilie. Nach einem Studium in Marburg und Berlin wurde er in Berlin 1900 über das Thema ›Untersuchungen über Philons und Platons‹ promoviert. Seine wissenschaftlichen Veröffentlichungen galten dem rabbinischen Schrifttum.[28] Er lehrte am Berliner neoorthodoxen Rabbinerseminar und kam als Rabbiner und Direktor der *Israeltischen Gemeinde* nach Frankfurt a. M. Am Frankfurter Lessinggymnasium erteilte er zudem jüdischen

---

im konfessionellen Sinne u[nd] ist dann mehr oder weniger Theologie [...]; zweitens Wissenschaft von der R[eligion] überhaupt oder allgemeine R[eligions]W[issenschaft].« An den Pädagogischen Akademien wurde Religionswissenschaft i. E. S. als ›wissenschaftliche Bearbeitung der Religion im konfessionellen Sinne‹ verstanden und die Religionsdidaktik ihr subsumiert.

27 N.N., Eröffnung der Pädagogischen Akademie Frankfurt, in: Beiblatt der Frankfurter Nachrichten, 11.05.1927. Ab 1920 war Bornemann Präses der Bezirkssynode und Mitarbeiter in den vorbereitenden Ausschüssen der verfassungsgebenden Kirchenversammlung. 1922 wurde er zum Professor für Praktische Theologie an der Universität Frankfurt a.M. berufen und stand 1924 bis 1930 als Präsident der Landeskirchenversammlung vor; s. Friedrich Wilhelm Bautz, Art. Wilhelm Bornemann, BBKL 1 (1990) 704.

28 In Salomon Wininger, Große Jüdische Nationalbiografie, Bd. 3 (1928) 163 werden neben der Dissertationsschrift folgende Veröffentlichungen von Horowitz, die im Frankfurter Verlag J. Kauffmann erschienen sind, aufgeführt: *Babel und Bibel* (1904), *Auge und Auge, Zahn um Zahn* (1912), *Untersuchungen zur rabbinischen Lehre von den falschen Zeugen* (1914), *Chavar Ir* (1915), Die *Lehre von den Zeugenüberlieferung* (1915), *Die Josephserzählung* (1921). In Red[aktions-Sekretariat]: Art. Horovitz, Jakob, Jüdisches Lexikon Bd. 2 (1927, Nachdruck ²1986), 1667 werden zudem die Schriften *Zur rabbinischen Deutung von Deut 25,12* (1911) und *Goethe, Friedrich Delitzsch und das Zehnwort* (1925) genannt. Seine Tätigkeit als Dozent an der Pädagogischen Akademie findet in diesem Artikel Erwähnung; vgl. auch N.N., Art. Jakob Horovitz, in: DBE (Deutsche Biographische Enzyklopädie), Bd. 5 (²2006), S. 145. Vgl. Jeannette Strauss Almstad/Matthias Wolfes BBKL 31 (2010) 659–664; die zeitlichen Angaben zu Horovitz' Dozententätigkeit an der Pädagogischen Akademie sind unzutreffend.

Religionsunterricht und leitete die Israeltische Religionsschule (Hermsweg/Unterlindau). 1906 übernahm Jacob Horovitz das von seinem Vater Marcus gegründete, zunächst private und später von der *Jewish Colonisation Asscociation* finanzierte Lehrerseminar, an der mit Genehmigung der *Städtischen Schuldeputation* osteuropäische Studierende für jüdische Volksschulen v.a. in Russland ausgebildet wurden. Horovitz gehörte der sog. Gemeindeorthodoxie an und stand als Leitungsmitglied der *Achduth* (Einheit), einer Vereinigung gesetzestreuer Juden, der Zusammenarbeit mit dem liberalen Judentum offen gegenüber.[29] Auf sein Betreiben hin wurde u.a. die Jüdischen Wohlfahrtspflege in Frankfurt und ihres hessisch-nassauischen Provinzialverbandes gegründet. Er engagierte sich übergemeindlich als Mitglied im *Allgemeinen Deutschen Rabbinerverband* und war im Vorstand des *Preußischen Landesverbandes jüdischer Gemeinden* vertreten. 1929 trat Horovitz als Nicht-Zionist der *Jewish Agency* bei, die sich um Einwanderung von Juden nach Palästina bemühte.[30]

Mit Beginn des Sommerhalbjahres 1927 wurde Jakob Horovitz zum nebenamtlichen Dozenten für jüdische Religionswissenschaften an die Frankfurter Pädagogische Akademie ernannt.[31] Seine Berufung wurde in der Juni-Ausgabe des Gemeindeblatts der Israelitischen Gemeinde Frankfurter a.M. als amtliche Mitteilung des Gemeindevorstandes bekannt geben. Die knappe Pressenotiz lautete:

---

[29] Die *Achduth* wurde 1923 gegründet und hatte ihr Zentrum in Frankfurt a.M. Sein Vater Markus Horovitz (1844–1910) wurde 1870 Lehrer an der neo-orthodoxen Jüdischen Lehranstalt der Berliner Austrittsgemeinde *Adass Jesroel*, wechselte 1871 als Rabbiner nach Lauenburg. 1878 wurde er Rabbiner der allgemeinen Gemeinde in Frankfurt a.M., wo er u.a. die Hauptsynagoge am Börneplatz gründete. Jakobs Bruder Josef (1874–1931) war Professor für semitische Philologie an der Universität Frankfurt.

[30] Bereits vor dem Novemberpogrom wurde im September 1938 Horovitz von der Gestapo verhaftet und circa drei Wochen im Frankfurter Polizeigefängnis in Haft gehalten und dort Misshandlungen ausgesetzt, die zu einer schweren Psychose führten. Er starb kurz darauf, am 16.2.1939, an den Folgen seiner Haft im niederländischen Arnhem, s. Entschädigungsakte Jakob Horovitz HHStAW 518/17210. Zu Horowitz s. PAUL ARNSBERG, Neunhundert Jahre ›Muttergemeinde in Israel‹: Frankfurt am Main 1074–1974. Chronik der Rabbiner, Frankfurt a.M. 1974, 159–162; Neuauflage u.d.T.: Chronik der Rabbiner in Frankfurt am Main, Frankfurt a.M. 2002. Seine Frau Charlotte Horowitz, geb. Wiener, geboren am 14.2.1881 in Kattowitz und verstorben am 07.06.1962 in Jerusalem, überlebte ebenso den Holocaust wie ihre vier Kinder Emma (geb. 1908), Josef (geb. 1910), Ruth (geb. 1911), Max (geb. 1914) und Siegfried (geb. 1920), die nach dem Krieg in den USA lebten.

[31] S. Schreiben Weimer an die Städtische Schulbehörde vom 14.04.1927, in SA FaM Schulamt 62.

> »Pädagogische Akademie. Auf Grund einer Verfügung des preußischen Ministers für Wissenschaft, Kunst und Volksbildung wird Herr Gemeinderabbiner Dr. Jacob Horovitz zum nebenamtlichen Dozenten für den jüdischen Religionsunterricht an der Pädagogischen Akademie in Frankfurt a. M. berufen.«[32]

Unterlagen über seine Einstellung wie auch über seine Entlassung sind vermutlich durch Kriegseinfluss vernichtet worden. Als nebenamtlicher Dozent besaß Horovitz kein Stimmrecht in der Dozentenkonferenz.[33] Gleichwohl war Horovitz gleichberechtigtes Prüfungsmitglied. Das Fach Jüdische Religion war gemessen an der Anzahl jüdischer Studierender relativ gut ausgestattet. So zeigt die Verteilung der Etatmittel für das Jahr 1932, dass das Fach ›Religion jüd.‹ 2 % aus dem Gesamtetat für die Anschaffung von Büchern (50,- RM), jedoch keine Lehrmittel erhielt. Das Fach Evangelische Religion erhielt 8 % (200,- RM) für Bücheranschaffungen und 1 % (30,- RM) Lehrmittel. Im Vergleich hierzu erhielt das Fach Deutsch ebenfalls 8 % (200,- RM) für die Bücherei und 3 % (90,- RM) für Lehrmittel.[34] In den Vorlesungsverzeichnissen der Pädagogischen Akademie wurden die Lehrveranstaltungen für den jüdischen und den evangelischen Religionsunterricht unter der gemeinsamen Bezeichnung ›Religion‹ geführt.[35]

---

32 NN., Pädagogische Akademie, in: Gemeindeblatt der Israelitischen Gemeinde Frankfurt a. Main. Amtlicher Anzeiger des Gemeindevorstands, 5 (1927) Nr. 10, 5.

33 Auf Beschluss der Dozentenkonferenz im April 1932 sollten auch weiterhin keine nebenamtlichen Dozenten an den regulären Konferenzen beteiligt sein; s. Beschlüsse der Dozentenkonferenz vom 30. April 1932, HHStAW 800/122. Horovitz hatte für seine Lehrtätigkeit Anspruch auf ein Honorar, s. Zierold/Rothkugel, Akademien, 162.

34 Etatmittelverteilung HHStAW 800/119.

35 Zur Praxis der Religionslehrerausbildung an den Pädagogischen Akademien und den damit verbundenen institutionellen Kontexten s. Michael Wermke, ›Religionspädagogik‹ als Disziplin an den preußischen Akademien, in: Bernd Schröder (Hrsg.), Institutionalisierung und Profil der Religionspädagogik. Historisch-systematische Studien zu ihrer Genese als Wissenschaft, Tübingen 2009, 227–297. Eine theologisch-religionspädagogische Analyse des jüdischen Lehrangebotes steht aus. Die Lehrveranstaltungen im Bereich evangelische Religion bot zwischen 1927 und 1929 Kurt Körber (1885–1957) an, ihm folgte Martin Schmidt (1883–1964); s. David Käbisch, Art. Körber, in: BBKL 31 (2010) 730–735; David Käbisch, Art. Schmidt, in: BBKL 31 (2010) 1200–1205.

Zur Studienmotivation und Berufsbiografie ehemaliger jüdischer Studierender der Pädagogischen Akademie

Die Studienmöglichkeit jüdischer Studierender an der Pädagogischen Akademie Frankfurt wurde zuletzt durch einen Ministerialerlass vom 12. Januar 1931 (U III 88) geregelt. Als Zulassungsvoraussetzung mussten die Studierenden eine Prüfung im biblischen Hebräisch ablegen.[36] Für diese Sprachkurse bot Horovitz Vorbereitungskurse an.

Auf den Zeugnissen der jüdischen wie auch der dissidentischen Studierenden wurden die Hinweise auf die Teilnahme eines Vertreters der kirchlichen Behörde gemäß § 4 der Ordnung für die erste Lehramtsprüfung gestrichen; demnach hat kein Vertreter der jüdischen Gemeinde an den Prüfungen teilgenommen. Vermutlich sah man wegen der Tatsache, dass sich § 4 der Prüfungsordnung explizit nur Vertreter der evangelischen und katholischen Kirche bezieht, keinen Anlass gegeben, einen Vertreter der jüdischen Religionsgemeinschaft einzuladen.

Einem Hinweis von Eva Seligmann nach war es dem persönlichen Engagement des Akademiedirektors Erich Weniger zu verdanken, dass die jüdischen Studierenden des Abschlussjahrgangs 1933 ihre 1. Lehramtsprüfung am 28.03., zwei Monate nach der sog. Machtergreifung Hitlers am 30.01.1933, ablegen konnten. Vermutlich war es Horovitz noch gestattet, die Prüfungen im Fach jüdische Religionswissenschaft abzunehmen. Zum Sommerhalbjahr 1933 wurden jedoch keine jüdischen Lehrveranstaltungen mehr angeboten. Der Studienverlauf für die jüdischen Studierenden, die zum Sommerhalbjahr 1932 ihr Studium aufgenommen haben, ist ungeklärt. Möglicherweise war ihnen die Fortsetzung ihres Studiums wegen des am 25.04.1933 erlassen *Gesetz gegen die Überfüllung deutscher Schulen*

[36] Ob die Sprachprüfung durch eine ministerielle Verordnung geregelt wurde, ist nicht gesichert; die entsprechende Bestimmung findet sich nur in Vorlesungsverzeichnissen beigefügten Klärung zu den Aufnahmebedingungen der Pädagogischen Akademie Frankfurt.

und Hochschulen verwehrt.[37] Soweit die vorhandenen Personalunterlagen zu erkennen geben, haben die jüdischen Studierenden des Prüfungsjahrgangs 1933 ihre schulpraktische Ausbildung nicht abschließen können.

Anhand der vom damaligen Frankfurter Professor für Psychologie Arthur Kießling (1891–1945) im Frühjahr 1932 verfassten Chronik über die Gründungsjahre der Akademie lässt sich die konfessionelle bzw. weltanschauliche Zusammensetzung der Studierendenschaft in den Studienjahrgängen von 1927 bis 1931 rekonstruieren.[38]

Studienbeginn Sommersemester 1927 (Studienabschluss: 1929)

	evang.	kath.	jüd.	diss.	zusammen
Studenten	26	4	1	0	31
Studentinnen	18	2	2	0	22
Zusammen	44	6	3	0	53

Studienbeginn Sommersemester 1928 (Studienabschluss: 1930)

	evang.	kath.	jüd.	diss.	zusammen
Studenten	23	5	1	0	29
Studentinnen	17	4	3	1	25
Zusammen	40	9	4	1	54

[37] Gesetz gegen die Überfüllung deutscher Schulen und Hochschulen vom 25.04.1933, in: Zentralblatt für die gesamte Unterrichtsverwaltung in Preußen; 75 (1933) 9, 128f. Zugleich wurden die Ausbildungszuschüsse für jüdische Schulamtsbewerber gestrichen, s. Jüdische Schulamtsbewerber erhalten keine Fortbildungszuschüsse mehr, in: Zentralblatt für die gesamte Unterrichtsverwaltung in Preußen, 75 (1933) 9, 126.

[38] Arthur Kiessling, Chronik der Pädagogischen Akademie in Frankfurt a. M. von der Zeit ihrer Begründung bis zum Sommer 1931, HHStAW 800/119–129 (Beilage). Kießling wurde 1927 zunächst als Dozent für Psychologie an die Akademie berufen, 1930 erfolgte die Ernennung zum Professor. Ob das 31 Seiten umfassende mass. Manuskript veröffentlicht wurde, ist nicht bekannt.

Studienbeginn Sommersemester 1929 (Studienabschluss: 1931)

	evang.	kath.	jüd.	diss.	zusammen
Studenten	24	8	0	2	34
Studentinnen	19	0	5	1	25
Zusammen	43	8	5	3	59

Studienbeginn Sommersemester 1930 (Studienabschluss: 1932)

	evang.	kath.	jüd.	diss.	zusammen
Studenten	48	9	4	2	63
Studentinnen	18	4	4	1	27
Zusammen	66	13	8	3	90

Studienbeginn Sommersemester 1931 (Studienabschluss: 1933)

	evang.	kath.	jüd.	diss.	zusammen
Studenten	38	6	9	1	54
Studentinnen	18	7	2	2	29
Zusammen	56	13	11	3	83

Nach einer von Erich Weniger angelegten ›Statistik über die Zugehörigkeit der Student(innen) zu den Religions-pp.-Gemeinschaften. Sommersemester 1932‹ waren 63 % der Studierenden männlich und 37 % weiblich; 84 % gehörten der evangelischen und 7 % der katholischen Konfession an; 7 % waren Juden und 2 % Dissidenten.[39]

[39] Statistik über die Zugehörigkeit der Student(innen) 1932 HHStAW 800/122 o. p. abgezeichnet W[eniger]. Zusätzlich studierten an der Akademie drei Volksschullehrer türkischer Staatsangehörigkeit: Bedi Ziya, Kemal Kaya und Münir Rasit.

In der Abteilung 800 des hessischen Hauptstaatsarchivs in Wiesbaden sind vier Personalakten von jüdischen Studierenden der Pädagogischen Akademie Frankfurt überliefert (insgesamt sind es 21 Personalakten von Studierenden). Sie stammen aus der Zeit zwischen der Eröffnung der Akademie im Mai 1927 und der Verdrängung der jüdischen Studierenden durch die Nationalsozialisten ab 1933.[40]

Aus den vier im Hauptstaatsarchiv aufgefundenen Personalakten jüdischer Studierender lassen sich folgende personen- und studienbezogene Daten erheben:

Lydia Sagenkahn (Abt. 800, Nr. 471)

Lebensdaten:

- geboren am 12.01.1911 in Bojahren (Memelgebiet)
- Vater: Samuel Sagenkahn (Kaufmann)
- die Familie hatte 13 Kinder
- bescheidene Verhältnisse
- L. S. beschreibt ihr Elternhaus als »streng religiös«
- besuchte ab Ostern 1917 die Auguste-Victoria-Schule (Lyceum und Studienanstalt) in Bojahren
- Reifeprüfung: 08.03.1930
- Umzug nach Frankfurt a. M.: Juni 1930
- Adresse in Frankfurt: Schneckenhofstraßen 13
- 1. Lehrerprüfung 1933

Besuch der PA Frankfurt: Besuch des Vorkurses von Dr. Horovitz (»Einführung in die jüdische Religionswissenschaft«) im SS 1930 und WS 1930/1931. Immatrikulation zum Februar 1931. Anmeldung zur 1. Prüfung für das Lehramt an Volksschulen in Preußen: 30.11.1932. Thema der schriftlichen Prüfungsarbeit: »Zur Frage des ›gegenwartsbetonten‹ Buchs und seiner Eignung für das proletarische Volksschulmädchen«

[40] Die Darstellung wie auch die folgende Aktenauswertung wurde von Friederike von Horn, 2012, erstellt.

Sagenkahn durfte aufgrund einer Ausnahmegenehmigung in Frankfurt studieren.[41] In Folge des Versailler Vertrages wurde das Memelgebiet als einstige preußische Provinz vom Deutschen Reich abgetrennt und stand seit 1924 als autonomes Gebiet unter litauischer Souveränität. Sie entkam dem Holocaust und lebte nach dem Krieg in den USA.[42]

Georg Stein (Abt. 800, Nr. 467)

Lebensdaten:

- geboren am 17.01.1912 in Kreuznach
- Vater: Reinhard Stein (Kaufmann)
- Mutter: Martha Stein, geb. Silber
- Umzug nach Emden, wo Stein seit 1918 die jüdische Volksschule besuchte
- ab 1921 Kaiser-Friedrich-Oberrealschule in Emden
- Abitur: Ostern 1930
- Adresse in Frankfurt: Mittelweg 12
- 1. Lehrerprüfung 1933

Besuch der PA Frankfurt: Prüfungsanmeldung zum 01.12.1932. Thema der schriftlichen Prüfungsarbeit: »Sprachfehler bei Kindern«

1923 erwarb sein Vater Israel Stein, geb. 1883 in Ulanow (Galizien), für sich und seine Familie die Staatsangehörigkeit für Preußen. Stein besuchte den von Horowitz eingerichteten ›Vorkurs für Pädagogische Akademien‹, der sich fast ausschließlich dem hebräischen Sprachstudium widmete. Er emigrierte in die USA und wandte sich 1961 an Pädagogische Akademie Weilburg, um eine Bestätigung seines Studiums an der Frankfurter Pädagogischen Akademie zu erhalten.[43]

---

41 S. Studierendeakte Lydia Sagenkahn HHStAW 800/471.

42 1992 teilte sie der Gedenkstätte Yad Vashem mit, dass ihre Mutter, Sarah Rivka Sagenkahn, geb. Burstein, 1868 in Kretinga geboren wurde, vor Beginn des Zweiten Weltkrieg in Bajorai lebte und im Jahr 1941 ermordet wurde. Auch die Ermordung ihrer Geschwister Amalia (geb. 1900), Isaak (geb. 1904) und Olga (geb. 1904) zeigte sie an S. http://db.yadvashem.org/names/nameDetails.html?itemId=1706092&language=en (Stand: 08.08.2013).

43 S. Studierendenakte Georg Stein HHStAW 800/467.

Simon Kantstein (Abt. 800, Nr. 475)

Lebensdaten:

- geboren am 10.10.1910 in Gau-Odernheim (Rheinhessen)
- Vater: Salomon Kantstein (Lehrer)
- Reifeprüfung: Ostern 1929 am humanistischen Gymnasium Zerbst (Franciszeum)
- begonnenes Jurastudium
- Adresse in Frankfurt: Rückertstraße 50
- 1930 Hospitationspraktikum an der Volksschule in Zerbst (vier Wochen)
- 1. Lehrerprüfung 1932
- 2. Lehrerprüfung 1934

Besuch der PA Frankfurt: immatrikuliert am 03.05.1930, Anmeldung zur Prüfung am 16.12.1931. Thema der schriftlichen Prüfungsarbeit: »Vom Begriff des Individuums und der Persönlichkeit bei Krieck« (bei Horovitz).

Von 1932 bis Ende September 1938 war Kanstein an der Israeltischen Volksschule Bergdriesch/Aachen tätig, die 1942 geschlossen wurde. Ob er den Holocaust überlebte, ist nicht bekannt. Ein Simon Kanstein, geboren am 12.10.1910, wurde 1950 in den USA eingebürgert und verstarb dort am 15.10.1997.[44]

Herta Perlstein (Abt. 800, Nr. 482)

Lebensdaten:

- geboren am 16.10.1907 in Kassel
- besuchte ab 1914 Städtisches Lyzeum mit Oberlyzeum in Kassel
- Vater: Simon Perlstein, gefallen in Frankreich (Kaufmann)
- Mutter: Selma Perlstein, geborene Monzer (?)
- Mutter und Bruder krank, H.P. wohnt bei Verwandten
- Reifeprüfung: 08.03.1927
- Arbeit in der »Bücherstube« in Kassel
- 1. Lehrerprüfung 1930

Besuch der PA Frankfurt: immatrikuliert vom SS 1928 bis WS 1929/1930, Anmeldung zur Prüfung am 15.12. 1929. Thema der schriftlichen Prüfungsarbeit: »Die Schulklasse als Sozialgebilde« (bei Krieck).

---

44 s. http://www.familysearch.org/Eng/Search/ancestorsearchresults.asp?last_name=-Kanstein (Stand:08.08.2013).

Vor 1933 heiratete Herta Perlstein und nahm den Nachnamen Brüll an. Ob Herta Brüll den Holocaust überlebte, ist nicht bekannt.

Auf einer von Erich Weniger angelegten, vermutlich nicht vollständigen Liste sind zwölf Namen jüdischer Studierender aufgeführt, die im Sommersemester 1932 an der Pädagogischen Akademie eingeschrieben waren.[45] Nicht in allen Fällen ist gesichert, ob die Studierenden 1933 ihre Examensprüfungen ablegen konnten. Insbesondere mit Hilfe der von der *Bibliothek für bildungsgeschichtliche Forschung* (BBF) online gestellten *Volksschullehrerdatei Preußens* und *The Central Database of Shoah Victims' Names* der Gedenkstätte *Yad Vashem* konnten einige Schicksale der ehemaligen Studierenden rekonstruiert werden.

Boronow, Erich Julius (Examen 1933), geboren am 25.08.1906 in Breslau geboren. Als unverheirateter Lehrer lebte er vor dem Zweiten Weltkrieg in Berlin und wurde am 30.11.1940 in das Konzentrationslager Sachsenhausen (Oranienburg) deportiert. Dort verstarb er am 28. Mai 1942.[46]

Koplowitz, Erna (Examen 1933), geboren am 23.06.1911.

Meyer, Heinz (Examen 1933), geboren am 22.06.1911.

Oppenheim, Julius (Examen 1933), geboren am 17.03.1911.

Riesenfeld, Walter (Examen 1933), geboren am 09.08.1901.

Rosenthal, Erwin (Examen 1933), geboren am 09.12.1910 in Bochum. Vor dem Krieg war Rosenthal in Berlin ansässig und wurde am 26.10.1942 in das Ghetto Riga und verstarb am 29.10.1942 in Riga-Jungfernhof.[47]

Rubinstein, Erwin (Examen 1933): Die Identität konnte nicht zweifelsfrei geklärt werden.

---

45 S. Namensliste Damen und Namensliste Herren 3. Semester (Sommersemester) 1932 HHSt 800/122 o. p. Auf der Liste befindet sich unter den jüdischen Studierenden zudem Jakob Thaler. Thaler hatte offenbar sein Studium abgebrochen. Seine Identität konnte nicht zweifelsfrei geklärt werden.

46 S.http://db.yadvashem.org/names/nameDetails.html?itemId=1823677&language=en (Stand: 08.08.2013). Nach einer Mitteilung von Eva Seligmann wurde Erich Boronow 1933 im KZ Dachau ermordet, S. Schulgeschichtliche Sammlung Bremen, Seligmann, S. 32. Nach Auskunft der KZ Gedenkstätte Dachau findet sich Boronows Namen weder in den Häftlingslisten noch in den Quellen über die im Jahr 1933 verstorben bzw. ermordeten 20 Häftlinge im KZ Dachau, Mail des Archivs der KZ Gedenkstätte Dachau an den Verf. vom 08.12.2009. Es ist daher davon auszugehen, dass Boronow nicht im KZ Dachau verstarb; dass er zeitweilig dort inhaftiert war, lässt sich jedoch nicht ausschließen.

47 S. http://www.bundesarchiv.de/gedenkbuch/directory.html?id=119986&submit=1&page=1&maxview=50&offset=0 (Stand: 08.08.2013).

Sagenkahn, Lydia (Examen 1933): s.o.

Seligmann, Eva [diss.] (Examen 1933), geboren am 16.09.1912 in Berlin. Seligmann wuchs in einer säkularisierten jüdischen Familie auf. Ihr Vater, Alfred Seligmann, war überzeugter Pazifist und Mitglied in der *Deutschen Friedensgesellschaft.* Am 30.04.1943 wurde er in Auschwitz ermordet. Seligmann besuchte die reformpädagogisch geprägte Dorotheenschule in Berlin-Köpenick und lernte dort die Lehrerin Lisbeth Wyneken (1876/77–1959) kennen. Als Jugendliche war sie Mitglied der *Weltjugendliga*, einer international pazifistischen Jugendorganisation, die Mitglied im *Deutschen Friedenskartell* gewesen ist. Als Studentin war sie Mitglied im *Sozialistischen Studentenbund* und stand dem *Internationalen Sozialistischen Kampfbund* nahe. Sie leistete im Winter 1931/32 ein sozialpädagogisches Praktikum in einer Fürsorgeeinrichtung in einem Berliner Arbeiterviertel ab. Hier traf sie wieder mit Lisbeth Wyneken zusammen und setzte sich mit Schriften ihres Bruders, dem aus der Landerziehungsheimbewegung stammenden Reformpädagogen Gustav Wyneken (1875–1964), auseinander. Anlässlich einer von Gerda Simons-Hajek (1892–1984), Professorin für Sozialpädagogik, geleiteten Exkursion besuchte sie die 1910 von Paul Geheeb (1870–1961) gegründete Odenwaldschule in Oberhambach (Heppenheim). Ihre Examensarbeit ›Was kann die Volksschule von der Erziehung der Familie erwarten?‹ wurde von Simons-Hajek betreut. Seligmann schloss am 28.03.1933 ihr Studium mit der ersten Lehramtsprüfung ab, wurde jedoch nicht als Lehrerin eingestellt und konnte demzufolge nicht die zweite Prüfung ablegen. Nach halbjährigen Au-pair-Aufenthalten in England und Frankreich kehrte sie 1934 nach Deutschland zurück; für eine Anstellung an der von Geheeb 1934 gegründeten *École d'Humanité* auf dem Hasliberg in der Schweiz erhielt sie keine Arbeitserlaubnis. Auf Vermittlung von Gerda Simons-Hajek arbeitete sie ab dem 01.10.1935 im jüdischen Landschulheim Vigiljoch bei Meran. In diesem Landschulheim wurde in Hinblick auf eine Auswanderung der Sprachunterricht in Englisch, Französisch, Italienisch und Hevrith (Neuhebräisch) besonders gefördert. 1938 musste die Schule wegen der in Italien einsetzenden Judenverfolgungen geschlossen werden. Seligmann kehrte 1935 nach Berlin zurück und arbeitete in einem jüdischen Kinderheim. Nach einem kurzen Aufenthalt in Essen bei der jüdischen Reformpädagogin Dore Jacobs (1894–1979) begann sie im April 1937 als Lehrerin im Jüdischen Landschulheim Herrlingen zu arbeiten. Im März 1939 musste die Schule geschlossen werden und Seligmann emigrierte mit Hilfe der Pazifistin und Quäkerin Martha

Steinitz (1889–1966), einer Bekannten von Alfred Seligmann, im selben Jahr nach England. Dort nahm sie eine Ausbildung zur Krankenschwester und Hebamme auf und stieß zum *German Educational Reconstruction Committee*, das sich mit dem Aufbau eines künftigen Bildungssystems im Nachkriegsdeutschland befasste. 1946 kehrte sie nach Deutschland und arbeitete vom 21.11.1946 bis zum 15.09.1947 als Lehramtsanwärterin einer Volksschule in Frankfurt a. M. Am 16.09.1947 wurde sie Lehrerin der Odenwaldschule in Oberhambach, die mittlerweile von Minna Specht (1897–1961) geleitet wurde. Dort schloss sie am 31.01.1950 ihre Ausbildung mit der zweiten Lehramtsprüfung ab. Am 01.04.1951 übernahm Seligmann die Leitung des heilpädagogischen Schulheims der hessischen Arbeiterwohlfahrt in Haiger (Dillkreis), später in Gehringshof bei Fulda. Zum 01.04.1956 wechselte sie nach Bremen an die Schule für entwicklungsgestörte Kinder am Brommyplatz, deren Leitung ihr kurze Zeit später übertragen wurde. 1963 wurde sie zur Schulaufsichtsbeamtin und Schulreferentin für das Sonderschulwesen im Bremer Schulsenat befördert. Während ihrer Tätigkeit in der Bremer Schulbehörde war sie Mitglied des Ausschusses für Behindertenpädagogik des Deutschen Bildungsrates. 1977 wurde sie als Oberschulrätin pensioniert. In den 1980er Jahren setzte sie sich für die schulische Förderung von Migrantenkindern ein. Seligmann war Mitglied der SPD und in der Gewerkschaft Erziehung und Wissenschaft.[48] Sie verstarb am 01.06.1997 in Bremen.

Silberpfennig, Kurt (Examen 1933), geboren am 22.10.1905 in Thorn (Westpreußen). Er war verheiratet mit Rita Jacob, geboren am 21.10.1904 und Vater eines Kindes, Siegfried Salomon, geboren am 19.07.1934. Bis 1938 arbeitete er als Lehrer am Philanthropin in Frankfurt a. M. und betrieb im Mai 1939 von dort aus seine Auswanderung nach Palästina. So war er bereits im Besitz der vom Frankfurter Oberbürgermeister am 20.03.1939 und der vom zuständigen Finanzamt am 29.05.1939 ausgestellten Unbedenklichkeitserklärungen. Wegen des Ausbruchs des zweiten Weltkriegs scheiterte dieser Versuch. Silberpfennig versuchte, die bereits von ihm eingezahlte Auswanderungssteuer zurückerstattet zu bekommen, eine Antwort konnte amtsweise erst dann erfolgen, »wenn Sie mir die Stel-

---

[48] S. HHSTAW Wiedergutmachungsakte, Eva Seligmann, 518/27452; HHSTAW, Abt. 527, Liste II, Nr. 2469, Mitteilung an das Landespersonalamt, 12.07.1954; Schulgeschichtliche Sammlung Bremen (Hrsg.), Eva Seligmann, Erinnerungen einer streitbaren Pädagogin. Dokumentiert und bearbeitet von Heide Henk, Bremen 2000. Die in der Dokumentation enthaltenden Lebenserinnerungen von Eva Seligmann wurden Mitte der 1990er Jahren angefertigt.

lungnahme der geh. St. Polizei-Staatspolizeistelle – Berlin auf Ihr Gesuch vorlegen«.[49] Silberpfenning verzog nach Berlin und war er bis etwa 1942 in der Leitung des zionistischen Verband *Hechaluz* (Der Pionier) tätig und übernahm die *Hachschara*-Stelle im Landwerk Steckelsdorf bei Rathenow. In diesen Lagern wurden deutsche Jugendliche auf ihre Auswanderung nach Palästina vorbereitet. Am 24.05.1942 wurde das Lager aufgelöst und die meisten Jugendlichen und ihre Lehrer, unter ihnen vermutlich auch Silberpfennig und seine Familie, wurden nach Auschwitz deportiert.[50] In der von gesetzestreuen zionistischen Vereinigung *Misrachi* herausgegebenen Zeitschrift *Zion. Monatsblätter für Lehre, Volk und Land* findet sich ein Hinweis auf Silberpfennigs Tätigkeit in den Jugendbünden des *Misrachi*, und dem *Bachad* (Bund gesetzestreuer Pioniere) und dem *Berit Hanoar* (Jugendbund), die die ideologische Vorbereitung der Jugendlichen auf ihre Auswanderung zur Aufgabe hatten.[51]

Stein, Georg (Examen 1933): s.o.

Wolffs, Werner (Examen 1933), geboren am 12.03.1911.

Zudem konnten bislang folgende weitere jüdische Studierende namentlich ausfindig gemacht werden:

Alt, Robert (Examen 1929), geboren am 4.09.1905 in Breslau und verstarb am 13.12.1978 in Berlin. Von 1927 bis 1927 studierte Alt Philosophie und Naturwissenschaft an den Universitäten Breslau und Berlin und wechselte dann an die Pädagogische Akademie nach Frankfurt. Nach dem 1. Examen war er u.a. an der von dem Reformpädagogen und führenden Mitglied des *Bundes entschiedener Schulreformer* Fritz Karsen (1885–1951) geleiteten Karl-Marx-Schule in Berlin-Neukölln tätig. Alt war seit 1924 Mitglied der SPD und gehörte dort dem linken Flügel an. Mit den 1931 veröffentlichten Aufsätzen *Akademisch gebildete Lehrer? – und nun?* und *Neutralität der Schule* nahm er Stellung zu schulpolitischen Fragen seiner Zeit. Mit der Machtergreifung der Nazis wurde er aus ›rassischen‹ Gründen nach dem GWBB aus dem Schuldienst entlassen. Bis zu seiner Inhaftierung 1941 war er als Lehrer an jüdischen Volksschulen

---

49 S. HHStAW Abt 519/3, Nr. 28070 Schreiben vom 02.10.1941; HHStAW Abt 519/3 Nr. 6109, 19000, 28070

50 S. Ernst Gottfried Lowenthal, Bewährung im Untergang. Ein Gedenkbuch. Stuttgart 1965, 192.

51 S. Zion 10 (1938), 11.

und am jüdischen Kindergärtnerinnenseminar in Berlin tätig. Alt wurde in verschiedene Konzentrationslager deportiert, zuletzt kam er nach Auschwitz. Nach dem Krieg schloss Alt seine Dissertation ab und begann in der DDR eine wissenschaftliche Karriere als ein weithin anerkannter Pädagoge.[52]

Hammerstein, Hans Herbert (Examen 1930), geboren am 17.04.1901 und verstorben am 22.01.1996. Er stammte aus der zionistischen Jugendbewegung und wurde von den reformpädagogischen Vorstellungen Siegfried Lehmanns (1892–1958) geprägt.[53] 1926 arbeitete Hammerstein in dessen Kinderheim in Kovno/Litauen. Durch die Begegnung mit dem osteuropäischen Judentum angeregt, verbrachte Hammerstein 1927 ein Jahr in Palästina und arbeitete im Kinder- und Jugenddorf *Ben Schemen* Lehmanns mit.[54] Aus wirtschaftlichen Gründen kehrte er 1928 nach Deutschland zurück und nahm zum Wintersemester das Studium an der Pädagogischen Akademie in Frankfurt auf. In einem Mitteilungsblatt der Studierendenschaft der Pädagogischen Akademie findet sich die Nachricht, dass der Student Hans Herbert Hammerstein am 22.02.1929 einen Vortrag über ›Das Judentum und seine wichtigsten Probleme‹ gehalten

---

52 S. RUDI SCHULZ, Robert Alt, in: BENNO SCHMOLDT (Hrsg.), Pädagogen in Berlin. Auswahl von Biographien zwischen Aufklärung und Gegenaufklärung (Materialien und Studien zur Geschichte der Berliner Schule 9), Baltmannsweiler 1991, 367–389. Sein ambivalentes Verhältnis zur Reformpädagogik nach 1945 untersucht ULRICH WIEGMANN, Robert Alt – Reformpädagogik und Erziehungsbegriff, in: NORBERT H. WEBER/WOLFGANG KEIM (Hrsg.): Reformpädagogik in Berlin - Tradition und Wiederentdeckung (Studien zur Bildungsreform 30), Frankfurt a. M./Berlin/Bern/New York/Paris/Wien 1998, 291–320. In diesem Zusammenhang entwickelt Wiegmann die These, dass »Robert Alt auch Elemente der (Sozialisations-) Theorie Ernst Kriecks übernommen« und nach 1945 in seinen marxistischen Erziehungsbegriff integriert habe, s. WIEGMANN, Alt, 297. Über Alts berufliche Tätigkeit an jüdischen Schulen zwischen 1933 und 1941 konnte bislang nichts Näheres ermittelt werden.

53 SOPHIE BUCHHOLZ, Hans Herbert Hammerstein/Yisrael Shiloni. Eine pädagogische Biografie (Magisterarbeit; eingereicht am 24.07.2008 an der Universität Potsdam, Humanwissenschaftliche Fakultät; http://opus.kobv.de/ubp/volltexte/2009/2789/pdf/buchholz_magister.pdf (Stand: 08.08.2013); MICHAEL WERMKE, Art.: Hammerstein, Hans Herbert, in: BBKL 32 (2011) 619f.

54 S. SIEGFRIED LEHMANN, Eine jüdische Kinderrepublik in Palästina. Das Kinder- und Jugenddorf Ben Schemen (1929), Nachdruck in: LUDWIG LIEGEL/FRANZ MICHAEL KONRAD (Hrsg.), Reformpädagogik in Palästina. Dokumente und Deutungen zu den Versuchen einer ›neuen‹ Erziehung im jüdischen Gemeinwesen Palästinas (1918–1948) (Sozialhistorische Untersuchungen zur Reformpädagogik und Erwachsenenbildung 9), Frankfurt a. M. 1989, 107–115. In Bet Schemen bereitete Lehmann Kinder und Jugendlichen aus Europa und später aus den arabischen Nachbarländern auf eine landwirtschaftliche Tätigkeit in Palästina/Israel vor.

habe. Im Einzelnen heißt es hierzu: »Der Referent gab einen historischen Überblick über die Entwicklung des Judentums und behandelte dann die Fragen: Ghetto und Diaspora, Emanzipation, Antisemitismus und Assimilation, Liberalismus, nationale Bewegung und neues Palästina. Über die beiden letzten Punkte wird auf Wunsch der Hörerschaft noch ein besonderer Vortrag stattfinden.«[55] Nach Abschluss seines Studiums 1930 fand er zunächst eine Anstellung am Frankfurter Philantropin. 1934 begann er mit dem Aufbau der *Privaten jüdischen Volksschule* in Bonn und wechselte später als Schulleiter nach Stettin.[56] 1939 emigrierte Hammerstein nach England und erreichte 1942 Palästina. Seine Frau Sophie (geb. 1903) und seine beiden Kinder, die er nachzuholen beabsichtigte, überlebten den Holocaust nicht. 1942 erreichte Hammerstein Palästina und nahm 1948 den Namen Yisrael Shiloni an. Hammerstein arbeitete als Lehrer im Kibbuz Beth Zerah. 1971 gründete er in Nahariya das ›Museum Deutsches Judentum‹, das sich heute in Tefen/Israel befindet.[57]

Es steht zu vermuten, dass sich unter den sog. dissidentischen Studierenden mehrere Studierende jüdischer Herkunft befanden, die noch vor Beginn ihres Studiums aus der jüdischen Religionsgemeinschaft ausgetreten sind.

Lewinski, Hans (Examen 1932), geboren am 16.07.1911. Lewinski, war Mitglied des Sozialistischen Studentenbundes und des Internationalen Sozialistischen Kampfbundes. Gemeinsam mit Eva Seligmann arbeitete er 1945/46 in einem Heim für jüdische Kinder aus dem KZ Theresienstadt, das von der sozialistischen Pädagogin Minna Specht (1879–1961) in der Nähe von Bristol eröffnet wurde.[58] Er verstarb 1952.

---

[55] BRUNO MEYER, P.A. Frankfurt am Main. Eigenschöpferisches in Wort und Musik, in: Mitteilungsblätter der Pädagogischen Akademien in Preußen, 2 (1929) 4, 61f., 62.

[56] Aus jener Zeit konnte ein pädagogischer Beitrag von Hammerstein ausfindig gemacht werden, in dem er sich zur Problematik der aus dem höheren Schuldienst entlassener jüdischer Lehrer, die nun einer Beschäftigung an einer jüdischen Volksschule nachsuchen, äußert; s. HANS HERBERT HAMMERSTEIN, Bemerkungen zur Umstellung des jüdischen Lehrers von der höheren Schule auf die Volksschule, in: Jüdische Schulzeitung, 10 (01.05.1934) 5, 3f.

[57] S. MICHAEL WERMKE, Art.: Hammerstein, Hans Herbert [Yisrael Shiloni], in: BBKL 32 (2011), 619f.

[58] So ein Hinweis von EVA SELIGMANN, Schulgeschichtliche Sammlung Bremen, 137f.

Befunde und Forschungsfragen

Hinsichtlich der Anzahl der jüdischen Studierenden stoßen wir auf einen interessanten Dissens, der zu einer neuen Bewertung der staatlichen Lehrerbildung in Preußen für das jüdische Schulwesen in der späten Weimarer Republik und in der Zeit nach 1933 führen könnte. Der deutsch israelische Pädagoge und Historiker Joseph Walk (1914–2004) schätzt in seiner Studie *Jüdische Schulen und Erziehung im Dritten Reich* (1991) die Bedeutung der Pädagogischen Akademie in Frankfurt für die jüdische Religionslehrerbildung als eher gering ein. Wegen der mangelnden sozialen Anerkennung des Volksschullehrer, der schlechten Einstellungschancen in den unterfinanzierten jüdischen Volksschulen in den kleineren Gemeinden als auch in den wenigen christlich-jüdischen Simultanschulen sei es, so Walk, nicht zu erwarten gewesen, »daß sich begabte jüdische Jugendliche dem Volksschulunterricht zuwenden würden«; vielmehr galt das »Lehreramt bei den Juden immer mehr als ein wenig geachteter und nur im Notfall gewählter Beruf.«[59] Nach Joseph Walk hat die jüdische Volksschullehrerausbildung in der Zeit der Weimarer Republik wenig an Attraktivität und Qualität entwikkeln können. So mussten sich die Absolventen der jüdischen Lehrerseminare »weiterhin mit den schlecht bezahlten und wenig angesehenen Stellen eines Kultusbeamten begnügen, der in den meisten Fällen die Funktion des Volksschullehrers, Religionslehrers, Vorbeters und häufig auch des Schächters ausüben musste.« Kein Wunder also, so schlussfolgert Walk, »dass die Schülerzahl der orthodoxen Seminare in Köln und Würzburg im Jahre 1932 zusammen nur noch 29 (12 und 17) betrug, der in der einzigen den Juden offen stehenden simultanen Pädagogischen Akademie in Frankfurt 4 (!) [sic!] Hörer gegenüberstanden.«[60] Walk standen offenbar keine genaueren Angaben über die Anzahl jüdischer Studierender an der Frankfurter Akademie zur Verfügung, denn im Zeitraum von 1927 bis 1932 studierten nachweislich mindestens 31 jüdische Studierende, davon allein im Studienjahr 1932 allein, wie die Aufzeichnungen von Weniger zeigen, mindestens 11 jüdische Studenten. Damit widerspricht die Anzahl jüdischer Studierender Walks Argumentation, dass der vermeintlich geringe Anteil jüdischer Lehramtskandidaten ein Indiz für die nach wie vor bestehende mangelnde Akzeptanz des Volksschullehrerberufs unter den jungen deutschen Juden sei.[61]

---

59 Walk, Schule, 30.

60 A.a.O., 3 und 30f.

61 Im Vergleich mit dem Anteil jüdischer Studierender der Staatlichen Berufspädago-

Offenbar ließen sich Studierenden nicht von den von Walk genannten Bedingungen abschrecken, ein Lehramtsstudium an der Pädagogischen Akademie aufzunehmen.

Damit richtet sich der Blick auf die Studienmotivationen der jüdischen Studierenden. Hier steht zu vermuten, dass die reformpädagogische Ausrichtung in der Lehre der Pädagogische Akademie offenbar eine besondere Anziehungskraft auf die jüdischen Studierenden besaß: So hatten einige der die Studierende vor Studienbeginn als Schüler oder Lehrkräfte aus reformpädagogischen Schulen besucht und sich zugleich zu zionistischen und/oder sozialistischen Anschauungen bekannt oder sie haben sich spätestens in ihrer Berufstätigkeit der Reformpädagogik zugewandt. Anhand der bisher ausgewerteten Berufsbiografien lässt sich aber zunächst feststellen, dass die Pädagogische Akademie sowohl für Studierende, die aus einem jüdisch-orthodoxen (Sagenkahn), jüdisch-liberalen (vermutl. Stein, Kanstein), zionistischen (Hammerstein, Silberpfennig) wie auch säkular-sozialistischen Milieus (Alt, Lewinski, Seligmann) stammten, attraktiv gewesen ist. Besonders auffällig ist die religiös-politische ›Konversion‹ von Lydia Sagenkahn, die, wie sie selbst formuliert hat, ursprünglich aus einer ›tief religiösen‹ Familie stammte, und sich in ihrer Examensarbeit als eine an säkular-sozialistischen Fragestellungen Interessierte zeigte. Weiterhin ist festzustellen, dass die Studierenden nach 1933 entweder an privaten jüdischen Volksschulen (Alt; Hammerstein, ab 1934; Seligmann) oder an einem Palästina-Vorbereitungslager für jüdische Kinder und Jugendliche (*Hachschara*) (Silberpfennig, ab 1938) eine Beschäftigung fanden, wobei zwei der ehemaligen Studenten zunächst am Frankfurter Philanthropin (Hammerstein, bis 1934; Silberpfennig, bis 1938) angestellt wurden, das bis in das Jahr 1942 als öffentliches jüdisches Gymnasium geführt werden konnte.

Bereits mit dieser ›Oberflächenbeschreibung‹ der Studienmotivationen sowie der verschiedenen Studien- und Berufsverläufe jüdischer Studierender wird eine ›Vernetzung‹ zwischen den Frankfurt gelehrten reformpädagogi-

---

gischen Institute in Preußen, die für die Ausbildung von Berufsschullehrern zuständig waren, zeigt sich, dass der Anteil jüdischer Studierende in Fakrfurt relitiv hoch war. Von den 749 Studierenden an Institutsstandorten Berlin, Frankfurt a. M., Köln und Königsberg gehörten drei Studierende (0,40 %) dem Judentum an, zwei Studierende (0,27 %) gehörten einer anderen Konfession an, acht Studierende waren konfessionslos (1,07 %); 56,34 % gehörten der evangelischen und 41,92 der katholischen Kirche an. Die Daten sind entnommen aus: Der Preußische Minister für Handel und Gewerbe, Nachweisung über die soziale Herkunft und über die Konfessionen der Studierenden der Staatlichen Berufspädagogischen Institute im Sommersemester 1932, Drucksache Nr. 648 Preußischer Landtag 4. Wahlperiode 1. Tagung 1932, eingegangen am 17.07.1932.

schen Ansätzen und bestimmten Konzepten jüdischer Pädagogik erkennbar.[62] Offenbar lässt sich für Frankfurt ein Transformationsprozess zwischen der Reformpädagogik und der jüdische Pädagogik erheben, bei dem sich Erfahrungen zionistisch geprägter Pädagogik aus Osteuropa mit den in Frankfurt gelehrten reformpädagogischen Ansätzen (insb. zu denen der Landerziehungsheime) verbunden haben, die über die pädagogische Arbeit in den Palästina-Vorbereitungslagern in Deutschland auch Einfluss auf die israelische Pädagogik (›Kibbuzerziehung‹) gewinnen konnten.[63] Die Erforschung von möglichen Prozessen und Wirkungen der ›Internationalisierung pädagogischen Wissens‹ (Liegle) am Beispiel der Rezeption der Reformpädagogik durch jüdische Pädagogik könnte ihren Ausgangspunkt in einer erweiterten Rekonstruktion und Interpretation der Studienmotivation, der Studieninhalte und der berufsbiografischen Verläufe der Frankfurter Studierenden im Kontext der jeweiligen pädagogischen Lehrkonzepte und Handlungsfelder nehmen.

---

[62] Diese Fragestellung gewinnt eine gewisse zusätzliche Brisanz dadurch, dass in Frankfurt auch Dozenten unterrichtet haben, die bereits Anfang der 1930er Jahre der nationalsozialistischen Ideologie nahe standen. Zu ihnen gehörte neben Franz Kade (1893–1987) der später führende nationalsozialistische Pädagoge Ernst Krieck (1882–1947), die beide zumindest in jener Zeit der zionistischen Idee befürwortend gegenüber standen; s. Walk, Schule, 40; vgl. Schulgeschichtliche Sammlung Bremen, Seligmann, 25. In diesen Zusammenhang gehört auch, dass Horovitz eine Examensarbeit (Kanstein) über Krieck angenommen hat.

[63] S. Ludwig Liegle, Zur Transformation von ›Reformpädagogik‹ und utopischem Sozialismus im jüdischen Gemeinwesen Palästinas, in: Jürgen Schriewer (Hrsg.), Weltkultur und kulturelle Bedeutungswelten. Zur Globalisierung von Bildungsdiskursen. Frankfurt a. M. 2007, 117–148.

Kontexte

Bildungswesen und Säkularitäten in der Mitte des 19. Jahrhunderts

Die westfälische Petitionsbewegung zur Volksschulfrage an die Frankfurter Nationalversammlung

Vanessza Heiland

Der nicht zur Geltung gelangten Frankfurter Reichsverfassung wird von nicht wenigen Kennern der deutschen Verfassungsgeschichte – insbesondere hinsichtlich ihres Grundrechtskatalogs – eine Vorbildwirkung für die nachfolgenden Konstitutionen zugeschrieben.[1] Einige Autoren gehen in ihrer Bewertung noch weiter. Sie verstehen die Paulskirchenverfassung als »Impulsgeber« in einem Prozess, welcher die Trennung zwischen dem säkularen Staat und den Kirchen bzw. die funktionale Differenzierung zwischen Politik und Religion bewirkt habe.[2] Weniger gewichtig hingegen wird die Bedeutung der Verfassung der Paulskirche innerhalb der historischen Bildungsforschung eingeschätzt. Hier gelten vielmehr das Allgemeine Landrecht für die Preußischen Staaten von 1794 sowie die Weimarer Verfassung von 1919

---

1 Vgl. u. a. Michael Kotulla, Deutsches Verfassungsrecht 1806–1918. Eine Dokumentensammlung nebst Einführungen, Bd. 1: Gesamtdeutschland, Anhaltische Staaten und Baden, Berlin u. a. 2006, 171; Walter Pauly, Die Verfassung der Paulskirche und ihre Folgewirkungen, in: Josef Isensee/Paul Kirchhof (Hrsg.), Handbuch des Staatsrechts der Bundesrepublik Deutschland, Bd. 1: Historische Grundlagen, Heidelberg ³2003, 93–128, hier 126.

2 Vgl. u. a. Jörg-Detlef Kühne, Die Reichsverfassung der Paulskirche. Vorbild und Verwirklichung im späteren deutschen Rechtsleben, Neuwied 1998, 509–510; Wolfgang Hardtwig, Die Kirchen in der Revolution 1848/49, in: Bernd Rill (Hrsg.), 1848. Epochenjahr für Demokratie und Rechtsstaat in Deutschland, München 1998, 177–203, hier 201 und 203; Wolfgang Keim, Schule und Religion. Die religiös-weltanschauliche Neutralität des Staates und die Verbreitung religiösen Gedankenguts mit Hilfe des Schulwesens in den Vereinigten Staaten von Amerika und in Deutschland, Dissertation Universität Hamburg 1967, 110.

als die wesentlichen »Schübe« einer Säkularisierung des Schulwesens in Deutschland.[3] In Anbetracht dieser unterschiedlichen Beurteilung stellt sich die Frage, ob ein Perspektivwechsel zu einer Neubewertung der Bedeutung der Frankfurter Reichsverfassung für die Geschichte des Schulsystems in Deutschland führen würde. Ein Blick auf die politische Partizipation an den Verhandlungen der Nationalversammlung könnte helfen, den Fokus zu erweitern. So weist etwa die intensive Auseinandersetzung mit der Frage der reichsweiten Gestaltung der Bildungseinrichtungen im Rahmen der an die Frankfurter Versammlung adressierten Petitionen weit über die bisher vorrangig betrachteten Bereiche der rechtlichen Organisation der Schulbildung und ihrer realen Umsetzung hinaus.

Einen solchen Perspektivwechsel im Rahmen eines Artikels umfänglich vornehmen zu wollen, wäre aber schon aufgrund der Menge der in Frankfurt eingelaufenen Petitionen zur Schulfrage[4] zum Scheitern verurteilt. Das Anliegen dieses Beitrags, der einen Aspekt meines aktuell laufenden Dissertationsprojektes herausgreift,[5] muss daher ein bescheideneres sein: Am Beispiel von Petitionen und Protesten aus der preußischen Provinz Westfalen zur Frage der Volksschulen soll dargestellt werden, ob und wie die (schulische) Bildung um 1848 als autonomer, vom bis dahin bestehenden kirchlichen Einfluss gelöster und damit säkularer Bereich diskursiv konstruiert wurde. Jedoch soll damit nicht behauptet werden, dass Stellungnahmen, die bspw. eine ideelle und institutionelle Trennung zwischen den Schulen und den Kirche forderten, die öffentliche und politische Debatte bestimmt oder sich gar in dieser durchzusetzen vermocht hätten. Eher ist anzunehmen, dass eine solche oder eine ähnliche Haltung nur von einer Minderheit eingenommen

---

3 Vgl. u.a. Gabriele Kuhn-Zuber, Die Werteerziehung in der öffentlichen Schule. Religions- und Ethikunterricht im säkularen Staat, Hamburg 2006, 15. Ausführlicher dazu Karl Erlinghagen, Die Säkularisierung der deutschen Schule, Hannover u.a. 1972.

4 Petitionen zur Schulfrage wurden zumeist vom »Verfassungsausschuss« sowie vom »Ausschuss für Schulangelegenheiten und Volkserziehung« bearbeitet. Die Eingaben, welche an die erstgenannte Sektion überwiesen wurden, sind in der insgesamt fast 13.000 Folien umfassenden Aktenserie »Petitionen zu den Grundrechten, ins. den Kirchen- und Schulartikeln« im Bestand des Bundesarchivs in Berlin-Lichterfelde verwahrt (vgl. BArch DB 51 (Deutsche Verfassungsgebende Reichsversammlung), 238-316). An den Schulausschuss gelangte Petitionen sind nicht erhalten; von dieser Abteilung liegt nur ein Aktenrest vor (vgl. a.a.O., 427).

5 Das Projekt ist der Graduiertenklasse »Säkularitäten: Konfigurationen und Entwicklungspfade« der Universität Leipzig angeschlossen und widmet sich der diskursiven Verhältnisbestimmung zwischen dem Säkularen und dem Religiösen in historischer Perspektive und in Bezug auf die (schulische) Bildung als einem spezifischen Bereich der Gesellschaft.

wurde. Um den Prozess hin zu einer säkularen Verortung des Bildungsbereichs – im vorliegenden Fall der Volksschulen – greifbar zu machen, gilt es, anhand der westfälischen Petitionen exemplarisch die maßgebenden Motive und Begründungsmuster jener Verlautbarungen innerhalb der Petitionsbewegung zur Schulfrage herauszuarbeiten, die für eine Wandlung der bestehenden Verhältnisbestimmung der Kirchen zu den Elementarschulen votierten. Der Blick richtet sich auf die preußische Provinz, da hier in besonderem Maße Eingaben verfasst wurden, die eine differenzierte Analyse und Bewertung zulassen. So griffen sie etwa vergleichsweise häufig Spezialfragen wie die des Religionsunterrichts als Teil der schulischen Bildung auf. Weiterhin sprechen die konfessionelle Prägung der Provinz Westfalen[6] sowie der in einem Artikel behandelbare Umfang des vorhandenen Quellenkorpus für eine solche Fokussierung.

Der erste Teil des Artikels umreißt den allgemeinen Forschungskontext und stellt den Analyserahmen des Beitrags vor. Eine Kontextualisierung und Fundierung der nachfolgenden Betrachtungen beabsichtigen die Abschnitte zwei und drei durch die Darlegung der historischen Ausgangssituation zu leisten. Dazu werden zum einen die Entwicklungen im westfälischen Volksschulwesen in groben Zügen bis 1848 und zum anderen das Revolutionsgeschehen sowie die Verhandlungen der Frankfurter Nationalversammlung geschildert. Der Petitionsbewegung zur Schulfrage in Westfalen selbst widmet sich der vierte Abschnitt. Sowohl der Verlauf als auch die Organisation der politischen Partizipation werden hier vorgestellt. Der fünfte Abschnitt gibt die wenigen Petitionen, die um eine Trennung der Elementarschulen von den Kirchen baten, inhaltlich wieder und analysiert diese im Hinblick auf die ihnen zugrundeliegenden Leitideen sowie die von ihnen angeführten Begründungen.

---

[6] Die konfessionelle Gliederung der Provinz Westfalen muss als heterogen charakterisiert werden. Neben katholisch oder evangelisch geprägten Regierungskreisen bestanden auch solche, in denen das Verhältnis von katholischen und evangelischen Einwohner gemischt war, siehe dazu die Entwicklung der Konfessionsverhältnisse in den westfälischen Regierungskreisen bei FRIEDRICH BRUNE, Die bevölkerungspolitische Entwicklung in Westfalen seit 1818 im Hinblick auf die Evangelische Kirche von Westfalen, in: Jahrbuch für westfälische Kirchengeschichte 55/58 (1962/63), 131–149.

I. Säkularisierung und Säkularität des Volksschulwesens in Deutschland

Betrachtet man den Stand bildungshistorischer Forschung, so werden die Entwicklungen des Schulsystems in Deutschland als ein von Schüben und Retardationsphasen gekennzeichneter Säkularisierungsprozess charakterisiert. Als wichtige Etappe oder als Beginn einer Säkularisierung des deutschen Schulsystems wird dabei das preußische Allgemeine Landrecht ausgemacht.[7] Dieses hatte den gesamten privaten und öffentlichen Unterricht unter die Oberaufsicht des Staates gestellt und ließ Schulen zu, in denen Kinder aller Bekenntnisse gemeinsam unterrichtet werden konnten. Nach zum Teil kurzlebigen Reformbestrebungen im 19. Jahrhundert habe die Säkularisierung des Schulwesens – so Gabriele Kuhn-Zuber – erst mit der Revolution von 1918 und der Weimarer Verfassung ihre tatsächliche Wirkung entfalten können.[8] Davor sei in Bezug auf die schulischen Bildungseinrichtungen eine Lösung der staatlichen Macht von der geistlichen kaum festzustellen.[9] Einige historische Studien haben in diesem Kontext auf eine enge Verknüpfung zwischen der Säkularisierung des niederen Schulwesens und der Entstehung des modernen Staates herausgearbeitet.[10] Beispielhaft soll hier auf eine Arbeit von Martin Annen verwiesen werden, die eine Säkularisierung des Volksschulwesens für den schweizerischen Kanton Schwyz zwischen 1848 und 1900 beschreibt. Annen gelangt dabei zu dem Ergebnis, dass die

---

[7] Vgl. Kuhn-Zuber, Werterziehung, 15.

[8] Vgl. a. a. O., 20.

[9] Vgl. ebd.

[10] Als Beispiele seien hier genannt Martin Annen, Säkularisierung im 19. Jahrhundert. Der Kanton Schwyz als ein historisches Fallbeispiel, Bern u. a. 2005; Frank-Michael Kuhlemann, Modernisierung und Disziplinierung. Sozialgeschichte des preussischen Volksschulwesens 1794–1872, Göttingen 1992; Achim Leschinsky/Peter Martin Roeder, Schule im historischen Prozess. Zum Wechselverhältnis von institutioneller Erziehung und gesellschaftlicher Entwicklung, Stuttgart 1976.

dort beobachtbaren Entwicklungen mehr durch eine rechtliche Reorganisation der ehemals im Hoheitsgebiet der Kirchen gelegenen Institution Schule, als durch ein Schwinden von Religion im Allgemeinen oder konfessionellen Bezügen im Besonderen bestimmt waren.[11]

Diese Befunde der historischen Bildungsforschung decken sich mit den jüngeren theoretischen Diskussionen um Säkularisierung.[12] Durch historische Analysen und empirische, insbesondere außereuropäische Beobachtungen angeregt, kam es zu einer Neubeurteilung der Säkularisierungstheorien, welche sowohl den unterstellten Nexus zwischen Säkularisierung und Moderne als auch deren universale Geltungsansprüche ablehnt.[13] Gleichsam arbeitete die Diskussion den noch bestehenden Forschungsbedarf heraus: So verwiesen allen voran Soziologen auf die Notwendigkeit einer Analyse von unterschiedlichen Teilprozessen und Ebenen von Säkularisierung einerseits[14] sowie der Operationalisierung von Säkularität anderseits. Infolgedessen wurden nicht nur Anstrengungen zu einer Weiterentwicklung der Säkularisierungsthese unternommen, sondern auch Ansätze zur Erfassung der Beziehung von Religion zur Nicht-Religion formuliert.

Ein solches Konzept zur Erfassung und Beschreibung des Verhältnisses zwischen Religion und Nicht-Religion stellten Monika Wohlrab-Sahr und Marian Burchardt im Kontext ihres Forschungsprojektes »Multiple Secularities« vor. Da dieses Modell eine geeignete Folie für meine Untersuchung bereitstellt, soll es zum besseren Verständnis an dieser Stelle kurz erläutert werden: Im Gegensatz zu den öffentlichen Diskussionen der jüngeren Vergangenheit um die Bedeutung von Religion in der Gesellschaft, in welchen der

---

11 Vgl. ANNEN, Säkularisierung, 447–449.

12 Eine kurze Zusammenfassung der Diskussion findet sich bei MONIKA WOHLRAB-SAHR/ MARIAN BURCHARDT, Vielfältige Säkularitäten. Vorschlag zu einer vergleichenden Analyse religiös-säkularer Grenzziehungen, in: Denkströme (2011), 53-71, hier 54-61.

13 Zur Kritik und Neubewertung siehe u.a. CHRISTOPH KLEINE, Zur Universalität der Unterscheidung religiös/säkular: Eine systemtheoretische Betrachtung, in: MICHAEL STAUSBERG (Hrsg.), Religionswissenschaft: Ein Studienbuch, Berlin 2012, 65-80; PHILIP STEPHEN GORSKI/ATEŞ ALTINORDU, After Secularization?, in: Annual Review of Sociology 34 (2008), 55-85; MATTHIAS POHLIG, Einleitung: Säkularisierung, Religion, Repräsentation, in: MATTHIAS POHLIG (Hrsg.), Säkularisierungen in der Frühen Neuzeit. Methodische Probleme und empirische Fallstudien, Berlin 2008, 9-20; HUBERT SEIWERT, Religion in der Geschichte der Moderne, in: ZfR 3 (1995), 91-101.

14 Zur Differenzierung der Teilprozesse und Ebenen siehe u.a. GERT PICKEL, Contextual Secularization. Theoretical Thoughts and Empirical Implications, in: RASCEE 4 (2011), 3-20; KAREL DOBBELAERE, Secularization: An Analysis at three Levels, Brüssel 2002; JOSÉ CASANOVA, Public Religions in the Modern World, Chicago 1994.

Begriff Säkularität gern als positiv besetzter Wert und Eigencharakteristik gebraucht wird, dient der Terminus hier zu einer Kennzeichnung von »institutionell und kulturell-symbolisch verankerten Formen und Arrangements der Unterscheidung zwischen Religion und anderen gesellschaftlichen Bereichen«.[15] Durch die Ab- bzw. Eingrenzung von Religion würden jene anderen Bereiche (z.B. Politik, Wirtschaft, Wissenschaft etc.) zugleich als »nicht-religiös markiert«.[16] Die Trennung zwischen Religiösem und Nicht-Religiösem stelle eine Reaktion auf eine spezifische gesellschaftliche Problemlage dar. Aufgrund von unterschiedlichen historischen und gegenwärtigen Gegebenheiten käme es zur Ausbildung verschiedener Säkularitäten.[17] Monika Wohlrab-Sahr und Marian Burchardt machen vier Idealtypen im Weberschen Sinne aus: (A) »*Säkularität im Dienste individueller Freiheiten und Rechte*« resultiere aus einer ehemals oder aktuell bestehenden Einschränkung von individuellen Freiheitsrechten und finde ihre Legitimation durch den Bezug auf Freiheit und Individualität. (B) Als Leitideen einer »*Säkularität im Dienste der Balance bzw. Befriedung religiöser Differenzen*« dienten Toleranz und Respekt. Eine religiös plurale und spannungsträchtige Gesellschaft bilde die Basis für die Ausbildung dieser Form von Säkularität. (C) Fortschritt, Aufklärung und Modernität stellten die Motive einer »*Säkularität im Dienste gesellschaftlicher oder nationaler Integration und Entwicklung*« dar. Ihr würde das Streben nach sozialer Integration und gesellschaftlichem Aufschwung zugrunde liegen. (D) Die Ausformung autonomer Gesellschaftsbereiche sei das Bezugsproblem einer »*Säkularität im Dienste der unabhängigen Entwicklung gesellschaftlicher Funktionsbereiche*«. Zur Begründung werde auf Ideen der Autonomie, Rationalität und Effizienz referiert.[18] Wie Monika Wohlrab-Sahr und Marian Burchardt herausstellen, soll diese Typisierung von Säkularität ein Instrument zur Analyse der Beziehung zwischen Religion und Nicht-Religion bereitstellen. Es könne und solle nicht die Realität in ihrer Komplexität abbilden, sondern helfen, deren Grundstrukturen offenzulegen.[19]

Vor diesem Hintergrund möchte ich die Verhandlung der Schulfrage in den Jahren 1848/49 nicht als eine Etappe innerhalb eines Säkularisierungsprozesses betrachten und untersuchen. Vielmehr begreife ich die Diskussion, die sowohl in der Frankfurter Nationalversammlung als auch über Medi-

---

15 Vgl. WOHLRAB-SAHR/BURCHARDT, Vielfältige Säkularitäten, 61.

16 Vgl. a.a.O., 67.

17 Vgl. ebd.

18 Vgl. a.a.O., 67–71.

19 Vgl. a.a.O., 67.

en wie Tageszeitungen, Flugschriften, Protestationen und Petitionen geführt wurde, als einen Prozess der diskursiven Definition bzw. Neubestimmung der Beziehung zwischen Bereichen in einer Gesellschaft, die infolge dieser Diskussion als religiöse oder nicht-religiöse Bereiche wahrgenommen und verstanden werden können. So klärten die Debatten über die Beaufsichtigung und die Finanzierung der Volksschule, der Lehrerbildung oder das Festlegen von Lehrinhalten nicht allein Zuständigkeitsfragen zwischen dem Staat und den Kirchen; sie grenzten diese Institutionen – so meine Annahme – auch als Repräsentationen differenter Gesellschaftsbereiche gegeneinander ab. Die sich so ausbildende Dichotomie zwischen dem Staat einerseits und den Kirchen andererseits hatte wiederum zur Folge, dass die Institution Schule bzw. der Bereich der Bildung je nach Ergebnis der Zuständigkeitszuweisung als weithin säkularer oder religiöser Bereich bestimmt wurde. Als Resultat dieser Debatten bildete sich eine spezifische Form der Verhältnisbestimmung zwischen Religion und Nicht-Religion – eine spezifische Konfiguration von Säkularität – aus.

Einblick in einen solchen Konstruktionsprozess von Wissens- und Wirklichkeitsbeständen einer Gesellschaft können Petitionen geben. Auch wenn sie nicht Ausdruck der öffentlichen Meinung sind oder auch nicht die Meinung der Mehrheit repräsentieren mögen, so zeigen sie doch, welches Verständnis ein einzelner oder eine Gruppe von der aktuellen sowie der gewünschten Beziehung der Volksschule zum Staat und zu den Kirchen hatte. Mithilfe der Analyse ausgewählter westfälischer Petitionen soll die Verhältnisbestimmung zwischen dem Religiösen und dem Säkularen, welche sich am Fall der gesellschaftlichen und institutionellen Verortung der Volksschulen untersuchen lässt, exemplarisch demonstriert und in Beziehung zum Ansatz der »vielfältigen Säkularitäten« gesetzt werden.

2. Die Volksschule in der Provinz Westfalen bis zur Revolution

Erst mit der Einrichtung der Provinz Westfalen 1815 erfuhr dort das aufgrund der zuvor bestehenden territorialen Zersplitterung heterogen organisierte Volksschulwesen eine Bindung an die preußische Bildungspolitik und somit zugleich eine zentral gesteuerte Vereinheitlichung.[20] Jedoch wa-

---

20 Einen Überblick über die Geschichte des westfälischen Schulwesens seit dem Mittelalter gibt Friedrich Wilhelm Saal, Das Schul- und Bildungswesen, in: Wilhelm Kohl (Hrsg.),

ren auch schon gegen Ende des 18. Jahrhunderts durchaus gleiche Entwicklungstendenzen in den später zur preußischen Provinz zusammengefassten Gebieten zu verzeichnen. Allerorten hatten die ab den 1770er Jahren durchgeführten pädagogischen Schulhospitationen bestehende Missstände offen gelegt und den Anstoß für die Einrichtung staatlicher Aufsichtsbehörden sowie Maßnahmen zur Hebung des Bildungswesens gegeben. Obwohl die einzelnen Landesteile durchaus verschiedene Wege beschritten, führten die unternommenen Bildungsreformen überall zu einer gleichsam stärkeren Reglementierung des Schulbesuchs, der Lehrmittel und der Lehrerbildung.[21]

Das Bildungswesen der Provinz Westfalen unterstand nach der verwaltungstechnischen Neuordnung Preußens dem 1817 aus dem »Departement für Kultus und öffentlichen Unterricht« hervorgegangenen Berliner »Ministerium der geistlichen, Unterrichts- und Medizialangelegenheiten«. Während die höheren Schulen seit 1825 durch das in der Provinzialhauptstadt Münster ansässige Provinzialschulkollegium geleitet wurden, übernahmen die Kirchen- und Schulabteilungen der einzelnen Bezirksregierungen in der Provinz die Überwachung der Volksschulen.[22] Zur Beaufsichtigung der Elementarschule auf lokaler Ebene stellten die Bezirksregierungen den Ortsgeistlichen, die diese Aufgabe schon seit jeher übernommen hatten, die Schulvorstände als weitere Kontrollinstanz zur Seite. Zudem gaben sie Instruktionen zur Durchführung der Aufsicht heraus.[23] Diese wurden von den Kirchen- und Schulabteilungen um 1830 überarbeitet, da sowohl die geistlichen Schulinspektoren als auch die Schulvorstände ihrer Aufsicht nicht in dem von der Regierung gewünschten Maße nachkamen.[24] Die von den Geistlichen erwarteten, bis dahin aber dürftig geführten Jahresberichte soll-

---

Westfälische Geschichte, Bd. 3: Das 19. und 20. Jahrhundert: Wirtschaft und Gesellschaft, Düsseldorf 1984, 533–618; 638–645. Eine spezifische Darstellung der Entwicklung der Volksschule im Zeitalter der Restauration findet sich bereits früher bei Friedrich Laduga, Beiträge zur Entwicklung des Volksschulwesens in der Provinz Westfalen 1815–1848, Münster 1927.

21 Vgl. Saal, Schul- und Bildungswesen, 558.

22 Vgl. a. a. O., 560; Michael Vondenhoff, Die Schule zwischen Staatsanstalt und causa ecclesiastica. Das Schulwesen des 19. Jahrhunderts im Spannungsverhältnis von Staat und Kirche in seiner rechtsgeschichtlichen Entwicklung unter besonderer Berücksichtigung Preußens, Aachen 2008, 58–60.

23 Zur Schulaufsicht durch die Geistlichen und die Schulvorstände vgl. Laduga, Entwicklung des Volksschulwesens, 45–57.

24 Vgl. Laduga, Entwicklung des Volksschulwesens, 46 und 55f. Zu dieser Einschätzung gelangt Friedrich Laguda auf Basis einer Sichtung der Schulverwaltungsakten für die Bezirke Arnsberg, Minden und Münster.

ten, einem neu vorgegebenen Schema folgend, Auskunft über den Zustand der Volksschule sowie den Unterricht und die Erziehung an ihr geben.[25] Der Schulvorstand hingegen, dem der Ortsgeistliche und der erste Gemeindebeamte als ständige sowie zwei bis vier schulinteressierte Gemeindebewohner als wechselnde Mitglieder angehörten, wachte über den »inneren und äußeren Schulbetrieb«.[26] Neben der Sorge für die materielle Ausstattung der Schule und die Besoldung des Lehrers gehörte es ferner zur Aufgabe des Schulvorstands, die »Amtsführung und das sittliche Betragen des Lehrers«[27] zu begutachten.

Obwohl das preußische Allgemeine Landrecht von 1794 Schulen zuließ, in denen Kinder aller Bekenntnisse gemeinsam unterrichtet werden konnten,[28] blieb die nach Konfessionen getrennte Bekenntnisschule nicht nur in Westfalen die Regel. Im Jahre 1821 bestanden in der Provinz laut einer Statistik 742 evangelische und 967 katholische Land- und Stadtschulen.[29] Nur gelegentlich kam es gegen den Widerstand der Geistlichkeit zur Einrichtung von evangelischen Gesamtschulen[30] oder Simultanschulen; Schulen also, in denen evangelische und katholische Kinder gemeinsam von Lehrern beider Konfessionen unterrichtet werden konnten.[31] Für die Kinder jüdischer Eltern existierten keine eigenen Schulen. Diese schickten ihren Nachwuchs daher weder zur Schule noch entrichteten sie Schulgeld. Für die Ausbildung sorgten stattdessen zum Unterrichten geeignete und für diesen Zweck angestellte

---

25 Eine vollständige Auflistung der von der Kirchen- und Schulabteilung im Regierungsbezirk Münster verlangten Angaben liefert Laduga, Entwicklung des Volksschulwesens, 46–50.

26 A. a. O., 54.

27 A. a. O., 53–55.

28 Die schulrechtlichen Bestimmungen des preußischen Allgemeinen Landrechts finden sich u. a. bei Theodor Ballien, Gesetze und Verordnungen betreffend das preußische Volksschulwesen in der Provinz Westphalen. Eine Sammlung aller allgemeingültigen Gesetze, Entscheidungen und Ministerial- sowie Regierungs- und Konsistorial-Verordnungen, Brandenburg 1861, 7f.

29 Vgl. Saal, Schul- und Bildungswesen, 561.

30 Die Vereinigung von mehreren Pfarrschulen zu einer evangelischen Gesamtschule konnte bspw. in Dortmund 1836 nur durch Polizeigewalt gegen das Presbyteriums der dort ansässigen Mariengemeinde durchgesetzt werden, vgl. ebd.

31 Simultanschulen wurden im Regierungsbezirk Arnsberg 1817 in den Städten Herdecke und Hagen errichtet, allerdings 1835 und 1841 wieder aufgelöst, vgl. a. a. O., 562. Inwiefern es zur Einrichtung solcher Schulen auch an anderen Orten kam, darüber gibt die konsultierte Sekundärliteratur leider keinen Hinweis.

Glaubensgenossen.[32] Erst im Jahre 1822 gestattete ein Regulativ die Unterhaltung jüdischer Schulen,[33] schrieb aber zugleich den Besuch christlicher Schulen ausdrücklich vor, sollte keine eigene Schule vorhanden sein.[34] Die Aufsicht über diese Einrichtungen oblag den christlichen Schulinspektoren.[35] Da aber der Bischof von Münster die Übernahme dieser Aufgabe durch seine Priester – wie es für das Jahr 1847 belegt ist – streng ablehnte, handelte es sich dabei vermutlich vorranging um evangelische Ortsgeistliche.[36]

Die Elementarschulen auf dem Land waren zumeist einzügig organisiert, so dass ein Lehrer bis zu 120 Kinder in einer Klasse unterrichtete.[37] In der Stadt fand man dagegen gewöhnlich mehrklassige Volksschulen vor. Über die Lehrinhalte in diesen bestimmten bis zu den Stiehlschen Regulativen[38] von 1854 zwar verschiedene Verordnungen und Gesetze, doch der Lehrplan und eigentliche Unterricht wurde im Wesentlichen von den Schulaufsichtsbehörden, den Schulinspektoren sowie den Pfarrern und Lehrern vor Ort gestaltet.[39] Zu den zentralen Fächern zählten Schreiben, Lesen, Rechnen und

---

32 Vgl. LADUGA, Entwicklung des Volksschulwesens, 82.

33 Einen Überblick über das jüdische Schulwesen in Preußen, der zugleich konkrete Angaben zur Provinz Westfalen liefert, findet man bei LUDWIG VON RÖNNE/HEINRICH SIMON, Die früheren und gegenwärtigen Verhältnisse der Juden in den sämmtlichen Landestheilen des Preussischen Staates. Eine Darstellung und Revision der gesetzlichen Bestimmungen über ihre staats- und privatrechtlichen Zustände. Mit Benutzung der Archive der Ministerien des Innern und der Justiz, Breslau 1843.

34 Vgl. RÖNNE/SIMON, Verhältnisse der Juden, 165f. Befreit waren die jüdischen Kinder lediglich von der Teilnahme am Religionsunterricht der christlichen Schulen (vgl. a.a.O., 166).

35 Vgl. ebd.

36 Vgl. SAAL, Schul- und Bildungswesen, 566f.

37 Vgl. a.a.O., 561.

38 Einen Überblick über den Inhalt und die Bedeutung der Regulative gibt u.a. KLAUS GOEBEL, Die Normierung des Schulwesens durch die Stiehlschen Regulative (1854), in: JOACHIM ROGGE/GERHARD RUHBACH (Hrsg.), Die Geschichte der Evangelischen Kirche der Union, Bd. 2: Die Verselbständigung der Kirche unter dem königlichen Summepiskopat (1850–1918), Leipzig 1994, 70–78.

39 Vgl. GERD FRIEDRICH, Das niedere Schulwesen, in: KARL-ERNST JEISMANN/PETER LUNDGREEN (Hrsg.), Handbuch der deutschen Bildungsgeschichte, Bd. 3: 1800–1870. Von der Neuordnung Deutschlands bis zur Gründung des Deutschen Reiches, München 1987, 123–152, hier 133.

Religion. Darüber hinaus wurden aber auch Kenntnisse in vaterländischer Geschichte sowie Natur- und Erdkunde vermittelt.[40] Eine Stärkung des letzteren so genannten »Realienunterrichts« suchte ein Volksschullehrplanentwurf des Generalsuperintendenten und Angehörigen der Schulabteilung der westfälischen Provinzialregierung, B. Chr. Ludwig Natorp (1774–1846), aus dem Jahre 1846 zu erreichen. Mit insgesamt fünf Wochenstunden für die Vermittlung von Realienkenntnissen sei dieser Bereich – so Frank-Michael Kuhlemann – besonders beachtet worden. Für den Religionsunterricht hingegen habe Natorp nur vier, für Sprach- und Rechenunterricht zusammen aber vierzehn Stunden vorgesehen.[41]

Da die Entwicklungen im Volksschulwesen nach der Meinung Friedrich Ladugas »in engster Beziehung« zu den Fortschritten in der Lehrerbildung stünden,[42] soll der Blick noch auf das Seminarwesen gerichtet werden: Während evangelische Lehrer schon frühzeitig an einem 1806 in Soest gegründeten und im Jahre 1819 durch ministerielle Verordnung zur alleinigen Ausbildungsstätte erhobenen Seminar für ihre Tätigkeit an Elementarschulen qualifiziert wurden, erfolgte die katholische Lehrerbildung zunächst weiterhin in den schon bestehenden Normalschulen in Münster, Arnsberg und Paderborn.[43] Erst im Mai 1825 wurde in Büren ein Seminar für die Ausbildung katholischer Lehrer eingerichtet.[44] Noch im gleichen Jahr übernahm das Provinzialschulkollegium in Münster die Aufsicht über die gesamte Volksschullehrerbildung und vereinheitlichte 1826 die bis dahin von den zuständigen Superintendenten und Inspektoren übernommenen Aufnahmeprüfungen von Schulamtspräparanden.[45] Durch die Angliederung von Präparandien an die Seminare in Soest, Büren und dem im Jahre 1831 für die evangelische Lehrerbildung im Regierungsbezirk Minden hinzugekommenen Petershagen wurde schließlich auch die Vorbildung der Ausbildungsanwärter standardisiert.[46] Bemerkenswert ist letztlich, dass sich die seminaristisch gebildeten Lehrer – so legen es zumindest die Ausführungen von Friedrich Laduga nahe

---

[40] Vgl. Saal, Schul- und Bildungswesen, 561; Heinrich Heppe, Geschichte des deutschen Volksschulwesens, 5 Bde., Gotha 1858, Reprint Hildesheim u.a. 1971, hier Bd. 3, 151.

[41] Vgl. Kuhlemann, Modernisierung und Disziplinierung, 79.

[42] Vgl. Laduga, Entwicklung des Volksschulwesens, 1.

[43] Vgl. Saal, Schul- und Bildungswesen, 563.

[44] Vgl. ebd.

[45] Vgl. Laduga, Entwicklung des Volksschulwesens, 20.

[46] Vgl. a.a.O., 22.

– nicht allein durch ein höheres Qualifikationsniveau auszeichneten und so zur Hebung der Schulbildung beitrugen. Sie nahmen zudem eine emanzipierte Haltung gegenüber dem Althergebrachten ein.[47] So führten sie bspw. die 1825 zur Durchsetzung der Schulpflicht durch Verfügung eingeführten Abwesenheitslisten vom Unterricht, die so genannten »Quartallisten«, genauer und zogen so den Unmut jener Eltern auf sich, welche ihre Kinder lieber für Tätigkeiten auf dem Hof oder Feld einsetzten, anstatt sie zur Schule zu schicken.[48] Auch eine Neuordnung der Schulaufsicht wurde von ihnen angestrebt. Dabei sei es den Lehrern – so Friedrich Laduga – aber nicht bloß um ihre Befreiung aus der Abhängigkeit gegenüber dem Ortsgeistlichen gegangen.[49] Wie eine von 31 Volksschullehrern des Regierungsbezirks Arnsberg am 18. Mai 1842 bei einer Konferenz im westfälischen Altenhagen verfasste Petition[50] an das preußische Kultusministerium zeigt, war ihnen gemeinhin an einer Verbesserung der Schulverhältnisse gelegen. Mit Verweis auf die fehlende Qualifikation der Geistlichen und Gemeinderepräsentanten im schulischen Bereich sowie ihre zum Teil dem Wohl der Schule entgegenlaufenden Interessen erbaten sie für die durch theoretische Bildung und praktische Erfahrung befähigten Schulmänner die Mitwirkung an der äußeren und inneren Gestaltung der Schulen. Diese sollte durch ihre Teilhabe an den örtlichen Schulvorständen und der Schulinspektion erreicht werden.[51]

---

47 Vgl. a. a. O., 91–93.

48 Vgl. a. a. O., 59 und 61.

49 Vgl. a. a. O., 45.

50 Die Petition wurde publiziert (vgl. Zustände der Volksschule und ihrer Lehrer in Rheinland und Westphalen, Heft 1: Die Denkschrift der märkischen Lehrer, Iserloh 1843, Reprint o.A. 1975).

51 Vgl. Zustände der Volksschule, 22–24.

3. DER REVOLUTIONSVERLAUF IN DER PROVINZ WESTFALEN UND DIE VERHANDLUNG DER SCHULARTIKEL IN FRANKFURT UND BERLIN

Die Jahre vor der Märzrevolution waren in der Provinz Westfalen – bedingt durch ein starkes Bevölkerungswachstum,[52] eine Strukturkrise im Leinengewerbe und in anderen Wirtschaftszweigen sowie wiederholte Missernten – von sozialer Not und Urbanisierungstendenzen geprägt.[53] Daher erkennen Historiographen in den Bewegungen des Frühjahrs 1848 eher einen Ausbruch von sozialem Protest als von verfassungsrechtlichen oder allgemein politischen Bestrebungen.[54]

Ihren Ausgang nahmen die revolutionären Erhebungen und gelegentlich spontanen Ausschreitungen gegen Fabrikanten, Gutsbesitzer, Adlige und zum Teil auch Juden im Süden und Südosten der Provinz. Unter dem Eindruck der ländlichen Unruhen im benachbarten Großherzogtum Hessen-Darmstadt, dem Herzogtum Nassau und dem Fürstentum Waldeck-Pyrmont formierten sich hier bis Mitte März die ersten Aufstände. Noch im Laufe desselben Monats erfassten sie sämtliche Teile Westfalens. Als im Mai 1848 die Wahlen zur deutschen und preußischen Nationalversammlung stattfanden, hatte sich die aufrührerische Lage jedoch bereits wieder entspannt.[55]

Durch die Aufhebung der Pressezensur war in den ersten beiden Revolutionsmonaten das Entstehen eines politischen Zeitungswesens möglich gewesen. Jenes trug wiederum wesentlich zur Entwicklung einer öffentlichen

---

[52] In der Zeit zwischen den Jahren 1818 und 1843 stieg die westfälische Bevölkerung um 31 % und somit auf 1,4 Millionen an (vgl. HANS-JOACHIM BEHR, Die Provinz Westfalen und das Land Lippe 1813–1933, in: WILHELM KOHL (Hrsg.), Westfälische Geschichte, Bd. 2: Das 19. und 20. Jahrhundert: Politik und Kultur, Düsseldorf 1983, 45–164, hier 75).

[53] Einen Überblick über die Lage und Entwicklung der Provinz Westfalen im Vormärz liefert u. a. HORST CONRAD, Die Provinz Westfalen im Vormärz, in: WILFRIED REININGHAUS/HORST CONRAD (Hrsg.), Für Freiheit und Recht. Westfalen und Lippe in der Revolution 1848/49, Münster 1999, 5–13.

[54] Vgl. u. a. BEHR, Die Provinz Westfalen, 81; MANFRED BEINE, Sozialer Protest und kurzzeitige Politisierung. Zu den Ursachen politischer Bewegung und Aspekten ihrer Entwicklung in den heutigen Kreisen Gütersloh und Warendorf im Revolutionsjahr 1848, in: WILFRIED REININGHAUS (Hrsg.), Die Revolution 1848/49 in Westfalen und Lippe. Tagung der Historischen Kommission für Westfalen am 18. und 19. Februar 1999 in Iserlohn, Münster 1999, 171–215, hier 171.

[55] Eine Auflistung der Märzunruhen bietet der Anhang des Sammelbands von WILFRIED REININGHAUS (Hrsg.), Die Revolution 1848/49 in Westfalen und Lippe. Tagung der Historischen Kommission für Westfalen am 18. und 19. Februar 1999 in Iserlohn, Münster 1999, 455–462.

Meinung und der Entstehung von politischen Vereinen in dieser Zeit bei.[56] Beide – politische Blätter und vorparteiliche Zusammenschlüsse – spielten eine bedeutende Rolle in der Wahlagitation: Die Zeitungen klärten über das Wahlrecht auf und gaben Raum für Versammlungsankündigungen sowie die Diskussion über Wahlkandidaten.[57] Politischen Zielen verpflichtete Vereine – zumeist standen sich demokratische und konstitutionelle Gemeinschaften an einem Ort gegenüber – betätigten sich mehrheitlich in den Wahlkampagnen auf lokaler Ebene.[58] Die ebenfalls beträchtliche Einflussnahme seitens des katholischen Klerus war dagegen zentral organisiert. Von Wahlaufrufen und Hirtenbriefen reichte sie bis hin zur Aufforderung, katholische Vereine zu gründen.[59] Der erste in diesem Kontext initiierte und später nach Papst Pius IX benannte Verein auf westfälischem Boden entstand im April 1848 in der Stadt Münster.[60] Bis zum Sommer wurden in der Provinz 120 Zweigvereine jenes »Katholischen Vereins« ins Leben gerufen.[61] Mit 13.000 Unterschriften unterstützten sie geschlossen u. a. eine von Münster ausgehende, an die Frankfurter Nationalversammlung gerichtete Petition die Freiheit der Kirche betreffend.[62]

---

56 Vgl. Behr, Die Provinz Westfalen, 83.

57 Vgl. Wilfried Reininghaus/Axel Eilts, Fünfzehn Revolutionsmonate. Die Provinz Westfalen von März 1848 bis Mai 1949, in: Wilfried Reininghaus/Horst Conrad (Hrsg.), Für Freiheit und Recht. Westfalen und Lippe in der Revolution 1848/49, Münster 1999, 42–45.

58 Vgl. Reininghaus/Eilts, Fünfzehn Revolutionsmonate, 45; Behr, Die Provinz Westfalen, 86. Eine Aufstellung der politischen Vereine in der Provinz Westfalen liefert der Anhang des Sammelbandes von Reininghaus (Hrsg.), Die Revolution 1848/49, 463–475.

59 Vgl. Reininghaus/Eilts, Fünfzehn Revolutionsmonate, 45; Behr, Die Provinz Westfalen, 84 und 86.

60 Vgl. Reininghaus/Eilts, Fünfzehn Revolutionsmonate, 45; Behr, Die Provinz Westfalen, 86.

61 Vgl. ebd.

62 Vgl. Reininghaus/Eilts, Fünfzehn Revolutionsmonate, 51; Sonntags-Blatt für katholische Christen 7 (1848), Nr. 25, Münster den 18. Juni 1848, 437; Sonntags-Blatt für katholische Christen, 7 (1848), Nr. 31, Münster den 30. Juli 1848, 541f. Wie aus den Akten des Bundesarchivs ersichtlich wird, erhielt die im Juni verfasste Petition vermutlich noch weit mehr Unterstützung als die katholische Presse verlautbarte. Ist die im Sonntags-Blatt angezeigte Petition mit jener identisch, die vom Abgeordneten Johann G. Müller (1798–1870) auf der 26. Sitzung der Frankfurter Nationalversammlung übergeben und unter der Eingangsnummer 655 verzeichnete wurde, so fand diese – rechnet man gesondert eingelaufene Beitrittserklärungen dazu – fast 20.000 Unterzeichner (vgl. BArch DB 51/297, fol. 62ff.; 180ff.; 227ff).

Die nicht überall ohne Unregelmäßigkeiten ablaufenden Wahlen zur Frankfurter und Berliner Nationalversammlung brachten der »kirchlich-katholischen Partei« den Sieg.[63] Durch die Urwahlen am 1. Mai wurden vor allem in den katholisch geprägten Landesteilen überwiegend Geistliche zu Wahlmännern berufen. Besonders erdrückende Ergebnisse erzielten die Katholiken dabei in Brilon und im Wahlkreis Münster St. Mauritz; hier waren drei Viertel aller bzw. sämtliche Wahlmänner kirchliche Amtsträger.[64] Als dann eine Woche später die Wahlmänner über die Entsendung von 20 Abgeordneten nach Frankfurt und 38 weiteren nach Berlin entschieden, stellten Juristen sowohl in der deutschen als auch in der preußischen Nationalversammlung die Mehrheit der westfälischen Delegierten; danach folgten Geistliche und Akademiker.[65] Nur ein Lehrer, Julius Ostendorf (1823–1877) aus Soest, wurde nach Frankfurt gewählt.[66]

Die Verhandlung der Schulfrage in Frankfurt erfolgte zunächst innerhalb des »Verfassungsausschusses« der deutschen Nationalversammlung.[67] Dieser besprach zwar offen die Freiheit und Unentgeltlichkeit des Unterrichts, umging aber eine eingehende Diskussion über die Beziehung zwischen Kirche und Schule.[68] Da die vom Verfassungsausschuss im Entwurf der »Grundrechte des deutschen Volkes« aufgestellten Schulartikel bei ihrer Beratung im Plenum der Nationalversammlung zum einen nicht ausreichend erschienen[69] und zum anderen eine ausführlichere Aussprache schon aufgrund der massenhaft einlaufenden Eingaben hinsichtlich der Beziehung des Staates zu den Kirchen und der Schule als notwendig erachtet wurde,[70] übergab man

---

[63] Vgl. Reininghaus/Eilts, Fünfzehn Revolutionsmonate, 45.

[64] Ebd.

[65] Unter den 20 Abgeordneten in Frankfurt waren 10 Juristen, 4 Geistliche, 4 Akademiker sowie ein Kaufmann und ein Lehrer. In Berlin stellten 16 Juristen, 3 Beamte, 7 Geistliche sowie 6 Kaufleute und 6 Landwirte die insgesamt 38 Abgeordneten (vgl. Reininghaus/Eilts, Fünfzehn Revolutionsmonate, 45–47; Behr, Die Provinz Westfalen, 85).

[66] Vgl. Reininghaus/Eilts, Fünfzehn Revolutionsmonate, 51. Nach Frankfurt berufen, übergab er der Paulskirchenversammlung im September die unten besprochene Petition aus Soest (vgl. BArch DB 51/301, fol. 56a–56b). Zum Leben und Wirken von Ostendorf siehe u. a. Wilhelm Schulte, Westfälische Köpfe. 300 Lebensbilder bedeutender Westfalen, Münster 1977, 232f.

[67] Vgl. Gottlieb Lüttgert, Preußens Unterrichtskämpfe in der Bewegung von 1848. Ein geschichtlicher Rückblick, Berlin 1924, 156.

[68] Vgl. Max Carl Schulz, Schulfragen in der Frankfurter Nationalversammlung, Dissertation Universität Leipzig 1923, 78.

[69] Vgl. Schulz, Schulfragen, 80.

[70] Vgl. Lüttgert, Preußens Unterrichtskämpfe, 161.

die Erarbeitung der Schulartikel am 7. Juli einer gesonderten Abteilung.[71] Nach langer Verhandlung und einer Ermahnung im Plenum, die Arbeiten zu beschleunigen, konnte der zu diesem Zweck eingerichtete »Ausschuss für Schulangelegenheiten und Volkserziehung« erst Anfang September einen Entwurf liefern.[72] Er fand ab Mitte desselben Monats seine Beratung in der Versammlung.[73] Wie die abgegebenen Erklärungen zu der Vorlage zeigen, herrschte unter den Mitgliedern des Schulausschusses durchaus Einigkeit darüber, dass das bisherige Verhältnis der Schule zur Kirche nicht beibehalten werden könne, wenn man die »Selbstständigkeit der Schule« erreichen wolle.[74] Jedoch war die Mehrheit nicht bereit, »die vielfach verlangte ›Trennung der Schule von der Kirche‹ zu beantragen«.[75] Vielmehr sprach sich die Majorität dafür aus, die Schule der Oberaufsicht des Staates zu unterstellen und zugleich »von der Beaufsichtigung der Geistlichkeit als solcher« zu befreien.[76] Im Gegensatz dazu wollte eine Minderheit im Ausschuss[77] die öffentlichen Schulen zu Staatsanstalten und »unabhängig von jeder Religionsgesellschaft« erklären.[78] Das Plenum unterstützte die vorgebrachten Vorschläge der Schulausschussmehrheit in erster Lesung.[79] Und auch in zweiter Lesung der Schulartikel fand ihr Entwurf in leicht veränderter Form – die Neufassung gewährte der Geistlichkeit die Beaufsichtigung des Religionsunterrichts – die Zustimmung der Versammlung.[80] Anträge, den konfessionellen Religionsunterricht einzuschränken oder die Bekenntnisschule zu beseitigen, wurden hingegen ohne große Umwege abgewiesen.[81] Somit erhielt der

---

71 Vgl. Stenographischer Bericht über die Verhandlungen der deutschen constituirenden Nationalversammlung zu Frankfurt am Main, hrsg. auf Beschluß der Nationalversammlung durch die Redactions-Commission und in deren Auftrag von Professor Franz Wigard, 9 Bde., Frankfurt a. M. u. a. 1848–1849, hier Bd. 2, 791f.

72 Vgl. Schulz, Schulfragen, 80.

73 Vgl. Stenographischer Bericht, hier Bd. 3, 2167–2184.

74 Vgl. a. a. O., 2169.

75 Ebd.

76 Vgl. ebd.

77 Zu der Minderheit gehörten auch die Abgeordneten Emil A. Roßmäßler (1806–1867), E. Frd. Franz Schmidt (1818–1853) und E. Ludwig A. Reinhard (1805–1877), die im Juli 1848 gemeinsam einen Aufruf an das Volk gerichtet hatten, wonach dieses seine Wünsche das Schulwesen betreffend übermitteln solle (vgl. Schulz, Schulfragen, 80).

78 Vgl. Stenographischer Bericht, hier Bd. 3, 2169–2170.

79 Vgl. a. a. O., 2296; 2298–2306.

80 Vgl. Stenographischer Bericht, hier Bd. 6, 4141.

81 Vgl. a. a. O., 4141; 4161.

besonders umkämpfte Paragraph, welcher die Schulaufsicht und das Verhältnis zwischen den Kirchen und Volksschulen regeln sollte, auf der 141. Sitzung am 21. Dezember 1848 schließlich folgende, endgültige Fassung:

> »Das Unterrichts- und Erziehungswesen steht unter der Oberaufsicht des Staats, und ist, abgesehen vom Religionsunterricht, der Beaufsichtigung der Geistlichkeit als solcher enthoben«.[82]

Während in Frankfurt erst ab September über die Schulartikel beraten wurde, ließ der Verfassungsausschuss der Berliner Nationalversammlung schon im Juli verlauten, dass man den Kirchen die Aufsicht über die Volksschulen entziehen und jene stattdessen eigenen Beamten übertragen wolle.[83] Auf die Bestrebungen der preußischen Nationalversammlung die Elementarschulen von den Kirchen zu trennen, reagierte vor allem das westfälische Münsterland. Ohne dass der »Katholische Verein« zu Münster seine Filialvereine zu mobilisieren brauchte, sandte nahezu jede Kirchengemeinde zwischen Juli und August selbst organisierte Protestschreiben und Petitionen für den Erhalt der Konfessionsschule an die preußische Nationalversammlung.[84] Die Vorgänge in Berlin gaben aber nicht zuletzt auch den Anlass für die Entsendung von Petitionen nach Frankfurt.[85]

4. DIE WESTFÄLISCHE PETITIONSBEWEGUNG ZUR SCHULFRAGE AN DIE FRANKFURTER NATIONALVERSAMMLUNG

Insgesamt über 400 Petitionen aus der Provinz Westfalen erreichten nach Angabe von Alfred Hartlieb von Wallthor die Frankfurter Nationalversammlung.[86] Von diesen – so gibt zumindest die Sachaktenserie »Petitionen zu

---

82 A. a. O., 4303.

83 Vgl. Verhandlungen der constituierenden Versammlung für Preußen 1848, 2 Bde., Berlin 1848, hier Bd. 2, 1033.

84 Vgl. REININGHAUS/EILTS, Fünfzehn Revolutionsmonate, 51. Zur Reaktion in den preußischen Gebieten insgesamt vgl. LÜTTGERT, Preußens Unterrichtskämpfe, 186–189.

85 Vgl. BArch DB 51/298, fol. 29ff.; a. a. O.,299, fol. 13ff.; 18ff.; 88ff.; 90ff.; 108ff.; 112ff.; 178ff.; 190ff.; a. a. O.,300, fol. 120ff.; a. a. O.,301, fol. 8ff.; 27ff.

86 Leider lässt der Historiker offen, auf welcher Grundlage jene Zahl ermittelt wurde (vgl. ALFRED HARTLIEB VON WALLTHOR, Das Verhalten der Westfalen in den geistigen Umwälzungen der Neuzeit bis zur Mitte des 19. Jahrhunderts, in: HERMANN AUBIN u. a.

den Grundrechten, ins. den Kirchen- und Schulartikeln« des Verfassungsausschusses preis – thematisierten 95 Eingaben die Schulfrage.[87] Betrachtet man die Petitionsbewegung zum Volksschulwesen für das gesamte preußische Territorium, so gingen im gleichen Betreff nur aus der Rheinprovinz mit 685 Petitionen mehr Eingaben in Frankfurt ein.[88] Aus den ebenfalls bevölkerungsreicheren Provinzen Sachsen und Schlesien[89] hingegen liefen lediglich 49 bzw. 72 Einzelpetitionen zur Schulfrage ein.[90] Während nur wenige Petitionen aus der Provinz Sachsen für eine »Trennung der Kirche von der Schule und [eine] Aufhebung der Confessionsschulen«[91] eintraten, baten hingegen zahlreiche der schlesischen Eingaben um eine »Jugendbildung auf Staatskosten und in von der Kirche getrennten Staatsanstalten«.[92] Die Mehrzahl dieser aus Schlesien stammenden Einzelpetitionen war jedoch Teil einer mittels Vordruck initiierten Massenpetition »gegen die von den Jesuiten und Pietisten verlangte sogenannte Unterrichtsfreiheit und für Anerkennung und Gewährleistung der Jugendbildung auf Staatskosten und in Staatsanstalten als eines Grundrechtes des deutschen Volkes«, welche in ähnlichem Wortlaut auch im Großherzogtum Baden Verbreitung fand.[93]

Zeitlich erstreckte sich die westfälische Petitionsbewegung zur Frage der Volksschulen von Juni bis September 1848; im Oktober und November wurden nur noch vereinzelte Schreiben an die Nationalversammlung ge-

---

(Hrsg.), Der Raum Westfalen, Bd. 4,1: Wesenszüge seiner Kultur, Münster 1958, 297–390, hier 372). Die Gesamtzahl aller in Frankfurt eingelaufenen Petitionen wird je nach Quellenbasis und Zählverfahren auf bis zu 30.000 geschätzt (vgl. Heinrich Best, Interessenpolitik und nationale Integration 1848/49. Handelspolitische Konflikte im frühindustriellen Deutschland, Göttingen 1980, 126; 361, Anm. 22). Basis dieser Hochrechnung ist eine anhand der Registrande in den Stenographischen Berichten eruierte Zahl von 16.968 Eingaben (vgl. Karl-Günter Schirrmeister, Menschenrechte in den Petitionen an die Deutsche Nationalversammlung 1848/49, Dissertation Universität Mainz 1970, 42 Anm. 1).

[87] Vgl. BArch DB 51/297–301.

[88] Vgl. a.a.O., 276–292.

[89] Der Stand der Bevölkerung betrug im Jahre 1848 für die Provinzen Westfalen 1.461.463, Sachsen 1.772.151 und Schlesien 3.059.407 Einwohner; die statistischen Angaben vgl. Antje Kraus, Quellen zur Bevölkerungsstatistik Deutschlands 1815–1875, Boppard am Rhein 1980.

[90] Vgl. BArch DB 51/293–296.

[91] A.a.O., 294, fol. 48ff. Ähnlich auch a.a.O., 293, fol. 20ff.; 132ff.; a.a.O., 294, fol. 18ff.; 21ff.; 28ff.; 31ff.

[92] A.a.O., 295, fol. 131ff.–183ff. Ähnlich auch a.a.O.,295, fol. 97ff.; 110ff.; 114f.; 115f.; 116f.; 130ff.

[93] Vgl. a.a.O., 241–252; 294f.

richtet. Letztere waren im Wesentlichen Stellungnahmen zu den Beratungen in der Paulskirche.[94] Die im Juni verfassten Petitionen thematisierten die Schulfrage nur am Rande – indem sie neben anderen zahlreich aufgestellten Wünschen schlicht auf »Unterrichtsfreiheit« oder »unbeschränkte Lehr- und Unterrichtsfreiheit« antrugen.[95] Die späteren Eingaben nahmen zu der künftig anzustrebenden Beziehung der Volksschule zum Staat und zu den Kirchen dagegen deutlicher Stellung. Proteste gegen die frühzeitig in der Preußischen Nationalversammlung in Berlin diskutierte Trennung der Schule von der Kirche[96] prägten die politische Partizipationsbewegung in gleichem Maße wie Gesuche um den Erhalt einer »innigen« Verbindung der Volksschule mit den Kirchen.[97] Trotz solcher, mehrheitlich allgemeinen, Aussagen zu der Beziehung zwischen den niederen Bildungseinrichtungen und den Kirchen wurden in der Provinz aber auch Eingaben verfasst, die durch die in ihnen formulierten Wünsche in Bezug auf die Lehrinhalte der Volksschule eine tiefergehende Erfassung der angestrebten Verhältnisbestimmung zulassen.[98] Die Forderung etwa, dass »in den Volksschulen auch fernerhin kirchlicher Glaube u. kirchliches Leben«[99] gepflegt werden sollte, wie auch die Feststellung, dass der Religionsunterricht eine »unbedingte Nothwendigkeit«[100] wäre, machen offensichtlich, dass die Petenten nicht bloß eine institutionelle Verbindung begehrten. Ihnen war gleichsam an einer religiösen Durchdringung des Unterrichts gelegen.

Im Gegensatz zur schlesischen sind innerhalb der westfälischen Petitionsbewegung keine mittels gedruckter Vorlage verbreiteten und somit massenhaft gleichen Eingaben ermittelbar. Vielmehr sind alle, in den Akten des Verfassungsausschusses erhaltenen Petitionen aus der preußischen Provinz handschriftlich erstellt worden. Auf den ersten Blick lassen sich also konkrete Organisatoren der politischen Partizipation nicht identifizieren. Da je-

---

94 Vgl. BArch DB 51/301, fol. 73ff.; 84ff.

95 Vgl. a.a.O., 297, fol. 20ff.; 23ff.; 25ff.; 37ff.; 45ff.; 62ff.; 141ff.; 144ff.; a.a.O., 298, fol. 2ff.; 7ff.

96 Vgl. a.a.O., 298, fol. 33ff.; a.a.O., 299, fol. 21ff.; 24ff.; 35ff.; 86ff.; 90ff.; 143ff.; 175ff.; a.a.O., 301, fol. 12ff.; 34ff.; 65ff.

97 Vgl. a.a.O., 299, fol. 39ff.; 88ff.; 93ff.; 106ff.; 156ff.;165ff.; 169ff.; 175ff.; 185ff.; a.a.O., 300, fol. 114ff.; a.a.O., 301, fol. 8ff.; 36ff.

98 Gabriele Kuhn-Zuber verweist bspw. auf den Religionsunterricht als einen geeigneten Gradmesser für einen fortschreitenden Säkularisierungsprozess (vgl. Kuhn-Zuber, Werterziehung, 20).

99 BArch DB 51/301, fol. 70ff.

100 A.a.O., 301, fol. 27ff.

doch ein Großteil der Eingaben entweder vom Kirchenvorstand[101] oder vom Ortsgeistlichen allein[102] unterstützt wurde, können kirchliche Vertreter als die Träger und Multiplikatoren der westfälischen Bewegung gelten. Es ist allerdings zu bemerken, dass nur etwa zwei Drittel aller aus der Provinz stammenden Petitionen zur Schulfrage nachweisbar die Unterschrift eines Geistlichen trugen. Demgegenüber weist gut ein Drittel der Schreiben lediglich Namenszüge ohne Kennzeichnung von Beruf oder Stellung in der Gemeinde auf.[103] Abschließend sei noch auf die Lehrer und ihre Bedeutung innerhalb der Petitionsbewegung hingewiesen. Einerseits zeichneten diese Eingaben zusammen mit dem Ortsgeistlichen.[104] Sie traten andererseits aber auch gelegentlich als Federführer von Gemeindepetitionen[105] und reinen Lehrergesuchen[106] in Erscheinung.

---

101 Vgl. BArch DB 51/297, fol. 166ff.; 170ff.; a.a.O., 299, fol. 88ff.; 178ff.; a.a.O., 300, fol. 2ff.; 112ff.; a.a.O., 301, fol. 34ff.; 65ff.; 68ff. Der Kirchenvorstand, der nach der »Kirchenordnung für die evangelischen Gemeinden der Provinz Westfalen und der Rheinprovinz« als Presbyterium bezeichnet wurde, setzte sich gemäß dieser im Jahre 1835 erlassenen evangelischen Kirchenverfassung aus »dem Pfarrer oder den Pfarrern, aus Ältesten, Kirchenmeistern und Diaconen« zusammen (zit. nach Ernst Rudolf Huber/Wolfgang Huber (Hrsg.), Staat und Kirche im 19. und 20. Jahrhundert. Dokumente zur Geschichte des deutschen Staatskirchenrechts, Bd. 1: Staat und Kirche vom Ausgang des alten Reichs bis zum Vorabend der bürgerlichen Revolution, Berlin 1973, 601).

102 Vgl. BArch DB 51/297, fol. 20ff.; 23ff.; 25ff.; 45ff.; a.a.O., 298, fol. 2ff.; 27ff.; 29ff.; 50ff.; a.a.O., 299, fol. 13ff.; 18ff.; 21ff.; 24ff.; 28ff.; 39ff.; 82ff.; 86ff.; 93ff.; 112ff.; 118ff.; 169ff.; 190ff.; a.a.O., 300, fol. 114ff.; 120ff.; 198ff.; a.a.O., 301, fol. 8ff.; 31ff. Auch in ihrer Funktion als Mitglied des Schulvorstandes unterstützten Ortsgeistliche Petitionen (vgl. a.a.O., 301, fol. 2ff.).

103 Vgl. a.a.O., 297, fol. 31ff.; 37ff.; 141ff.; 144ff.; 214ff.; a.a.O., 298, fol. 7ff.; 33ff.; a.a.O., 299, fol. 2ff.; 44ff.; 62ff.; 65ff.; 98ff.; 143ff.; 156ff.; 165ff.; 194ff.; 197ff.; 199ff.; 201ff.; 203ff.; 207ff.; a.a.O., 300, fol. 6ff.; 94ff.; 96ff.; 106ff.; a.a.O., 301, fol. 5ff.; 14ff.; 30ff.; 60ff.; 70ff.; 73ff.

104 Vgl. a.a.O., 299, fol. 18ff.; 28ff.; 39ff.; 82ff.; 93ff.; 112ff.; 169ff.; a.a.O., 300, fol. 112ff.; 114ff.; 120ff.; 198ff.; a.a.O., 301, fol. 8ff.

105 Vgl. a.a.O., 301, fol. 57ff.

106 Vgl. a.a.O., 297, fol. 179ff.; a.a.O., 299, fol. 41; a.a.O., 301, fol. 56ff.; 64ff.

5. Die Leitideen der Trennung der Volksschulen von der Kirche

Lediglich zwei aus der Provinz Westfalen stammende Petitionen, die die Nationalversammlung in Frankfurt erreichten, traten für eine Neugestaltung des Volksschulwesens in dem Sinne ein, dass jenes dem Staat weitreichender als bisher zugewiesen bzw. der kirchlichen Einflussnahme entzogen werden solle.

Die erste dieser beiden Eingaben wurde von fünfzehn Honoratioren – darunter der Bürgermeister Strubberg[107] und der evangelische Pfarrer Gieseler[108] – aus dem im Regierungsbezirk Minden gelegenen Lübbecke am 30. August 1848 unterfertigt und von dem Abgeordneten des Wahlbezirks Carl H. Ebmeier (1793–1850) am 7. September der Nationalversammlung übergeben.[109] Die vorurteilsbehaftete Auseinandersetzung mit der »Frage, ob die Volksschulen von kirchlicher Aufsicht und Leitung zu entbinden seien«,[110] welche »die Gemüther mehr, als jede andere Zeitfrage«[111] beschäftige, gab den Unterzeichnern Anlass zur Stellungnahme. So wäre die Masse an Protestationen gegen eine Emanzipation der Schule von der Kirche lediglich durch Unkenntnis und im Vertrauen auf die Geistlichen zu Stande gekommen. Da der bestehende Unterschied im Verhältnis des Staates zu den Kirchen einerseits und zu den Schulen anderseits von den Unterstützern der Bittschriften nicht erkannt werde, wären jene in Sorge, dass jeder »Fortschritt in dieser Beziehung eine Untergrabung des religiösen Sinnes, eine Gefährdung der Kirche selbst«[112] nach sich zöge. Zudem hätten sich ganze Gemeinden zur Unterstützung entsprechender Eingaben nur bewegen lassen, weil die Pfarrer eine in diesem Zusammenhang geahnte Bedrohung für die religiöse Kindererziehung bestätigt haben sollen. Solchen Bedenken entgegen hegten die

---

107 Zum Wirken von Hermann Strubberg vgl. u.a. Helmut Hüffmann, Unterschichten und Obrigkeit. Zur sozialen Lage der städtischen und ländlichen Unterschichten im Raum Lübbecke in der ersten Hälfte des 19. Jahrhunderts, in: Reinhard Vogelsang/Rolf Westheider (Hrsg.), Eine Region im Aufbruch. Die Revolution von 1848/49 in Ostwestfalen-Lippe, Bielefeld 1998, 31–70.

108 Zu Heinrich August Theodor Gieseler vgl. Lotte Sauermann, Theodor Gieseler (1805–1888). Ein Beitrag zur Geschichte des Rationalismus und des ev. Pfarrhauses in Minden-Ravensberg, in: Mitteilungen des Mindener Geschichtsvereins 46 (1974), 60–82.

109 Vgl. BArch DB 51/300, fol. 198ab–205a.

110 A.a.O., fol. 198a.

111 Ebd.

112 A.a.O., fol. 198b.

Honoratioren der Stadt indessen die Zuversicht, dass durch den Gesetzgeber die »nothwendige Consequenz aus der Trennung der Kirche vom Staate«[113] gezogen würde. Als die »nothwendige Maaßregel« galt ihnen die Emanzipation der Volksschule von den Kirchen, denn »ein Staat, der keine Staatskirche anerkennt, kann ein so wichtiges Institut, wie die Schule, unmöglich einzelnen, politisch nicht berechtigten Corporationen überlassen, deren Zwecke und Mittel sich seiner Controle entziehen«.[114]

Als ein weiteres Argument für die Loslösung wurde ins Feld geführt, dass ein Lehrer unter einer »sachverständigen« – also pädagogischen – Prüfung und Beaufsichtigung »mehr und besseres leisten kann, als ein solcher, der in unwürdiger Dienstbarkeit seine gesammte Unterrichtsweise dem Gutdünken kirchlicher Beamten zu unterwerfen hat, welche in dieser Eigenschaft nur für die Sachen der Religion competent sind«.[115]

Insgesamt zwei Wünsche richtete man deshalb an die Nationalversammlung: Zum Ersten sollte »die Trennung der Schule von der Kirche, ungeachtet aller dagegen eingehenden Remonstrationen streng durchgeführt«[116] und zum Zweiten die vorhandene Angst nicht befördert, vielmehr durch die Gewähr der Unterrichtsfreiheit – etwa in der Form von kirchlichen Privatschulen – gemildert werden. In der Umsetzung dieser beiden Forderungen erblickten die Lübbecker die Chance, dass die spezifischen Wünsche aller »Staatsbürger jedes Glaubens«[117] besser als bisher gewahrt würden. Insbesondere im Falle der Simultanschulen könnte aufgrund der Lösung der Schulen von einem Bekenntnis der Unterricht – bis auf die konfessionelle Belehrung – für alle Schüler gemeinsam stattfinden.[118] Um schließlich den »Grundsatz der Trennung ganz consequent durchzuführen«, erachteten sie es außerdem für »das Angemessenste, daß der Religions-Unterricht von den öffentlichen Elementarschulen ganz ausgeschlossen und die Sorge für denselben lediglich der Kirche anheimgestellt bleibe«.[119] Damit wäre den Eltern erlaubt, die religiöse Bildung ihrer Kinder demjenigen anzuvertrauen, welchen sie dafür am Geeignetsten befinden. Zugleich entkräfte es die bestehende Sorge »das heranwachsende Geschlecht [könnte] der Kirche entfremdet

113 A. a. O., fol. 199b.

114 A. a. O., fol. 201a.

115 A. a. O., fol. 200a.

116 Ebd.

117 A. a. O., fol. 201b.

118 A. a. O., fol. 202a.

119 A. a. O., fol. 202b.

werden«.[120] Motiviert war das Bestreben der Petitionsautoren letztlich durch die Hoffnung, dass sich die von den Kirchen emanzipierten Volksschulen »freier von beengenden Fesseln und gehässigen Unterschieden [...] zu einem wahrhaft volksthümlichen Institute entwickeln und, ohne im Geringsten religiösen Indifferentismus zu befördern, sehr dazu beitragen werden, daß aus den Kindern der Katholiken und Protestanten, der Strenggläubigen und Vernunftgläubigen, der Christen und Juden zwar nicht *eine Kirchengemeinschaft*, aber *ein Volk* sich bilde«.[121] Obwohl die Lehranstalten zu diesem Zweck allein Sache des Staates werden müssten, stünde es den Kirchen offen, ihre Beziehung zu den Schulen neu zu definieren: »Dabei wird es nur von der Kirche selbst abhängen, ob sie auch ferner Hand in Hand mit der Schule gehen will [...]«.[122] Die Petenten gaben aber zu bedenken, dass nur »eine zeitgemäß sich gestaltende« Kirche, die »sich als eine der Fortbildung fähige, perfectibale Lehre und Anstalt betrachtet«, ihren Einfluss auf die Schulen bewahren könnte; eine »hinter der Zeit zurückbleibende Kirche« diesen aber verlieren würde und müsste.[123] Der ausschließlich den Kirchen überlassene Religionsunterricht räumte diesen die Möglichkeit ein, die Kinder an die kirchliche Gemeinschaft, welche »allein *ihre* Sache« sei, heranzuführen. Dem stünde die Bildung tüchtiger Staatsbürger als alleinige Angelegenheit des Staates gegenüber.[124] Trotz der Differenzierung der Aufgabenbereiche von Staat und Kirchen erkannten die Autoren der Petition gleichwohl an, dass »beide Aufgaben recht begriffen [...], nicht im Widerstreit, sondern in vollständigem Einklang stehen, – denn erst durch Beides zusammen sollen die Kinder zu ganzen Menschen gebildet werden«.[125] Letztendlich bedeute die Emanzipation der Volksschule von den Kirchen keinen Ausschluss von Religion im allgemeinen, »denn wenngleich in ihr die Religion nicht Gegenstand des Unterrichts ist, so wird doch dieselbe, und zwar die Religion aller Religionen, *das* Christenthum [...] in der ganzen Lehrweise und Schulzucht herrschen und die jugendlichen Gemüther auf den Weg hinlenken, auf welchem dann die Kirche sie zum confessionellen Glauben zu führen hat«.[126]

---

120 A. a. O., fol. 202b–203a.

121 A. a. O., fol. 203b–204a.

122 A. a. O., fol. 204a.

123 Ebd.

124 Ebd.

125 A. a. O., fol. 204b.

126 A. a. O., fol. 204b–205a.

Wie aus der Darlegung des Petitionsinhalts ersichtlich wird, trennten die Honoratioren aus Lübbecke streng zwischen dem Staat, den Kirchen sowie den Volksschulen. Zugleich schrieben sie jenen Institutionen und ihren Vertretern spezifische Funktionen zu. Während die Petenten im Staat den Garanten von rechtlicher Ordnung erkannten, dem die Bildung von treuen Staatsbürgern obliege, verwiesen sie die Kirchen auf den Bereich der Religion und erklärten daher die religiös-konfessionelle Bildung und die Heranführung an die kirchliche Gemeinschaft zu ihren Aufgaben. Der Volksschule maßen sie dagegen eine ambivalente Stellung bei. Auch wenn ihre Bedeutung für die religiöse Erziehung anzuerkennen wäre, hätte sie als Einrichtung des Staates vor allem der Entwicklung eines »Volksgedankens« zu dienen. Da konfessionelle Differenzen diesem Ziel entgegenstünden und um einer konsequenten Trennung Willen, wollten sie den Religionsunterricht aus ihrem Curriculum ausgeschlossen wissen. Zwei Strategien wurden für die Begründung der beabsichtigten Lösung der Volksschule von den Kirchen verfolgt.

Zum einen behindere die bestehende religiöse Ungleichheit das Entstehen eines Einheits- bzw. Gemeinschaftsgefühls. Da die Unterschiede nach der Argumentation der Petenten aber lediglich konfessioneller Art seien, würde es ausreichen, die Bekenntnisverschiedenheiten aus den Lehrinhalten auszuklammern. Im Gegensatz zum vermittelten Wissen, könnten so die anerzogenen Werte und Lebensweisen weiterhin auf religiösen resp. christlichen Grundsätzen basieren. Obwohl religiöse Differenzen hier als Argument stark gemacht wurden, scheinen sie von den Autoren nicht als konflikthaft erachtet und somit auch nicht als Bezugsproblem der gewünschten Trennung in Anspruch genommen worden zu sein. Ähnlich verhielt es sich mit der angesprochenen und der demnach als nicht ausreichend angesehenen Achtung der religiösen Interessen des Einzelnen. Weil die bessere Wahrung der Wünsche der Staatsbürger unabhängig von ihrem Glauben bloß als ein Grund für die beabsichtige Trennung genannt und nicht weiter ausgeführt wurde, dient dieser eher als eine zusätzliche Stütze der geäußerten Forderungen denn als Bezugsproblem. Die Trennungsbestrebungen der Petenten verfolgten demnach also primär das Anliegen, eine gesellschaftliche Integration und nationale Einigung zu erreichen. Analog zu dem von Monika Wohlrab-Sahr und Marian Burchardt entworfenen Idealtypus »*Säkularität im Dienste gesellschaftlicher oder nationaler Integration und Entwicklung*« sind in den Überlegungen der Honoratioren zwei der Leitideen, die diesem Typus zugeordnet werden, klar zu identifizieren. Erstens kennzeichneten die Petenten die gewünschte Änderung der Beziehung zwischen Staat und Kirchen bzw. zwischen Schule und Kirchen in Richtung einer konsequenten Trennung offen als Fortschritt. Zweitens referierten sie zudem indirekt auf Modernität als einem leitenden Gedanken. Deutlich wird dies an verschiedenen Stellen der Petition: So sprachen die Honoratioren etwa von einer »zeitgemäßen Trennung der Schule von der Kirche«[127] und weiter stellten sie heraus, dass nur »eine hinter der Zeit zurückbleibende Kirche [...] durch die Trennung ihren Einfluß auf die Schule nach und nach verlieren [wird und muss], eine zeitgemäß sich gestaltende wird ihn ungeschwächt erhalten«.[128]

Ohne dass die Aussagen der Lübbecker Honoratioren in gleicher Weise explizit wurden, sind in der Petition dennoch Motive zu finden, welche dem Idealtypus »*Säkularität im Dienste der unabhängigen Entwicklung gesellschaftlicher Funktionsbereiche*« zugeschrieben werden. Das Unverständnis, mit welchem die Unterzeichner der Petition der Besorgnis jener Leute begegneten, die gegen eine Trennung der Volksschule von den Kirchen demonstrierten, erweckt den Anschein, als nähmen die Unterzeichner der hier besprochenen Petition ihre eigene Position als bedacht und rational, die Haltung ihrer Gegner dagegen als von Emotionen bestimmt und deshalb irrational wahr. Nicht nur die Feststellung, dass die Opposition das Verhältnis, in dem der Staat zu den Kirchen einerseits und zu den Schulen andererseits stünde, gänzlich verkenne, deuten auf eine solche Einschätzung hin. Auch die folgende Wertung legt diesen Schluss nahe:

> »Nothgedrungen will man zwar jetzt dem Lehrer für seine Person eine etwas angemessenere, äußere Stellung zugestehen, desto strenger aber hält man an dem alten Vorurtheile fest, daß die Schule eine Magd der Kirche sei, und verbreitet durch Wort und Schrift eine Schau vor der Befreiung derselben, als würden dadurch die kommenden Geschlechter unfehlbar dem Unglauben zugeführt werden«.[129]

Die Ausführungen der Petenten wurden nicht zuletzt von Gedanken der Effizienz und der Autonomie unterschiedlicher Funktionsbereiche getragen. Zum einen verwiesen sie darauf, dass ein Lehrer mehr und besseres leisten könnte, wenn er – anstatt unter der Anleitung und Aufsicht des Geistlichen – unter der eines Sachverständigen stünde. Zum anderen wird herausgestellt, dass kirchliche Beamte »nur in Sachen der Religion competent sind, anderen Dingen aber leider schon oft genug durch ihre Einmischung eine einseitige,

---

[127] BArch DB 51/300, fol. 201b.

[128] A.a.O., fol. 204a.

[129] A.a.O., fol. 198b.

wo nicht gefährliche, Richtung gegeben haben«.[130] Eine ähnliche Eingrenzung des Funktionsbereichs der Kirchen und ihrer Vertreter belegt schließlich auch dieses Zitat: »[...] ein Staat, der keine Staatskirche anerkennt, kann ein so wichtiges Institut, wie die Schule, unmöglich einzelnen, politisch nicht berechtigten Corporationen überlassen«.[131] An dieser Stelle kommt die zweite Argumentationslinie zum Ausdruck, die die Petenten für die angestrebte Lösung der Schule von den Kirchen, in Anspruch nahmen: Diese wäre notwendig, um die Trennung zwischen dem Staat und den Kirchen konsequent durchzuführen. Die unterschiedlichen Aufgabenbereiche, welche dem Staat einerseits und den Kirchen andererseits zufielen, machten auch eine klare institutionelle Scheidung erforderlich. Die für geboten erachtete, aber noch nicht realisierte Eigenständigkeit des Staates und der Kirchen als institutionelle Repräsentationen von Politik und Religion tritt also als weiteres Bezugsproblem zu Tage.

Ähnlich der Lübbecker Eingabe, gab der Proteststurm gegen die von der Nationalversammlung beabsichtigte Trennung der Volksschulen von den Kirchen gleichfalls den Anstoß für eine aus Soest (Regierungsbezirk Arnsberg) stammende und am 20. September 1848 von 20 Lehrern des Kreises unterzeichnete Petition.[132] Diese hielten sich »im Interesse der guten Sache« dazu verpflichtet, die

> »Reichsversammlung darauf aufmerksam zu machen, daß an vielen Orten kein Mittel verschmäht worden ist, das Volk für die Unterschrift solcher Petitionen zu gewinnen, ja daß hierzu auch der fanatisierende und das Volk erregende Ruf: ›die Religion ist in Gefahr!‹ sehr ersprießliche Wirkung geleistet hat«.[133]

Solche Schreiben seien nach dem Dafürhalten der Pädagogen »nur als Willensmeinung der Geistlichen anzusehen«, nicht aber als »Ausdruck des Volkswillens«.[134] Nach der Darlegung der Umstände, die den Unterzeichnern Anlass zum Verfassen der Petition gaben, beschränkte sich die Stellungnahme der Lehrer schließlich darauf, den von der Nationalversammlung in der

---

130 A. a. O., fol. 200a.

131 A. a. O., fol. 201a.

132 Vgl. BArch DB 51/301, fol. 56a–56b.

133 A. a. O., fol. 56a.

134 Ebd.

Schulfrage eingeschlagenen Weg zu bekräftigen und zugleich ihrer Hoffnung Ausdruck zu verleihen, dass die von ihnen ersehnte »Selbstständigkeit« der Volksschule garantiert werde, die für eine »gründliche Jugendbildung« notwendig sei.[135]

Obwohl die Petition der Soester Lehrer im Vergleich zu jener der Honoratioren aus Lübbecke weniger ausdrucksstark ist, weisen beide hinsichtlich ihrer Motivation und ihren Begründungsstrategien jedoch durchaus Parallelen zueinander auf. Analog zu dem zuvor besprochenen Schreiben betonten die Pädagogen den emotionalen Aufruhr, aufgrund dessen es in vielen Orten zur Zeichnung von Protestationen gegen die in Aussicht genommene Lösung der Volksschulen von den Kirchen gekommen wäre. Etwas stärker zum Tragen kommt hingegen das Moment der Autonomie. Im Gegensatz zu der vorher besprochenen Eingabe, die nicht von Schulmännern unterstützt wurde, schlossen sich hier – an einem zentralen Ort seminaristischer Lehrerbildung – mehrere Vertreter dieser Berufsgruppe zusammen, um für die Eigenständigkeit sowie die Anerkennung der Spezifik ihres Wirkungskreises das Wort zu ergreifen. Dabei bemühten sie die Sicherung der kindlichen Bildung als Argument für die angestrebte Loslösung. Die Leitideen und die Begründung der Petition laufen daher mit jenen des Idealtypus »*Säkularität im Dienste der unabhängigen Entwicklung gesellschaftlicher Funktionsbereiche*« zusammen.

6. Ergebnisse und offene Fragen

Wie die Darstellung und Analyse der Petitionen für die Trennung der Elementarschulen von den christlichen Kirchen zeigt, gründen diese Bestrebungen zum einen auf dem Anliegen, die Verbindung zwischen diesen Institutionen aufgrund der ihnen zugeschriebenen, unterschiedlichen Funktionen zu lösen. Sowohl die Ausführungen der Soester Lehrer als auch die der Honoratioren aus Lübbecke sind von der Idee der Autonomie der Volksschulen geleitet. In beiden Stellungnahmen findet sich darüber hinaus gleichsam eine indirekte Referenz auf Rationalität. Sie wird zwar nicht explizit für die eigene Haltung in Anspruch genommen, allerdings betont man die emotionale Reaktion der Opposition sowie deren vermeintlich objektiven Befunden entgegenlaufende Ansichten. Zum anderen wollten namentlich die Petenten aus der Stadt Lübbecke durch die Lösung der institutionellen Verbindung zwischen den niederen Schulen und den Kirchen sowie durch die Abschaffung

[135] A. a. O., fol. 56b.

der konfessionellen Unterweisung als Bestandteil des schulisch vermittelten Wissens die nationale Einheit und damit eine gesellschaftliche Entwicklung erreichen. Die von ihnen vorgeschlagene Verhältnisbestimmung zwischen dem Staat, den Kirchen und den Volksschulen wird von ihnen mit Fortschritt und Modernität assoziiert. Beachtenswert im Kontext dieser Trennungsbestrebungen ist letztlich, dass die Petenten ausdrücklich nicht beabsichtigten, die Religion gänzlich aus den Volksschulen auszugrenzen. Von der schulischen Bildung ausgeschlossen, bleibe sie dennoch wesentlicher Bestandteil ihrer Erziehung. Demnach wird das Schulwesen zwar als ein Bereich konstruiert, welcher von der bis dahin bestehenden direkten Einflussnahme der Kirchen gelöst ist und insofern auf institutioneller Ebene als säkularisiert betrachtet werden kann. Jedoch wird keine religionslose Schule intendiert. Vielmehr weist man der Religion innerhalb des Bildungswesens einen enger abgesteckten Wirkungsbereich und eine eingeschränktere Bedeutung zu.

Überblickt man die hier aufgedeckten Motive, die eine kleine aber politisch aktive Gruppe veranlassten, für eine Lösung der Volksschulen von den institutionalisierten Formen von Religion – im vorliegenden Fall den christlichen Kirchen – das Wort zu ergreifen, so decken sich diese teilweise mit den von Thomas Nipperdey herausgearbeiteten Hintergründen der preußischen Reformbemühungen im Vormärz. Nach Einschätzung des Historikers waren die angedachten Neuerungen im Schulwesen sowohl durch das Streben nach politischer Integration neu eingegliederter Territorien als auch nach gesellschaftlicher Modernisierung geleitet.[136] Teile der Bevölkerung sowie die preußische Regierung erkannten in der Umgestaltung der Schulverhältnisse eine Möglichkeit, um bestehende gesellschaftliche Missstände – wie z. Bsp. eine fehlende nationale Integration – auszuräumen. Die vonseiten der Petenten im Zuge der Revolution erhobenen Trennungsforderungen wie auch die vonseiten des Staates ausgehenden Reformanstrengungen können somit als Reaktionen auf eine Problemlage angesehen werden, wie sie von Monika Wohlrab-Sahr und Marian Burchardt als Voraussetzung für die Ausbildung von Säkularitäten postuliert wird. Obwohl die hier besprochenen Petitionen eine Minderheitenposition innerhalb der westfälischen Bewegung einnahmen und diese Haltung darüber hinaus keine Mehrheit in der politi-

---

[136] Vgl. Thomas Nipperdey, Volksschule und Revolution im Vormärz, in: Kurt Kluxen/ Wolfgang Justin Mommsen (Hrsg.), Politische Ideologien und nationalstaatliche Ordnung. Studien zur Geschichte des 19. und 20. Jahrhunderts. Festschrift für Theodor Schieder, München u. a. 1968, 117–142, hier 121.

schen Verfassungsdebatte erreichte, so vertrat sie dennoch Leitideen und Argumentationsmuster, die Bestandteil des gegenwärtigen Nachdenkens über Säkularitäten sind.[137] Daher verweist die Diskussion um die Volksschulfrage im Zuge der Frankfurter Verfassungsverhandlungen auf die spezifische Konfiguration der heutigen Unterscheidung zwischen Religiösem und Nicht-Religiösem in Deutschland und ihre Entwicklung.

Auf die Randständigkeit jener hier besprochenen Willensbekundungen wurde bereits eingangs aufmerksam gemacht. Der Überblick über die westfälische Petitionsbewegung bestätigte diese anfängliche Annahme und verwies zugleich auf die inhaltliche Heterogenität der Petitionen sowie das unterschiedliche Ausmaß der politischen Partizipation innerhalb Preußens. Hier liegen die Grenzen meines Beitrags; sie lassen Fragen aufkommen, die eine weitergehende Auseinandersetzung mit den überlieferten Petitionen erforderlich machen. So stellt sich etwa die Frage, ob die westfälischen Eingaben als repräsentativ für die preußische bzw. die gesamte politische Partizipation zur Schulfrage angesehen werden können, oder ob diese eine besondere Stellung einnahmen. Auch interessant ist in diesem Zusammenhang die Frage, ob in Gegenden mit gleicher gesellschaftlicher Problemlage dieselben Lösungsansätze entwickelt oder aber andere Vorschläge vorgebracht wurden. Nur der Vergleich zwischen den Petitionsbewegungen verschiedener Regionen oder Mitgliedsstaaten des Deutschen Bundes kann hier letztlich Antworten liefern.

---

137 Wirft man einen Blick auf die heutigen Debatten um das Schulwesen in Deutschland, wie etwa jene rund um das im Jahr 2009 gescheiterte Berliner Volksbegehren zum Religionsunterricht, so wird deutlich, dass Integration als Leitidee der Trennungsbefürworter seine Relevanz nicht verloren hat (vgl. dazu Astrid Reuter, Lebt der freiheitliche, säkularisierte Staat von Voraussetzungen, die er selbst garantieren kann? Der Streit um den Werte- und Ethikunterricht in Deutschland und ein Blick nach Frankreich, in: Astrid Reuter/Hans Gerhard Kippenberg (Hrsg.), Religionskonflikte im Verfassungsstaat, Göttingen 2010, 230–258).

Die Entwicklung der Schulaufsichtsfrage in den reussischen Territorien im Zeitraum von 1848 bis 1918

Sylvia E. Kleeberg

1. Einleitung

> »Das wichtigste Gebiet des öffentlichen Lebens, auf dem Staat und Kirche miteinander verflochten waren, war das der Schule. Unser Zeitraum (1815–1918, Anm. S. E. K.) brachte die Scheidung, den Übergang des Schulwesens auf Staat und bürgerliche Gemeinde, bis auf wenige Reste.«[1]

Diese grundsätzliche Beobachtung Rudolf Hermanns (1887–1962) liegt den folgend ausgeführten Überlegungen zugrunde, deren zentrales Thema zunächst nicht »die Entwicklung der Schulaufsichtsfrage in den reußischen Territorien im Zeitraum von 1848–1918« ist – diesem größeren Komplex wird gesondert nachzugehen sein –, sondern der *Wandel des Verhältnisses von Kirche und Staat zur Schule, also dem sich im 19. Jahrhundert ausdifferenzierenden Schulsystem.* Der Übergang von einer kirchlichen zu einer staatlichen Schulaufsicht[2] geschah in allen deutschen Ländern im Laufe des so genann-

---

1 Rudolf Herrmann, Thüringische Kirchengeschichte, Bd. 2, Weimar 1947, 518.

2 Zur Verdeutlichung, was auch in dieser Untersuchung unter dem Begriff verstanden wird, eine kurze Definition: »Die Sch.[ulaufsicht] wird durch staatl. Behörden wahrgenommen, die über die Kontrollfunktion hinaus wesentliche Gestaltungsaufgaben im Schulwesen erfüllen: die Organisation und Leitung des Schulwesens, die Unterrichtsgestaltung nach Inhalten und Methoden, das Schulangebot im regionalen Umkreis, die Grundversorgung der Schulen mit Lehrkräften, die Sicherung ihres sachgemäßen Einsatzes und die Ausbildung von Nachwuchslehrkräften, die Organisation der Lehrerfortbildung sowie die Sicherung der Finanzierung.« (Rainer Lachmann, Art. Schulaufsicht, in: RGG Bd. 7, Tübingen 2004⁴, 1016).

ten »langen 19. Jahrhunderts« (1789–1918) mehr oder weniger vollständig. Ein Vorreiter dabei war Preußen, das bereits 1794 in seinem »Allgemeinen Landrecht« im ersten Paragraphen des zwölften Titels »Von niedern und hoehern Schulen« festgeschrieben hatte:

> »Schulen und Universitäten sind Veranstaltungen des Staats, welche den Unterricht der Jugend in nuetzlichen Kenntnissen und Wissenschaften zur Absicht haben.«[3]

Dennoch dauerte es noch bis 1872 bis eine konkretere Umsetzung dieser staatlichen Sichtweise auf das gesamte Schul- und Bildungswesen tatsächlich stattfand. In diesem Jahr trat das preußische Schulaufsichtsgesetz[4] in Kraft, dessen Veröffentlichung heftige Diskussionen vorausgingen. Zwei sehr interessante Ausführungen veranschaulichen dies. Zum Einen ein Auszug aus der Rede des preußischen Kultus-Ministers Dr. Adalbert Falk zu Bedeutung und Zweck des Schulaufsichtsgesetzes, gehalten in der Sitzung des Abgeordnetenhauses vom 9. Februar 1872:

> »Wir haben zu fragen, was will das Gesetz? Das Gesetz will die Anerkennung und für manche Gebiete die zweifellose Klarstellung des Satzes, daß alle Beamten und alle Behörden, die mitzuwirken haben bei der Schulaufsicht, dabei im Namen des Staates handeln. Es will, daß der Geistliche, der dabei thätig ist, sein Mandat vom Staate habe und anerkenne, dass er solches habe vom Staate und nicht von seiner Stellung in der Kirche. Es will der Entwurf, dass die Staatsregierung bei der Auswahl der Inspektoren aus dem geistlichen Stande nicht mit Nothwendigkeit gebunden sei an die Bestimmungen und die Wahl der kirchlichen Oberen. Das ist der Sinn des Entwurfs, und dazu braucht man allerdings ein Gesetz. Es ist in den Motiven gesagt, es handele sich nicht darum, grundsätzlich und überall die Schul-Inspektorate den Beamten der Kirche, den Geistlichen, zu entziehen.«[5]

---

3 Zitiert nach: Ernst Pappermann (Hrsg.), Preußisches Allgemeines Landrecht. Ausgewählte öffentlich-rechtliche Vorschriften, mit einer Einleitung von Gerd Kleinheyer, Paderborn 1972, 110.

4 Gemeint ist damit das »Schulaufsichtsgesetz vom 11. März 1872«, das durch den damaligen Kultus-Minister Dr. Adalbert Falk (1827–1900) erarbeitet worden war und dem sich ergänzend die Veröffentlichung der »Allgemeinen Bestimmungen vom 15. Oktober 1872, betreffend das Volksschul-, Präparanden- und Seminarwesen« anschloss.

5 Zweck und Bedeutung des Gesetzentwurfs über die Schulaufsicht. Aus der Rede des Kultus-Ministers Dr. Falk in der Sitzung des Abgeordnetenhauses vom 9. Februar, in: Provinzial-Correspondenz, No. 7, 14. Februar 1872, 2, rechte Spalte.

Und zum anderen die Erklärung Dr. Falks in der Sitzung des preußischen Herrenhauses vom 6. März 1872:

> »Aber das Wort ›Trennung der Kirche von der Schule‹ ist gefallen. Meine Herren! Es handelt sich bei diesem Gesetze nicht um Trennung der Schule von der Kirche, sondern um eine genauere Abgrenzung der Rechte des Staates an der Schule und der Rechte der Kirche an der Schule, um nichts Anderes, insbesondere nicht um eine Lösung des Zusammenhanges zwischen Kirche und Schule.«[6]

Anhand dieser beiden Auszüge aus den Debatten um das preußische Schulaufsichtsgesetz werden die grundsätzlichen Problematiken deutlich. Einerseits, dass es den Gesetzgebern nicht um eine vollständige Verdrängung der Kirche aus dem Schulwesen oder gar um eine wirkliche Scheidung von Kirche und Staat im Sinne einer endgültigen Säkularisierung ging, sondern um eine neue, rechtliche Verhältnisbestimmung dieser Größen zueinander. Und andererseits, dass es sich bei den Schulreformen letztlich Zugeständnisse an eine neue Zeit handelte: Ein modernes, technisiertes, sich gesellschaftlich, weltanschaulich- und auch politisch pluralistisch gestaltendes, durch Industrialisierung, Kapitalismus und Kolonialismus geprägtes Zeitalter, das nicht nur einen neuen Bildungsstandard, sondern ebenfalls eine Reform der Staatsideologie verlangte. Wirft man nun einen Blick auf die reußischen Fürstentümer dann wird erkennbar, dass es dort im Laufe des 19. Jahrhunderts ähnliche Diskussionslagen zum Themenbereich *Kirche, Schule* und *Staat* gegeben hat sowie ähnliche Entwicklungen, was das Überdenken des Staatsverständnisses angesichts der vielfältigen gesellschaftlichen, politischen, weltanschaulichen und ökonomischen Veränderungen betraf.

Im Folgenden werden die Parameter dieser Untersuchung vorgestellt. Das sind zum einen die Beiden reußischen Fürstentümer und zum anderen die drei relevanten Themenfelder: *Staat, Kirche* und *Schule.*

---

[6] Aus der Rede des Kultus-Ministers Dr. Falk in der Sitzung des Herrenhauses vom 6. März, in: Provincial-Correspondenz, Nr. 11, 10. Jg., 13. März 1872, 2, rechte Spalte.

2. Die reussischen Fürstentümer

2.1 Zur Ländergeschichte

Die zu untersuchenden Territorien sind die beiden reußischen Fürstentümer und zwar »Reuß ältere Linie«, das insgesamt von 1778 bis 1918 als Fürstentum Bestand hatte, und »Reuß jüngere Linie«, das als Fürstentum von 1848 bis 1918 bestand. Beide Staaten waren bis 1918 souveräne Monarchien und gehörten zu den kleinsten Territorien des Deutschen Reiches,[7] hatten jedoch aufgrund ihrer Verwandtschafts- und Freundschaftsbeziehungen zu Adelshäusern in Preußen, Süddeutschland, Österreich, Ostpreußen sowie Schlesien einen nicht zu unterschätzenden gesellschaftlichen wie auch politischen Einfluss innerhalb des Deutschen Reiches.[8]

---

7 »Reuß ältere Linie« verfügte über eine Fläche von 316,3 km² und »Reuß jüngere Linie« über eine Fläche von 826,7 km². (Vgl. Ulrich Hess, Geschichte Thüringens 1866–1914, aus dem Nachlass herausgegeben von Volker Wahl, (= Regionalgeschichtliche Forschungen im Verlag Hermann Böhlaus Nachfolger Weimar), Weimar 1991, 93.).

8 Erinnert sei hierbei einerseits daran, dass sich vor allem die *Reußen der jüngeren Linie* im 18. Jahrhundert durch ihre starke pietistische Prägung, die Gründung einer eigenen Herrnhuter Gemeine in Ebersdorf sowie den einflussreichen Kontakt mit August Hermann Francke (1663–1727) und später durch verwandtschaftliche Beziehungen auch mit Nikolaus Ludwig Graf von Zinzendorf (1700–1760) sowie zahlreichen Adeligen im gesamten deutschsprachigen Raum auszeichneten. (Vgl. Otto Meusel/Berthold Schmidt (Hrsg.), A. H. Franckes Briefe an den Grafen Heinrich XXIV. j. L. Reuß zu Köstritz und seine Gemahlin Eleonore aus den Jahren 1704 bis 1727 als Beitrag zur Geschichte des Pietismus, Leipzig 1905.).

Andererseits wäre betreffs »Reuß ältere Linie« zum einen auf das militärhistorisch bedeutsame Wirken einiger Familienmitglieder hinzuweisen. So hat bspw. der als Obristleutnant in Diensten des Österreichischen Kaisers stehende Heinrich XIII. Reuß ältere Linie (1747–1817) das damalige Standardwerk über die Grundlagen der Kriegsführung mit dem Titel »Gedanken über die Anwendung der Richtung der Kriegsvölker«, erschienen 1776 in Dresden, verfasst. (Vgl. Sven Michael Klein, Fürst Heinrich XIII. Reuss Aelterer Linie. Ein Leben für Reich und Fürstentum. Der Künstler Anton Graff und sein Greizer Fürstenportrait, hrsg. vom Verein für Greizer Geschichte e. V. anlässlich der Übergabe des Graff'schen Ölgemäldes durch Freifrau Dr. Gisela Schenck zu Schweinsberg an die Stadt Greiz, (Mitteilungen des Vereins für Greizer Geschichte, hrsg. vom Verein für Greizer Geschichte e. V.; Bd. 16), Greiz 2009. 6.).

Zum anderen muss auch auf die politisch durchaus bedeutsame Rolle Heinrichs XXII. Reuß ältere Linie (geb. 1848; reg. 1867–1902) hingewiesen werden, der kontinuierlich als Gegner der Bismarckschen Politik und dabei sogar ausnehmend weitsichtig bezüglich der kritischen Beurteilung bspw. der Kolonialpolitik des »Deutschen Reiches« auftrat. (Vgl. Sven Michael Klein, Heinrich der Zwei und Zwanzigste. Sein Leben, sein Wirken und seine Zeit, in: Thüringisches Staatsarchiv Greiz (Hrsg.): Vereinsmitteilungen des Vereins für Greizer Geschichte e. V., Bd. 14, Greiz 2002.).

Diese beiden »Bruderstaaten«, die das Gebiet des thüringischen Vogtlandes umfassten, teilten sich ein gemeinsames Herrscherhaus, dessen Anfänge bereits im 12. Jahrhundert zu finden sind. Die Vorfahren der »Reußen« entstammten einem Ministerialengeschlecht, das um 1163 in der Funktion von Reichsvögten von Kaiser Friedrich I. Barbarossa (1152–1190) beidseitig der Weißen Elster angesiedelt worden war.[9] Es gelang den Vögten ihren territorialen Besitz bis zu Beginn des 13. Jahrhunderts von Gera über Ronneburg, Weida, Greiz, Plauen bis einschließlich zum Regnitzland um Hof auszudehnen.[10] In dieser Zeit verlegten die Vögte ihren Sitz von Weida auf die Burg Greiz.[11] Erst die Landesteilungen in der ersten Hälfte des 13. Jahrhunderts schufen die Linien der *Vögte von Weida, Gera* und *Plauen*. Letztere teilte sich 1306 abermals und zwar in eine ältere Linie namens »Plauen zu Plauen«[12] und eine jüngere Linie namens »Plauen zu Greiz«.[13] Der Herrscher der jüngeren Linie, Heinrich II. von Plauen zu Greiz, übernahm 1307 den Zunamen »Reuß« bzw. »Ruthenus« oder auch »Rusze«, den sein Vater, Heinrich I. (gest. vor 1295)[14] einst erhalten hatte, wodurch sich seine Linie »Reuß von Plauen zu Greiz« nannte. Diese war es auch, die nach dem Aussterben der *Vögte* und *Herren von Weida, Gera* und *Plauen* im Laufe des 16. Jahrhunderts übrig blieb und sich im Jahre 1564 in eine *ältere Linie*, zu der Untergreiz gehörte, eine *jüngere Linie*, zu der Gera, Schleiz, Lobenstein und Ebersdorf gehörten, sowie

---

9 Vgl. Hans Herz, Die Reußen, (= Thüringen. Blätter zur Landeskunde, hrsg. von der Landeszentrale für politische Bildung THÜRINGEN), Erfurt ²2003.

10 Vgl. Erhard Lemm/Frank Schenke/Angelika Schenke (Hrsg.): Die Reußische Fürstenstraße, Gera 2005², 4.

11 Moritz Farner,/Heinrich XIII. Prinz Reuss (Hrsg.), Unterwegs auf der Reußischen Fürstenstraße, Frankfurt a. M./Leipzig 1999, 11.

12 Die Bezeichnungen der Linien folgen: Andreas Kunz (Hrsg.), Beschreibungen von Staaten, Provinzen und Regierungsbezirken in Deutschland 1820–1914, bearb. v. Dorlis Blume, Mainz 2008 (= Skripte und Materialien zum Forschungsprojekt »HGIS Germany – Historisches Informationssystem der deutschen Staatenwelt seit 1815«, hrsg. von Andreas Kunz; Bd. 4), 270–275.

13 Vgl. Lemm/Schenke/Schenke, Fürstenstraße, 4.

14 Historisch kann nicht ganz geklärt werden, ob sich die Herkunft des Beinamens entweder auf den langen Russlandaufenthalt oder Heinrichs Ehefrau bezieht. Ein goldener Mittelweg, wie ihn etwa der Verein Reußische Fürstenstraße in seinen Publikationen einschlägt (Vgl. ebd.), ist die Annahme, dass es aufgrund beider Tatsachen erfolgte, d. h. da Heinrich nicht nur lange Zeit in Russland verbracht hat, sondern ebenfalls mit einer russischen Prinzessin, genauer der Enkelin des 1253 zum russischen Herrscher gekrönten Daniel von Galizien (1215–1264) verheiratet war. (Die Daten zur Prinzessin folgen: Andreas Kunz (Hrsg.), Beschreibungen, 270.).

eine *mittlere Linie,*[15] zu der Obergreiz gehörte und die 1616 bereits wieder ausstarb, teilte.[16] Die Ernennung aller reußischen Herrscher zu Reichsgrafen erfolgte im Jahre 1673.[17] Die Erhebung in den Reichsfürstenstand gelang zuerst der *älteren Linie* im Jahre 1778, gefolgt von »Reuß-Lobenstein« 1790 als erste Teilherrschaft der *jüngeren Linie,* während die Gebiete »Reuß-Schleiz«, »Reuß-Lobenstein-Selbitz«, »Reuß-Ebersdorf« sowie »Reuß-Köstritz« erst am 9. April 1806 in den Reichsfürstenstand erhoben wurden.[18] Ein Jahr später, am 18. April, traten die reußischen Fürsten nach einigen umständlichen Verhandlungen[19] dem »Rheinbund« unter Führung Kaiser Napoleons I. (1769–1821) bei und schlossen sich nach dessen Auflösung 1813 der »antinapoleonischen Koalition« an, bevor sie in Folge der Neuordnung der politischen Verhältnisse in Europa durch den »Wiener Kongress« 1815 Mitglieder des neu gegründeten »Deutschen Bundes« wurden. Nachdem im Laufe der folgenden Jahre einzelne Linien der *jüngeren Linie* ausstarben und verstärkt seit den 1830er Jahren revolutionäre und auf eine Modernisierung des Staatswesens im Sinne einer konstitutionellen Monarchie drängende Kräfte spürbar wurden, erfolgte im Jahre 1848 der Zusammenschluss der Teilherrschaften der *jüngeren Linie* zum »Fürstentum Reuß jüngere Linie«.[20] Ebenso wie in den anderen deutschen Ländern folgten auf das Revolutionsjahr 1848 auch in den reußischen Landen einige Verfassungskämpfe, staatliche Modernisierungsversuche sowie Phasen der politischen Restauration. Wirtschaftlich betrachtet erlebten alle reußischen Staaten seit den 1830er Jahren einen Aufschwung und vor allem Gera und Greiz entwickelten sich in der zweiten Hälfte des 19. Jahrhunderts zu bedeutenden Zentren der Textilindustrie, was durch den Ausbau des Eisenbahnnetzes seit den 1870er Jahren spürbar vor-

---

15 Die Bezeichnungen ältere, jüngere und mittlere Linie ergaben sich aus der einfachen Tatsache der Geschwisterkonstellation der drei reußischen Herren, namentlich Heinrich der Ältere (1506–1572), Heinrich der Jüngere (1530–1572) und Heinrich der Mittlere (1525–1578).

16 Vgl. LEMM/SCHENKE/SCHENKE, Fürstenstraße, 4.

17 Die hier genannte Jahreszahl folgt der Mehrheit der Quellen, wohingegen z.B. in: Art. Reuß, in: Meyers Konversations-Lexikon, 761 die Jahreszahl 1671 genannt wird.

18 Vgl. THOMAS GEHRLEIN, Das Haus Reuss Älterer und Jüngerer Linie, (= Deutsche Fürstenhäuser; Heft 19), Werl ²2006, 19.

19 Vgl. SVEN MICHAEL KLEIN, Fürst Heinrich XIII. Reuss Aelterer Linie, 18-19.

20 Vgl. BERTHOLD SCHMIDT, Geschichte des Reußenlandes, (2. Halbband: Geschichte des Reussenlandes von Mitte des 16. Jahrhunderts bis zum Beginn des ersten Weltkrieges), Gera-Reuß 1927, 129–131.

angetrieben wurde.[21] Weitere wichtige politische Stationen im Werdegang beider Staaten waren der 1867 erfolgte Beitritt zum »Norddeutschen Bund« und 1871 zum »Deutschen Reich«. 1918 waren die reußischen Fürstentümer schließlich ebenso von den revolutionären Ereignissen betroffen wie die restlichen deutschen Staaten. Nachdem der regierende Fürst[22] 1918 abgedankt hatte, gründeten sich zunächst der »Freistaat Reuß jüngere Linie« und der »Freistaat Reuß ältere Linie«, beide schlossen sich jedoch bereits 1919 zum »Volksstaat Reuß« zusammen und traten erst 1922 dem »Land Thüringen« bei.

Neben den sehr ähnlichen Entwicklungen, lassen sich für die Fürstentümer »Reuß ältere Linie« und »Reuß jüngere Linie« auch gravierende Unterschiede festellen. So kann ersteres als österreichfreundlicher[23] und preußenfeindlicher, politisch auffallend konservativer[24], bis 1902 weitestgehend absolutistisch regierter sowie durch die spezifisch reußische lutherische

---

[21] Vgl. hierzu ausführlicher: Ernst Paul Kretschmer, 50 Jahre Gera-Greizer Kammgarnspinnerei. Mit kulturgeschichtlichen Beiträgen zur Entwicklung der Geraer Textilindustrie (1890–1940), Gera 1940. Sowie: Dieter Obenauf/Wolfgang Ritter/Gerhard Strauss, Ein Streifzug durch die Greizer Textilgeschichte, hrsg. vom Verein zur Förderung des Greizer Heimatmuseums und der Textilschauwerkstatt e. V., Greiz 2005.

[22] Im Jahre 1902 war der letzte regierungsfähige Fürst der *älteren Linie*, Heinrich XXII. (1846; reg. 1859/67–1902) verstorben und gemäß der Vereinbarung von 1668 regierte ab diesem Zeitpunkt Heinrich XIV. Reuß jüngere Linie (geb. 1832, reg. 1867–1918) die Regentschaft in Personalunion. Doch aufgrund seines fortgeschrittenen Alters übergab er 1908 seine Regierungsgeschäfte an seinen Sohn Erbprinz Heinrich XXVII. Reuß jüngere Linie (1858–1928; reg. 1908-1918 beide Linien), blieb offiziell aber bis 1918 Regent der beiden reußischen Staaten. (Vgl. Berthold Schmidt, Geschichte des Reußenlandes, 148.).

[23] Es gehörte zur Familientradition, dass sämtliche männlichen Familienmitglieder in österreichische Militärdienste traten und demgemäß auch loyal zur Donaumonarchie standen. Einen sehr lesenswerten Einblick in diese Besonderheit der älteren Reußenlinie bietet: Sven Michael Klein, Fürst Heinrich XIII. Reuss Aelterer Linie.

[24] »Reuß ältere Linie« wurde zwar 1848 ebenso von der Revolution erfasst, doch anschließend gelang es dem amtierenden Fürsten den Verfassungsgebungsprozess nicht nur bis 1851 auszudehnen, sondern die Veröffentlichung der fertigen Verfassung so lange zu verzögern, bis die eintretende Phase der Restauration im Deutschen Bund dies unnötig machte. (Vgl. Joachim v. Strauch, Die Schicksale und die Politik des Fürstentums Reuß ä.L. in den Jahren 1848–50, (= 31. Jahresbericht des Vereins für Greizer Geschichte und Mitteilungen des Vereins für Greizer Geschichte; Bd. 11), Greiz 1924, 26–41.).

Eine Verfassung erhielt »Reuß ältere Linie« erst im Zuge des Beitritts zum »Norddeutschen Bund« im Jahre 1867 – und auch diese wurde gegen den Widerstand des Herrscherhauses erlassen. (Vgl. Reyk Seela, Landtage und Gebietsvertretungen in den reußischen Staaten 1848/67–1923. Biographisches Handbuch, (= Veröffentlichungen der Historischen Kommission für Thüringen: Große Reihe (VHKTh GR); Bd. 1: Parlamente in Thüringen 1809 – 1952, hrsg. v. Jochen Lengemann; Teil 2), Jena/Lübeck/Stuttgart/Ulm 1996, 68–70.).

Orthodoxie stark religiös geprägter Staat gelten. Letzteres hingegen zeichnete sich eher als liberaler und fortschrittlich orientierter, ab 1852 moderner konstitutioneller, preußenfreundlicher und in der Auslegung der reußischen Konfession etwas liberaler geprägter Staat aus.

2.2 Zur Kirchengeschichte

Neben einer gemeinsamen Geschichte teilten die beiden Staaten ebenfalls ein gemeinsames Bekenntnis, die 1567 veröffentlichte »Reußisch-Schönburgische Konfession«[25], die sich durch ihren stark lutherisch orthodox geprägten Charakter auszeichnete und die Religiosität in den reußischen Ländern bis 1918 grundsätzlich bestimmte. Aber auch der Pietismus, die Aufklärung und Strömungen der Erweckungsbewegung prägten im Laufe der Jahrhunderte die Fürstentümer. Insbesondere die in reußischen Höfen vorherrschende Frömmigkeit.[26] Doch im 19. Jahrhundert kehrte man zur landeseigenen Konfession zurück und betonte deren Bedeutung. Im »Fürstentum Reuß jüngere Linie« wurde dies vor allem daran deutlich, dass die Theologen bis 1884 auf sie vereidigt wurden.[27] Im »Fürstentum Reuß ältere Linie« geschah die-

---

25 Sie erschien unter dem sehr aussagekräftigen Titel: »Confessionsschrift etlicher Präsikanten in den Herrschaften Greiz, Gera, Schönburg und anderer hernach Unterschriebenen, gestellet zur notwendigen Ablehnung vieler erdichteten Calumnien und Lästerungen und dagegen zur Erklärung und Beförderung der Wahrheit; zuvörderst aber wie ein jeder Christ die jetzt schwebenden schädlichen Corruptelen und Irrtümer nach dem heiligen Katechismus Luthers erkennen, widerlegen und fliehen möge« (Zitiert nach: Wilhelm Vollert, Heinrich Posthumus als lutherischer Christ und seine Bedeutung für die Thüringische Kirchengeschichte. Gedenkschrift zum dreihundertjährigen Jubiläum des Fürstlichen Gymnasium Rutheneum in Gera, Gera 1908, 16.).

26 Besonders stark war der Einfluss des Pietismus auf alle reußischen Fürstentümer zumindest im 18. Jahrhundert spürbar, wenn er auch kaum darüber hinauswirkte. Interessante Darstellungen zum Pietismus finden sich für die *ältere Linie* in: K. Kollmann, Die kirchlichen Reformbestrebungen Graf Heinrichs II. von Obergreiz (1715–1722). Nach Akten des Fürstlichen Konsistorialarchivs zu Greiz. In: Reussische Forschungen. Festschrift für Herrn Archivrat Dr. Berthold Schmidt in Schleiz zu seinem 25jährigen Jubiläum als reussischer Geschichtsforscher, Weida o. J. sowie für die Länder der *jüngeren Linie* mit Fokus auf »Reuß-Köstritz« in: Friedrich Wilhelm Trebge, Spuren im Land. Aus der Geschichte des apaginierten thüringisch-vogtländischen Adelshauses Reuß-Köstritz, Hohenleuben 2001.

27 Vgl. Sven Michael Klein, Streifzüge durch die Geschichte der Landeskirche im Fürstentum Reuss Älterer Linie (1778 bis 1918), in: Superintendentur Greiz (Hrsg.): 800 Jahre Christentum im Greizer Land. Einblicke in die reußische Kirchengeschichte, bearb. v. Stefan Michel, Greiz 2009, 60.

se Rückbesinnung auf die eigene Konfession durch eine stärkere Betonung des Orthodoxen und eine Verschärfung der Kirchenzucht. Dies hing mit der Haltung der Landesherren des 19. Jahrhunderts[28] zusammen, die sich als bekennende Legitimisten und Verfechter des Gottesgnadentums gemäß *Römerbrief 13,1*[29] verstanden und davon ausgehend der Religion eine hervorgehobene Stellung im Staate zusprachen. Gesondert zu nennen ist Fürst Heinrich XXII. von Reuß ältere Linie (geb. 1846, reg. 1859/1867–1902), dessen legitimistisch-konservative politische und religiöse Haltung enorme Auswirkungen auf die Entwicklungen des »Fürstentums Reuß ältere Linie« im 19. Jahrhundert hatte. Es dürfte wenig überraschen, dass auch die unter seiner und Fürstin Karolines (1819–1872, reg. 1859–1867) Aufsicht entstandene Verfassung von 1867 weiterhin die Episkopalrechte für den Landesherren garantierte. Angesichts des aus Heinrichs XXII. Perspektive heraus spürbaren und fortschreitenden Sittenverfalls in der modernen, technisierten Industriegesellschaft, sah er die Religion als Garanten für die Rückkehr der Moral in die Politik wie auch Gesellschaft und betrieb zur Förderung dessen die gesetzliche Verschärfung der Kirchenzucht. Dies zeigte sich u. a. dadurch, dass obwohl sich der Fürst den gesetzlichen Vorgaben des Reiches beugen musste und z. B. die *Zivilehe* einführen, er dennoch die Veröffentlichung einer neuen *Dienstanweisung* im Jahre 1876 sowie des *Kirchengemeindegesetzes* von 1880 zur Regelung einer strengeren Kirchenzucht veranlasste.[30] Interessanterweise führte der Verlust der Souveränität 1918 und auch der Beitritt der reußischen Staaten zum »Land Thüringen« 1922 nicht zu einer Liberalisierung der Landeskirche oder zu einer Eingliederung in die 1919 gegründete »Thüringer evangelische Kirche«, sondern geründete sich 1922 auf Grundlage der »Reußisch-Schönburgischen Konfession« und unter Führung

---

[28] Diese Herrscher waren namentlich Fürst Heinrich XIII. von Reuß-Greiz (geb. 1747; reg. 1800-1817), Fürst Heinrich XIX. von Reuß-Greiz (geb. 1790; reg. 1817-1836), Fürst Heinrich XX. von Reuß-Greiz (geb. 1794; reg. 1836-1859), Fürstin Caroline von Reuß ältere Linie (1819-1872; reg. 1859-1867) sowie Fürst Heinrich XXII. von Reuß ältere Linie (geb. 1846; reg. 1859/1867-1902). In dem Zeitraum von 1902 bis 1918 regierte die jüngere Linie in Personalunion über die ältere Linie, da Fürst Heinrich XXII. keine regierungsfähigen Nachkommen hinterlassen hatte (Vgl. hierzu: Sven Michael Klein, Heinrich der Zwei und Zwanzigste, S. 27-29.).

[29] Vgl. Sven Michael Klein, Heinrich der Zwei und Zwanzigste. Sein Leben, sein Wirken und seine Zeit, in: Thüringisches Staatsarchiv Greiz (Hrsg.): Vereinsmitteilungen des Vereins für Greizer Geschichte e. V. Bd. 14, Greiz 2002, 39.

[30] Vgl. Sven Michael Klein, Heinrich der Zwei und Zwanzigste, 52f.

des weiterhin bestehenden Konsistoriums der *älteren Linie* die »Evangelisch-lutherische Kirche in Reuß ä.L.«, die bis 1934 als selbständige Körperschaft bestehen blieb und sich erst dann in die evangelische Kirche Thüringens eingliederte.[31]

2.3 Zur Volksschulgeschichte

Die Volksschulgeschichte[32] der reußischen Fürstentümer begann mit den mittelalterlichen Kloster- und Lateinschulen. Seit dem 16. Jahrhundert setzten Verbesserungen auf dem Gebiete des Volksschulwesens ein, die ohne die Reformation und deren Auswirkungen auf die Religiosität in den reußischen Ländern undenkbar gewesen wären. Da der Bildung ein höherer Stellenwert als bisher zukam und diese nun allen Menschen zugänglich gemacht werden sollte, damit diese die Bibel lesen könnten, setzte nicht nur eine Bestandsaufnahme der Schulverhältnisse in den einzelnen Ländern ein, sondern es wurde auch bewusst an einer Verbesserung der örtlichen Schulverhältnisse, was Räumlichkeiten und Unterrichtsmaterial, aber auch die Besoldung der

---

[31] Vgl. Ulrich Hess, Geschichte der Behördenorganisation der thüringischen Staaten und des Landes Thüringen von der Mitte des 16. Jahrhunderts bis zum Jahre 1952, (= VHKTh KR; Bd. 1), Jena/Stuttgart 1993, 124f.

[32] So wie der Begriff der »Volksschule« hier verwendet wird und für meine Untersuchung relevant ist, folgt er nachstehender Definition: »Der Fehler liegt darin, dass von den Verfassern des Begriffs »Volksschule« ideell und absolut aufgefasst wird und nicht in seiner konkreten historischen Sinnentfaltung, nämlich als einer ganz bestimmten gesellschaftlichen Einrichtung auf dem Gebiete des Erziehungs- und Unterrichtswesens, deren Merkmale sich, gemäß ihrer Klassenlage, aus der jeweiligen gesellschaftspolitischen Situation ergeben und für die es im Grunde genommen unwesentlich ist, welche namentliche Bezeichnung ihr beigelegt wird. In diesem letzteren Sinne fassen wir den Begriff Volksschule und stellen fest: Aus den zahlreichen Schularten um 1800 [...] haben sich im Verlaufe des 19. Jahrhunderts, bedingt durch die enorm ansteigende ökonomische Entwicklung, zwei verschiedene Grundtypen des allgemeinbildenden Schulwesens herauskristallisiert. [...] Für diesen Grundtypus hat sich die Bezeichnung »höheres« beziehungsweise »mittleres« Schulwesen eingebürgert. Der andere umfaßt alle übrigen – das sind zugleich alle niederen – Arten von allgemeinbildenden Schulen. Für diesen Grundtypus ist die Bezeichnung Volksschulwesen, kurz Volksschule genannt, offiziell und allgemein gebräuchlich geworden.« (Rudolf Menzel, Die Anfänge der Volksschule in Deutschland. Dargestellt unter besonderer Berücksichtigung der mitteldeutschen protestantischen Territorien. (= Diskussionsbeiträge zu Fragen der Pädagogik; Heft 13), Berlin 1958, 8f.).

Lehrenden betraf, gearbeitet.[33] Als herausragende Persönlichkeit dieser Zeit, die sich durch die Verbreitung der Konfessionsschrift, die Gründung des Geraer »Rutheneums« und ihren Einsatz für die Verbesserung des Schulwesens der *jüngeren Linie* auszeichnete, ist an dieser Stelle Graf Heinrich der Jüngere, genannt Posthumus (geb. 1572, reg. 1595–1635) zu erwähnen, der im Zuge seines Regierungsantritts verkündete, dass er dafür Sorge tragen wolle, dass unter anderem eine der reinen Religion angemessene Kirchenverfassung aufrechterhalten und das Schulwesen verbessert werde.[34] Dies trat in der Folge in durchaus spürbarem Maße ein.

Ab Ende des 17. Jahrhunderts stellte die Zeit des Pietismus einen weiteren wichtigen historischen Abschnitt dar. Aufgrund der entsprechenden Frömmigkeit die der Bildung einen erhöhten Stellenwert beimaß, wurde ein weiterer Ausbau des Volksschulwesens vorangetrieben. So setzten im 18. Jahrhundert unter der Herrschaft Graf Heinrichs II. von Reuß-Obergreiz (geb. 1696, reg. 1714–1722) Reformen ein, die nicht nur die Errichtung eines Staatspietismus zum Ziel hatten, sondern auch eine Verbesserung des Schulwesens.[35] Auf dem Gebiet der *jüngeren Linie* waren es vor allem die Grafschaft »Reuß-Ebersdorf« und das Apagnat »Reuß-Köstritz«, die sich als Zentren pietistischer Frömmigkeit und Impulsgeber für eine Verbesserung des Schulwesens auszeichneten.[36]

Im 19. Jahrhundert gerieten die schulischen Verhältnisse ab den 1830er Jahren vermehrt in den Fokus politischer Diskussionen, was sich in den 1840er Jahren verschärfte und dazu führte, dass während des Revolutionsgeschehens von 1848/1849 auch die Themen »Ausbau des Schulwesens«, »staatliche Schulaufsicht« und »Religionsunterricht lediglich als ein Schulfach unter anderen« bei den Verhandlungen zu neuen bzw. ersten Staatsge-

---

[33] Vgl. Rudolf Söllner, Die Entwicklung des Greizer Volks- und höheren Schulwesens. In: Grüner, Gerd (Hrsg.): Stadt Greiz im Vogtland. 800 Jahre Greiz. Festschrift der Stadt Greiz zur Wiederkehr der 800-jährigen Ersterwähnung und der 650-jährigen Nennung als Stadt, Greiz 2008, 46–55.

[34] Vgl. Wilhelm Vollert, Heinrich Posthumus, 13f.

[35] Vgl. Wilhelm Friedrich Trebge, Spuren, 58.

[36] Vgl. Wilhelm Friedrich Trebge, Spuren; sowie recht ausführlich zur Entwicklung des Pietismus in Ebersdorf: Rudolf Herrmann, Thüringische Kirchengeschichte, 286–293.

setzen diskutiert wurden. Das Ergebnis dessen lässt sich bspw. im »Staatsgrundgesetz für das Fürstentum Reuß jüngere Linie« und zwar in der Ursprungsversion von 1849 nachlesen.[37]

In engem Zusammenhang mit den politischen Entwicklungen in den 1840er Jahren, aber auch mit den Folgen der einsetzenden Industrialisierung standen in beiden reußischen Staaten soziale und bildungspolitische Probleme. Diese forderten nicht nur eine neue Sozialpolitik, sondern auch Reformen im gesamten Bildungswesen, die in den 1840er Jahren begannen, ihren Höhepunkt in der zweiten Hälfte des 19. Jahrhunderts erlebten und

---

37 Im *Staatsgrundgesetz von 1849* finden sich im *zweiten Abschnitt* folgende Ausführungen:
»§. 23. Das Unterrichts- und Erziehungswesen steht unter der Oberaufsicht des Staats, und ist, abgesehen vom Religionsunterricht, der Beaufsichtigung der Geistlichkeit, als solcher, enthoben.
§. 24. Unterricht zu ertheilen, sowie Unterrichts- und Erziehungsanstalten zu gründen und zu leiten, steht jedem Staatsangehörigen frei, wenn er seine moralische, wissenschaftliche, bezüglich technische Befähigung der betreffenden Staatsbehörde nachgewiesen hat. Der häusliche Unterricht unterliegt keiner Beschränkung.
§. 25. Für die Bildung der Jugend soll durch öffentliche Schulen überall genügend gesorgt werden.
Eltern oder deren Stellvertreter dürfen ihre Kinder oder Pflegebefohlenen nicht ohne den Unterricht lassen, welcher für die unteren Volksschulen vorgeschrieben ist.
§. 26. Die öffentlichen Lehrer haben die Rechte der Staatsdiener.
Der Staat stellt unter gesetzlich geordneter Betheiligung der Gemeinden aus der Zahl der Geprüften die Lehrer der Volksschulen an.
§. 27. Für den Unterricht in Volksschulen und niederen Gewerbeschulen wird kein Schulgeld bezahlt.
Unbemittelten soll auf allen öffentlichen Unterrichtsanstalten freier Unterricht gewährt werden.
Die Unterhaltung der öffentlichen Bildungsanstalten, sowie die angemessene Besoldung der Lehrer an denselben liegt dem Staat ob, dagegen übernimmt er das sämmtliche Schulvermögen. Die Schulzweck gemachten Stiftungen bleiben unverändert fortbestehen.
§. 28. Es steht einem Jeden frei, seinen Beruf zu wählen und sich für denselben auszubilden, wie und wo er will.«
(Staatsgrundgesetz nebst Wahlgesetz, (erlassen am 30.11.1849, ausgegeben am 14.12.1849), in: Gesetzsammlung für die Fürstlich Reußischen Lande J. L., Bd. 8, Jg. 1849-1852, Nr. 102, 57.).

weitestgehend bis zu Beginn des Ersten Weltkrieges andauerten.[38] Initiiert wurden die damit zusammenhängenden Reorganisationen der Schulwesen vor allem durch engagierte Einzelpersönlichkeiten wie etwa Gustav Schmidt (1797–1880), Christian Friedrich Horlbeck (1807–1887) und Alfred Resch (1835–1912) im »Fürstentum Reuß ältere Linie« und beispielsweise Andreas Paul Adolph von Harbou (1809-1877) sowie Konrad Alexander Friedrich Duden (1829–1911) im »Fürstentum Reuß jüngere Linie«. Diese Reorganisation der reußischen Schulwesen hatte den Ausbau eines mehrstufigen *Schulsystems*[39] zur Folge und gleichzeitig Auswirkungen auf rechtliche Neuerungen.

Im »Fürstentum Reuß jüngere Linie« zum Beispiel wurde 1863 das Konsistorium als eigene Behörde aufgelöst und dessen Angelegenheiten einer »Abtheilung für Kirchen- und Schulsachen« innerhalb des Staatsministeriums unterstellt. 1870 wurde ein Volksschulgesetz erlassen, das eine formale Trennung von Kirche und Schule sowie erste Anstellungs- und Besoldungsregelungen für die Lehrer festschrieb. 1911 erfolgte durch eine »Landesherrliche Verordnung« schließlich die endgültige Trennung von Kirche und Schule und allein der Religionsunterricht galt weiterhin als der staatlichen Aufsicht entzogen und der geistlichen unterstellt.

---

38 Eine wirklich sehr interessante und ausführliche Übersicht für »Reuß ältere Linie« liefert: Werner Querfeld, Kultur- und Vereinsleben in der Stadt Greiz während des 19. Jahrhunderts. Ein Beitrag zur Geschichte des Partikularismus in Deutschland, (= Beiträge zur mittelalterlichen, neueren und allgemeinen Geschichte, hrsg. von Friedrich Schneider; Bd. 27), Jena 1957. Für »Reuß jüngere Linie« empfiehlt sich für einen Überblick über die Schulgeschichte die Lektüre von: Werner Schmidt, Kurzer Abriss der Schulgeschichte in Gera zwischen 1864 und 1976, in: Schulen in Gera. (= Schule als Denkmal – Denkmal als Schule, hrsg. von Thüringisches Landesamt für Denkmalpflege und Untere Denkmalschutzbehörde Gera), Gera 2002.

39 Bei der Benutzung des Begriffes »Schulsystem« schließe ich mich den Ausführungen Detlef K. Müllers an: »Das am Beginn des 19. Jahrhunderts noch gering institutionalisierte *Bildungswesen* der späteren Staaten des Deutschen Reiches wurde im Verlauf des 19. Jahrhunderts immer stärker zu einem nationalstaatlichen *Bildungssystem* mit zunehmend kodifizierten, organisierten und institutionalisierten Beziehungen zwischen den Schultypen (= *Schulsystem*), zwischen den Studiengängen (= *Hochschulsystem*) und zwischen den beiden Ebenen und den Berufskarrieren (= *Beschäftigungssystem*) umgewandelt.« (Detlef K. Müller, 1. Methodische Voraussetzungen zur Analyse der Entwicklung des Bildungssystems im 19. und 20. Jahrhunderts, in: Detlef K. Müller/Bernd Zymek, Sozialgeschichte und Statistik des Schulsystems in den Staaten des Deutschen Reiches. 1800–1945, (= Datenhandbuch zur deutschen Bildungsgeschichte; Bd. II), Göttingen 1987, 13.).

Im »Fürstentum Reuß ältere Linie« dagegen blieb das Konsistorium auch nach Erlass der Staatsverfassung von 1867 weiterhin bis 1918 oberste Aufsichtsbehörde über das Schulwesen, wenn auch durch den Beitritt zum »Deutschen Reich« ab 1871 einige Neuerungen Einzug hielten, wie etwa die Erlaubnis ab 1871 besondere Schulvorstände zu berufen oder den Schulgemeinden ab 1880 gewisse Selbstverwaltungsrechte einzuräumen. Die weitere Emanzipation der Schule von der Kirche setzte jedoch erst nach dem Tode Heinrichs XXII. ab 1902 ein und führte dazu, dass die geistliche Volksschulaufsicht 1919 offiziell für »Reuß ältere Linie« aufgehoben wurde, auch wenn eine endgültige Trennung von Staat und Kirche erst nach der Auflösung des »Volksstaates Reuß« 1922 stattfand.

Insgesamt betrachtet kam es ab der Mitte des 19. Jahrhunderts in beiden Staaten neben der Schaffung neuer Schulgebäude und -räume, einer Überarbeitung der Lehrpläne, der Entwicklung neuer Unterrichtsmaterialien, der endgültigen Festschreibung einer Schulpflicht und der klaren Festlegung von Prüfungsvorschriften für Schulabgänger auch eine verwaltungstechnische und organisatorische Emanzipation der Schulgemeinden von den kirchlichen Aufsichtsstrukturen gefördert sowie die fortschreitende Professionalisierung des Lehrerstandes betrieben, die u. a. eine Verbesserung und rechtlich genau geregelte Ausbildung der Lehrkräfte sowie andererseits genaue Besoldungs- und Altersabsicherungsregelungen beinhaltete.

3. Ausblicke

Die Entwicklungen, die zum *Wandel des Verhältnisses von Kirche und Staat zur Schule bzw. dem sich im 19. Jahrhundert ausdifferenzierenden Schulsystem* führten, lassen sich *speziell unter den Bedingungen des sich herausbildenden modernen, weltanschaulich neutralen Verfassungsstaates* reflektieren. Den Bereichen der Industrialisierung und Wirtschaft bzw. Ausdifferenzierung des modernen kapitalistischen Wirtschaftssystems, der Politisierung der Gesellschaft (»politisches Vereinswesen«) oder auch sonstiger Pluralisierungserscheinungen innerhalb der Gesellschaft, gerade was Weltanschauungsfragen betrifft, könnte zwar nachgegangen werden, doch hier liegt der Fokus anders. Es erscheint mir weit wichtiger und interessanter anhand einer »Mikrostudie« an den beiden reußischen Staaten herauszuarbeiten inwiefern der Protestantismus selbst in diesen Ländern eine Rolle für die Entstehung einer staatlichen Schulaufsicht und für einen Bedeutungsverlust religiöser Bildungsinhalte bis hin zu einer Trennung von Kirche und Staat gespielt hat.

Die Äußerungen des preußischen Kultus-Ministers Dr. Adalbert Falk zu Zweck und Bedeutung des preußischen Schulaufsichtsgesetzes, sowie die Einsicht, dass es bei der Frage nach der Schulaufsicht um institutionelle Zuständigkeiten geht, die sich rechtlich fassen lassen, führen dabei zu einer Einbeziehung der in den reußischen Fürstentümern bestehenden Verwaltungs- und Rechtsverhältnisse.[40] Auf diese Weise ist deutlich aufzuzeigen, dass die religiöse Ebene nicht unterschätzt werden darf. Dabei dürfte gerade auch deutlich werden, in wieweit der Protestantismus für das Obrigkeitsverständnis der reußischen Herrscher und für das Verhältnis von Staat und Kirche sowie Kirche zu Schule eine wichtige Rolle spielte. Denn letztlich blieb die protestantische Landesreligion bis zum Ende der Staatssouveränität 1919 – abhängig von dem jeweiligen Verhältnis des Herrschers zu ihr – die ausschlaggebende Größe bei der Lösung von Frage nach Sitte, Moral, Lebenssinn und Gestaltung des politischen wie auch sozialen Zusammenlebens in den reußischen Kleinstaaten.

---

[40] Wichtig zu erwähnen ist in diesem Zusammenhang, dass es historisch betrachtet ohne das protestantische Obrigkeitsverständnis wohl kaum zu einem solchen Ausbau des staatlichen Verwaltungswesens gekommen wäre, das letztlich gestützt auf das Konzept des »Gottesgnadentums« den Zweck verfolgte die Herrschaft des jeweiligen Monarchen gemäß seines göttlichen Auftrags für die weltlichen wie geistlichen Verhältnisse in seinem Staat so effektiv wie möglich gestalten zu können.

Medien

Kaiserreich, Republik und Diktatur

Religionsbücher im Diskurs

Antje Roggenkamp

Die Religionspädagogik hat sich in den letzten Jahren zunehmend ihrer historiographischen Selbsterforschung zugewandt. Dabei trat im letzten Jahrzehnt die Zeitschriftenliteratur in den Vordergrund.[1] Die eigentlichen Lern- und Lehrmittel blieben weitgehend unberücksichtigt.[2] Insbesondere die Schulbuchproduktion in Kaiserreich, Weimarer Republik und Drittem Reich ist weitgehend unerforscht, sieht man von gelegentlichen Stimmen aus der Zeitgenossenschaft ab.[3] Die Ursachen für diesen Befund sind vielfältig:

Zum einen ist die Entstehung des Religionsbuchs selbst noch überwiegend ungeklärt. Einen den Religionsbüchern gewidmeten, eigenen Artikel sucht man in der ersten Auflage der RGG, der für die evangelische Theologie im Kaiserreich maßgeblichen Enzyklopädie, vergeblich.[4] Auch die in den 1920er Jahren erscheinende zweite Auflage der RGG beschäftigt sich mit dem Religionsbuch nicht oder nicht ausdrücklich.[5] Zum anderen stellt bereits der Historiograph des Religionsunterrichts an preußischen Gymnasien, Hermann

---

1 Zuletzt vgl. Friedrich Schweitzer/Henrik Simojoki, Moderne Religionspädagogik, Gütersloh 2005.

2 Vgl. allerdings Antje Roggenkamp-Kaufmann, Religionspädagogik als »Praktische Theologie«. Zur Entstehung der Religionspädagogik in Kaiserreich und Weimarer Republik, Leipzig 2001 (Arbeiten zur Praktischen Theologie. Bd. 20), 240–251.

3 Die folgenden Überlegungen beziehen sich überwiegend auf den Bereich des höheren Schulwesens. Dies geschieht aus sachlichen – im niederen Schulwesen standen überwiegend Katechismen im Vordergrund –, aber auch auf strukturellen Überlegungen: die geografische Streuung der Unterrichtsmedien. Vgl auch unten Anm. 18.

4 Darauf macht zuerst Hermann Werdermann aufmerksam, der einige kürzere Artikel zum Religionsunterricht positiv erwähnt. Die ältere Protestantische Realencyklopädie weise demgegenüber auch in ihrer dritten Auflage keinen Artikel zum Religionsunterricht auf. Hermann Wedermann, Geschichte des evangelischen Religionsunterrichts im neunzehnten Jahrhundert an preußischen Gymnasien, Gütersloh 1923, 121, Anm. 2.

5 Faber, Art.: Religionsunterricht II. Evangelischer RU, in: RGG² Bd. 4 Tübingen 1930, 1941–1947, bes. 1947.

Werdermann, insbesondere den im Kaiserreich im Unterricht eingesetzten Religionsbüchern alles andere als ein wertschätzendes Zeugnis aus.[6]

Religionsbücher sind darüber hinaus Spiegel der Zeit, in der sie entstehen. Sie transportieren konsensfähige Elemente gesellschaftlicher Diskurse über Religion. Um die Entwicklungen zu verstehen, wird man allerdings anders ansetzen müssen, als dort, wo die Stoffpensen in den konzentrischen Kreisen der Lehrpläne gleichförmig verlaufen.[7] Dass diese Diskurse vielmehr von kirchlichen, vor allem aber staatlichen Vorgaben geprägt sind, legt insbesondere Werdermann nahe.[8] Dabei ist bislang ungeklärt, ob und in welcher Weise die Herausgeber und Autoren der Lehrwerke darüber hinaus eigene Ansätze zur Sprache bringen.

Die Erforschung des Zusammenhangs von politischen Vorstellungen und ihren Einflüssen auf die Religionsbücher könnte langfristig auch Aufschlüsse auf die Konstitutionsprobleme unseres Faches geben. Während neuere historische Veröffentlichungen mit Blick auf die Religionsbücher Anlass zur Überprüfung der These von der Verbindung von Thron und Altar im wilhelminischen Kaiserreich geben,[9] wird andererseits zu fragen sein, ob sich die bisherigen Vermutungen, dass die sich nach 1945 erneut konstituierende Religionspädagogik an den konzeptionellen Entwicklungen der

---

6 Vor allem auf die Psychologie der Jugend und ihre Bedürfnisse werde in den Lehrmitteln keine Rücksicht genommen. Vgl. Hermann Werdermann, Geschichte, 94. Dies blieb nicht ohne Auswirkungen auf den Religionsunterricht selbst: »Der R.U. an höheren Schulen hatte daran gelitten, daß er entweder auf den Standpunkt der Volksschule heruntergedrückt oder künstlich auf akademisch-theologische Verhältnisse hinaufgeschraubt worden war.«

7 Die preußische Schulverwaltung gab zwischen 1870 und 1945 sieben Lehrpläne für den Religionsunterricht heraus: (1867), 1882, 1892, 1901, 1908, 1917, 1924/5, 1938. Vgl. Hermann Wedermann, Geschichte des evangelischen Religionsunterrichts im neunzehnten Jahrhundert an preußischen Gymnasien, Gütersloh 1923, 113; vgl. zuletzt Veit-Jakobus Dieterich, Religionslehrplan in Deutschland, 1870-2000, Göttingen 2007 (Arbeiten zur Religionspädagogik Bd. 29).

8 Werdermann, a. a. O., 98: »Und die Vertreter dieses Unterrichtsfaches, die Religionslehrer an den höheren Schulen, bemühten sich, den Anforderungen und Bedürfnissen ihrer Zeit, ihrer Schüler, ihres Stoffes immer mehr zu entsprechen. Und zwar mussten sie sich ihre besondere Aufgabe erst erschaffen.«

9 Rüdiger vom Bruch, Das wilhelminische Kaiserreich: eine Zeit der Krise und des Umbruchs, in: Krisenwahrnehmungen in Deutschland um 1900 – Zeitschriften als Foren der Umbruchszeit im wilhelminischen Reich, Frankfurt a. M. 2010, 9–23. Im Folgenden geht es um diejenigen Grundspannungen, die einen strukturellen Bezug zu den oben aufgeworfenen Fragen erkennen lassen oder – wie im Falle Althoffs - diesen, wenn auch personal vermittelt nahe legen (vgl. unten).

Weimarer Republik anknüpfte,[10] im Spiegel der Religionsbücher nicht zu modifizieren sind.

Wenn im Folgenden die Zeit zwischen Kaiserreich und Nationalsozialismus auf entsprechende gesellschaftliche Entwicklungen am Medium des Schulbuchs untersucht werden soll, so ist zunächst nach Gemeinsamem zu fragen, das die Folie für die Frage nach den Diskontinuitäten bildet. Dabei ist beabsichtigt, das Spezifische der jeweiligen Epoche exemplarisch aufscheinen zu lassen.

Hans Ulrich Wehler hat für den Zeitraum zwischen 1870 und 1933 das Modell des »Deutschen Sonderwegs« entwickelt. Dass Modell beschreibt die mentale Haltung der führenden Schichten insgesamt als antidemokratisch. Diese Einstellung habe zu einer Immunisierung der Elite gegenüber sozialen Bewegungen geführt, die überwiegend vom Volk ausgegangen seien.[11] Dieses sozialgeschichtlich ansetzende Modell könnte sich insofern für die folgenden Ausführungen als hilfreich erweisen, als ihm von Seiten der am Bürgertum orientierten Forschung widersprochen worden ist. Der von bürgerlichen Schichten zutiefst empfundene Krisen- und Umbruchscharakter insbesondere des späten Kaiserreichs relativiere das Modell erheblich: preußischer Obrigkeitsstaat und bildungsbeflissene Schichten hätten nicht als Einheit agiert.[12]

Diese Beobachtung Rüdiger vom Bruchs sei an drei zentralen Aspekten näher erläutert: Die preußische Unterrichtsverwaltung habe auf straffe Organisationen gedrungen. Das von dem ministerialen Staatssekretär Friedrich Althoff (1839–1908) entwickelte Verwaltungssystem, das sog. »System Althoff«, habe auf eine Professionalisierung der akademisch gebildeten Lehrer gesetzt und diese gegen abweichende Haltungen durchgesetzt.[13] Dies muss im Umkehrschluss allerdings nicht bedeuten, dass konzertierte Maßnahmen einzelner Gruppen oder Vereinigungen nicht gehört worden wären. Anregungen oder konkrete Vorschläge einzelner (Lehrer-) Vereinigungen scheinen im Gegenteil berücksichtigt worden zu sein.[14] – Der Kaiser verfügte über

---

10 Vgl. Bernd Schröder, Religionspädagogik, Tübingen 2012 (Neue Theologische Grundrisse), 127.

11 Diese Einstellung der führenden Schichten habe letztlich zu einem übersteigerten Nationalgefühl der Deutschen geführt. Vgl. Hans-Ulrich Wehler, Das deutsche Kaiserreich, 1871–1918, Göttingen 1973, 209–220.

12 Rüdiger vom Bruch, Kaiserreich, 11.

13 A.a.O.,13.

14 Dies wird etwa am Umgang mit den Lehrplänen von 1901, die noch einmal ausdrücklich die Verwendung der Confessio Augustana für die Glaubenslehre vorschreiben,

konkrete ästhetische Vorstellungen. Insbesondere Formen der bildenden Kunst, die sich dem auf Repräsentation angelegten Konzept widersetzten, bezeichnete Wilhelm II. (1859–1941) als »Rinnsteinkunst«. Auf diese Weise versuchte er nicht nur den Geschmack, sondern auch die Haltung der Zeitgenossen zu beeinflussen.[15] – Die politische Reichsgründung von 1870/71 habe keine Umbildung des Deutschen Reiches zur Staatsnation nachgezogen: ein nationales Bewusstsein gab es nicht. Im Gegenteil, der Verlust aller bisherigen Selbstverständlichkeiten habe gerade mit Blick auf das Bürgertum zu einem akuten Bedarf an verbindlicher Deutungskultur geführt.[16]

I. Die »Entstehung« des modernen Religionsbuchs im Kaiserreich

Die Religionsbücher für die höheren Lehranstalten gelten hinsichtlich ihrer Entstehung, Entwicklung und Bedeutung als weitgehend unerforscht.[17] Diese Feststellung ist allerdings näher zu präzisieren: Der Historiograph des Religionsunterrichts in Preußen, Hermann Werdermann, erwähnt – unter Rückgriff auf amtliche Quellen und Statistiken – bereits für den Zeitraum zwischen 1814 und 1840 sowie für die Jahre zwischen 1840 und 1872 verschiedene Lehrbücher und Leitfäden. Für den Zeitraum bis zum Beginn des Kaiserreichs ist dabei zweierlei auffällig: Zum einen entwickelt sich eine Fülle von Katechismusauslegungen, »exponierte Katechismen« entstehen, freiere oder wortgetreue Auslegungen der Katechismustexte, die zumeist einen

---

deutlich (Centralblatt der preußischen Unterrichtsverwaltung, Berlin 1901, 481). Vgl. Dieter Margies, Das höhere Schulwesen zwischen Reform und Restauration. Die Biographie Hans Richerts als Beitrag zur Bildungspolitik in der Weimarer Republik, Rheinstetten 1972, 167: »[Hans] Richert wird erstmalig 1903 von Althoff dazu aufgefordert, ein Gutachten über die Verwendbarkeit des Lehrbuches von Halfmann und Köster zu erstellen. Eine zweite Aufforderung, das Biblische Lesebuch von Fritschi-Schremmer und Christlieb Fauths Handbuch der Evangelischen Religionslehre, herausgegeben von Peters, zu beurteilen, ergeht am 18. Februar 1910. Ein drittes Gutachten erstellt er für das Ministerium am 6. April 1912 zum Biblischen Lesebuch von Schäfer und Krebs.« Bei letzterem handelt es sich um eine zweite Generation von Schulbibeln, die nach der Abschaffung der Bibel als Lesebuch in den 1830er Jahren und der diese im Religionsunterricht ersetzenden Surrogate entstanden war. Vgl. Geyer, Art.: Schulbibel, in: RGG, Bd. 5, 413–415, 414.

15 A. a. O., 13f.

16 Rüdiger vom Bruch, Kaiserreich, 16f.

17 Zur zeitgenössischen Diskussion vgl. Geyer, Art.: Religionsunterricht.5, in: RGG 4, Tübingen 1913, 2219f.

dezidiert kirchlichen Standpunkt vertreten und ihre Erläuterungen in die Paragraphen der altlutherischen Dogmatik pressen.[18] Zum anderen kommt es zwar zu einer Ausdehnung der Leitfadenproduktion – 1869 gibt es neben 35 Katechismusausgaben immerhin 18 in Preußen zugelassene Religionsbücher.[19] Im Bereich der Oberstufe scheinen sich aber einzelne Hilfsbücher durchzusetzen. Dabei handelt es sich um Leitfäden, die ihrerseits Auszüge aus kirchengeschichtlichen Kompendien enthalten.[20] Diese Bücher kommen nicht nur über den Beginn des Kaiserreichs hinaus zum Einsatz. Die »Kompendien der unerfreulichsten Sorte« sind auch in den 1890er Jahre im Religionsunterricht dominant.[21]

Schließlich setzen zwei Religionsbücher besondere, innovative Impulse. Zum einen handelt es sich um den »Unterricht in der christlichen Religion« von Albert Ritschl (1822–1889)[22]. Ritschl hatte sein Lehrbuch ursprünglich für Absolventen der höheren Schulen entwickelt, um dem von ihm in einzelnen Abitursprüfungen konstatierten Mangel an religiöser Bildung der führenden Schichten ein substantielles Gegengewicht zu schaffen.[23] Faktisch spielten seine »Paragraphenknödel« nicht in der Vorbereitung auf das Abitur, sondern andernorts, nämlich in der Ausbildung der Lehrer eine größere Rolle.[24] Zum anderen gilt dies für den »Unterricht im Christentum« von Wilhelm

---

[18] Im Einzelnen führt Werdermann die Katechismen von Löhe, Stier, Jaspis und Caspari an. Vgl. a.a.O., 79.

[19] WERDERMANN, Geschichte, 80.

[20] Den Anfang macht das Hilfsbuch für den Religionsunterricht von Hollenberg, das bereits 1869 in 10. Auflage vorliegt. Ähnliches gilt für den Abriß der Kirchengeschichte von Kurtz, der 1867 in 6. Auflage erscheint sowie für dessen christliche Religionslehre nach dem Lehrbegriff der ev. Kirche, erschienen in 9. Auflage 1967. Vgl. ebd.

[21] »Von dem letzten Jahrzehnte des 19. Jahrhunderts spricht Kabisch als von der Zeit, ›wo auf höheren Schulen Hollenberg, Kurtz, Holzweißig u.a. regierten.‹« – A.a.O., 94.

[22] ALBRECHT RITSCHL, K. Consistorialrath und ord. Professor der Theologie an der Universität Göttingen, Unterricht in der christlichen Religion, Bonn 1875 (²1881, ³1886).

[23] Vgl. dazu CHRISTINE AXT-PISCALAR, Einleitung der Herausgeberin, in: CHRISTINE AXT-PISCALAR (Hrsg.), Ritschl, Albrecht, Unterricht in der christlichen Religion: Studienausgabe nach der 1. Auflage von 1875, Tübingen 2002, IX-XL, XIII.

[24] Stellvertretend für seine Rezeption durch die Religionslehrerschaft sei ein Votum von Ernst Heyn zitiert : »Am meisten Einfluß auf das religiöse Leben unserer Zeit hat der Göttinger Professor *Albrecht Ritschl* genommen, gest. 1889. Mit Kant teilt er die Ablehnung aller Wissenschaft des Übersinnlichen oder aller Metaphysik für sein religiöses System, an deren Stelle er den Gottesglauben auf moralische Postulate gründet, sowie aller Mystik, an deren Stelle er kräftiges Handeln besonders auch in seinem bürgerlichen Berufe setzt – dies als die Haupttat der Reformation erkannt zu haben, ist sein Verdienst. Gegen Kant sieht er die Möglichkeit der Erhebung zu diesem Ideal nicht in der Selbst-

Bornemann (1858–1946), der sich zwar theologisch an Ritschl orientiert, dessen christliche Binnensicht aber um gesellschaftspolitische, vor allem aber unterrichtspraktische Aspekte erweitert.[25]

Die seit 1878 in den einzelnen preußischen Provinzen entstehenden Religionslehrerverseinigungen[26] entwickeln in dieser Situation zwei verschiedene Strategien. Zum einen benennen sie Kriterien, die an Religionsbücher anzulegen sind. So fordern sie Religionsbücher für die mittleren und unteren Klassen, eine Abkehr von theologischer Gelehrsamkeit – auch zugunsten der Bibelkunde und der Glaubenslehre – sowie handliche, gut lesbare Bücher mit einem mäßigen Preis.[27] Zum anderen entwickeln exponierte Vertreter dieser Religionslehrerversammlungen eigene Unterrichtswerke. Dies gilt für Franz Fauth (1841–1905), den Begründer der westfälischen Versammlungen und Hauptherausgeber der *Zeitschrift für den evangelischen Religionsunterricht* (ZEvRU), für seinen Mitherausgeber Julius Köster (1848–1907), für Fauths Nachfolger in der Redaktion der ZEvRU und den Vorsitzenden der schleswig-holsteinischen Vereinigung, Hermann Halfmann (1858–1925), für den Vorsitzendes des rheinischen Religionslehrerverbands, Rudolf Peters (1864–1946) und für den hessischen Vorsitzenden Hermann Marx (1842–1933) sowie für seinen Kollegen Heinrich Tenter (*1871).

---

tat des Einzelnen, ›sondern in der Gemeinschaft mit dem in der Gemeinde fortlebenden Geiste Jesu Christi, der bei Kant nur eine von dem einzelnen erzeugte Idee‹, und in dem religiösen Gemeinschaftsleben, das bei Kant nur eine in Gedanken bestehende ideale Größe ist. Nur in Jesus haben wir Gott. [...] Wo wir in der Predigt ein kräftiges, männliches Christentum betont hören, dabei mit besonderer Wärme die Person Christi in den Mittelpunkt gestellt sehen, da können wir Ritschl und im letzten Grunde Kant zu hören glauben.« Ernst Heyn, Bd. 10, 2. Hälfte, Kirchengeschichte von 1500 bis zur Gegenwart. Abschließender Katechismusunterricht, Leipzig 1908, (Prof. E.[rnst] Heyn, Dr. A.[ugust] Reukauf, Präparationen für den Evangelischen Religionsunterricht in den Oberklassen höherer Schulen), 356f.

25 W.[ilhelm] Bornemann, Prof. lic. Theol., Geistlicher Inspektor am Kloster U.L.Fr. zu Magdeburg, Unterricht im Christentum, Göttingen 1891, IX: »Ich lege meine Arbeit zunächst meinen eigentlichen Fachgenossen, d. h. den Religionslehrern an höheren Schulen, vor und allen denen, die diesen Beruf erwählen, und hoffe, daß sie bei der Vorbereitung für den Religionsunterricht im allgemeinen und für den Unterricht der Prima im besonderen einige Anregung daraus empfangen, selbst wenn sie den Gang der Darstellung und einzelnen Ausführungen vielleicht mit Bedenken und Widerspruch gegenüberstehen.«

26 Zur Entstehung, Entwicklung und Bedeutung der Religionslehrerverbände für die Institutionalisierung de Religionspädagogik vgl. zuletzt Schröder, Religionspädagogik, 693f.

27 ZEvRU 5/1894, 283.

Diese Beobachtungen werden im Folgenden als Erklärung der Entstehung spezifischer Religionsbücher im Kaiserreich vorausgesetzt. Darüber hinaus wird mit Blick auf die Frage nach der spezifischen Selbstverortung der Autoren im Spiegel der von vom Bruch angerissenen Überlegungen nach dem Umgang mit entsprechenden Aspekten gefragt. Es handelt sich dabei um die administrativen Vorgaben, um die ästhetisch-künstlerischen Gestaltungsmittel sowie um das religiösen Aufgaben- und Selbstverständnis.[28]

Vom Leitfaden zum Handbuch für den Religionsunterricht

Der Begründer und langjährige Herausgeber der ZEvRU, Franz Fauth, konzipiert das erste Religionsbuch einer neuen Generation, das den Anforderungen der Religionslehrervereinigungen offensichtlich Rechnung trägt.[29] Sein 1893 erscheinender Leitfaden ist für die mittleren und höheren Jahrgänge bestimmt.[30] Julius Köster zeigt den für die Hand des Lehrers gedachten Leitfaden seines Herausgeberkollegen in der ZEvRU folgendermaßen an: »Die pädagogische Aufgabe des Lehrers ist es nun: 1) aus den gegebenen Bibelstellen die auszuwählen, welche sich für die betreffende Klassenstufe eignen und 2) sie unter denjenigen dem begleitenden Text entnommenen Gesichtspunkten vorzutragen und zu besprechen, für welche die jedesmalige Klassenstufe ein Verständnis hat.« [31]

---

[28] Die Frageebenen spiegeln Perspektiven der modernen Schulbuchforschung wider. Von Borries nennt drei grundsätzliche Analyseebenen: 1. die Organisation des Lernprozesses (hier dargestellt als Frage nach dem Umgang mit entsprechenden Vorgaben), 2. die Gestaltung des Unterrichtsmaterials (hier dargestellt als Frage nach ästhetisch-künstlerischen Elementen), 3. den Stellenwert des Erkenntnisgegenstandes (hier dargestellt als Frage nach der Bedeutung von Religion für das jeweilige Selbstverständnis). Vgl. Bodo von Borries, Geschichte lernen – mit heutigen Schulbüchern? In: Geschichte in Wissenschaft und Unterricht Bd. 34, Seelze 1983, 558–584.

[29] Franz Fauth, Christliebs Leitfaden für den evangelischen Religionsunterricht, Leipzig 1893/²1894.

[30] Er umfasst Kirchenlieder (1–27), Luthers Kleinen Katechismus (28–42), das christliche Kirchenjahr (43–45), den christlichen Gottesdienst (46f.), das Reich Gottes im Alten Testament (48–100), das Reich Gottes im Neuen Testament, Apostelgeschichte (101–175), die Kirchengeschichte (176–277) sowie die Glaubens- und Sittenlehre (278–346). Ebd.

[31] Julius Köster, Anzeige: [Franz] Fauth/[Theodor] Christlieb, Lehrbuch der evang. Religion: Zum Gebrauch an höheren Schulen nach den neuesten Lehrplänen bearbeitet/F. Christlieb. – Leipzig, Hirschfeld, [ca. 1892], ZEvRU 3/1891/92, 369.

Nach dem Ableben Franz Fauths wird Rudolf Peters aufgefordert, den Leitfaden grundsätzlich zu bearbeiten. Der auf Drängen des Verlages separat heraus gegebene kirchengeschichtliche Teil erhält seine besondere Aufmerksamkeit. Peters selbst weist im Vorwort darauf hin, dass seine Überarbeitung auf Aufforderung der Verlagsbuchhandlung geschehe und diese ausdrücklich die Bearbeitung des Kirchengeschichtlichen Teils erbeten habe. Anders als Fauth habe er die altkirchlichen Bezüge zurückgestellt, dafür aber die Aufklärung ins Zentrum gestellt.[32]

Die mittleren Paragraphen zur Aufklärungsepoche (§§ 57-67) bringen das mit der Neugestaltung verbundene Anliegen Rudolf Peters' ausdrücklich zur Sprache. Er schildert diese vor dem Hintergrund orthodoxer Formen von abschreckender Kirchenzucht, die insbesondere den innerprotestantischen Disput betrafen. Melanchthons Schwiegersohn der Arzt Peucer saß jahrelang im Gefängnis, der Kanzler Crell wurde als »verruchter Calvinist enthauptet. Der Streit ging um die Worte: »quod corpus et sanguis Christi vere adsint et distribuantur, die Melanchthon ersetzt hatte durch: quod cum pane et von vere exhibeantur«[33]. Lutherische Theologen gingen gegen Andersgläubige vor: Die Freiheit in Glaubensangelegenheiten ging verloren, auf »die sittliche Bewährung des Glaubens« musste zwangsläufig verzichtet werden.[34]

Der zum mehrbändigen Handbuch[35] erneuerte Leitfaden enthält keine Abbildungen, wohl aber in freier Interpretation der Lehrpläne von 1901 Überlegungen zur Verfassungsstruktur der sich verändernden evangeli-

---

32 »Denn gerade aus jener Epoche laufen zahlreiche Fäden hinüber in das Geistesleben der Jetztzeit, und das Aufkommen der modernen Weltanschauung, die Stellung der Klassiker zur christlichen Religion, die Bedeutung eines Kant und Schleiermacher für die evangelische Kirche verstehen zu lernen, halte ich für wichtiger, als die Einführung in die dogmatischen Streitigkeiten der ersten Jahrhunderte.« Vgl. RUDOLF PETERS, Professor am Königlichen Gymnasium zu Düsseldorf, Christlieb-Fauths Handbuch der christlichen Religionslehre zum Gebrauch an höheren Schulen nach den Neuesten Lehrplänen völlig umgearbeitet, H. 3. Die Kirchengeschichte, Leipzig/Wien [4]1907, 5.

33 Vgl. a.a.O., 96.

34 »In Kursachsen kam das Sprichwort auf: ›*Lieber papistisch als calvinistisch*‹«. A.a.O., 96f., bes. 96.

35 Bibliographisch nachweisbar sind vier weitere Teilbände: Christlieb-Fauths Handbuch der evangelischen Religionslehre zum Gebrauche an höheren Schulen, H. 1, Leipzig [4]1917, H. 2, Hälfte 1. Das Reich Gottes im Alten Testament, Leipzig [7]1917, H. 4. Die christliche Weltanschauung, Leipzig, [4]1917, H. 2./Hälfte 2. Das Reich Gottes im Neuen Testament, Leipzig [7]1916.

schen Kirche:[36] Fast überall in Preußen sei seit 1873 die presbyterial-synodale Struktur übernommen worden.[37] Die Kirche habe dadurch nicht nur eine von der Staatsgewalt unabhängige Stellung erlangt, sondern auch ein »demokratisches« Moment einführen können. Peters sieht dies im Denken Immanuel Kants[38] vorgebildet und durch Friedrich Schleiermacher[39] kongenial begründet.[40]

Hilfs- und Quellenbücher der Herbartianer

Eine andere Richtung wählen die überwiegend in der Seminarlehrerbildung tätigen Religionspädagogen. Ernst Heyn (1860–1926) und August Reukauf (1867–1941) geben umfängliche Präparationen für angehende Volksschullehrer, aber auch deren Ausbilder heraus.[41] Die aus dem Umkreis der »Freunde der wissenschaftlichen Pädagogik«[42] stammenden Religionslehrer vertreten von vornherein eine kritische Haltung gegenüber den Lehrplänen für den Religionsunterricht. So lehnt etwa Ernst Heyn die Anlehnung eines Lehrganges an die Confessio Augustana deutlich ab. Dabei geht es ihm nicht nur um die pädagogische Einsicht, dass ein systematisierender Lehrgang die Schüler

---

36 Dass dies auch der Interpretation der methodischen Bemerkungen der Lehrpläne von 1901 dienen könnte, die wiederum auf die »Beteiligung am kirchlichen Leben« hinweist, sei hier nur angemerkt. Vgl. Werdermann, Geschichte, 111f.

37 Peters, Professor, 120f.

38 Oder anders formuliert: Religion bewähre sich nach Kant vor allem im sittlichen Wandel und entspreche insofern nicht nur Jesu Bergpredigt, sondern auch den Grundprinzipien der Reformation. Vgl. ebd.

39 Schleiermacher habe darin über Kant hinaus gehend 1. die zentrale Bedeutung des persönlichen Schuldgefühls verdeutlicht, 2. gegenüber intellektuellen oder moralischen Vernunftwahrheiten das geschichtliche Verständnis der Persönlichkeit Jesu in den Vordergrund gerückt und 3. die Bedeutung der religiösen Gemeinschaft für den einzelnen Menschen gegenüber einem indifferenten Umgang mit Kirche betont und sei so der Gleichgültigkeit gegenübergetreten. Vgl. a.a.O., 114.

40 Während Kant die sittlich-religiöse Erfahrung für die evangelische Vorstellung von Glauben als innerem Erleben zum Ausgang machte, sei Schleiermacher der große Reformator der evangelischen Theologie geworden. Ebd.

41 Die Reihe nennt sich folgendermaßen: Prof. E.[rnst] Heyn, Dr. A.[ugust] Reukauf, Präparationen für den Evangelischen Religionsunterricht in den Oberklassen höherer Schulen. Vgl. etwa Ernst Heyn, Bd. 10, 2. Hälfte, Kirchengeschichte von 1500 bis zur Gegenwart. Abschließender Katechismusunterricht, Leipzig 1908,

42 Vgl. Hermine Maier, Die Geschichte des Vereins für wissenschaftliche Pädagogik, Leipzig 1940, 3.

langweilen müsse. Hinzukommt bei ihm ein ausgesprochen anti-konfessionelles Moment: Das Bekenntnis beschwere das Leben der Schüler mit dem Eindruck, dass das Christentum mit lutherischer Lehre identisch sei.[43]

Demgegenüber sei vielmehr ein lebendiges Verständnis für einzelne Epochen anzubahnen.[44] Dabei empfiehlt Heyn, die christliche Persönlichkeit ins Zentrum zu stellen.[45] Das sich hieraus ergebende, schwierige Problem – trotz eigenen theologischen Standpunktes – unparteiisch zu unterrichten, erweise sich zwar letztendlich als unlösbar. Es müsse aber um des eigenständigen Denkens willen vermieden werden, »ein bloßes Nachtreten liberaler Ideen zu provozieren«[46]. Am Ende vermittelt Heyn den angehenden Religionslehrern die Einsicht, dass ein abgeschlossenes religionspädagogisches System grundsätzlich nicht erreichbar ist: »Vielleicht ist dies vielmehr gerade ein Kennzeichen einer großen Zeit, wenn anders auch die großen Führer der Menschheit nicht zeitlebens ein und dasselbe gelehrt haben, sondern sich und andern immer von neuem ihre Religion im harten Ringen erarbeitet und erkämpft haben.«[47]

Die sog. Hilfs- und Quellenbücher nehmen ursprüngliche (religions-) pädagogische Einsichten Herbarts bzw. der Herbartianer auf. Während es Herbart ursprünglich um die Autonomie des zu erziehenden Subjektes geht, zeichnet Dörpfeld die Erziehung in einen größeren Zusammenhang ein: »Die

---

43 Heyn, Kirchengeschichte, VII: »Den Pietisten wird wohl zugestanden, daß sie nach der ›toten Rechtgläubigkeit‹ die ›rechte Gläubigkeit‹ wieder zu Ehren gebracht haben; aber es pflegt doch mit Bedauern festgestellt zu werden, daß sie vielfach den ›Herrn Rationalisten‹ vorgearbeitet haben, und die Arbeiten der Männer der Vernunft werden als eine Episode kurz abgemacht, nach der angeblich Schleiermacher und die Sänger der Freiheitskriege das Glaubensleben wieder so erneuert haben, daß nunmehr das Augsburgische Bekenntnis und Luthers Katechismus samt Römerbrief das Feld allein behalten. So werden unsere Schüler fortgesetzt mit der Meinung ins Leben entlassen, daß die ›reine Luthersche Lehre‹ bisher eigentlich allein galt, während abweichende Anschauungen der Gegenwart als eine – berechtigte oder nicht berechtigte – Neuerung angesehen werden.«

44 Heyn plädiert demgegenüber für die Darstellung an einer Vielfalt von Persönlichkeiten. »Auch für die Neuzeit glaubte ich mit Vertiefung in wenige Große auszukommen, wozu ich die großen Pietisten, die Rationalisten Reimarus und Lessing, unter den drei großen Denkern über die Religion Kant, Herder, Schleiermacher, besonders den letzten, unter den Männern der Äußeren Mission Livingstone neben Carey und Haweis, unter denen der Inneren Mission Wichern neben Fliedner rechne.« Heyn, Kirchengeschichte, V.

45 Dabei scheint Heyn Ritschls Ansatz zu goutieren, der mit Kant antispekulativ verfahre, aber anders als Kant nicht die einzelne Tat, sondern die Gemeinschaft ins Zentrum stelle. A.a.O., 356f.

46 Ebd.

47 A.a.O., 447.

Kirche liegt vornehmlich die Gesinnungsbildung, die ethisch-religiöse Seite der Erziehung am Herzen, der bürgerlichen Gemeinde hauptsächlich die Ausrüstung für das wirtschaftliche Leben; dem Staat die Kultur im allgemeinen und speziell im Blick auf das politisch-gesellschaftliche Leben.«[48]

ETABLIERUNG DER HILFSBÜCHER

Das nach der Jahrhundertwende erscheinende Hilfsbuch von Julius Köster und Hermann Halfmann ist ausdrücklich für die Hand der Oberstufenschüler bestimmt. Es trägt nicht nur – wie es die Religionslehrervereinigungen gefordert hatten – der konkreten Entwicklungsstufe der Adoleszenz Rechnung, sondern wird auch vom Ministerium gutachterlich geprüft[49]. Die Herausgeber bilden zudem eine Art Autorenkollektiv, das für die preußischen Religionslehrer und ihre Vereinigungen zunehmend zum Normalfall wird.[50]

Seit der fünften, von Hermann Halfmann (1858–1925) verantworteten Auflage von 1908 rundet ein kunstgeschichtlicher, bebilderter Anhang den Band der Oberstufe ab: »Kirche und bildende Kunst«[51] bzw. »Übersicht über die kirchliche Baukunst«[52]. Zwar wird in der Forschung – etwa von Gerhard Ringshausen – kritisiert, dass der ökumenischen Weite in den Darstellungen früherer Jahrhunderte seit der Renaissance eine Engführung auf spezifisch Protestantisches entspreche. In architekturgeschichtlicher Hinsicht enthalte das Religionsbuch überwiegend Abbildungen von urchristlichen, romanischen und gotischen Kirchen.[53] Dies schmälert aber nicht den historiogra-

---

[48] Der Sphäre ethisch-religiöser Erziehung steht ein gesellschaftlich-bürgerlicher Bereich gegenüber. Die anthropologische Voraussetzung für die Möglichkeit von Religionsunterricht liegt für Dörpfeld wie für Waitz im »religiösen Bedürfnis«, das als letzte Unerfülltheit beschrieben wird: Was Kunst, Wissenschaft und Leben in der Befriedigung der menschlichen Interessen nicht zu leisten vermögen, das gewährt der religiöse Glaube. Vgl. FRIEDHELM JACOBS, Die religionspädagogische Wende im Herbartianismus, Heidelberg 1969, (Pädagogische Forschungen. Veröffentlichungen des Comenius-Instituts 44), 121ff.

[49] Vgl. MARGIES, Schulwesen (Vgl. oben Anm. 13).

[50] Vgl. ROGGENKAMP-KAUFMANN, Religionspädagogik, 249f.

[51] Vgl. H.[ERMANN] HALFMANN, Direktor des Realgymnasiums i.E. und der Realschule in Itzehoe/J.[ULIUS] KÖSTER, Professor in Friedenau (Berlin), Hülfsbuch für den evang. Religionsunterricht, 3. Teil, Berlin [1]1905. Fünfte Auflage 1908 mit einem Anhang über kirchliche Kunst und Kirchenbau und einer Karte der Reisen des Apostels Paulus, 3f.

[52] A.a.O., 4–15.

[53] Zur Kritik an dem didaktischen Konzept vgl. GERHARD RINGSHAUSEN, Von der Buchil-

phischen Befund, dass hier aus didaktischen Gründen eine nachträgliche Illustration erfolgt.

Unter religionspolitischen Gesichtspunkten bestimmt das Religionsbuch die Aufgaben des Christentums gegenüber Staat und Gesellschaft neu.[54] Im Rückgriff auf Wilhelm Bornemann betonen die Autoren zum einen die positive Religionsfreiheit: einerseits dürfe niemand wegen seines religiösen Bekenntnisses von öffentlichen Ämtern ausgeschlossen werden. Andererseits bedürfe auch der moderne Staat der Religion und habe daher dem Einzelnen ›positive‹ Religionsfreiheit zu gewähren.[55] Zum anderen halten sie mit Bornemann fest, dass die ›soziale Frage‹ das gegenwärtig »brennendste und wichtigste geworden [sei], da durch die reißend schnelle Entwicklung der kulturgeschichtlichen und politischen Verhältnisse die Gegensätze zwischen den verschiedenen Ständen [...] sich unberechenbar gerecht verschoben und verschärft haben.«[56] Während Bornemann aber an der veralteten, ständischen Gesellschaftsordnung festhält, ist für Halfmann und Köster die Lösung der ›sozialen Frage‹ nicht länger fraglich: »neue Ordnungen der Standesverhältnisse rufen große Erschütterungen hervor [vgl. die Französische Revolution]. Auch wir stehen gegenwärtig vor der Frage nach einer Neuordnung der verschiedenen Stände zueinander, vor der sogenannten sozialen Frage.«[57]

---

lustration zum Unterrichtsmedium. Der Weg des Bildes in die Schule – dargestellt am Beispiel des Religionsunterrichts (Studien und Dokumentationen zur deutschen Bildungsgeschichte 2), Weinheim/Basel 1976, 349f.

54 H.[ERMANN] HALFMANN, Direktor des Realgymnasiums i. E. und der Realschule in Itzehoe/JULIUS KÖSTER, Professor in Friedenau (Berlin), Hülfsbuch für den evang. Religionsunterricht, 3. Teil, Berlin 1905.

55 Vgl. BORNEMANN, Unterricht, 225.

56 Ebd. Vgl. HALFMANN/KÖSTER, Hülfsbücher, 228.

57 A. a. O., 229.

Die Frankfurter Kollegen Hermann Marx und Heinrich Tenter geben ihr Hülfsbuch ebenfalls gemeinsam heraus.[58] Dabei orientieren sie sich noch deutlicher als die bisherigen Autoren an den Entwicklungsphasen der Schüler.[59] Ihr Religionsbuch ist dreibändig angelegt und unterscheidet von vornherein zwischen späterer Kindheit, früher und späterer Jugend. Das Vorwort des ersten Bandes reflektiert dieses Prinzip bewusst:

> »Seit mehr als einem Jahrzehnt haben die ›Lehraufgaben für die höheren Schulen in Preußen‹ die Unterrichtsstoffe der einzelnen Klassen festgesetzt. Dadurch ist bei den Religionslehrern das Verlangen nach Lehrmitteln geweckt worden, die den Lehrstoff stufenmüßig bis ins Einzelne zurechtlegen. Diesem Verlangen will das hier erscheinende ›Hilfsbuch für den evangelischen Religionsunterricht‹ in den drei Jahrgängen der Unterstufe [...] entgegenkommen.«[60]

Vor allem der für die spätere Kindheit bestimmte Unterstufenband trägt diesem Prinzip durch einen reflektierten Bildeinsatz Rechnung. Der Maler Wilhelm Steinhausen (1846–1924), ein Mitglied der Kronberger Malerkolonie,[61]

---

58 Von den Zeitgenossen wird der Vorgang entsprechend zur Kenntnis genommen. Vgl. Ernst Trommershausen, Rez.: Hermann Marx, Professor und Heinrich Tenter, Oberlehrer am Wöhler-Realgymnasiums in Frankfurt a. M., II. Teil: Stufe der Geschichte des Reiches Gottes. Untertertia bis Untersekunda. Mit acht Abbildungen und fünf Karten Leipzig/Frankfurt, Kesselringsche Hofbuchhandlung (E. v. Mayer). Verlag 1902, in: ZEvRU 16/1904, 262–264; Ernst Trommershausen, Rez.: Vgl. Hilfsbuch für den evangelischen Religionsunterricht an höheren Lehranstalten. Von Hermann Marx, Professor und Heinrich Tenter, Oberlehrer am Wöhler-Realgymnasiums in Frankfurt a. M., III. Teil: Stufe der christlichen Welt- und Lebensanschauung. Obersekunda bis Oberprima. Leipzig/Frankfurt, Kesselringsche Hofbuchhandlung (E. v. Mayer). Verlag 1904, in: ZEvRU 19/1907, 156–158.

59 Vgl. Hermann Marx, Professor und Heinrich Tenter, Oberlehrer am Wöhler-Realgymnasiums in Frankfurt a. M., Hilfsbuch für den evangelischen Religionsunterricht an höheren Lehranstalten. III. Teil: Stufe der christlichen Welt- und Lebensanschauung. Obersekunda bis Oberprima. Zweite durchgesehene Auflage.. Mit zwei Abbildungen, Leipzig/Frankfurt, Kesselringsche Hofbuchhandlung (E. v. Mayer). Verlag 1904., III.

60 Hermann Marx, Professor am Wöhler-Realgymnasiums in Frankfurt a. M., Hilfsbuch für den evangelischen Religionsunterricht an höheren Lehranstalten. I. Teil: Stufe der biblischen Geschichten. Sexta bis Quarta. Mit zehn Originalzeichnungen von Professor Wilhelm Steinhausen, sechs kulturgeschichtlichen Abbildungen und fünf Karten, Leipzig/Frankfurt, Kesselringsche Hofbuchhandlung (E. v. Mayer). Verlag 1904.

61 Wilhelm Steinhausen lebte in der Frankfurter Malerkolonie Kronberg, in der Nähe der Kaiserin Victoria, die sich nach 1888 auf ihren Witwensitz Schloss Friedrichshof zurückgezogen hatte. Bis zu ihrem Tod am 5. August 1901 pflegte sie den Austausch mit der Malerkolonie. Museum Giersch (Hrsg.), Wilhelm Steinhausen, Natur und Religion, Frankfurt a. M. 2012.

habe für das Religionsbuch eigene Zeichnungen anfertigt. Diese dienen der Veranschaulichung des biblischen Stoffes für die 5. und 6. Klassen:

> »Die dem ersten Teil beigegebenen Originalzeichnungen von Professor Wilhelm Steinhausen werden den trefflichen Meister auch unserer Jugend nahe bringen. Für sie hat er die hier zum ersten Mal erscheinenden alttestamentlichen Bilder entworfen. Möchten diese Zeugen seiner Kunst in ihrer schlichten und doch so tiefen, ernsten Schönheit Augen und Herzen unserer Jugend öffnen helfen für die Hoheit der heiligen Schrift.«[62]

Für die 7. Klasse sind »religionsgeschichtliche« (luthergeschichtliche) Artefakte vorgesehen. Der »Schauplatz der Geschichte des Volkes Israels«[63] wird auf diese Weise nicht nur real,[64] aktuelle archäologische Forschung fließt ausdrücklich in das Religionsbuch ein.[65]

Die Illustrationen des Mittelstufenbands[66] dienen überwiegend der Veranschaulichung von Persönlichkeiten und Schauplätze.[67] Im Mittelpunkt des für die frühe Jugend bestimmten Bandes stehen allerdings nicht biblische, sondern Persönlichkeiten aus der Kirchengeschichte, neben Martin Luther

---

[62] MARX, I. Teil, V.

[63] A.a.O., 155–165, 156.

[64] Der Tempel von Karnak in Theben soll Josefs Aufstieg fassbar machen, eine Statue von Ramses II. zeigt diesen als »Pharao der Bedrückung« (a.a.O., 157), Salomos Tempelbau wird durch einen Grundriss des salomonischen Tempel plastisch; am Herodianischen Tempel, im machtvollen Grundriss dargestellt, wurde »zu Jesu Zeiten bereits 46 Jahre lang (Joh. 2, 20) gebaut«. A.a.O., 160.

[65] Die seit 60 Jahren in Babylon stattfindenden Grabungsarbeiten ermöglichen die Veranschaulichung des babylonischen Turms nach Rawlinson. Sanherib von Assyrien und ein assyrischer Königspalast demonstrieren die Machtfülle der Sieger über das Reich Israel im Jahr 722 v. Chr., Stiersphinxe mit Menschenhäuptern und Flügeln zieren die großartigen Tempel und Paläste der Hauptstadt von Nebukadnezars Reich, Babylon. A.a.O., 165.

[66] HERMANN MARX, Professor und Heinrich Tenter, Professor, Oberlehrer am Wöhler-Realgymnasiums in Frankfurt a. M., Hilfsbuch für den evangelischen Religionsunterricht an höheren Lehranstalten. II. Teil: Stufe der Geschichte des Reiches Gottes. Untertertia bis Untersekunda – Vierte Auflage – Mit acht Abbildungen und fünf Karten Leipzig/Frankfurt, Kesselringsche Hofbuchhandlung (E. v. Mayer). Verlag 1915.

[67] Moses ist (zweimal), der Tempel (zweimal), Serubabel, Jesus, die Jünger, Dürers »vier Apostel«, Paulus und Ephesus sind abgebildet. Vgl. a.a.O., 1f., 20, 54, 67, 94, 144f., 159.

vor allem Gestalten, die für das protestantische Vereinswesen von Bedeutung sind.[68] Ein abschließendes Kapitel stellt unterschiedliche religiöse Vorstellungskreise vor. Dies geschieht ausdrücklich nicht auf der Grundlage eines christlichen Absolutheitsanspruchs oder -denkens, sondern mit Hilfe eines an entsprechenden Einsichten Schleiermachers orientierten allgemeinen Religionsbegriffs.[69]

Das für die älteren Jugendlichen bestimmte Oberstufenbuch[70] beschränkt sich auf zwei prominent angeordnete Abbildungen. Marx und Tenter stellen Gemälde von Raffael di Santo (1483–1520) und Wilhelm Kaulbach (1805–1874) gegenüber.[71] Das didaktische Ziel der mit entsprechenden Folien erschlossenen Abbildungen bestimmt ihr Vorwort explizit:

> »Die beiden Illustrationen, *Raffaels ›Disputa‹* und *Kaulbachs ›Reformationszeit‹* mögen dazu beitragen, dem Schüler das Verständnis für die charakteristischen Unterschiede der beiden Hauptformen des Christentums, des Katholizismus und des Protestantismus zu erschließen. Dort das Mysterium des Messopfers als Mittelpunkt des mittelalterlich-hierarchischen Ideenkreises, hier Luther mit der Bibel im Mittelpunkt des gesamten Kulturlebens seiner Zeit.«[72]

Das für die Oberstufe bestimmte Buch zeichnet sich im Übrigen vornehmlich durch religionskundliche Informationen aus. Diese dienen allerdings nicht der Einführung eines neutralen Religionsverständnisses, sondern sie haben im Gegenteil die Aufgabe, dem Einzelnen ein Gespür für unterschiedliche Formen von Religion und Christentum zu vermitteln.

---

[68] Die Innere Mission Johann Hinrich Wicherns, die Anstalten von Theodor Fliedner, der Gustav-Adolfverein (*1832), aber auch der Evangelische Bund (*1887) werden skizziert. Vgl. MARX/TENTER, II. Teil, 211f.

[69] Naturreligionen, Volksreligionen, asketisch-mystische Religionen, Religionen des höchsten geistigen und sittlichen Gutes, aber auch Religionsgeschichtliche Überlegungen stehen nebeneinander. A.a.O., 241f.

[70] Der Teil der Glaubens- und Sittenlehre sollte nicht nur die Auseinandersetzung mit der Philosophie, und Naturwissenschaft (1), sondern auch mit den »wichtigsten außerchristlichen Religionen« enthalten, »von den niedrigsten bis zu den höchsten Formen«. Auf diese Weise (durch Vergleich mit anderen religiösen Idealen) lasse sich die »einzigartige Bedeutung der christlichen Welt- und Lebensanschauung besser nachweisen (2). Die Verknüpfung mit der Augustana wird mehr oder weniger aufgegeben, der Lehrer, der das mag, könne das tun – sich mit dem Glauben der Väter verbinden (3). Vgl. MARX/TENTER, III.Teil, V.

[71] Ebd.

[72] Ebd.

Ausdrücklich wird die von den Lehrplänen verbindliche vorgeschriebene Orientierung an der Confessio Augustana kritisiert. Als Dokument des Glaubens der Väter erfährt sie keine dogmatische, sondern allenfalls historische Behandlung.[73] An ihrer Stelle werden den Schülern unterschiedliche Positionen vorgeführt und damit zur Wahl gestellt. Auf die Notwendigkeit theologischer Vielfalt ist hingewiesen, verschiedene kirchenpolitische Positionen werden dem unterrichteten Subjekt zur Wahl gestellt. Die Schüler sollen sich selbst ihr Urteil bilden.

> »Neuerdings bemühen sich die Vertreter der beiden theologischen Hauptlager, in populären Schriften die Gesamtheit der Gebildeten mit den Ergebnissen ihrer wissenschaftlichen Forschungen bekannt zu machen: die konservative Theologie in der Sammlung ›Biblische Zeit- und Streitfragen‹, die liberale in der Sammlung ›Religionsgeschichtliche Volksbücher‹.«[74]

Gesellschaftspolitische Überlegungen kommen perspektivisch in den Blick. Äußerungen zur Frauenbildung und Ehescheidung werden mit spezifischem Ausgang diskutiert. Zwar bleibt die Ehe das eigentliche Ideal, eine Ehescheidung wird aber nicht von vornherein abgelehnt und auch die Berufstätigkeit der Frau ist erwähnt.[75] Am Ende blitzt noch einmal der sich anfänglich in den Bildern Bahn brechende kulturprotestantische Optimismus auf:

> »Auf drei Gebieten hauptsächlich hat sich das religiöse Vereinsleben zu mächtiger Blüte entfaltet: 1. auf dem Gebiete der Wahrung der Interessen der evangelischen Kirche gegen äußere Gefahren, 2. auf dem Gebiete der Inneren Mission und 3. auf dem Gebiete der Äußeren Mission.«[76]

Am auffälligsten aber scheint mir ein ganz anderer, unerwarteter Befund, der dem kulturprotestantischen Anliegen zur Seite tritt: Während in vergleichbar argumentierenden, Schriften die napoleonischen Freiheitskriege,

---

73 HEINRICH HALFMANN/JULIUS KÖSTER, Hilfsbuch für den evang. Religionsunterricht, 3. Teil, Berlin 1905, ^{5}1908 mit einem Anhang über kirchliche Kunst und Kirchenbau und einer Karte der Reisen des Apostels Paulus, III.

74 MARX/TENTER, III. Teil, 216.

75 Vgl. a.a.O., 269f.

76 A.a.O., 222.

aber auch etwa der deutsch-französische Krieg Erwähnung finden,[77] ist das Nationale hier ausdrücklich abgeblendet. Es wird durch Reflexion auf christliche Grundlagen ins Internationale überführt:

> »Das Christentum [...] weltumfassend, wahrhaft international (ist), sofern es allen Nationen die gleiche Würde der Gotteskindschaft und die gleiche Bestimmung zur Gottebenbildlichkeit zuerkennt (Apg. 17, 26–29). Aus dieser Anerkennung gleicher Menschenwürde ist das Völkerrecht hervorgewachsen; auf ihr beruht die Pflicht der christlichen Völker, den Heiden aller Welt das Evangelium predigen zu lassen.«[78]

Summa summarum: Religionsbücher für die höheren Schulen entstehen allmählich. Zu Beginn des 20. Jahrhunderts bilden sich Autorenkollektive heraus, die mit den Lehrplänen zunehmend auf altersangemessene Ausgaben drängen. Gegenüber den staatlichen Vorgaben setzen die Religionsbücher im Einzelnen aber durchaus bedenkenswerte Akzente. Die Confessio Augustana als verbindliche Grundlage des Oberstufenunterrichts wird überwiegend abgelehnt. Die Illustrationen der Bücher orientieren sich an didaktischen Begründungen, die religionsgeschichtliche, aber auch religionspolitische Problemstellungen aufnehmen. Vor allem in gesellschaftspolitischer Hinsicht lassen die Autoren eigene Akzente erkennen: der sozialen Frage gibt man ebenso wie der internationalen Orientierung des Christentums breiten Raum. Auffällig bleibt allerdings der Fortbestand der innerchristlichen Differenz, die offensichtlich die Grundlage für kulturprotestantischen Optimismus bildet.[79]

---

77 Else Zurhellen/Otto Zurhellen, Wie erzählen wir den Kindern die biblischen Geschichten, Tübingen 1906 (Lebensfragen Nr. 15), bes. 199f.

78 Marx/Tenter, III. Teil, 273.

79 Insofern ist zu fragen, ob man zu Recht davon ausgehen kann, dass gesellschaftliche Demokratisierungsprozesse zu Beginn der Weimarer Republik vollständig fehlen. Vgl. Hagen Schultze, Weimar. Deutschland 1917–1933 (Die Deutschen und ihre Nation. Band 4). Severin & Siedler, Berlin 1982, 10.

II. Die Weimarer Republik – und ihre Religionsbücher

Verspätete Bildungsnation?

Der Religionsunterricht bleibt »ordentliches Lehrfach«[80]. Er wird »in Übereinstimmung mit den Grundsätzen der betreffenden Religionsgesellschaften unbeschadet des Aufsichtsrechts des Staates erteilt« (WRV § 149)[81]. Die bereits im Kaiserreich nicht nur vereinzelt vorgetragenen Forderungen nach Aufnahme reformpädagogischer Impulse finden in der Weimarer Verfassung in Form von Lebenskunde (WRV § 137,7 mit § 146) und Arbeitsunterricht (WRV § 148) Berücksichtigung.[82] Während der sog. Schulkompromiß der Weimarer Koalition den grundständigen Unterricht zumindest vorläufig regelt, wird das höhere Bildungswesen in Preußen neu geordnet.[83] Spätestens

---

[80] Für diesen Zusammenhang von Bedeutung ist vor allem, dass der Weimarer Staat im Prinzip als ein säkularer angesehen ist: »Die Weimarer Republik ist ihrer Verfassung nach ein säkularer Staat gewesen. Die in Art. 137 RV erklärte Trennung von Staat und Kirche beendete die traditionelle Einheit von Thron und Altar des vergangenen Kaiserreichs. Für die öffentlichen Schulen bedeuteten diese Vorgaben, dass sie unabhängig von den Religionsgemeinschaften betrieben wurden und das religiöse Element in den privaten Bereich zurücktrat. Art. 149 betonte zwar die bekenntnistreue Ausrichtung des Religionsunterrichts, ließ aber keinen Zweifel daran, dass die wesentlichen Rahmenbedingungen der religiösen Erziehung vom Staat selbst geregelt werden würden, indem sich die Länder die Aufsicht über das Fach vorbehalten hatten.« Kristian Kronhagel, Religionsunterricht und Reformpädagogik. Otto Eberhards Beitrag zur Religionspädagogik in der Weimarer Republik, Münster 2004 (Beiträge zu einer dialogischen Religionspädagogik, Bd. 10), 217.

[81] Zum Folgenden vgl. insgesamt Rainer Lachmann, VII Die Weimarer Republik, in: Rainer Lachmann/Bernd Schröder (Hrsg.), Geschichte des evangelischen Religionsunterrichts in Deutschland. Ein Studienbuch, Neukirchen-Vluyn 2007, 203-232, hier: 206-228, bes. 206.

[82] Heidi Behrens-Cobet/Norbert Reichling, Wir fordern die freie Schule, weil sie die Schule des Sozialismus ist. Die Bewegung für freie weltliche Schulen in der Weimarer Republik, in: Internationale Wissenschaftliche Korrespondenz zur Geschichte der deutschen Arbeiterbewegung, 23. Jg., Nr. 4/1987, 485–505.

[83] Auf der Reichsschulkonferenz von 1920 war das Problem des Reichsschulgesetzes zwar ausgeklammert worden, der erste Reichsschulgesetzentwurf von 1921 sieht die Gemeinschaftsschule vergeblich als Regelschule vor, Martin Schiele (DNVP) sieht 1924 die Bekenntnisschule wiederum vergeblich als Regelschule vor, ein zweiter Reichsschulgesetzentwurf von Keudell aus dem Jahr 1927 plädiert schließlich für die Gleichberechtigung aller drei bisherigen Schultypen. Diesem Entwurf macht man schließlich zum Vorwurf, dass er den Einheitsgedanken des Deutschen Reiches nicht hinreichend berücksichtigt habe. Erst 1937 in einer veränderten politischen Form kommt es zu einem neuen Reichsschulgesetz, bis dahin bleibt der § 174 in Geltung. Ebd.

mit den von Hans Richert (1869–1940) als verantwortlichem Ministerialdirigenten heraus gegebenen Richtlinien von 1924/25 avancieren Religion, Deutsch und Geschichte/Erdkunde zu den Kernfächern der Deutschen Bildungseinheit.[84] Die übrigen Fächer treten als Wahl- oder Wahlpflichtfächer hinzu.[85]

Arbeitsunterricht und »Arbeitsbuch«

Die Lehrwerke für den Religionsunterricht werden neu aufgelegt und erscheinen – wie etwa die Quellenbücher der Herbartianer - mit nur wenigen Veränderungen.[86] In der Mitte der 1920er Jahre kommt es in Folge der neuen Richtlinien vor allem im Bereich der Mittel- und Oberstufe zur Einführung neuer Unterrichtswerke.[87]

Das neue mehrbändige Lehrwerk von Hermann Schuster (1874–1965) und Walter Franke (1885–1957) wagt sich tastend an die neuen Verhältnisse heran: »Wir werden daher allen Fachgenossen für Anregungen und Ratschlä-

---

[84] Richert entwickelt frühzeitig entsprechende konzeptionelle Überlegungen. Vgl. Hans Richert, Evangelische Religionslehre und religiöse Erziehung, in: Friedrich Norrenberg (Hrsg.), Die Deutsche höhere Schule nach dem Weltkriege. Beiträge zur Frage der Weiterentwicklung des höheren Schulwesens, Berlin und Leipzig 1916, 74–79, 77: »Sehr viel weniger hat auch die Theorie bisher der nationalen Aufgabe nachgedacht, ja man mag wohl diese Aufgabe ablehnen unter Berufung auf den universalen Charakter des Christentums, der vielmehr eine Vorherrschaft des Nationalen im Interesse der humanen Zwecke und der absoluten Ewigkeitswerte bekämpfen müsse. Es ist ganz gewiß richtig, daß die Nationalität die Humanität bedrohen kann, daß Volkstum gegen Menschheit, daß Geschichte gegen Ewigkeit, daß Diesseits gegen das Transzendente sich stellt. Und diese Gefahr hat der Krieg auch groß gemacht. Aber gerade darin liegt die nationale Aufgabe der Religion, daß in ihr der Glaube an den Ewigkeitswert der gottgewollten Form de Menschenlebens, des eigenen Volkes wurzele, daß der Dienst in dieser uns gegebenen Daseinsform ein Dienst für die höchsten Menschheitszwecke ist, weil in Staat und Volk sich diese Zwecke allein vollenden.«

[85] Zur Mitarbeit der verschiedenen Religionslehrer und Religionslehrerverbände vgl. Roggenkamp-Kaufmann, Religionspädagogik, 332–349.

[86] Ernst Heyn weist ausdrücklich darauf hin, dass seine Sammlungen den Richtlinien von 1908/09 und 1924 entsprechen. Und auch die vierte Auflage seines Lesebuchs von 1925 scheint kaum Veränderungen unterzogen worden zu sein. Vgl. Ernst Heyn, Lesebuch zur Kirchengeschichte. IV B, Große Ausgabe, Leipzig 1925, IV.

[87] Das biblische Lesebuch von C. Otto Schäfer/Albert Krebs wird grundlegend erneuert und unter dem Namen Albert Krebs/C. Otto Schäfer/Hermann Schuster/Wilhelm Lueken in 31. Auflage 1936 formal fortgeführt.

ge zur Verbesserung aufrichtig dankbar sein.« [88] Bereits 1928 zählt man im Rahmen der (unveränderten) sechsten Auflage das achtundsiebzigtausendtse Exemplar.[89]

Die Neuerungen der Weimarer Reichsverfassung schlagen sich vor allem im Bereich der Mittelstufe nieder. Während Hermann Schuster die Lebenskunde als wichtigen Bestandteil des Mittelstufenunterrichts begrüßt – umsichtige Religionslehrer hätten sich diese seit langem gewünscht[90] –, formuliert seine Ko-Autorin, die Frankfurter Studienrätin Helene Luther zurückhaltender.[91] Die Lebenskunde wird entgegen anders lautenden Vorstellungen[92] als eine Art Mittelstufen-Abschluss in den Religionsunterricht integriert.[93]

Für die Oberstufe stellt sich die durch die neue gesellschaftspolitische Situation entstandene religionspädagogische Herausforderung anders dar. Das Vorwort der den Hauptgang des Religionsunterrichts ergänzenden Quellensammlung »Evangelium und Gegenwart« bestimmt diese primär als historistische Krise: »Die Jugend hungert nach dem Brot einer festen (christlichen) Weltanschauung. Sie ist die Steine des Historismus satt und übersatt.«[94] Insofern sei es an der Zeit, die Jugend eigene religiöse Standpunkte entwickeln zu lassen. Eine besondere Didaktik wird jedoch nicht entwickelt, der Band bietet vielmehr vielfältige »Bausteine einer evangelischen Welt- und

---

88 Hermann Schuster/Walter Franke, Unterstufe: Lebensbilder aus Bibel und Kirche, Frankfurt a. M. 1926 (Lehrbuch für den evangelischen Religionsunterricht sämtlicher höherer Schulen, hrsg. v. Hermann Schuster und Walter Franke in Verbindung mit Gustav Rothstein, Carola Barth, Otto Clemen, Frankfurt a. M. 1926), VII.

89 Seine Ausläufer reichen bis in die bundesrepublikanische Schullandschaft hinein. Vgl. Desmond Bell, Ein Fehler im System? Das Alte Testament im preußischen Religionsunterricht nach 1933, in: Michael Wermke (Hrsg.), Transformation und religiöse Erziehung. Kontinuitäten und Brüche der Religionspädagogik, Jena 2011 (AHRp 9), 281–313, 300.

90 Mit Franke könne man die Lebenskunde auch als Abschluss des Religionsunterrichts der »neudeutschen« Schule betrachten. Vgl. Schuster, Lebenskunde, Vorwort (o. P).

91 Helene Luther ändert nur diejenigen Passagen, die auf die »anders geartete [...] seelische [...] Einstellung der Mädchen« eingehen. Vgl. Helene Luther, Mittelstufe: Teil 3 B: Lebenskunde für Mädchenschulen Ausgabe B, Frankfurt a. M. 1926.

92 Vgl. dazu Behrens-Cobet/Reichling, Schule, 487f.

93 Gustav Rotstein/ Hermann Schuster, Mittelstufe: Teil 1; Bibelkunde, Frankfurt a. M. 1926; Walter Franke Mittelstufe: Teil 2: Helden und Werke der Kirche, Frankfurt a. M. 1926; Hermann Schuster , Mittelstufe: Teil 3 A: Lebenskunde für Knabenschulen, Frankfurt a. M. 1926; Luther, Lebenskunde.

94 Hermann Schuster/Walter Franke, Evangelium und Gegenwart. Bausteine einer evangelischen Welt- und Lebensauffassung, Frankfurt a. M. 1927, V.

Lebensauffassung«[95]. Diese entstammen vier Kategorien: 1. Das Christentum im Weltanschauungskampf der Gegenwart;[96] 2. Fragen des Glaubens;[97] 3. Sittliche Aufgaben;[98] 4. Zeugnisse des Glaubens.[99] Während die ersten drei Rubriken auf die entsprechende Gliederung des Oberstufenbandes von »Glaube und Leben« antworten, ist der vierte, einzelne Glaubenszeugnisse umfassende Teil neu hinzugefügt: »Dieser Teil soll die Krönung des Ganzen bilden. Er will zeigen, wie der christliche Glaube in solchen Männern und Frauen eine lebendige Wirklichkeit geworden ist.«[100]

Es fragt sich allerdings, ob die Vielfalt der Stoffe und Themen geeignet ist, den im Vorwort inkriminierten Historismus zu überwinden. Zwar verweisen die Herausgeber auf die informative und objektive Bedeutung ihrer Quellenauswahl: »Wir haben für dieses schmale Bändchen die wesentliche Literatur aller Richtungen durchforscht, um eine möglichst vielseitige und

---

95 A. a. O., VI: »Er will anleiten, eine evangelische Weltanschauung in den Denkformen der Gegenwart und für die Bedürfnisse der Gegenwart auszuführen. Dabei ist der Begriff Gegenwart natürlich weitherzig zu verstehen. Die großen Schöpfungen des Idealismus gehören noch zur Gegenwart. Immerhin haben wir von ihnen wenig gebracht, da sowohl über die großen Philosophen (Kant, Fichte) wie über die Dichter (Herder, Goethe, Schiller, Lessing) wie über Schleiermacher besondere Quellenhefte vorliegen.«

96 A. a. O., 1–29. (u. a. Ernst Troeltsch, Die Grenze des wissenschaftlichen Erkennens, 4f.; Ernst Troeltsch, Mechanistische und christliche Seelenlehre, 20–21; Georg Wobbermin, Entwicklungstheorie und Christentum, 17–19; Georg Wobbermin, Monismus und Dualismus im Christentum, 21f.; Wilhelm Hunzinger, Die moderne historische Denkweise und das Christentum, 23–29.)

97 A. a. O., 30–88. (u. a. Wilhelm Windelband, Das Wesen der Religion, 30–32; Wilhelm Windelband, Das Problem der Theodizee, 82–85, Ernst Troeltsch, Gott als schaffender Wille, 40f.; Ernst Troeltsch, Jesu Bedeutung für den Glauben, 50f.; Reinhold Seeberg, Jesu Geist als Lebenskraft der Gemeinde, 51–53; Adolf von Harnack, Wunderglaube einst und heute, 43f.; Wilhelm Heitmüller, Das Wesen des Glaubens, 64–67; William Bousset, Die Religion als Kritik der Kultur, 80–82)

98 A. a. O., 88–117. (u. a. Ernst Troeltsch, Religionslose Sittlichkeit, 88–90; Thomas Carlyle, Das ewige Ja, 93–95; Thomas Carlyle, Würde und Tragik der Arbeit, 108–110; Carl Alvermann, Protestantische Askese, 101–103; Friedrich Nietzsche, Vornehme Seele, 103f.; Friedrich Naumann, Christentum und Wirtschaft, 110f.)

99 A. a. O., 118–141. (Friedrich Schleiermacher, Gottesmänner und Gelehrte, 128–130; Paul de Lagarde, Der rechte Gottesdienst und die Kraft der Religion, 130f.; Julius Wellhausen, Die Kultur und das Individuum, 131f.; Goethes Mutter, Der Herr hat's gegeben, der Herr hat's genommen, der Name des Herrn sei gelobt, 118f.; Grossherzogin Luise von Baden, Trost des Glaubens, 119; Friedrich von Bodelschwingh, Heiligung und Vollkommenheit, 132f.; Kanso Utschimura, über meinen christlichen Glauben, 133–135.)

100 A. a. O., VII.

objektive Auswahl zu treffen«[101]. Vorgaben, Hinweise oder Instrumente, die dem Schüler helfen könnten, eine konkrete Auswahl zu treffen um eine Position auszubilden und zu reflektieren, fehlen. Die Texte sollen »nicht Probleme aufrollen, sondern [...] unmittelbar auf das Gemüt wirken, (sie) sind religionspsychologisch und im besten Sinne religiös erbauend zu verstehen.«[102] Es bleibt im Einzelnen ungeklärt, nach welchen Prinzipien die Schüler sich ihre Stoffe erarbeiten sollen. Eine pädagogische oder gar religionspädagogische Zuspitzung gibt es nicht. Diese Beobachtung verweist aber auf ein strukturelles Problem.[103]

Konzeptionelle Folgen...?

Das pädagogische Anliegen des neu bearbeiteten Arbeitsbuchs des Meininger Oberstudiendirektors Wilhelm Oppermann (und des Berliner Studiendirektors Bruno Schremmer)[104] ist ein ähnliches: Die Ermöglichung der Selbsttätigkeit der Schüler. Dabei wird explizit verdeutlicht, dass es den Autoren um den Einsatz der arbeitsunterrichtlichen Methodik geht: »Um den Forderungen der neuen Richtlinien für die Lehrpläne der höheren Schulen Preußens gerecht zu werden, mußte der Mittelstufenband in seiner vorliegenden vierten Auflage völlig umgearbeitet werden. Die Leitfadenform ist grundsätzlich aufgegeben und der Versuch gemacht, ein Hilfsmittel für den Arbeitsunterricht zu erstellen.«[105] Die entwicklungspsychologischen Prinzipien sind zwar in der Anordnung der Stufen beibehalten, sie treten aber didaktisch hinter

---

101 Ebd.

102 Ebd.

103 Julius Wellhausen mache etwa darauf aufmerksam, dass das Individuum nur auf dem Boden der Kultur gedeihen könne: »Das Höhere wird zum Stein, wenn man es statt des Brotes bietet.« A. a. O., 132.

104 Wilhelm Oppermann, Arbeitsbuch für den evangelischen Religionsunterricht an höheren Schulen, Mittelstufe für Klasse IV-VII, Vierte Auflage nach den Richtlinien für die Lehrpläne der höheren Schulen Preußens von 1925 neu bearbeitet, Leipzig 1926. Die neunte Auflage von 1926 wird bereits von Oppermann und Bruno Schremmer gemeinsam verantwortet. Vgl. Wilhelm Oppermann/Bruno Schremmer, Arbeitsbuch für den evangelischen Religionsunterricht an höheren Schulen, Mittelstufe für Klasse IV-UII, Neunte Auflage nach den Richtlinien für die Lehrpläne der höheren Schulen Preußens von 1925 neu bearbeitet, Leipzig 1926.

105 Oppermann, Mittelstufe, III.

dem Stoff zurück.[106] Im Anhang wird auf die christliche Kunst (Kirchenbau, Malerei, Kirchenlied und Kirchenmusik) rekurriert.[107] Das Vorwort betont die geschichtliche Entwicklung des eigentümlich Religiösen, d. h. »Lebensbilder, Quellensätze, Lesestücke und Tabellen«[108]. Zwar werde überall »größte Anschaulichkeit erstrebt«, bereits die Schüler der Mittelstufe aber sind zu eigener Selbsttätigkeit aufgefordert.[109]

Im bibelkundlichen ersten Hauptteil zeigt das Buch Landschaftsaufnahmen aus Palästina und altchristliche Katakomben.[110] Der zweite Teil veranschaulicht Religions- und Kirchengeschichtliches.[111] Im Anhang finden sich Einzeldarstellungen aus dem Leben Jesu von Künstlern wie Steinhausen, Ludwig Richter (1803–1884), Julius Schnorr von Carolsfeld (1794–1872), Hans Thoma (1839–1924), also überwiegend von Künstlern des 19. Jahrhunderts.[112] Die Reihe eröffnen einige Klassiker: Leonardo da Vincis Abendmahl, Raffaels Madonna di San Sisto und Michelangelos Moses, Rembrandts Rückkehr des verlorenen Sohnes und Grünewalds Maria mit dem Kinde.[113] Die tendenzielle Engführung auf den deutschsprachigen Protestantismus erscheint nicht nur als unterschwelliges Programm: die ersten beiden Tafeln bilden Luther als Mönch sowie das Original des Reformationsliedes (Vertonung des 46. Psalms) ab.[114]

---

106 »So dient der erste Hauptteil ›der Einführung in das Bibellesen‹, der zweite Hauptteil ist ›für den kirchengeschichtlichen Unterricht‹ bestimmt.« Ebd. »Hier macht sich die Einführung der neuen Richtlinien besonders stark bemerkbar.« Ebd.

107 A. a. O., III.

108 Nicht die ganze Fülle des Stoffes, sondern nur eine Auswahl der Fragen und Probleme solle den Unterricht bestimmen. Die übrigen Themen sind »besonderen Arbeitsgemeinschaften und der persönlichen Beschäftigung des Schülers überlassen«. A. a. O., VI.

109 Ebd.: Die breit ausgewiesene Literatur »soll tiefer in die behandelten Gegenstände einführen, so daß die Schüler die selbsterarbeiteten Kenntnisse in Vorträgen und Berichten darlegen können.«

110 A. a. O., Tafel 3-16.

111 Er bildet die Kaaba in Mekka, die Haggia Sophia, San Appolinare in Classe ab, seit dem Mittelalter vor allem aber deutsche Kirchen aus Worms, Speyer, Freiburg und Köln, das Sakramentshäuschen aus Nürnberg, verschiedene Porträts evangelischer »Kirchenväter«: Luther, Zwingli, Calvin und Schleiermacher. Die Anlage von Citeaux, aber auch andere europäische Kirchen – wie etwa das jetzt wieder zu Frankreich gehörende Straßburger Münster – fehlen. A. a. O., Tafel 17-26.

112 A. a. O., Tafel 32-40.

113 A. a. O., Anhang Tafel 27-31.

114 A. a. O., die Tafeln 1-2 befinden sich vor dem Titelblatt.

Das Oberstufenbuch bestimmt sein Anliegen demgegenüber konkreter: »Sein letzter Zweck ist also nicht die Darstellung der historischen Entwicklung, sondern die Herausarbeitung des religiösen Geistes.«[115] Die Quellentexte sind ebenfalls unter eine subjektorientierte (Ziel-) Perspektive gerückt: »eine charaktervolle Vertretung der eigenen Überzeugung [trage] mehr zur Auseinandersetzung im Sinne des modernen Arbeitsunterrichts bei als eine neutral gehaltene Darstellung.«[116] Auffällig ist aber, dass nur ein vergleichsweise beschränkter Ausschnitt an Themen zur Sprache kommt: »Als Deutschland christlich geworden war, war eine *deutsche Nationalkirche* entstanden. Die Kirche war Trägerin des nationalen Gedankens gewesen, mit ihrer Hilfe hatte Otto der Große die widerstrebenden Stämme zur Einheit zusammengezwungen [...] In der deutschen Nationalkirche war der ehelose Priester noch nicht vorherrschend: Verheiratete Priester wurzelten im Volksleben, und oft vererbte sich das Pfarramt vom Vater auf den Sohn. Das wurde langsam anders seit den Tagen des großen Gregor, der die Geistlichkeit dem nationalen Leben entfremdete und den kirchlichen Leben mehr und mehr die römische Uniform aufzwang, bis in den Tagen der Reformation sich Frömmigkeit und kirchliches Leben zum deutschen Geiste zurückfanden.«[117] Der Bezug zum Deutschtum ist vielfach erkennbar.[118] Außerdeutsche Ereignisse und Phänomene kommen allenfalls dort zur Sprache, wo sie einen direkten Bezug zur Entwicklung und Geschichte des deutschen Protestantismus haben.[119]

Der Ansatz hat ein gewisses System, er soll mit Blick auf das Christentum produktiv verunsichern: »So bewegt sich das Christentum kulturkritisch zwischen Kulturbejahung und Kulturverneinung hin und her und bringt dadurch die große Unruhe in alle Kultur, ohne die die Kultur versumpfen

---

115 Kurt Kesseler, Arbeitsbuch für den evangelischen Religionsunterricht an höheren Schulen, Oberstufe: Einheitsausgabe (Ausgabe C) Leipzig 1926, V.

116 A. a. O., VI. Aus der Fülle der Religionskundlichen Bibliothek haben sie ihr eigenes Material zusammenzustellen. Die fünfte Auflage schränkt ein wenig ein, der Verfasser setzt sich mit dem Vorwurf auseinander, dass die erste Auflage zu persönlich gefärbt war.

117 Es handelt sich um den Übergang zu Kapitel 4. Vgl. A. a. O., 92f.

118 Den singenden Engel van Eycks (als Umschlagsbild), und Grünewalds Auferstehung Christi (A. a. O., zwischen den Seiten 128/129) als farbigen Darstellungen gesellen sich 28 Drucke überwiegend deutscher Maler sowie Abbildungen deutscher Kirchen im Anhang hinzu. Allein die römischen Katakomben ›sprengen‹ mit ihrer religionsgeschichtlichen Ausrichtung das germanozentrische Schema. A. a. O., Bildtafel 1 vgl. § 16.1. »Katakombenmalerei« (A. a. O., 51f.).

119 Im Kapitel über den »Durchbruch des evangelischen Geistes« findet sich Entsprechendes in folgenden Paragraphen: § 29 »Die Vorboten der Reformation«, § 33 »Der reformierte Protestantismus« und § 35 »Die Verbreitung der Reformation in Europa«. Vgl. ebd.

muss.«[120] Für den einzelnen Schüler bedeutet dies, dass ihn sein Religionsbuch möglichst über die Schulzeit hinaus begleite: »Erst dann [...] wird sein Zweck erreicht sein: im Schüler das Verständnis für die Macht des Christentums und für die Bedeutung, die es für Menschenseele und Kultur hat, zu wecken.«[121]

Folgende Befunde drängen sich auf: Zum einen sind staatlich vorgegebene Setzungen wie Prinzipien der Lebenskunde und des Arbeitsunterrichtes in die Religionsbücher kritiklos integriert. Dabei ist zwar die religiöse Selbstbildung des Individuums erwünscht. Unklar bleibt aber in wieweit diese realisierbar ist. Zum anderen lässt sich in den seit der Mitte der 1920er Jahre entstehenden Religionsbüchern eine gegenüber dem Kaiserreich neue germanozentrische Tendenz erkennen.

Versucht man, diese Befunde zu erklären, so drängt sich mir folgende Möglichkeit versuchsweise auf. Dadurch, dass der Staat u.a. den Religionslehrern in seinen Vorgaben mit pädagogischen Zugeständnissen entgegenkam, unterblieb eine konzeptionelle Weiterentwicklung der religionspädagogischen Bezugsdisziplin. Diese hätte das Problem religiöser Bildung im Horizont der (historistischen) Krise überdenken müssen. In den Religionsbüchern setzte sich vielmehr eine Haltung, deren Wurzeln Hans Rickert folgendermaßen beschreibt: Der ewigen Idee des Christentums könne nur die religiöse Erziehung in ein spezifisches Volk, in diesem Fall in das deutsche Volk hinein, entsprechen. Oder anders formuliert: »Der Religionsunterricht wird zu einem kulturkundlichen Fach, also jenen zugeordnet, die das deutsche Bildungsgut zu überliefern haben.«[122] Oder noch einmal anders formuliert: »Es stand nicht mehr ihr (der Religion) als ›Erlebnis‹ methodisch unverfügbarer Zweck für die Persönlichkeit im Vordergrund sondern ihre ›geschichtlich erweisbaren‹ Folgen und zwar ihre deutschen Folgen.«[123]

---

120 A.a.O., 209. Im Übrigen kommen diesbezüglich auch Harnacks Dogmengeschichte sowie Ernst Troeltsch Gedanken über die Absolutheit des Christentums zur Sprache, denn durch den religionsgeschichtlichen Vergleich lasse sich lediglich die historische, nicht aber die bleibende Bedeutung des Christentums erklären: das Christentum erhebe aber den Anspruch unüberbietbar zu sein. A.a.O., 160f.

121 A.a.O., VI.

122 Richert, Religionslehre, 77.

123 Margies, Schulwesen, 64.

III. Religionsbücher in der Zeit des Nationalsozialismus

Inwiefern veränderte sich die Lage des Religionsunterrichts nach Hitlers Machtergreifung? Zum einen äußerte sich Hitler zumindest anfänglich nicht – oder nicht öffentlich – zur intendierten Zerschlagung der (Reichs-) Kirchen. Der Innenminister Wilhelm Frick (1877–1946) legte entsprechend der »kirchenfreundlichen« Linie im Juni 1933 vielmehr ein Gesetz zur Einführung des Christlichen Religionsunterrichts für alle Schüler.[124] Zum anderen kam es seit 1933 immer wieder zu internen Auseinandersetzungen der Religionslehrerschaft: In den Reichskirchenausschüssen fanden sich die Vertreter der verschiedenen Lehrerverbände zu keiner Einigung auf ein gemeinsames Vorgehen.[125] Als die Lehrpläne für den Religionsunterricht 1938 erschienen,[126] waren die Ausschüsse bereits seit mehr als einem Jahr aufgelöst.[127] Die organisierten Religionslehrer kamen ihrer Selbstauflösung zuvor.[128] Verboten wurde der Religionsunterricht auch später nicht: An den öffentlichen Schulen war seine Erteilung möglich.[129] Nach der Reichspogromnacht allerdings durften NSDAP-Mitglieder ihn nicht mehr erteilen.[130]

Die Untersuchungen wählen verschiedene Strategien: Ursula Meinecke bezieht sich auf die Zeit nach 1945, setzt aber die Ideologieanfälligkeit der Religionsbücher explizit voraus.[131] Desmond Bell sucht zwar ausdrücklich

---

124 Folkert Rickers, VIII Die nationalsozialistische Ära, in: Rainer Lachmann/Bernd Schröder (Hrsg.), Geschichte des evangelischen Religionsunterrichts in Deutschland. Ein Studienbuch, Neukirchen-Vluyn 2007, 231–267, 243.

125 Vgl. insgesamt Friedhelm Kraft, Religionsdidaktik zwischen Kreuz und Hakenkreuz. Versuche zur Bestimmung von Aufgaben und Inhalten des Religionsunterrichts, dargestellt an den Richtlinienentwürfen zwischen 1933 und 1939, Berlin/New York 1996 (APrTh 8).

126 A. a. O., 248.

127 Wilhelm Zöllners Rücktritt datiert vom Februar 1937. Vgl. Evangelisches Zentralarchiv in Berlin, Best. 500 Nr. 3780.

128 Der deutsche Religionslehrerverband löste sich am 7.2.1937 auf. Vgl. Roggenkamp-Kaufmann, Religionspädagogik, 63f.

129 Rickers, Ära, 244.

130 A. a. O., 244f.

131 Vgl. Ursula Meinecke, Religionsunterricht im Spiegel seiner Lehrbücher, Hannover 1969.

nach nazistischem Gedankengut. Er nimmt aber die weitgehende Abwesenheit nazistischer Momente tendenziell überrascht und verwundert zur Kenntnis.[132] Insofern sind auch hier die Beobachtungen in aller Vorläufigkeit auszuwerten.

Vorauseilender Gehorsam?

1933 erscheint das einzige neue Religionsbuch, ein Quellenbuch. Es ersetzt die ältere Ausgabe von »Evangelium und Gegenwart«.[133] Das von Hermann Schuster, Walter Franke und Karl Kerber (*1899) herausgegebene Werk heißt jetzt »Christentum in Geschichte und Gegenwart«. Es insistiert auf der Krisenzeit.[134] Die einzelnen Materialien sind vervielfacht,[135] auf den ersten Blick ist der nationalsozialistische Geist allenthalben präsent. Ein genaueres Studium des Aufrisses lässt jedoch bestimmte Passagen in den Fokus treten: Quellentexte, die das Alte Testament zur Sprache bringen (§ 59),[136] das Unterkapitel über »Protestantismus und Volkstum« (§§ 136–142).[137]

Die erstmals erscheinenden Impulse arbeiten keiner expliziten Pädagogik, wohl aber der Selbsttätigkeit zu. Sie sind suggestiv und dem Zeitgeist angepasst.[138] An den entsprechenden Stellen entbergen sie zuvörderst an-

---

132 Vgl. Desmond Bell, Ein Fehler im System? Das Alte Testament im preußischen Religionsunterricht nach 1933, in: Michael Wermke (Hg.), Transformation und religiöse Erziehung. Kontinuitäten und Brüche der Religionspädagogik, Jena 2011 (AHRp 9), 281–313, 297–300, bes. 297.

133 Hermann Schuster/Walter Franke/Karl Kerber, Christentum in Geschichte und Gegenwart, Frankfurt 1933, V.

134 Das Vorwort ist auf März 1933 datiert. A. a. O., VII.

135 Die Seitenzahl ist von 149 auf 371 gesteigert. Vgl. a. a. O., V: »Unser Quellen- und Lesebuch ›Christentum in Geschichte und Gegenwart‹ will diese in der Gegenwart noch lebendigen und unerlässlichen geschichtlichen Kräfte aufzeigen und durch eine planmäßige, sichtende Auswahl, Anordnung und Auswertung der evangelischen Jugend die Stellungnahme zu der Fülle der Fragen erleichtern.«.

136 A. a. O., 84f.

137 A. a. O., 200–208.

138 Dass dieser »Zeitgeist« auch spezifisch pädagogische Formen annehmen kann, zeigt sich am Führerbegriff, der jetzt offensichtlich den Arbeitsschulbegriff ersetzt: »Je stürmischer und verworrener diese Fluten die Jugend heute umbranden, umso dringender bedarf sie der Führung. Die Jugend der Gegenwart verlangt daher mit Recht vom evangelischen Religionsunterricht *unmittelbare Stellungnahme* zu der Fülle der auf sie einströmenden Fragen und der so vielfältig und widersprechend angebotenen Lösungen.« Vgl. a. a. O., V.

tisemitischen Gehalt – etwa dort, wo Calvins Anschauung des Alten Testaments zur Sprache kommt.[139] Nach Texten von Kurd Niedlich,[140] Mathilde Ludendorff[141] und Adolf Hitler[142] sowie dem Parteiprogramm von 1924[143] finden sich suggestiv-rhetorische Fragen: »1. Worin sind die *Unterschiede* zwischen *jüdischer und christlicher Religion* zu suchen? 2. Welche Züge des *Jesusbildes* und des *Evangeliums* sollen beseitigt, welche betont werden? 3. Wodurch unterscheidet sich der Bund für deutsche Kirche grundsätzlich vom Tannenbergbund?«[144]

Eine Umformung neutestamentlicher Gedanken wird begünstigt, zugleich aber grenzt man sich von nicht-kirchlichen Ideologie-Bündnissen deutlich ab.[145] Die Anpassung an das nazistische Denken hat bisweilen uner-

---

139 »1. Wie denken wir heute über das Werteverhältnis vom Alten Testament und Neuen Testament? Lassen sich die drei Hauptstücke der Einheit beider Testamente, die Calvin aufstellt, heute noch festhalten? [...] 2. Inwiefern hat Calvins hohe Wertung des Alten Testaments auf seine Auffassung und Betätigung des Christentums eine bedenkliche Wirkung ausgeübt? 3. Lassen sich ähnliche Nachwirkungen des Alten Testaments auch bei Luther feststellen? 4. Welche theologische Richtung der Gegenwart ist in Gefahr, durch Überschätzung des Alten Testaments das Evangelium zu trüben? [...].« A. a. O., 85.

140 A. a. O., 200 (§ 136).

141 »Diese Ethik ist als eine Blutethik charakterisiert. Das ›Gutsein‹ ist gleichbedeutend mit rassetreu und rassemäßig sein (M. Ludendorff). Ethisch handeln heißt dann blutgemäß handeln, handeln aus dem ursprünglichen Rasseinstinkt, der nordischen Erbanlage heraus. So muss z. B. die Lüge als unsittlich erscheinen, weil sie dem nordischen Rassecharakter entgegensteht, aber der stolze Hochmut, der den Schwachen und Minderwertigen beiseiteschiebt, ist durchaus sittlich berechtigt und wertvoll. W. Künneth, Die völkische Religiosität, 1931.« Vgl. a. a. O., 205 (§ 140).

142 »Adolf Hitler führt als Reichskanzler zu seinem Regierungsprogramm am 23. März 1933 aus: ›Gleichlautend mit der politischen Entgiftung des öffentlichen Lebens wird die Reichsregierung eine durchgreifende *moralische Sanierung an unserem Volkskörper* vornehmen. Theater, Film, Rundfunk, Presse sind die Hilfsmittel für diese Aufgabe. Die Kunst hat jetzt die Aufgabe, Ausdruck des bestimmten Zeitgeistes zu sein, des *aufkommenden Heroismus. Blut und Rasse* stehen jetzt beherrschend im Vordergrund. Dabei ist es selbstverständlich, dass die Traditionen der Vergangenheit zu pflegen sind. In der politischen und moralischen Entgiftung des öffentlichen Lebens wird zugleich *ein Bedürfnis religiösen Lebens* gesichert. [...] Die nationale Regierung sieht in den *beiden christlichen Konfessionen* wichtige Faktoren der Erhaltung unseres Volkstums. Sie wird die zwischen ihnen und den Ländern abgeschlossenen Verträge respektieren. Sie erwartet aber und hofft, dass ihre Arbeit in der sittlichen und moralischen Erneuerung des deutschen Volks auch bei den Konfessionen die gleiche erforderliche Beachtung findet.‹« A. a. O., 166, § 109.2.

143 A. a. O., 201 (§ 137.1).

144 Ebd.

145 Das Inhaltsverzeichnis für das kirchengeschichtliche Quellenbuch von 1933 enthält zunächst politisch unauffällige Kategorien: A. Das Christentum auf dem Wege zur Kirche, (1–22) B. Die mittelalterliche Kirche (23–47), C. Die Reformation, (48–87), D. Die

wartete Folgen: Wurde am Ende des Kaiserreichs auf der Notwendigkeit der Überwindung innerkonfessioneller Trennungen insistiert – ein Grundzug, der prinzipiell auch die Lehrwerke der Weimarer Republik auszeichnet –, so setzt sich nach 1933 die innerprotestantische Unterscheidung mit samt einer entsprechenden anti-reformierten Polemik durch.[146] Oder anders formuliert: Unter dem Druck zur Akklamation des »Neuen« treten alte Ressentiments zu Tage.[147]

Tendenzen

Neue Religionsbücher erscheinen ansonsten nicht, soweit ich sehe werden überwiegend Nachdrucke der Weimarer Richtlinienzeit veröffentlicht. Da sich für die Mehrzahl der Religionsbücher nach 1938 keine Neuausgaben nachweisen lassen,[148] werden die Mittel- und Oberstufenbücher im Folgenden auf signifikante Abweichungen hin befragt.[149]

---

geschichtlichen Grundformen des Protestantismus und ihre Wirkung auf die Gegenwart (88–103), E. Die Gegenreformation (104–109), F. Geistige Strömungen im Protestantismus des 17. und 18. Jahrhunderts und ihre Wirkung auf die Gegenwart (110–158), G. Staat und Parteien der Gegenwart in ihrer Stellung zur Kirche (159–166) H. Der deutsche Protestantismus der Gegenwart (167–262), J. Der deutsche Katholizismus der Gegenwart (263–306), K. Protestantismus und Katholizismus in Deutschland (307–317), I. Das Christentum im Weltanschauungskampf der Gegenwart (318–347), M. Das Christentum und die Weltreligionen (348–357)

146 Vgl. oben, Anm. 139.

147 Dem Buch ist offensichtlich kein übergroßer Erfolg beschieden. Bibliographisch lassen sich für das Dritte Reich keine weiteren Auflagen identifizieren. Anders allerdings verhält es sich nach 1945: Hermann Schuster/Hermann Schuirmann, Christentum in Geschichte und Gegenwart. Ein Quellenbuch, Frankfurt 1950, ^{5}1964.

148 Eine Ausnahme scheint das Unterstufenbuch von Hermann Schuster/Walter Franke darzustellen. Insofern das Unterstufenbuch von Bell breit hinsichtlich der alttestamentlichen Bezüge referiert wird, beschränke ich mich hier auf die Ausgaben für die Mittel- und Oberstufe. Vgl. Bell, Fehler, 290–295.

149 Ein detaillierterer Nachweis ist weiterhin ein Desiderat. Vgl. a. a. O., 295.

Das von Oppermann und Schremmer verantwortete »Arbeitsbuch« für die Mittelstufe erscheint 1936 in 23., verbesserter Auflage. Ein Vorwort fehlt, dasjenige der 22. Auflage ist übernommen – ein einziger Satz: »Die Darstellung der neuesten Kirchengeschichte ist soweit geändert worden, wie die Berücksichtigung der Ereignisse der letzten Jahre es erforderte«.[150]

Die Konzession an den politischen Zeitgeist beschränkt sich auf wenige Beobachtungen: Neu eingefügt ist der sich mit »neuem religiösem Suchen und Sehnen« beschäftigende § 178, der antibolschewistisch »argumentiert«[151]. Im weiteren Verlauf kommt auch das »positive Christentum«[152] aus dem NSDAP- Parteiprogramm von 1924 zur Sprache, das (kirchliche) Entrebillet der NSDAP. Die beigefügte Zeittafel endet hingegen ausgerechnet 1925 – mit der (ökumenischen) Weltkonferenz für praktisches Christentum in Stockholm.[153] Im Vergleich mit der Ausgabe von 1926 ist vor allem ein Entfall der Bildtafeln zu verzeichnen.[154]

Die jüngeren Auflagen von Hermann Schuster und Walter Franke entbergen ähnliche Strategien: Auch die in 14. Auflage 1937 erscheinende »Bibelkunde für die Mittelstufe«[155] entbehrt eines Vorwortes. Während – darin ist sie Oppermann und Schremmers Arbeitsbuch vergleichbar – am Umfang des Alten Testaments nichts geändert wurde, erscheinen bei Schuster und

---

150 Vgl. Wilhelm Oppermann/Bruno Schremmer, Arbeitsbuch für den evangelischen Religionsunterricht an höheren Schulen, Mittelstufe für Klasse IV-UII, 23., verbesserte Auflage, Leipzig 1936, IV.

151 »Unterdes hat sich der Bolschewismus in Russland so gekräftigt, daß er versuchen konnte, seine Ideen über die ganze Welt zu verbreiten. [...] Da fegt die nationalsozialistische Bewegung all den satanischen Wahnsinn fort: sie nimmt das Christentum als Grundlage unserer gesamten Moral; die Familie ist ihr die Keimzelle unseres Volks- und Staatskörpers.« A. a. O., 228.

152 Ebd.: »›Die Partei als solche vertritt den Standpunkt eines positiven Christentums, ohne sich konfessionell an ein bestimmtes Bekenntnis zu binden‹ (Programm der NSDAP.1924)«.

153 Zeittafel, in: Oppermann/Schremmer, Mittelstufe 1936, 257–260, 260. Die Chronik beginnt allerdings mit Jesu Tod, vernachlässigt also die Chronologie Israels.

154 Nur Raffaels, Madonna di San Sisto sowie Rembrandts, Die Heilige Familie, sind abgebildet – allerdings hier in Farbe. Vgl. ebd.

155 Gustav Rothstein/Hermann Schuster, Mittelstufe: Teil 1; Bibelkunde, Frankfurt a. M. [14]1937. Der Einheitsband enthält diese Abbildung nicht, wohl aber Holbeins Zeichnung jüdischer Tempelgeräte – und zwar in den verschiedenen Ausgaben vor (Hermann Schuster/Walter Franke/Gustav Rothstein, Mittelstufe: Einheitsband, sechste, unveränderte Auflage (37–49, Tausend) Frankfurt 1928, 36) und nach 1933 (Hermann Schuster/Walter Franke/Gustav Rothstein, Religionsbuch. Einheitsband, Frankfurt o. J. (aber nach 1933), 36.)

Franke Elemente der jüdischen Religion geradezu exponiert: Die 38, der Geschichte Israels gewidmeten Seiten schließen mit einer Darstellung vom Relief des Titusbogen in Rom: die jüdischen Tempelgeräte sind sichtbar und ausdrücklich markiert.[156] Und auch der weitere Befund für den sog. »Einheitsband« entspricht dem beschriebenen Verfahren: die jüngsten Entwicklungen werden kurz referiert, passende Textstücke sind hinzugefügt.[157]

Der Oberstufenband »Glaube und Leben«[158] enthält nicht nur deutliche Spuren einer Auseinandersetzung mit der von der NSDAP geforderten Verwerfung des Alten Testaments als Quelle der jüdischen Religion.[159] Auf seine Bedeutung auch für gegenwärtiges Kultur- und Geistesleben wird ausdrücklich hingewiesen.[160] Dass eine »weit über tausendjährige Geschichte« das Deutsche Volk zwar nicht mit dem Judentum, wohl aber mit dem Alten Testament verbindet, mag man als Zugeständnis der Herausgeber gegenüber den sie administrierenden Behörden verstehen. Das Vorgehen insgesamt offenbart aber zumindest größere Unabhängigkeit als eigentlich zu erwarten ist.

Zwar tragen alle Religionsbücher nicht nur latent zur Verbreitung nationalsozialistischer Anschauungen bei, sie enthalten aber, sofern das Alte Testament betroffen ist, auch deren implizite Kritik. Es liegt nicht fern, in dieser Kritik einen tieferen Grund für die Maßnahmen der nationalsozialistischen Schulverwaltung von 1938 zu erkennen.

---

156 GUSTAV ROTHSTEIN/HERMANN SCHUSTER, Bibelkunde für die Mittelstufe, Frankfurt [14]1937, 60.

157 HERMANN SCHUSTER/WALTER FRANKE/GUSTAV ROTHSTEIN, Religionsbuch. Einheitsband, Frankfurt o. J. (aber nach 1933), 201: »1933. Nationale Revolution. Deutsche Evangelische Reichskirche.«

158 HERMANN SCHUSTER/OTTO CLEMEN/RUDOLF PETERS/MARTIN RANG, Oberstufe: Glaube und Leben, Frankfurt [Glaube und Leben], 12. Auflage 1938. Ein Vorwort fehlt, Hinweise auf den Nationalsozialismus sind hinzugefügt, aber nicht organisch eingearbeitet; vgl. a. a. O., 172ff.

159 A. a. O., 16: »Damit kommen wir zu einem weiteren Grund, der für die Beibehaltung des Alten Testaments spricht und gegen die Einwände, die gegen das Alte Testament geltend gemacht werden. Durch eine nun weit über tausendjährige Geschichte ist nicht nur das Christentum mit dem Deutschtum verschmolzen, sondern auch das Alte Testament weithin ein deutsches Buch geworden.«

160 Etwas anders BELL, Fehler, 300. Bell verweist auf die Zusammenarbeit mit Martin Rang, der an dieser Stelle auch auf dem Titelblatt erscheint. A. a. O., 297f. »Sollten wir wirklich meinen, alle jenen Männer, Dichter und Künstler, hätten sich in einer heillosen Verblendung befunden, hätten ein erbärmliches, engherziges und veraltetes Machwerk durch eine gänzlich fehlgehende willkürliche Auslegung zu einer künstlichen Größe aufgebauscht?« A. a. O., 18. Zitiert wird eine Passage aus HERMANN SCHUSTER, Das Alte Testament heute, [1935] 106.

Am Ende zeichnet sich auch an den Religionsbüchern jener ambivalente Umgang ab, den Claudia Huerkamp für das Schulwesen im Dritten Reich herausarbeitete. Ein gewisser Spielraum bestand mancherorts bis zuletzt: Die Normen, Vorschriften und Gesetze wurden nicht immer eingehalten. Zum einen, weil es die Umstände erforderten, zum anderen weil die Kontrollen nicht flächendeckend möglich waren.[161]

IV. Fazit

Das moderne Religionsbuch entsteht im ersten Jahrzehnt des 20. Jahrhunderts. Es nimmt überwiegend Anregungen der organisierten Religionslehrer auf. Dem spezifischen Entwicklungsstand der Schüler ist didaktisch Rechnung getragen. Autorenkollektive verfassen gemeinsam Bücher, die den staatlichen Vorgaben gelegentlich kritisch gegenüber treten. Die Autoren nehmen gesellschaftspolitisch strittige Themen auf, ohne eindeutige Standpunkte zu beziehen. Seit der Jahrhundertwende finden sich vermehrt Abbildungen moderner Künstler. Die Religionsbücher verhalten sich zur älteren These von dem deutschen Sonderweg in keiner Weise ambivalent. Die Autorenkollektive machen vielmehr deutlich, dass sie ihren eigenen Part dort zu spielen beabsichtigen, wo es ihnen pädagogisch notwendig erscheint.

In der Weimarer Republik erscheinen neue Religionsbücher, die sich weitgehend an den Prinzipien des Kaiserreichs (Arbeit im Autorenkollektiv, Orientierung an der Entwicklungspsychologie, Einfügung von Illustrationen) orientieren. Statt gesellschaftspolitischer Überlegungen zur Funktion der Religion, treten aber jetzt reformpädagogische Prinzipien hinzu. Deren Verrechtlichung (Arbeitsunterricht und Lebenskunde wurden in der Weimarer Verfassung ausdrücklich genannt) führt aber zu einer kaum rezipierbaren Fülle an Material. Die Texte und Materialien sind zudem überwiegend auf deutsche Exempla und Strategien fokussiert: das (ewige) Christentum realisiert sich in nationalen Volksgemeinschaften. Erklärbar scheint dies durch das Prinzip der deutschen Bildungseinheit, dessen in der Praxis offenkundige germanozentrisch-volkstümliche Grenzen nicht hinterfragt werden.

---

161 Dass sich unter den faktischen Verhältnissen des Dritten Reiches nicht immer diejenigen Ergebnisse einstellten, die die Partei-Theoretiker gefordert hatten, ist für die nationalsozialistische Zeit bezeugt: Huerkamp belegt dies an Knaben, die an Mädchenschulen das Abitur ablegten, und vice versa. Vgl. nur Claudia Huerkamp, Bildungsbürgerinnen, Göttingen 1994, 66–69.

Das im Dritten Reich einzig »neue« Religionsbuch vom März 1933 führt in das im Volksgedanken grundgelegte zunehmend antisemitisch eingefärbte Christentum alte Unterscheidungen ein. Die übrigen Religionsbücher greifen auf ältere Vorlagen zurück, die die Autoren leicht verändern. Dabei zeigen die Autoren auch im Dritten Reich schließlich keine einfache Obrigkeitskonformität. Die Argumente zugunsten des Alten Testament sind zwar nicht philo-semitisch zu lesen, sie erklären aber das staatliche Austrocknen des Religionsunterrichts von der Spitze her.

Situationsorientierung in den Büchern für die Christenlehre in der DDR 1950 bis 1985

Dieter Reiher

In der DDR gab es nur eine überschaubare Zahl von Buchtiteln für die Christenlehre. Die Publikationsmöglichkeiten der Evangelischen Verlagsanstalt Berlin (EVA) als zentraler kirchlicher Verlag waren staatlich reglementiert, zudem für die christliche Kinder- und Jugendliteratur eng begrenzt. Die Bücher für die Christenlehrekinder 1950 bis 1985 sind im Zusammenhang mit der Entwicklung der evangelischen Katechetik zu verstehen, sie waren anfangs Bibellesebücher und hatten zuletzt die Form von Arbeitsbüchern für die verschiedenen Altersgruppen. Diese Arbeitsbücher 1981–1985 für Kinder im Schulalter waren das Ergebnis eines Prozesses, die Lebenswelt der Kinder mit der christlichen Tradition zu verknüpfen. Der Begriff der »Situationsorientierung« kennzeichnete den Anspruch, die »Situation« der Kinder in der DDR ins Gespräch mit biblischen und kirchlichen Inhalten zu bringen.

In diesem Beitrag sollen die Bücher für die Christenlehre unter dem Aspekt der Situationsorientierung betrachtet werden; in diesem Zusammenhang sind auch die Bezüge zu den Lehrplänen der Christenlehre und zu den Vorstellungen der »Schulkindheit« der DDR zu beachten. Im Gegensatz zu den ideologischen Vorstellungen der DDR entstand mit den Erfahrungen einer an der Lebenswelt der Kinder orientierten Christenlehre-Praxis die Auffassung einer *offenen Kindheit*, die Grundlage der »Situation« in den Büchern der Christenlehre war. Die Bücher markierten den Weg, auf dem die Lebenswelt der Kinder zum konstitutiven Bezug der kirchlichen Arbeit mit Kindern im Schulalter wurde; er hatte mehrere Stationen und führte schließlich zu fünf Arbeitsbüchern für unterschiedliche Altersgruppen, die einzeln betrachtet werden. Dabei sollen Fragen nach den biblischen und säkularen Texten, nach den zusätzlichen Informationen und Denkimpulsen, nach den unterstützenden Bildern und gestalterischen Elementen, sowie nach DDR-spezifischen Bezügen beantwortet werden. Außerdem werden staatliche Auffassungen und Gutachten aus dem Ministerium für Kultur der DDR (MfK) herangezogen, die im Bundesarchiv Berlin (Bundesarchiv)[1] gesammelt sind. Denn die ideologische Distanz der DDR und die staatliche reglementierende Begutachtung waren ständiger Hintergrund.

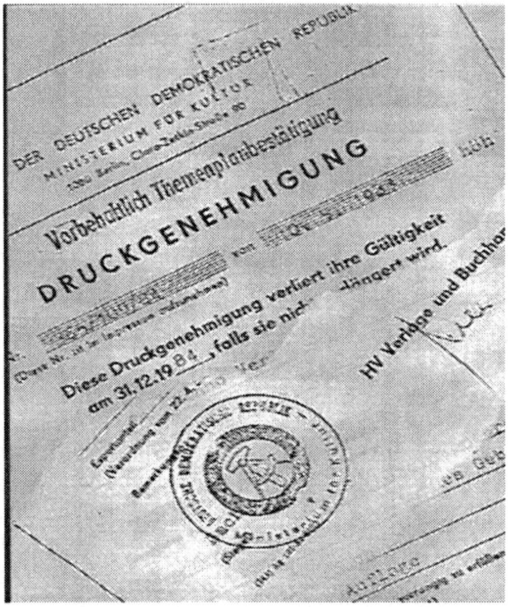

Siegfried Bräuer/Clemens Vollnhals, »In der DDR gibt es keine Zensur«, Ev. Verlagsanstalt Leipzig 1995/Titelseite oben rechts.

Der Beitrag schließt mit der Einschätzung von zwei nichtchristlichen Kinderbüchern zu biblischen Themen aus dem Kinderbuchverlag Berlin ab. Sie stellen die Frage nach Kinderbüchern für Schüler, die der christlichen Tradition ohne Kenntnisse aus Erfahrung oder mit negativen Vorurteilen gegenüberstehen.

1 Ministerium für Kultur der DDR, Hauptverwaltung Verlage und Buchhandel, Druckgenehmigungsverfahren 1947–1991, Evangelische Verlagsanstalt Berlin, Bundesarchiv Berlin, DR 1/2501–2581.

1. Kirchliche Einwände

1.1 gegen untersagte christliche Kinder- und Jugendliteratur

Es galt bis zur Wende,[2] was den Kirchen in einer Unterredung im MfK am 11.12.1958 mitgeteilt wurde, dass »die Erziehung der Jugend eine Angelegenheit des Staates ist. Es kann deshalb nur Literatur erscheinen, die den Prinzipien dieser Erziehung und den Prinzipien unserer sozialistischen Schule entspricht.«[3] In einer weiteren Unterredung am 10.7.1959 entgegnete Bischof Mitzenheim für die Kirchen schriftlich: »Wenn der Kirche die Herausgabe von Kinder- und Jugendliteratur untersagt wird, so engt ein solches Verbot die Bestimmungen der Verfassung erheblich ein, die der Kirche die Unterweisung der getauften Kinder gewährleistet. Dazu gehört, dass die Kirche auch durch das gedruckte Wort zu den getauften Kindern und Jugendlichen spricht. Unser Anliegen ist es, dass die Kirche wieder das Recht erhält, Kinder- und Jugendliteratur erscheinen zu lassen.«[4]

1980 sprach Paul Verner, stellvertretender Vorsitzender des Staatsrates der DDR, von Versuchen der Kirche, »sich der kommunistischen Erziehung der Kinder zu widersetzen«; auf dem Gebiet der Volksbildung gebe es mit der Kirche »unlösbare Widersprüche« und »Illusionen über den gesellschaftlichen Status von Religion und Kirche als gleichberechtigte und gleichwertige Partner«[5]. In späteren Jahren (1978) konnten sich Mitarbeiter des Druckgenehmigungsverfahrens bei Titeln zur kirchlichen Unterweisung gegen den marxistischen »Purismus« von Gutachtern mit dem Hinweis auf die Gesetzeslage durchsetzen; gewisse Spannungen zu Gutachtern des Ministeriums für Volksbildung waren nicht zu übersehen.[6]

---

2 Vgl. Dieter Reiher, Das bildungspolitische Engagement des Bundes der Evangelischen Kirchen in der DDR, in: Jörg Ohlemacher (Hrsg.), Profile des Religionsunterrichts, Frankfurt a. M. 2003, 43–105, hier: 92: Am 15.11.1989 erklärte der Staatssekretär für Kirchenfragen der DDR, dass er die »verbindliche Weisung« hätte, »alle Wünsche der Kirchen in der DDR nach Gesprächen zu bildungspolitischen Fragen abzulehnen [...], Bildungsfragen die Kirchen nichts angehen.«

3 Bundesarchiv, DO4/1643.

4 Ebd.

5 Zentralarchiv Paul Verner, Bundesarchiv Berlin, NY, 4281/110, 200.

6 Vgl. Siegfried Bräuer/Clemens Vollnhals (Hrsg.), »In der DDR gibt es keine Zensur«. Die Evangelische Verlagsanstalt und die Praxis der Druckgenehmigung 1954–1989, Leipzig 1995, 84 und 80.

Die Kirchen wiederum waren sich ihrer Mitverantwortung für eine Kultur des Aufwachsens bewusst, einer Schulkindheit ohne ideologischen Druck und ohne diskriminierendes Klima. Seit seiner Gründung 1969 hatte der *Bund der Evangelischen Kirchen in der DDR* (BEK) regelmäßig innerkirchliche »Informationen und Texte« herausgegeben; sie enthielten auch Studien z. B. zur »ideologischen Erziehung« (1973) oder zur »sozialistischen Überzeugungsbildung« (1975). Zu den angekündigten, aber nie eingelösten »Sachgesprächen« mit Vertretern der Volksbildung wurden seit 1972 stets schriftliche Vorarbeiten angefertigt.[7]

Für die Kirchen in der DDR war die Publikation von Kinder- und Jugendliteratur nicht möglich; denn die öffentliche Bildung und Erziehung war ausschließlich staatliche Angelegenheit. Entsprechend der kirchenpolitischen Entwicklung in der DDR konnte die EVA allenfalls sog. Gemeinde-Schrifttum für Kinder und Jugendliche zur Genehmigung einreichen. Erst in den achtziger Jahren konnten Arbeitsbücher für die Christenlehre erscheinen. Sie waren Folgebücher des »Rahmenplans für die kirchliche Arbeit mit Kindern und Jugendlichen (Konfirmanden)« 1977 (Rahmenplan), der u. a. das Gesamtziel hatte: »erfahren, wie Christen in der sozialistischen Gesellschaft verantwortlich vor Gott leben können«. Damit war eine gesellschaftliche »Situationsangabe« eingebracht, die den Formulierungen des BEK seit 1969 entsprach. Staatlicherseits wurde gerügt, dass damit jedoch kein »Integrationsauftrag« ausgesprochen sei.[8] Es blieb aber dabei, dass die Titel in den eingereichten Jahresplänen der EVA selektiert sowie die einzelnen Manuskripte begutachtet und mit Änderungen in den Texten beauflagt wurden. Außerdem war die Auflagenhöhe durch mangelnde Papier-Kontingente und Druckerei-Kapazitäten begrenzt. Westdeutsche Lizenzen und Papier-Einfuhren verhalfen zu einem einigermaßen stabilen Verlagsangebot.[9]

---

7 Vgl. Reiher, Engagement, 48; Götz Doye, 21 Jahre Bildungsverantwortung in Kirche und Gesellschaft, Die Christenlehre 44 (1991), 400–406, hier: 404. Die Belege widerlegen Nikolas Hueck, Lerngemeinschaft im Erziehungsstaat. Religion und Bildung in den evangelischen Kirchen in der DDR, Gütersloh 2000, 12, das pädagogische Engagement der Kirchen in der DDR habe sich auf den kirchlichen Binnenraum beschränkt.

8 Vgl. Bundesarchiv, DR 1/2537. Rahmenplan-Zitat: Rahmenplan 1977, 2

9 Vgl. Michael Kühne (Hrsg.), Die Protokolle der Kirchlichen Ostkonferenz 1945–1949, Göttingen 2005, 48: Bspw. standen auf der Tagesordnung der »Kammer für Schrifttumswesen« der Kirchlichen Ostkonferenz zwischen 1947 und 1949 fünfmal »Probleme des Christlichen Buchhandels und der Lizenzerteilung für kirchliche Verlage [...], die Papierbeschaffung und der Druck von Lizenzausgaben westlicher Verlage sowie die heikle Frage der Genehmigung von Zeitschriften und Nachrichtendiensten«. Nicht zu allen Publikationen für die Christenlehre liegen schriftliche Gutachten vor. Manche wenig gravierende

Die EVA musste jedes Manuskript zur Erteilung der Druckgenehmigung (eine Ersatzlösung für Zensur) an die Hauptverwaltung Verlage und Buchhandel beim MfK einreichen. Die Gutachten erhielt die EVA nicht zur Kenntnis; erst nach der Wende konnten sie im Bundesarchiv Berlin eingesehen werden. Bei den Manuskripten für die kirchliche Praxis verglichen die Gutachter sorgfältig auch Bibelstellen und Liedverse, um zu verhindern, »dass subversive Assoziationen bei den Lesern entstehen könnten«[10]. Nach 1961 hieß es auch für die Publikationen: »Keine Gemeinsamkeiten mehr mit der westzonalen Kirchenleitung«! »Kirchenliteratur war schon immer, solange sie uns die EVA vorlegt, militant, ignorierte die konkrete sozialistische Umwelt und stellte Gott als alleinigen Maßstab christlichen Verhaltens heraus.«[11] Die Gründung des BEK 1969 und dann der »Rahmenplan« 1977[12] wurden als kirchliche Neuorientierung begrüßt, es blieb aber das Misstrauen, das die Gutachter zu »höchst wachsamer Sorgfalt« gegenüber »feindlichen Absichten« in offener oder verschlüsselter Form aufforderte.[13] Seit 1976 war die Bildungspolitik der DDR Schwerpunktthema der Kontroversen.[14]

I.2 GEGEN STAATLICH GEREGELTE KINDHEIT

Der sozialistischen Schule oblag die Verantwortung für eine gesellschaftlich geregelte harmonische und konfliktfreie Kindheit. »Kindheit in der DDR war von der Konzeption und Gestaltung her wesentlich staatlich geregelt und institutionalisiert.«[15]

---

staatliche Einsprüche führten auf Grund mündlicher Absprachen zu Änderungen, die der Ev. Verlag dokumentierte. Aber auch nicht alle Einsprüche wurden aufgenommen, einige als Überbewertung abgetan (BRÄUER/VOLLNHALS (Hrsg.), DDR, 84). Manchmal genügte eine Abmilderung durch Austausch der Begriffe; z. B. stand dann statt »Ängste« (die es im gesellschaftlichen Leben der DDR nicht geben sollte) »Sorgen«. (Bundesarchiv, DR 1/2533a, 239).

10 BRÄUER/VOLLNHALS, DDR, 27.

11 A. a. O., 38f.

12 Vgl. a. a. O., 323.

13 Vgl. a. a. O., 47.

14 Vgl. a. a. O., 55.

15 KIRCHHÖFER, 40. Das Bild der DDR-Kindheit – aus der Nachwende-Sicht! – ist zu finden im Aufsatzband »Kindheit in der DDR«, herausgegeben von den führenden Pädagogen der DDR Dieter Kirchhöfer, Gerhart Neuner, Irmgard Steiner und Christa Uhlig. Dort ist allerdings mehr Rechtfertigung als Kritik zu finden. Ein anderes Bild wird in diesem Band im Beitrag »Religion und Kindheit« (in der DDR) skizziert (DIETER REIHER, Religion und

Das Gegenmodell zur staatlich »verregelten« Kindheit war ein offenes Bild von Kindheit, das basierend auf einem christlichen Menschenverständnis für die Freiheit des Individuums und die Unverfügbarkeit der Schülerpersönlichkeit stand. 1988 hatte die Kommission für kirchliche Arbeit mit Kindern und Konfirmanden (Kommission) des BEK in ihrer (innerkirchlich verbreiteten) Schulbuchanalyse die Einwände am offiziellen Bild des Kindes in der DDR zusammenfassend benannt:[16]

- »Die Lebenswirklichkeit der Schüler mit ihren Konflikten und Problemen ist wegen der gesellschaftlichen Vorgaben oft ausgeblendet«; das gesellschaftliche Harmoniebild »verträgt keine Einübung der Konfliktstrategien«.
- »Eine auf Konfliktbewältigung und Dialog bauende Friedenserziehung kommt nicht zur Sprache« und »Umweltschäden werden nur im Blick auf andere erwähnt«.
- »Leistung und Disziplin rangieren vor den Interessen und Bedürfnissen der Schüler«; »die Überbetonung des Kollektiven lässt für das Individuelle wenig Raum«.
- Der »Raum für eigenes Urteilen und Handeln im gesellschaftlichen Leben ist bereits vorher abgesteckt«; »ethische Entscheidungen können sich nicht in Erprobungsräumen bewähren«.
- Die Rolle von Kirche und Religion wird überwiegend negativ beschrieben und mit Vorurteilen vermittelt; »der Andersdenkende kann sich nicht positiv einbringen«.
- Übereinstimmend mit den Schulbüchern der DDR gelte aber: »Das Grundrecht des Menschen auf soziale Gerechtigkeit und damit verbunden auf Verbesserung der gesellschaftlichen Verhältnisse ist den Schülern als Grundwert vertraut.«

Die staatlichen Vorwürfe, wie sie in den Einsprüchen der Publikations-Gutachten dokumentiert sind, lauteten: »gesellschaftlich indifferent« zum »gesellschaftlichen Umfeld, in dem die Kinder leben«, keine Stellungnahme zum »realen Sozialismus in der DDR«, Betonung des gewaltlosen Widerstandes,

---

Kindheit, 67-80) und auch auf die »Analyse der Schulbücher« verwiesen, die 1988 vom BEK kirchenintern herausgegeben wurde (veröffentlicht in: Ilona Katharina Schneider, Weltanschauliche Erziehung in der DDR. Normen – Praxis – Opposition. Eine kommentierte Dokumentation, Opladen 1995, 3.6.4.).

[16] Vgl. Schneider, Erziehung, 328f.

des Pazifismus und einer »klassenindifferenten Versöhnung aller Menschen«, ein »gesellschaftlich indifferentes Bild von den Ursachen der Umweltverschmutzung«, die Rede vom »außenkirchlichen Bildungsbereich«.[17] Als provokativ wurden staatlicherseits Positionen der Kirche abgelehnt wie:[18]

- Seit Jahren sei von Kirchenvertretern überbetont worden: Christliche Schüler haben es schwer. Lehrer haben mehr Pläne und Vorschriften als das Vertrauen der Schüler im Kopf: »Zensuren sind wichtiger als die Entwicklung des Denkens«[19]. – Dass die Lehrerin Religion als »Priesterschwindel« bezeichnete, sei in jedem Geschichtsbuch zu finden. Diese Darstellung sei zu ändern in: »Das sind alles menschliche Erfindungen, hat meine Lehrerin gesagt.«[20]
- Es sei eine Unterstellung, dass ein Wesenszug des Lernens (in der DDR) sei: »Man lerne nur, um einen bestimmten Schein zu erhalten.«[21]
- Der bewaffnete Frieden sei in Frage gestellt worden. Und wenn Pharisäer als »Schnüffler« bezeichnet werden, führte das bestimmt zu »denunziatorischen Fehlinterpretationen«[22]. – Problematisch sei die These, dass sich die christlichen Gemeinden zum »Anwalt der heranwachsenden Jugend« machen sollten. – Die Kirche habe die Funktion einer »Schutzmantelmadonna« für Gruppen in der Kirche.[23] – »Die Geschichte von Herodes' Kindermord wird benutzt, um uns ein ›Kinderelend‹ anzuhängen, das gekennzeichnet wird [...] durch die dicht befahrenen Straßen, zu enge Wohnungen, überbeanspruchte Familien, kurz: zu viel Wohlstand, zu wenig Liebe. Kein Wort von den sozialpolitischen Errungenschaften der DDR«[24].

---

17 Bundesarchiv, DR 1/2537,2560, 2562,2568a

18 Vgl. Bundesarchiv, DR 1/2570ff.

19 Gutachter K.F. zu »Gottesdienste im Kirchenjahr« 1987.

20 Gutachter J.J. zu »Konfirmanden begleiten« 1988.

21 Ebd.

22 Gutachter J.J. zu »Texte zum Rahmenplan« 1988.

23 Vgl. Gutachter R. zu »Gemeinsam unterwegs« 1989.

24 Gutachter J.J. zu »Sonne und Schild« 1990.

2. Bücher für die Arbeit mit Kindern und Konfirmanden 1950–1978

2.1 ›Kindgemässe‹ biblische Lesebücher

Nach 1945 wurden mehrere Bücher für die Christenlehre von der Bibelanstalt Altenburg/Thüringen herausgegeben und von der EVA Berlin veröffentlicht; sie waren umfassend für den Unterricht oder für einen besonderen Zweck bestimmt und fanden nur regionale Verbreitung.[25]

- *Walter Zimmermann*, Christenlehre. Ein Buch für die evangelische Jugend, Bibelanstalt Altenburg (Hrsg.), mit Bildern von *Ursula Kükenthal*, Berlin 1946, 5. bearbeitete Auflage, Berlin 1952, weitere Auflagen bis 1960. (Das weit verbreitete Buch wurde laut Vorwort »in einer Zeit, in der weder Bibeln noch Gesangbücher zu beschaffen sind, als ein Ersatz für beide herausgegeben«. Es enthielt Gesangbuchlieder, biblische Texte nach Luther, Gebete, den Kleinen Katechismus Luthers und Abschnitte zur Kirchengeschichte).
- *Karl Witte*, Die biblische Geschichte den Kindern erzählt, Bibelanstalt Altenburg (Hrsg.), mit Bildern von *Willi Harweth*, Lizenzausgabe (Wittig-Verlag Hamburg) Berlin 1956. (Biblische Nacherzählungen für kleinere Kinder mit kleinformatigen Illustrationszeichnungen)
- Sehet, so ist Gott. Bilder von *Kurt Löffler*, Kahla; Texte von *Walter Lieder*, Gotha, Bibelanstalt Altenburg im Auftrage des Konvents evangelischer Gehörlosen-Seelsorger in der DDR (Hrsg.), Berlin o. J. (1960). (Christenlehre für Gehörlose: Jedes biblische Thema von Abraham bis Pfingsten hat eine Bildseite mit einer Gottes-Aussage als Überschrift und einer Antwort als Untertitel sowie eine Textseite mit nummerierten kurzen inhaltlichen Aussagen, einem Gebet und einem Merkspruch.)
- (Autorenkollektiv), Die großen Taten Gottes. Geschichten aus der Bibel mit Illustrationen (ohne Namen), Bibelanstalt Altenburg (Hrsg.), Berlin o. J. (1963). (Biblische Nacherzählungen)

---

[25] Weiterhin gab die Ev.-Luth. Freikirche in der DDR heraus: Gotthilf Herrmann, Biblische Geschichten. Mit Bildern von Elisabeth Reuter, Berlin 1951. Ida Näther (Hrsg.), unverändert bis ^{5}1969, ^{10}1984. (Biblische Nacherzählungen von der Schöpfung bis Pfingsten, je mit einem biblischen Merkspruch).

- *Werner Schnoor*, Der Wegweiser. Biblische Geschichten, mit Zeichnungen von *Harry Franke*, Berlin 1972. Als Blindendruck 1984. (Von einem Mitarbeiterkreis der Mecklenburgischen Kirchenzeitung wurden die Nacherzählungen der biblischen Geschichten und die Abschnitte zu Fragen und Antworten des christlichen Lebens, über christliche Zeugen, mit Liedern sowie Gebeten geschrieben.)

2.1.1. ZWEI LIZENZAUSGABEN

Bis in die 1970er Jahre gehörten zwei biblische Lesebücher zur Ausstattung jeder Christenlehre-Gruppe in den ostdeutschen Landeskirchen:

- *Jörg Erb* (Hrsg.), Schild des Glaubens. Geschichten der Bibel Alten und Neuen Testaments, mit Bildern von *Paula Jordan*, Kassel 1941, 1.Lizenzauflage der Evangelischen Verlagsanstalt Berlin 1948, weitere Auflagen bis 1970, erneuerte 60. Auflage (mit kolorierten Bildern) Lahr 1993.

Paula Jordan (Illustration)/Jörg Erb (Text): Schild des Glaubens. Kassel 1941.

Paula Jordan (Illustration)/ Jörg Erb (Text): Schild des Glaubens. Lahr 1993.

- *Jörg Erb* (Hrsg.), Der gute Hirte. Eine Einübung in den christlichen Glauben und in das christliche Leben, mit Bildern von *Christian Rietschel,* Kassel 1958, Lizenzauflage der Evangelischen Verlagsanstalt Berlin 1960.

Christian Rietschel (Illustrator)/Jörg Erb (Text): Der gute Hirte. Kassel 1958.

Beide Bücher[26] waren Lizenzausgaben. Sie fanden breite Verwendung in Familien und Gemeinden. Sie hatten ihre Bedeutung für die Vermittlung biblischer Kenntnisse und die Einführung in den christlichen Glauben. Sie entsprachen dem praktizierten heilsgeschichtlich-kirchenjahrbezogenen, erkenntnisgeleiteten Bibelunterricht der »Arbeitshilfen zur kirchlichen Unterweisung für Sechs- bis Zwölfjährige« 1959.

Die »Arbeitshilfen« 1959 wollten die Sechs- bis Zwölfjährigen lehrgangsmäßig »mit dem Reichtum des biblischen Zeugnisses bekanntmachen«;[27] im Vorwort von »Schild des Glaubens« 1960 wurde das Kind angesprochen, »einen reichen Schatz aus Gottes Wort zu erwerben« für »den guten Kampf des Glaubens«. Vormals hatte der Herausgeber Jörg Erb[28] in der 1.Auflage 1941 das biblische Lesebuch als »Hausbuch« den Müttern »aus der Liebe zu unserm deutschen Volk«[29] gewidmet. 1970 mussten in der revidierten Ausgabe »wegen eines möglichen unterschwelligen Antijudaismus« einige Bilder verändert werden.

»Der gute Hirte« wendete sich ebenfalls an die Mütter; sie sollten ihre Kinder »möglichst während der ersten Lebensjahre [...mit] dem reichen Schatz der Kirche« bekannt machen und »ihnen bei der Einübung in das Leben der Gemeinde« helfen.[30]

Vorausgesetzt wurde eine Lebenswelt der Kinder mit einem gewissen christlichen Brauchtum. Auf solche unausgesprochenen Erfahrungen konnten sich die biblischen Lesebücher noch beziehen. Ihre Aufgabe war es, »kindgemäß« in Auswahl und Sprache die biblischen Geschichten nachzu-

---

26 Vgl. DIETER REIHER, Lernziel: Umgang mit der Bibel. Die Christenlehre 39 (1986), 283–291, hier: 286ff. (3.3.Kinderbibeln – biblische Lesebücher). Weitere biblische Lesebücher, die teilweise begrenzte landeskirchliche Verwendung fanden, vgl. ebd. Vgl. auch die Rezension von GOTTFRIED ADAM zur Neuauflage des Schild des Glaubens, Die Christenlehre 48 (1995), 92.

27 Arbeitshilfen zur kirchlichen Unterweisung für Sechs- bis Zwölfjährige. Die Christenlehre 12 (1959), 229–296, 233.

28 Der Herausgeber Jörg Erb (1899–1975) war Religionspädagoge und Autor mehrerer christlicher Bücher. Er arbeitete mit der Buchillustratorin und Malerin Paula Jordan (1896–1986) aus Leipzig zusammen. Der Grafiker Christian Rietschel (1908–1997) war Leiter des Kunstdienstes der Ev.-Luth. Landeskirche Sachsens.

29 ERB, Schild, Vorwort.

30 ERB, Hirte, Nachwort.

erzählen, sowie den heilsgeschichtlichen Weg und die kirchlichen Handlungen nachzuzeichnen; Merksprüche aus Bibel und Katechismus, Gebete und Lieder sollten für Familie und Gemeinde neue Erfahrungen ermöglichen. Die Illustrationen von P.Jordan waren Schwarz-Weiß-Zeichnungen mit klaren Linien; die Jesus-Gestalt war idealisierend gezeichnet.

Geheimer Gutachter für »Schild des Glaubens« (15. Auflage) war 1965 der Berliner Gemeindepfarrer G.B. (aus Hönow). Er charakterisierte die »pädagogische Diktion« als einen »ganz massiven Versuch u.a. , ein kirchliches Denken auf die Schüler zu übertragen, das einem kirchlichen Selbstverständnis im staatskirchlichen Sinne« entspreche. Die Ablehnung des Buches übernahm die HV nicht.[31]

2.1.2. Ein neues ostdeutsches Buch

1970 entstand ein neues biblisches Lesebuch für die Christenlehre. In vierjähriger Arbeit wurde »Das Wort läuft«[32] von Mitarbeitern aus allen Landeskirchen in der DDR erarbeitet; es sollte die vorigen biblischen Lesebücher mit ihrem Bibelverständnis und den Bildern ablösen. Es wurde das meistbenutzte Christenlehre-Buch.

---

[31] Vgl. Bräuer/Vollnhals, DDR, 88 .

[32] Ulrich Poetschke, Das Wort läuft. Eine Vorschau auf das neue biblische Lesebuch für Christenlehre und Gemeinde, Die Christenlehre 22 (1969), 262–270. Vgl. auch: Maria Poetschke, Welche Aufgabe hat die Illustration? Mit Beispielen aus dem neuen biblischen Lesebuch »Das Wort läuft«, Die Christenlehre 24 (1971), 159–170, sowie die Rezension zur 13.Auflage: Dieter Reiher, Die Christenlehre 36 (1983), 124. OKR Herwig Hafa (1910–2000) war bis 1976 Vorsitzender der Kommission des BEK. Maria Poetschke war Katechetin in Oranienbaum. 1981 hatte »Das Wort läuft« eine Auflage von 200.500 Exemplaren; weitere 18.000 wurden beantragt (Bundesarchiv, DR 1/2562).

Peter Dietzsch/Joachim Lehmann/Hans Georg Annies (Illustratoren)/Maria Poetschke/Herwig Hafa (Text): Das Wort läuft. Berlin 1970.

- *Maria Poetschke/Herwig Hafa* (Hrsg.), Das Wort läuft. Biblisches Lesebuch. Mit Illustrationen von *Peter Dietzsch* und Farbbildern von *Joachim Lehmann* (AT) sowie *Hans Georg Annies* (NT), Berlin 1970, bearbeitet [13]1982, letzte [15]1985.

Peter Dietzsch/Joachim Lehmann/Hans Georg Annies (Illustratoren)/Maria Poetschke/Herwig Hafa (Text): Das Wort läuft. Berlin 1985.

Als »Lehr- und Lernbuch« sollte es jungen Christen in ihrer Zeit Kenntnisse und sachliche Fundierung des Glaubens vermitteln. Zur »Situation« gehörten längst der gesellschaftliche Säkularisierungsprozess und die sozialistische Schule als Hintergrund. Vielen waren Bibel und Glaube fremd geworden. Die Standardfrage hieß: Ist das auch wirklich (historisch) wahr?

Auch »Das Wort läuft» verstand sich als biblisches Lesebuch. In ihm wurde »die Geschichte des Wortes Gottes«[33] als ein Weg, als Überlieferungsgeschehen dargestellt. Die kindgemäß erzählten Texte begannen mit Abraham, erschlossen die Botschaft der Propheten (*danach* die Urgeschichten!) und führten über Makkabäer-Texte zur Jesus-Überlieferung mit der Wirkungsgeschichte in der Apostelgeschichte. (Brieftexte des NT fielen weg, dagegen Aufwertung des AT). Dialoge, geschichtliche Vortexte, Rahmenerzählungen, Erkennungszeichen für die Erzählungen der vier Evangelien, biblische Vergleiche (z. B. Pfingstgeschichte und Turmbau zu Babel), sachkundliche Hinweise und im Anhang ein Register sollten helfen, mit der biblischen Überlieferung sachgemäß umzugehen. Die begleitenden vielfältigen Bilder hatten unterschiedliche Funktionen; sie waren Sachzeichnungen und Karten, das Geschehen illustrierende Zeichnungen, zu meditierende Farbtafeln zum AT und symbolhafte Farbtafeln zum NT.

Dieses biblische Lesebuch verstand sich als Einführung in ein hermeneutisch-kritisches Bibelverständnis wie es das »Modell eines katechetischen Perikopen- und Themenplans« 1969 (Modellplan) vorgegeben hatte. Aber wieder blieb es nur bei der Altersgemäßheit und biblisch-kirchlichen Themen, die Lebenswelt der Kinder wurde nicht thematisiert.

Der »Modellplan« beschrieb die »Begleitung« der Kinder und Jugendlichen mit dem Angebot des Evangeliums als neue Aufgabe. Die »Probleme der Umwelt des Heranwachsenden« sollten stärker in den Blick kommen, dabei sollten den Antworten die Fragen der Kinder und Jugendlichen vorausgehen. Die biblische Überlieferung wurde von einer Art Kinderkatechismus strukturiert: Katechismusartige Leitsätze als Zusage – Antwort wurden alters

---

33 Poetschke/Hafa, Das Wort läuft, Vorwort.

stufenmäßig zugeordnet. Zur Lebenswelt der Kinder fanden sich aber keine Themen oder Hinweise im ausgeführten Plan. Es blieb bei der Dominanz des hermeneutisch-kerygmatischen Bibelverständnisses.[34]

Die Evangelische Verlagsanstalt gab zur selben Zeit die Reihe »katechetisches Anschauungsmaterial« mit biblischen Bilderbüchern zu einzelnen biblischen Geschichten heraus. Sie verwiesen auf die entsprechenden Leitsätze des »Modellplans« und übernahmen (anfangs) die Texte aus »Das Wort läuft«. Diese Bilderbücher waren für jüngere Kinder mit ihren Eltern gedacht. Sie hießen u.a. : »Von der Liebe des Vaters« (1970), »Von der Liebe zum Nächsten« (1970) mit Bildern von Matthias Klemm, »Lied von der Schöpfung« (1985) mit Bildern von Steffi Bluhm. Durch die Bilder sollten Erfahrungen am biblischen Text erhoben werden, die heutige Kinder ansprechen können.

Matthias Klemm (Illustrator)/ Ilsemarie Sänger (Text): Von der Liebe des Vaters. Berlin 1970.

---

[34] Provinzialkatechet Alfred Nollau, Vorsitzender der Modellplan-Gruppe, war beeinflusst von der Konzeption des biblischen Lesebuches: HANS-DIETER BASTIAN/HEINZ KREMERS (Hrsg.), Die Gottesbotschaft, Düsseldorf 1964. Vgl. ALFRED NOLLAU, Didaktische Aspekte eines neuen biblischen Lesebuches, Die Christenlehre 19 (1966), 270–284. HERWIG HAFA dagegen äußerte sich distanziert zur Konzeption Kremers/Bastian, in: Die Christenlehre 20 (1967), 145.

Sachkundliches Begleitmaterial für ältere Kinder und Jugendliche waren die »Sachbilderbücher« von Dietrich Steinwede[35]. Die 1.bearbeitete Lizenzauflage der EVA in dieser Reihe war 1979 »Jesus aus Nazareth«, es folgten 1980 »Paulus aus Tarsis« und weitere Hefte.

2.2 Zur Intention: ›situationsgerecht‹

Der »Modellplan« 1969 hatte die Aufgabe formuliert, aber die Situation der Kinder und Jugendlichen im Plan selber nicht explizit thematisiert. Bisher kam die Lebenswelt der Kinder in der Regel als Reflexionsgegenstand in der Vorbereitung der Katecheten vor, um die Unterweisung »kindgemäß« zu gestalten: Die Kinder sollten entsprechend ihres Alters »abgeholt« und zur Gemeinde geführt werden. Allenfalls wurden der biblischen Geschichte ein »Vorfeld« oder ein breiterer »Einstieg« mit einer »Umweltgeschichte« vorgeschaltet.

Einen neuen Schritt bedeuteten die »Thesen zur situationsgerechten kirchlichen Unterweisung« 1974,[36] die den mit dem »Modellplan« begonnenen Wandel kennzeichneten: Kirchliche Unterweisung als Verkündigung sollte ein Geschehen sein, das »Möglichkeiten positiver Lebensgestaltung unter Berufung auf Jesus Christus anbietet« und sich in den Beziehungen »in einer bestimmten Gesellschaft« fortsetzt. Es wäre ein Geschehen wie in einer

---

[35] Die Sachbilderbücher von Steinwede waren von Eckart Schwerin, Sekretär der Kommission des BEK bearbeitet worden, die Gutachter fanden keine Bedenken (z.B. Bundesarchiv, DR 1/2566,161). Neben den sieben biblischen Bilderbüchern der EVA sind auch solche im katholischen St Benno-Verlag Leipzig erschienen, meistens als Lizenzausgaben. Hier sind auch die kleinen Bilderhefte der Evangelisch-methodistischen Kirche in der DDR (Union-Verlag Berlin) zu erwähnen. Außerdem gab es mehrere kleine Hefte, herausgegeben vom Burckhardthaus Berlin, z.B. zur Abendmahlsvorbereitung oder für Eltern eine Anleitung zum Beten und zur Andacht mit Kindern.

[36] Die Thesen sind zu finden in: Herwig Hafa, Situationsgerechte kirchliche Unterweisung?, Die Christenlehre 27 (1974), 356f. Zu den Veränderungen vgl. Christa Drummer, Das Kind in seiner heutigen Umwelt, Die Christenlehre 21 (1968), 63–68: Hier wurde eine nur allgemeine Übersicht über die veränderte Umwelt der Kinder gegeben, »angefangen bei der Familie bis hin zu den verschiedensten Gesellschaftsfaktoren«, ohne zu werten. Zur psychologischen und soziologischen Situation der Konfirmanden in der DDR vgl. Siegfried Schmutzler, Aspekte ganzheitlichen Arbeitens mit Jugendlichen im Konfirmandenalter, Kap.3, in: Eckart Schwerin (Hrsg.), Christliche Unterweisung und Gemeinde, Berlin 1978, 138–179.

Ellipse mit den zwei Brennpunkten Situation und Evangelium. »Lebenshilfe für Gegenwart und Zukunft« sollte nicht nur altersgemäß, sondern auch auf die gemeindliche und gesellschaftliche »Umwelt« (der DDR) als »Situation« bezogen sein.

In einem Hearing 1972 wurde die »Modellplan«-Erprobung ausgewertet. Für den Fragenkomplex 4 zur veränderten Umwelt, dem Fragehorizont der Kinder und Jugendlichen sowie der Lebenshilfe für die Gegenwart und Zukunft lagen aus der Kirchenprovinz Sachsen mehrere schriftliche Voten vor:[37]

> »Es sind gute Ansätze für Lebenshilfe im *Modell* da [...], aber die Gegenwart der Kinder umfasst nach dem *Modell* nur die Gemeinde [...]. Die Anlage ermöglicht den Einbau je aktueller Themen. Aber ein Fragehorizont ist im Plan ausgespart: Die Frage nach der Existenz Gottes und der Position des Unglaubens. Diese Frage treibt die Kinder um«. (K., Zeitz)
> »Die veränderte Umwelt ist durchaus im Blick [...]. An Kinderfragen sollten noch berücksichtigt werden die nach der Theodizee, dem Verhältnis von Wissen und Glauben, die nach der Historizität [...]. Die Verantwortung für die Welt muss stärker entfaltet werden«. (L., Wittenberg)
> »In Kurs 1: Da ist der Ausgangspunkt nicht mehr wie im alten Lehrplan der Gottesdienst, sondern die alltägliche Umwelt der Kinder [... Zur veränderten Umwelt gehört,] dass Kinder auch im vorschulpflichtigen Alter heutzutage mit viel mehr Menschen als mit der engsten Familie bewussten Kontakt haben«. (T., Halberstadt)
> »Den Katecheten müssten noch mehr Hilfen und Anregungen gegeben werden, die Umwelt der Kinder einzubeziehen [...]. Es bleibt zu sehr den einzelnen Katecheten selbst überlassen, den biblischen Text in die Erlebniswelt der Kinder hineinzusprechen. So verschieden die aktuellen Fragesituationen der Gruppen auch sein werden, könnten einzelne Beispiele sehr hilfreich sein«. (W., Halle)

2.3 Ein neues lebensbezogenes Konfirmandenbuch

Die Neubearbeitung des Konfirmandenkurses (»Kurs V« des »Modellplans«) 1973 war der entscheidende Schritt zu einer neuen Planstruktur: In der Spaltenübersicht wurden, ausgehend von den Angaben zur Situation, die Lernzielschritte differenziert und inhaltliche Angebote sowie Arbeitsvorhaben

---

[37] Das Hearing fand am 24.–26.1.1972 in Wernigerode mit Fachvertretern der Landeskirchen statt. Die schriftlichen Voten befinden sich im Archiv des Autors.

(Themen aus Kirche und Gesellschaft, biblische und säkulare Texte, andere Materialien und Tätigkeiten) formuliert. Die Situationsangaben sollten dazu anleiten, die Lage der konkreten Gruppe zu erheben. Damit war intendiert, die Alltagswelt der Kinder und Jugendlichen wahrzunehmen und anhand der Plan-Vorgaben lebensbezogene Themen zu bearbeiten. Ein entsprechendes Textbuch wurde angekündigt. 1978 konnte es als Arbeitsbuch für Konfirmanden erscheinen:

- *Roland Degen/Dieter Reiher/Eckart Schwerin* (Hrsg.), Ich möchte Leben haben. Fragen und Antworten. Konfirmandenbuch, Berlin 1978, ³1981.

Roland Degen/Dieter Reiher/Eckart Schwerin (Hrsg): Ich möchte Leben haben. Berlin 1978.

Dieses Jugendbuch enthielt Texte und Bilder mit Arbeitsanweisungen sowie Denkanstößen, um die eigene Lebenswirklichkeit bewusst zu machen, zum Nachdenken anzuregen und schließlich zu eigenen Antworten zu gelangen. Die Intention des Buches lautete:

> »lernen, die Stimme Jesu Christi im Zusammenhang mit der eigenen Situation zu hören, kritisch den Glauben zu bedenken, weil Jesus alle Vergleiche und Fragen aushält, weiterfragen, wo andere aufgehört haben zu fragen.«[38]

---

[38] Degen/Reiher/Schwerin, Ich möchte Leben haben, Vorwort.

Entgegen der Auffassung, dass Glaube Privatsache sei, entfaltete das Buch, dass der Glaube Folgen hat und das ganze Leben betrifft.[39] Die verschiedenen Aspekte der einzelnen Themen hielten Entscheidungen offen, damit erst im eigenen Nachdenken eigene Antworten gefunden werden. Verschiedene Meinungen und die gemeinsame soziale Verantwortung waren Schwerpunkte in den drei Kapiteln »Mit anderen leben«/»Ich will auch leben«/»Auf Zukunft hin leben«. Die Problemthemen der DDR hießen: Dialog mit anderen Auffassungen, Menschen am Rande, Gewissen, Friedensaufgaben, gewaltfreier Widerstand, Umweltschäden, »Paradies auf Erden«, Glaube und Fortschritt. So wurden z. B. die Stärke von Menschen am Rande, verschiedene Weisen von »Widerstand«, barmherziges Helfen, eine marxistisch-christliche Freundschaft (»und wenn er religiös ist«), verantwortliche Wissenschaftler sowie Gottesvorstellungen thematisiert und mit kirchlichen Texten verbunden (z. B. biblische Texte und die Gebote in moderner Übertragung, Gebete und kirchliche Berichte).

Die »optische Präsentation«[40] war im Druck und in den Impulsfotos (schwarz-weiß und meistens ganzseitig) ein Fortschritt. »Leben haben« wurde in jugendgemäßen Texten (z. B. von Krüss, M.L.King, Frisch, Brecht, Bonhoeffer, Taize, Äußerungen Jugendlicher) und Bildern mit eigener Aussage entfaltet. Den wenigen kurzen Fragen und Anstößen zum Nachdenken zu jedem Thema konnten die Konfirmanden ohne weitere Hilfe nachgehen. Das Konfirmandenbuch war weniger Arbeitsbuch für den Unterricht, mehr ein gesprächsoffenes Jugendbuch zum Lesen und Nachdenken für die Konfirmanden.

In der staatlichen »Einschätzung der thematischen Pläne der Kirchenverlage für das Jahr 1976« des MfK[41] hieß es zur kirchlichen Jugendarbeit zusammenfassend:

> »Weiterhin bezeugt die Jugendarbeit und Kaderausbildung der Kirchen ihre intensivierte langfristige Planung [...]. Dem Anliegen, ein attraktiv-modernes

---

39 Vgl. Rezension von KLAUS WEGENAST, Theologische Literaturzeitung 104 (1979), Nr.8, 617f. Vor dem Konfirmandenbuch 1978 erschien ein Büchlein, das im Konfirmandenunterricht benutzt wurde: ECKART SCHWERIN (Hrsg.), ...und fragen nach dem Leben, Altenburg 1977. Es enthielt Bibeltexte, denen Fotos und Überschriften als Denkanstöße zugeordnet waren.

40 CHRISTOPH DOHMEN-FUNKE/MARKUS HARTENSTEIN, Schulbibeln, in: GOTTFRIED BITTER u. a. (Hrsg.), Neues Handbuch religionspädagogischer Grundbegriffe, München 2002, 528–531, 530.

41 Vgl. Bundesarchiv, DY/IVB2/14/193,12.

aber garantiert sozialismusfreies Jugendleben anzuleiten, dienen Mittel von der garden-party bis zum Training im Weltanschauungsdialog zwecks Widerlegung des Marxismus [...], (bis zu kirchlichen Jugendklubs,) in denen auch dem Nichtchristen die Frage nach dem Sinn des Lebens beantwortet wird. Es versteht sich fast von selbst, dass in diesem Jugendschrifttum die Gedanken der ›Friedensforschung‹ besonders ausgeprägt auftraten.«

3. Vier situationsorientierte Arbeitsbücher 1981–1985

In der Folge der Gründung des BEK 1969 hatte auch der »Rahmenplan« 1977 Akzeptanz gefunden,[42] so dass schließlich 1981–1985 zu dessen vier Kursen vier Arbeitsbücher publiziert werden konnten. Das Konfirmandenbuch 1978 war das erste in der Reihe der situationsorientierten Arbeitsbücher. Die weiteren vier Bücher folgten jeweils dem Leitgedanken des Kurses und formulierten ein entsprechendes Thema als Buchtitel. Indem sie die Lebenswelt der Kinder zum Ausgangspunkt machten, nahmen sie den kommunikativen Weg einer »Lebenshilfe vom Evangelium her«[43]. Was mit dem Konfirmandenbuch 1978 begonnen hatte, wurde nun weitergeführt: Das lehrgangsmäßig aufgebaute biblische Lesebuch wurde abgelöst durch das thematisch gegliederte Arbeitsbuch mit unterschiedlichen Medien und vielfältigen Methoden. Die Illustrationen traten hinter Bildern mit eigenständigen Aussagen zurück, manchmal in provozierender Gestalt. Fragen und Aufgaben wurden offen formuliert. Nun galt: »Nicht von Ergebnissen her, sondern auf Ergebnisse hin wird gedacht.«[44] Ein ganzes Paket zur Arbeit mit dem »Rahmenplan« war geplant:

---

42 Vgl. Bräuer/Vollnhans, DDR, 322f.: Gutachter Horst Dohle votierte 1980, dass die »Abseitsstellung« der kirchlichen Kinderarbeit »zu den seit 1969 gefundenen Positionen einer Kirche im Sozialismus« mit dem »Rahmenplan für die kirchliche Kinder- und Jugendarbeit erledigt« sei. Gutachter P.K. kritisierte allerdings, der Bezug zur sozialistischen Gesellschaft sei nur als (gesellschaftliche) »Situationsangabe«, nicht jedoch als »Integrationsauftrag« verstanden worden (a. a. O., 84).

43 Dieter Reiher, Die Gesichtspunkte des Auftragsgemäßen und Situationsgemäßen. Überlegungen zum »Rahmenplan für kirchliche Arbeit mit Kindern und Jugendlichen (Konfirmanden)«, in: Schwerin (Hrsg.), Christliche Unterweisung, 65–76, 74.

44 Gabriele E. Miller/Jörg Thierfelder, Religionsbücher, in: Gottfried Bitter u. a. (Hrsg.), Neues Handbuch religionspädagogischer Grundbegriffe, München 2002, 531–535, 532f., kennzeichnet solche Arbeitsbücher als »prozessorientierte Bücher«.

- ein Handbuch zum »Rahmenplan« als Arbeitsbuch für Mitarbeiter (nicht ausgeführt),
- Texte zum Rahmenplan, Bd. 1, Berlin 1980; Bd. 2, Berlin 1981; überarbeitete und ergänzte Neufassung beider Bände 1990 erschienen,
- Arbeitsbücher für Aus- und Fortbildung kirchlicher Mitarbeiter (nicht ausgeführt).
- 4 Arbeitsbücher zu Kurs I–IV 1981 bis 1985 erschienen.

Die vier Arbeitsbücher wurden jeweils von einer Arbeitsgruppe der Kommission aus Fachvertretern der Landeskirchen im BEK konzipiert und ausgearbeitet. Die Redaktion hatte jeweils eine bestimmte Landeskirche: 4. Buch Ev.-Luth. Landeskirche Sachsens, 3. Buch Ev.-Luth. Landeskirche Mecklenburgs, 2. Buch Ev. Kirche der Kirchenprovinz Sachsen, 1. Buch mehrere Landeskirchen unter Vorsitz des Sekretärs der Kommission. Die Konzepte wurden von einer Koordinierungsgruppe der Kommission begleitet und abgestimmt.

Die vier Arbeitsbücher in der Christenlehre einzusetzen, hatte seine Grenzen. Denn die Katechetinnen waren wenig geübt, mit säkularen Texten und Problemthemen umzugehen. Für viele standen ausschließlich biblische Geschichten und kirchliche Themen im Mittelpunkt. Für die Arbeit mit den Bildern war außerdem eine größere Zahl von Exemplaren in der Christenlehre-Gruppe nötig. Die Auflagen reichten aber nie aus, um der Nachfrage gerecht zu werden.

Immerhin konnten die Arbeitsbücher die Katechetinnen bei der Materialsuche für die Unterrichtsvorbereitung entlasten. In der Zeitschrift »Die Christenlehre« wurden ausführliche Arbeitshilfen zu Themen des »Rahmenplans« angeboten, die auch die Arbeitsbücher einbezogen.[45]

1983 hatte die Kommission des BEK in den Landeskirchen angeregt, die »Gesamtsituation der kirchlichen Arbeit mit Kindern« zu ermitteln. Es wurde berichtet:[46]

---

45 Z. B. im Jahrgang 1984: Sauer, U103 (Arbeitsbuch II), Schmutzler, U121 (Konfirmandenbuch), Herz, U169 (Arbeitsbuch I). Zur Verwendung der Arbeitsbücher vgl.: GERHARD DULIG/DIETER REIHER, Kleines Methodenlexikon: Das Arbeitsbuch, Die Christenlehre 40 (1987), U190–U192.

46 Vgl. GÖTZ DOYE, Gespräche zur Gesamtsituation der Arbeit mit Kindern im Bereich des Bundes der Evangelischen Kirchen, Die Christenlehre 39 (1986), 4–21, 4.

- Ev. Kirche Berlin-Brandenburg:

  »Schulische Probleme wurden fast nie benannt. Umso einhelliger war die Meinung, dass die größte Belastung darin besteht, dass die Eltern nicht hinter der Arbeit mit den Kindern stehen. Als belastend sahen einige auch die Minderheitensituation der Kinder auf dem Lande [...]. Die thematische Arbeit wurde wegen der Aufnahme von Kinderproblemen teils als hilfreich, teils als noch nicht geeignet für jüngere Kinder bezeichnet.«[47]

- Ev. Landeskirche Greifswald:

  »Überwiegend wird Umgang mit biblischen Texten in den Mittelpunkt gestellt, Themen werden nur ›hinführend‹ oder ›abschließend‹ behandelt.«[48]

- Ev.-Luth. Landeskirche Mecklenburgs:

  »Viele Mitarbeiter erkennen die Veränderungen und möchten sie konstruktiv aufnehmen [...]. Dabei spielt eine besondere Rolle die besonders in den Stadtgemeinden zum Teil unverhältnismäßig hohe Zahl der ungetauften Kinder (bis zu 75 %) [...]. Alle bisherigen Auflagen von Büchern für die Kinder können den tatsächlichen Bedarf nicht abdecken.«[49]

- Ev. Kirche der Kirchenprovinz Sachsen:

  »Erschreckend ist in manchen Gruppen eine zunehmende Aggressivität der Kinder untereinander. Ihr kann nur mit viel Verständnis für die Probleme der Kinder begegnet werden. Kinder möchten spielen, basteln, feiern, sich geborgen fühlen.«[50]

---

47 A. a. O., 7f.

48 A. a. O., 11.

49 A. a. O., 12f.

50 A. a. O., 14.

- Ev.-Luth. Landeskirche Sachsens:

  »Das Hauptproblem der Praxis scheint [...] die Frage, wie vor Ort konzeptionell gedacht wird und Planungen erfolgen, in denen Kindersituationen und für das Leben der Kinder wesentliche Inhalte des christlichen Glaubens zusammengebracht werden [...]. Wenn es gelingt, durch Nachauflagen das immer noch spürbare Defizit auf diesem Arbeitsfeld weiter abzubauen, sind damit wesentliche Hilfen für ein situationsbezogenes Arbeiten in der Gemeinde und Familie gegeben.«[51]

- Ev.-Luth. Kirche in Thüringen:

  »[Es] sind sich alle Mitarbeiter einig: Die kirchliche Unterweisung soll Glaubens- und Lebenshilfe sein.«[52]

3.1 Wir sind nicht allein. Ein Buch für Eltern mit kleinen Kindern, Gesamtredaktion: Eckart Schwerin, Grafik: Erich Gürtzig/Matthias, Berlin 1981

Erich Gürtzig/Matthias (Illustratoren)/Eckart Schwerin (Text): Wir sind nicht allein. Berlin 1981.

51 A. a. O. 16.

52 A. a. O., 17.

Es wurde weitgehend als Familienbuch genutzt. Als Arbeitsbuch für jüngere Kinder, also für das Alter der Vorschulgruppe und des 1. Schuljahres, war es ein Bilderbuch (Fotos, Illustrationen, Zeichnungen, Comics) und zugleich ein Anleitungsbuch zum Feiern, Erzählen, Basteln, Spielen, Singen und Beten für Eltern. Unter dem Schwerpunkt *nicht allein* waren die drei Kapitel eingeteilt in: »Wo wir zu Hause sind«/»Wir haben Freunde«/»Die Welt, in der wir leben«. Zum Titel gehörten drei Fotos auf der ersten Seite, die andeuteten, dass neugierige Offenheit, Freundschaft und Probleme wie die Kinderarmut zu unserer Welt gehören. Es war keine »heile Welt«, die das Buch beschrieb, auch wenn nur »intakte« Familien auf den Bildern zu sehen waren.[53] Das Zuhause kann im Neubaublock oder im Einfamilienhaus sein, der Sonntag verträgt viele Wünsche, Mutter ist natürlich berufstätig, Zanken und Kranksein gehören zum Alltag wie Sich-vertragen und Danken, es gibt Freunde, die nicht an Gott glauben. Die beiden zentralen bebilderten biblischen Erzählungen sind: »Der gütige Vater« und »Jesu Freunde«. Besonders reizvoll wurden die Seiten über die Kinder in anderen Ländern gestaltet (z. B. Spiele und Feste in Japan, Ostern in Bulgarien). So zeigte das Buch den Eltern ideenreich, wie ein aktives, behütetes Kinderleben in einer christlichen Familie und in der Kirchengemeinde gestaltet werden kann.

Die Lebenswelt der Kinder wurde in allen vier Arbeitsbüchern auch mit Geschichten aus mehreren Kinderbüchern des DDR-Kinderbuchverlages dargestellt. Die Gutachterin G.S. votierte (zum 2.Bd. der »Texte zum Rahmenplan«):

> »Es ist auffällig, dass viele der angeführten Kinderbücher als Zusatzlektüre zum Deutschunterricht gelten und in den Schulen häufig für die außerunterrichtliche Tätigkeit empfohlen werden [... Deshalb] muss der Lehrer bei der Besprechung eines solchen Buches damit rechnen, dass es bei den Christenlehrekindern bereits bekannt ist und sie ihr kirchlich geprägtes Urteil in das Klassenkollektiv tragen. Dabei handelt es sich um Werke, die sich oft unterschiedlich interpretieren lassen.«[54]

---

53 Herwig Hafa kritisierte in seiner sonst positiven Rezension das Familienbild (vgl. aber im Arbeitsbuch, 41: »manche haben keinen Vater«) und die »verwaschenen« Zeichnungen zu den biblischen Texten, in: Die Christenlehre 35 (1982), 32. Lediglich die Kleidung auf den Fotos (deren Druck-Qualität heute sicher besser wäre, und das gilt für alle vier Bücher), das Foto mit den Trabis (17) sowie der Besuch von Christen aus Tansania in der DDR belegen eindeutig das DDR-Umfeld.

54 Bundesarchiv, DR 1/2560a.

3.2 WIR FREUEN UNS. EIN BUCH FÜR SIEBEN- BIS ACHTJÄHRIGE KINDER, GESAMTREDAKTION: PETER LEHMANN, ILLUSTRATIONEN: EGBERT HERFURTH, BERLIN 1982

Egbert Herfurth (Illustrator)/ Peter Lehmann (Text): Wir freuen uns. Berlin 1982.

Das 2. Buch war mit den Zeichnungen von *Egbert Herfurth* besonders gelungen gestaltet. Die Figuren Uta und Jörg begleiteten durchgehend die Texte und Arbeitshinweise, sie äußerten ihre Meinungen (teilweise in Sprechblasen). Die Zeichnungen waren oft provozierend, immer humorvoll, immer die Texte weiterführend. Es war ein offenes Buch, das gleich am Anfang mit Fragen an die Kinder begann. Unter dem Schwerpunkt *sich freuen* hießen die drei Kapitel: »Andere machen mich froh«/»Ich freue mich mit anderen«/»Alle Menschen sollen sich freuen«. Schon das Inhaltsverzeichnis zeigte, dass die Themen zur Lebenswelt der Kinder und die erzählte christliche Tradition gleichgroße Anteile im Arbeitsbuch haben. An zentraler Stelle stand die biblische Josef-Geschichte.

Wie im 1.Buch gab es eine Reihe von Impulsfotos, deren Druckqualität allerdings unbefriedigend war. Vermehrt machten Geschichten und Fotos auch Seiten des Lebens deutlich, die Probleme bereiten, z. B. Streit, Krankheit, Traurig-sein, Rücksichtslosigkeit, Unordnung, Armut, – und wie es gut werden kann. Auf dem Hintergrund der DDR-Situation waren für die Kinder die ökumenischen Bezüge interessant (Brief aus Polen, Ostern in Russland, Ostergruß in verschiedenen Sprachen).

Der Gutachter B.H. erhob Einspruch zum dargestellten Thema »Umweltverschmutzung« in diesem Buch: Hier sei der Versuch unternommen, Christen »zu Vorreitern eines neuen Umweltbewusstseins hochzustilisieren und sie in Gegensatz zu staatlichen und gesellschaftlichen Bemühungen um den Umweltschutz zu bringen.«[55]

3.3 Wir gehören zusammen. Ein Buch für acht- bis zehnjährige Kinder, Gesamtredaktion: Martin Seidel, Illustrationen: Inge Gürtzig, Berlin 1985

Inge Gürtzig (Illustrator)/Martin Seidel (Text): Wir gehören zusammen. Berlin 1985.

Das 3. Arbeitsbuch stellte auf den beiden ersten Seiten die neun Kinder der Christenlehregrupppe vor, wie sie zusammengehörten und was sie aneinander gut fanden; in den verschiedenen Situationen waren sie auf vielen Seiten zu sehen. Das war der Schwerpunkt des Buches: *zusammengehören.* Die drei Kapitel hatten die Überschrift: »Jeder ist dabei«/»Danach richten wir uns«/»Wir teilen miteinander«.

---

55 Bundesarchiv, DR 1/2562.

Für Kinder in der DDR waren solche Themen wichtig wie: »Wer anders denkt, kann trotzdem mein Freund sein«; trotz Anderssein und unterschiedlichen Fähigkeiten sollte jeder dabei sein. Schlüsseltext war 1.Kor 12 »jeder ist wichtig«. Im Buch fand das Nachdenken über Vorbilder (Schwester Waltraud, Martin Luther King, Janusz Korczak, Eine, die »sagt, sie braucht die Bibel«) genauso Platz wie das Kennenlernen von Kindern in anderen Ländern (Lateinamerika und Afrika). Bemerkenswert war die Erzählung von Ismail, einem muslimischem Flüchtlingskind in Afrika. Pfingsten, Martinstag, Taufe und Sonntag waren zu finden unter der Überschrift »Wir freuen uns zusammen«.

Wie in den anderen beiden Büchern waren hier viele Anregungen für die Familie und die Gemeinde zum gemeinsamen Spielen, Basteln, Singen, Teilen enthalten.

Der Gutachter B.H. äußerte sein Bedenken wegen des »gesellschaftsindifferenten Charakters« und der »neutralistischen Aussagen« des Arbeitsbuches.[56] Er hatte offensichtlich insgesamt Schwierigkeiten, mit seinen marxistischen Prinzipien kirchliche Arbeitsmaterialien zu bewerten.[57]

---

56 Bundesarchiv, DR 1/2568a.

57 Vgl. BRÄUER/VOLLNHANS, DDR, 114.

3.4 Miteinander Neues entdecken. Ein Buch für Elf- bis Dreizehnjährige, Gesamtredaktion: Otto-R. Wenzel, Illustrationen: Elinor Weise/Manfred Bochinger, Berlin 1984.

Elinor Weise/Manfred Bochinger (Illustratoren)/Otto-R. Wenzel (Text): Miteinander Neues entdecken. Berlin 1984.

Das 4. Arbeitsbuch stellte in 14 Kapiteln Themen zusammen, die Elf- bis Dreizehnjährige existentiell berühren. Sie sollten darüber sprechen, was sie erlebt und wie sie sich verhalten haben.[58] Unter dem Titel »Neues entdecken« wurden aus Themen, die bereits aus den vorigen Büchern bekannt waren, Problemstellungen. Anspruchsvolle Geschichten ohne eindeutiges Ende, unterstützt von Zeichnungen, Fotos und Karikatur-Folgen, forderten dazu auf, eigene Antworten zu finden. Die Themen hießen nun z. B.: »Frieden *machen«*, »Streiten *lernen«, »*wie Menschen über das Sterben *reden«, »was soll* die Kirche überhaupt?«, »*ideale* Freunde?«, aber auch: »Wunderbares in der Natur«, »Flüchtlingskinder«, »Sprache der Liebe«. Zentrale biblische Geschichten waren die Erzählung von der Freundschaft David – Jonathan und die Schöpfungserzählung. Das wichtige DDR-Thema »Es ist nicht immer leicht, die

58 Vgl. Miteinander Neues entdecken, Vorwort.

Wahrheit zu sagen« wurde problematisiert: »Muss ich immer die Wahrheit sagen?«, »Ich hoffe, ich habe die Kraft zu schweigen«, »Ja sei Ja und Nein sei Nein«. Wie in den anderen Arbeitsbüchern kam auch im 4. Buch die Verantwortung der Christen zu »mehr Gerechtigkeit« zum Ausdruck.

Die neu entwickelten Bücher wurden Mitarbeitern aus dem Staatssekretariat für Kirchenfragen zur Begutachtung übergeben; Gutachter aus dem Ministerium für Volksbildung schieden aus. Dem Staatssekretariat war daran gelegen, »auf dem Dauerkonflikt Kirche und Volksbildung durch die religionspädagogischen Veröffentlichungen nicht immer wieder für zusätzliche Turbulenzen zu sorgen.« Einer der wichtigen Gutachter, B.H. im Staatssekretariat für Kirchenfragen, besaß eine pädagogische Qualifikation.[59]

Die Orientierung an der Lebenswelt hatte die neuen Arbeitsbücher der Christenlehre für Kinder und Jugendliche attraktiv gemacht. In der Verknüpfung mit biblischen wie auch kirchlichen Themen wurden Herausforderungen der persönlichen und gesellschaftlichen »Situation« deutlich, die zu kritischen Diskussionen, aber auch zu Perspektiven der Hoffnung führten. Die Arbeitsbücher wurden zu Anleitungen des Gesprächs für Eltern und Katechetinnen, die in der säkularisierten Gesellschaft der DDR lebten. Denn nicht nur kirchlich sozialisierte Kinder und Jugendliche gehörten zu den Christenlehre- und Konfirmandengruppen. Die Arbeitsbücher sollten auch ein Angebot für nichtchristliche Schüler sein.

4. BIBLISCHE THEMEN IN ZWEI BÜCHERN DES KINDERBUCHVERLAGES 1972 UND 1973

Gleichsam als Gegenpart zu den Büchern der EVA für die Christenlehre, die authentische »Religionsbücher« für Schulkinder waren, gab der staatliche Kinderbuchverlag der DDR zwei Kinderbücher mit biblischen/kirchlichen Themen heraus. Sie enthielten für nichtchristliche Schüler aufbereitete biblische Texte und kirchengeschichtliche Zusammenhänge im Sinne einer marxistischen »Erbe-Rezeption«. Die marxistischen Autoren schrieben für DDR-Schüler, die mehr oder weniger atheistisch eingestellt waren.

---

59 Vgl. BRÄUER/VOLLNHANS, DDR, 80; 408.

Im Jahres-Bericht des MfK 1965 an das Politbüro des ZK der SED »über die Tätigkeit der Kirchen unter der Jugend« wurde auf Grund der Erfahrungen der Gutachter eine »alternative Literatur« zu den kirchlichen Veröffentlichungen gefordert:[60]

> »Die Arbeit mit den Kirchenverlagen erlaubt uns direkt [...] nur ein nicht einmal absolutes Verhindern von Schädlichem [...]. Eine offensive Arbeit kann (soweit man im Rahmen der Literatur bleibt) nur vermittelt geleistet werden, indem wir an andere Autoren und Verlage Anregungen dafür zu geben suchen, welche Themen in der Auseinandersetzung behandelt und welche Bedürfnisse, die durch die kirchliche Literatur angesprochen werden, durch unser Angebot positiv befriedigt und dabei verändert werden müssten. Die Notwendigkeit solcher alternativen Literatur« scheint auch deshalb gegeben zu sein, weil die »eingeschleuste Literatur« mit dem Reiseverkehr noch zunehmen werde und ein stärkerer Abbau der Kontingente der Kirchenverlage nicht möglich sei.

Als in der Wendezeit 1989/90 gefordert wurde, »Religion in der Schule« zu integrieren, hieß es in der Begründung: »Wissen über die Bibel, über Weltreligionen, Kirchen und Religionsgemeinschaften gehört zur Allgemeinbildung. Die Ausgrenzung dieser Bereiche im Bildungswesen der DDR führte zu einem spürbaren gesellschaftlichen Kulturverlust.« Bereits 1969 gab es Kritik aus Gründen der Allgemeinbildung, »dass unsere Kinder ohne Kenntnis einer Textsammlung aufwachsen sollen, die nun einmal, auch für Atheisten, zu den kulturgeschichtlichen Realitäten eines Teils der Welt gehören«. Eine »Besitznahme der Bibel« sei nötig, eine lesbare Adaption, die »Mystizismus zurückdrängt, Mythen als solche verdeutlicht [...] und damit endgültig weltanschaulich neutralisiert«[61].

---

60 Vgl. Bundesarchiv, DY 30/IVA2/14/2, 37.

61 CHRISTOPH SCHLEMMER, Biblische Geschichten und Themen in Kinderbüchern der DDR, Die Christenlehre 38 (1985), 203–209, hier: 203f.: Zitat von HENRYK KEISCH: Die Bibel für Atheisten. Weltbühne (1969), 137.

4.1 Heinz Kreyssig, Der steinerne Mann und andere Erzählungen aus dem alten Orient, Illustrationen von Horst Bartsch, Berlin 1972 (Für Leser von 12 Jahren an)

Horst Bartsch (Illustrator)/ Heinz Kreyßig (Text): Der steinerne Mann. Berlin 1972.

In diesem Lesebuch wurde »nach den Originaltexten für junge Leser in Prosa erzählt«,[62] wie die Völker des alten Orients in ihren uralten Geschichten die Welt betrachteten. »Für uns heute gehören diese frühen Erzählungen der Menschheit aus Sumer und Babylon, aus Kanaan und Ägypten zum Schönsten und Wichtigsten aus der Literatur der Vergangenheit.«[63] Die Illustrationen nahmen historische Bildfiguren (z. B. aus Ägypten) auf und versuchten, mythische Bezüge ins Bild zu bringen; sie wirkten aber auch antikisierend-unheimlich.

Da dieses Erzählbuch die biblischen Urgeschichten (vom Paradies, von Kain und Abel, von Riesen, von der Sintflut und vom Turm zu Babel) neben die Sagen aus Sumer (z. B. vom Paradies), Babylon (z. B. von der Schöpfung und von Gilgamesch), Kanaan (z. B. von Baal) und Ägypten (z. B. von den mageren und fetten Jahren, von Sinuhe) stellte, war den Kindern der Vergleich möglich. Die Erzählweise war dem biblischen Text (nach jahwistischer Tra-

---

62 Kreyssig, Der steinerne Mann, Klappentext.

63 Ebd.

dition) durchaus angemessen. Aber warum die Urgeschichten der Bibel immer wieder eine wirkungsvolle Bedeutung entfalteten, wurde nicht erklärt. Es war zu simpel geurteilt: Da die Menschen »wenig von den Gesetzen der Natur wussten, meinten sie, dass mächtige Götter und Dämonen ihr Wesen trieben.«[64]

Ein Kinderbuch muss weiterhin erwähnt werden, das allerdings keine biblische Thematik zum Schwerpunkt hatte, das Sprach-Spielbuch von *Franz Fühmann*, Die dampfenden Hälse der Pferde im Turm von Babel, Berlin 1978 (ab 13 Jahre). Es widmete dem biblischen Turmbau zu Babel mit der Sprachenverwirrung einen Abschnitt und gab den Lesern ein tieferes Verständnis der Mythen zu bedenken: »Eine Mythe vermag auf phantastische Weise bestimmte Dinge zu erklären, die der Mensch anders nie völlig aufklären kann. Das sind vor allem Fragen nach dem Ursprung von etwas: Woher kommt das Böse, woher die Sehnsucht, woher der Mensch, woher die Welt?«[65] Hier war bemerkenswert, dass eine andere Intention als die der »weltanschaulichen Neutralisierung« eröffnet wurde.

Egbert Herfurth (Illustrator)/ Franz Fühmann (Text): Die dampfenden Hälse der Pferde im Turm von Babel. Berlin 1978.

---

64 A. a. O., Einleitung.

65 Fühmann, Babel, 101.

4.2 PETER KLEMM, TRÄUMER, KETZER UND REBELLEN. ILLUSTRATIONEN VON HORST BARTSCH, BERLIN O.J. (1973) (FÜR LESER VON 12 JAHREN AN)

Horst Bartsch (Illustrator)/ Peter Klemm (Text): Träumer, Ketzer und Rebellen. Berlin 1973.

Auch dieses Buch, allenfalls für Jugendliche geeignet, ist ein reines Erzählbuch. Es enthält erzählte Geschichte, auch die der Kirche, als »sich selbst erfüllende (soziale) Utopie«.

> »Die Ketzer und Rebellen, die Träumer und Aufrührer [...] gehören zu den Verkündern der Ideen, die sich heute als wissenschaftlicher Sozialismus weltweit ausbreiten.«[66]

Im 1.Hauptteil »Der Traum vom Goldenen Zeitalter« wurden u.a. der Philosophenstaat Platons, germanische Mythologien und das frühe Christentum unter dem Aspekt der »phantastischen Widerspiegelung« (F. Engels) gesellschaftlicher Mächte erzählt. Die soziale Botschaft Jesu, dessen Geschichtlich-

[66] KREYSSIG, Der steinerne Mann, Klappentext.

keit umstritten sei, und des Christentums hätten ihren Ursprung in Lehren und Leben der Essener in Qumran.[67] Im 2.Hauptteil »Des armen Mannes Himmelreich auf Erden« erschien das mittelalterliche Mönchtum als Versuch einer »urchristlichen kommunistischen Gemeinschaft«; die Ketzergruppen der Waldenser und Hussiten u.a. versuchten »dem urchristlichen Kommunismus eine irdische Heimstatt zu geben«.[68] Im 3.Hauptteil »Propheten – Reformer – Revolutionäre« hieß es zu Luther: Die »Reformation versumpft und richtet Deutschland zugrunde«.[69] Der Bauernkrieg, dessen Führer T.Müntzer das Gottesreich auf Erden predigte, »wies prophetisch auf zukünftige Klassenkämpfe hin«[70]. Das Buch endete mit dem »unerfüllbaren Traum« eines »neuen Jerusalems« der Täufer in Münster. Zu fragen wäre hier, warum sich nicht die folgenden Jahrhunderte für die »Entwicklungsgeschichte der sozialen Utopien« eigneten!

Für nichtchristliche Jugendliche in der DDR mussten es fremde, oft abstrakte Inhalte sein. Die Themen und Zusammenhänge waren zudem in ihrer Stofffülle unübersichtlich, auch trotz der anschaulichen Erzählungen. Inwiefern sollten die Leitfiguren »Träumer, Ketzer, Rebellen« als realer Lebensbezug in der DDR motivierend sein? Um nichtchristlichen Jugendlichen das Christentum und seine Geschichte nahe zu bringen, genügte sicher nicht die Engführung der sozialen Utopie. Jedenfalls blieben die Kultur und Menschlichkeit fördernden Impulse des Christentums ausgeblendet. Schließlich ist dem Rezensenten des Buches Recht zu geben, als er urteilte: Die Darstellung gerate »mehr als einmal an die Grenze des Unsachlichen und Gehässigen«;[71]

---

67 Vgl. KLEMM, Träumer, Ketzer und Rebellen, 39; 48.

68 A.a.O., 82; 117.

69 A.a.O., 133.

70 A.a.O., 161.

71 HELMUT OPITZ, Die Christenlehre 28 (1975), 28–31. Gehässig sei es, wenn vom »Ludergeruch« der Kirche und des Mönchtums oder vom »dreifachen Verräter« Luther die Rede ist, und in den Illustrationen sei ein »geradezu abgründige[r] Hass« zu erkennen. Schließlich mussten elf nicht nur kirchengeschichtliche Unrichtigkeiten aufgelistet werden. Sachlicher, aber auch im Sinne der Geschichte der sozialen Utopien, informierte das offizielle Unterrichtsbuch »Geschichte Klasse 5« (letzte Auflage 1989) auf vier Seiten über die »Entstehung und Ausbreitung des Christentums« (Kap. 4.6.), vgl. REIHER, Religion, 22f.

dazu vermittelten die symbolträchtigen, teilweise karikierenden Illustrationen von Horst Bartsch eine abgrundtiefe Ablehnung gegen alles Religiöse. Von einem zeitgemäßen Jugendbuch mit Anregungen zum Dialog konnte hier keine Rede sein. Um ein Verhältnis zum Christentum und seiner Geschichte zu gewinnen, können auf keinen Fall – auch von einem nichtchristlichen Standpunkt aus – die religiösen Fundamente als solche negiert und ihre kulturellen Gestaltungen ausgeblendet werden.

Es waren zwei Versuche, die christliche Tradition als Kultur- und Bildungsgut für die sozialistische Gesellschaft aufzubereiten und jungen Lesern zugänglich zu machen.

Darf man Kunstwerke zu Illustrationen machen?

Die Luther-Abbildungen in der Schulbuchreihe Kursbuch für Sek. I

Richard Janus

Das Bild Martin Luthers (1482/84[1]–1546) ist schon immer von anderen, aber auch von ihm selbst inszeniert worden. Viele zeitgenössische Künstler haben daran gearbeitet, Luther in Szene zu setzen. Von Hans Baldung Griens (1484/85–1545) Darstellung Luthers als Mönch mit Heiligenschein und über ihm schwebendem Hl. Geist aus dem Jahr 1521[2] bis zu den seriell hergestellten Porträts der Werkstatt des Lucas Cranach d. Ä. (1472–1553). Die Bilder wurden schnell in den Dienst der reformatorischen Sache gestellt und haben entsprechend ihre propagandistische Wirkung entfalten können. Die Darstellung Luthers ist also nie nur mimetischer Art, sondern transportiert zugleich eine Absicht bzw. Aussage: So hat sich jede Zeit ihr Luther-Bild gemacht. Augenfällig ist der ikonische Unterschied zwischen dem jungen und dem alten Luther. Um 1530 erfolgte die Wende vom drahtigen zum dicken Reformator, die sich auch an den Berichten über Luther aus der Zeit des Augsburger Reichstages festmachen lässt.[3] Bei den älteren Porträts griff man »auf traditionelle Darstellungsweisen zurück, die Luther als einen Heiligen, Wundertätigen und gottesfürchtigen Mann zeigen.«[4] Die neueren wollen mit

---

1 Vgl. Jens Bulisch, Wie alt ist Martin Luther geworden? Zum Geburtsjahr 1482 oder 1484, in: LuJ 77 (2010), 29–39.

2 Abgebildet in: Thomas Kaufmann, Der Anfang der Reformation. Studien zur Kontextualität der Theologie, Publizistik und Inszenierung Luthers und der reformatorischen Bewegung, in: SMHR 67, Tübingen 2012, 288.

3 Vgl. Heiko A. Oberman, Luther. Mensch zwischen Gott und Teufel, Berlin 1982, 339.

4 Lyndal Roper, Der feiste Doktor. Luther, sein Körper und seine Biographen, in: Historische Geisteswissenschaften Frankfurter Vorträge 3, Göttingen 2012, 12f.

ihrer Massigkeit einen Reformator zeigen, der »eine unangreifbare religiöse Autorität besaß«[5]. Diesen Imagewechsel bezeichnet Lyndal Roper als eine »Neuschöpfung«[6]. Zugleich hat auch Luther selbst an seinem Image gearbeitet.

Nicht nur mit der Aussicht auf das anstehende Reformationsjubiläum ist eine Untersuchung, wie der Wittenberger Reformator Martin Luther im Schulbuch dargestellt wird, eine spannende Herausforderung. Im Laufe des 20. Jahrhunderts hat sich das Luther-Bild selbst gewandelt und zugleich hat sich die (Religions-)Pädagogik und Didaktik weiter entwickelt, auf die auch die Schulbücher reagieren müssen. Die Performative Religionspädagogik hat neuerdings den Blick auf inszenatorische und dramatische Aspekte des Religionsunterrichts gelenkt. So wird aus dem Verlaufsplan einer Unterrichtsstunde ein Drehbuch bzw. Regiebuch, das als explizites oder implizites Gegenstand der Untersuchung wird.[7] Die gelingende Performanz eines religiösen Bildungsprozesses muss sich an seiner Dramaturgie erweisen.[8] Eine ästhetische Theologie hat auf Inszenierung und Dramatisierung des glaubenden Individuums hingewiesen[9] und Fragen der Bildtheologie aufgeworfen.[10]

Auch die Schulbuchreihe Kursbuch setzt die Person und das Werk Martin Luthers durch die Jahrzehnte seit dem ersten Kursbuch immer wieder neu in Szene.[11] Zu einer ersten Untersuchung des Luther-Bildes im Schulbuch bietet sich das Kursbuch gerade deshalb an, weil es zu den am weitesten verbreiteten Schulbüchern des evangelischen Religionsunterrichts gehört, und weil es

---

5 A.a.O., 15.

6 A.a.O., 10.

7 Vgl. Bernhard Dressler u.a. (Hrsg.), Unterrichtsdramaturgien. Fallstudien zur Performanz religiöser Bildung, Stuttgart 2012; Frank Thomas Brinkmann, Gott in Szene setzen. Bibelperformance und Religionstheater im Unterricht, Göttingen 2013.

8 Vgl. Richard Janus, Der Kuss, ein Päckchen und der Spiegel. Zur Rhetorik der Authentizität – oder wer sieht wen eigentlich wie an?, in: Frank Thomas Brinkmann (Hrsg.), Scripts, Fiktionen, Konstruktionen. Theologische, kirchliche und popkulturelle Anmerkungen zu Reality-TV und gefühlsechtem Leben, in: Popkult 11, Jena 2012, 91–102.

9 Vgl. Klaas Huizing, Ästhetische Theologie. 3 Bände, Stuttgart 2000–2004.

10 Vgl. Alex Stock, Poetische Dogmatik, 8 Bände, Paderborn 1995–2010.

11 Vgl. Dietrich Zilleßn, Gänge am Rande. Die Performance religiöser Didaktik, in: Marion Keuchen u.a. (Hrsg.), Die besten Nebenrollen. 50 Porträts biblischer Randfiguren, Leipzig 2006, 34–48, hier: 46: »Didaktische Inszenierungen setzen auf die performative Kraft der Bilder, Gestalten, Formen, in denen sich Einstellungen, Glaubenshaltungen sinnlich, sinnenhaft, körperlich äußern.«

neuere Untersuchungen gibt, die die Reihe allgemein[12] bzw. an einem Querschnittthema[13] entlang analysiert haben. Dabei wird gerade die Bildverwendung des Kursbuchs bei der Behandlung des Verhältnisses zwischen Kirche und Judentum bzw. des Antisemitismus nicht unkritisch gesehen.[14] Im Rahmen der Diskussion um die methodologischen Grundlagen der Schulbuchforschung wurde auch die Frage nach einer »[a]ngemessene[n] Bildrhetorik«[15] zum Kriterienkatalog der Schulbuchanalyse hinzu gezählt und der Leitsatz formuliert: »Die Bildsprache muß wie die Sprache des Textes frei bzw. möglichst arm an Verzerrungen und Stereotypen sein.«[16] Folgende Untersuchung zu den Lutherabbildungen der Schulbuchreihe Kursbuch nimmt nicht die bildliche Inszenierung der Reformation in den Fokus, sondern beschränkt den Blick nur eine Person, die zweifelsohne zu den am häufigsten abgebildeten geschichtlichen Personen gehört. Methodisch bewegt sie sich im Feld der »produktorientierten Schulbuchforschung«[17].

1. Kursbuch Religion (1976–1979)

Im Kursbuch 5/6 findet sich im Themenabschnitt »Martin Luthers Entdekkung – Die neue Gerechtigkeit« (71–88) auf der Seite 85 die erste Abbildung Luthers. Zu sehen ist die Predella des Altares von Lukas Cranach d. Ä.[18] in

---

[12] Vgl. Hans Jürgen Herrmann, Das Kursbuch Religion – ein Besteller des modernen Religionsunterrichts. Ein Beitrag zur Geschichte der Religionspädagogik seit 1976, Stuttgart 2012.

[13] Vgl. Mónika Solymár, Wer ist Jesus Christus? Eine theologisch-didaktische Analyse der Schulbuchreihe »Kursbuch Religion«, in: ARPäd 39, Göttingen 2009.

[14] Vgl. Eva-Maria Glück/Wilhelm Schwendemann/Georg Wagensommer, »Mein Opa ist geil, mein Opa war Nazi«. Bericht des Freiburger Forschungsprojekts »Antisemitismus und Nationalsozialismus als Themen des Unterrichts«, in: TheoWeb 3 (2004), 120–133.

[15] Karl-Peter Fritzsche, Schulbuchforschung und Schulbuchbeurteilung im Disput, in: Karl-Peter Fritzsche (Hrsg.), Schulbücher auf dem Prüfstand. Perspektiven der Schulbuchforschung und Schulbuchbeurteilung in Europa, in: Studien zur internationalen Schulbuchforschung 75, Frankfurt a. M. 1992, 9–22, hier: 20.

[16] Ebd.

[17] Peter Weinbrenner, Grundlagen und Methodenprobleme sozialwissenschaftlicher Schulbuchforschung, in: Karl-Peter Fritzsche (Hrsg.), Schulbücher auf dem Prüfstand. Perspektiven der Schulbuchforschung und Schulbuchbeurteilung in Europa, in: Studien zur internationalen Schulbuchforschung 75, Frankfurt a. M. 1992, 33–54, hier: 35.

[18] Zur Mitarbeit des jüngeren Cranach vgl. Ingrid Schulze, Lucas Cranach d.J. und die protestantische Bildkunst in Sachsen und Thüringen. Frömmigkeit, Theologie, Fürstenreformation, Jena 2004, 46f.

der Wittenberger Stadtkirche, der 1547 aufgestellt wurde, in schwarz-weiß (Größe: 12,2 cm und 4,7 cm) mit dem Hinweissatz: »Luther weist in seinen Predigten auf den gekreuzigten Jesus hin.« Ein Bezug der Abbildung zum Schulbuchtext der Seite ist nicht erkennbar. Ausgehend von der Predella wurde vorgeschlagen, den Altar als ein Epitaph für Luther zu interpretieren.[19] Hans Belting fasst die Funktion der Predella etwas anders: »Das Werk Cranachs lieferte gleichsam Stichworte und gehörte also zu den ›Merkbildern‹, wie Luther sie nannte. Indem es die Themen der Predigt in das Gedächtnis einhämmerte, ließ es die Schaulust beiseite.«[20] Interessant ist jedenfalls, dass auch Lukas Cranach d. Ä. abgebildet ist.[21]

Es folgt zu dem Abschnitt »Das Wormser Edikt« als Illustration ein Ausschnitt des Holzschnitts »Das Bildnis Luthers als Junker Jörg«,[22] den Lukas Cranach d. Ä. 1522 angefertigt hat. Der Ausschnitt hat die Größe 6,7cm und 8,5cm und blendet Rahmen, Wolkenhintergrund und lateinische Inschrift des Originals aus. Dieser Holzschnitt wurde nach der Rückkehr von der Wartburg nach Wittenberg angefertigt und zeigt ihn »nicht mehr tonsuriert und bartlos, sondern höchst respekteinflößend, mit mächtigem Vollbart und Haupthaar«[23].

Im Kursbuch 7/8 gibt es keine Luther-Abbildungen. Im Kursbuch 9/10 lässt sich eine weitere auffinden: Im Thema »Das Leben kann noch einmal beginnen: Rechtfertigung« (115–128) gibt es einen Abschnitt, der mit »Martin Luther« (125) überschrieben ist und den Kupferstich »Luther als Augustinermönch«[24] des älteren Cranach von 1520 bietet. Es ist das erste

---

19 Vgl. Joseph Leo Koerner, The Image in Quotations: Cranach´s Portrait of Luther Preaching, in: Cyntia P. Schneider u. a. (Hrsg.), Shop Talk, Cambridge/Mass. 1995, 143–146.

20 Hans Belting, Das echte Bild. Bildfragen als Glaubensfragen, München 2005, 186. In diesem Sinne auch Koerner, Image, 144: »Christ on the Cross, meant to exist at once before our eyes and in our heart, stands here as if as the materialized content of a speech ast, or more precisely, of a recitation of Scripture.«

21 Vgl. Thomas Packeiser, Pathosformel einer »christlichen Stadt«?, in: Andreas Takke (Hrsg.), Lucas Cranach 1553/2003. Wittenberger Tagungsbeiträge anlässlich des 450. Todesjahres Lucas Cranach des Älteren, in: Schriften der Stiftung Luthergedenkstätten in Sachsen-Anhalt 7, Leipzig 2007, 240.

22 Marianne Bernhard (Hrsg.), 1472–1553 Lucas Cranach d. Ä. Das gesamte graphische Werk. Mit Exempeln aus dem graphischen Werk Lucas Cranach d.J. und der Cranachwerkstatt, München 1972, 405.

23 Kat. Brüssel 2010, Die Welt des Lucas Cranach. Ein Künstler im Zeitalter von Dürer, Tizian und Metsys, Brüssel 2010, 223 (Nr. 134).

24 Bernhard, Lucas Cranach d. Ä., 207.

Porträt des Reformators, welches Cranach geschaffen hat. Die verkleinerte Abbildung (Größe: 5,6 cm und 7,8 cm) zeigt den ersten Zustandes des Stiches, der noch zweimal verändert wurde, aber in dieser ersten Fassung nicht in den Handel gekommen war, da Spalatin die Veröffentlichung verhindert hat. Wahrscheinlich weil der Kontrast zum Stich des Albrecht von Mainz zu groß gewesen ist und »dem feist-genießerischen Kardinal einen asketisch-wahrhaftigen Mönch gegenüberstellte.«[25] Wie auch immer, so gilt er doch »seit langem als authentisches Zeugnis für das Aussehen des echten, eigentlich jungen Luther.«[26] Das Bild dient im Kursbuch als Illustration zum darüber liegenden Textabschnitt.

2. Das neue Kursbuch Religion (1984–1988)

Was zunächst im Vergleich zum ersten Kursbuch ins Auge fällt ist, dass die Behandlung Martin Luthers und seiner reformatorischen Erkenntnis in der Neubearbeitung von der Klassenstufe 5/6 nach 7/8 hinüber wandert und in 5/6 lediglich der Themenkomplex Bibelübersetzung verbleibt. Zudem macht die Darstellung Luthers im neuen Kursbuch einen strukturierteren Eindruck. Entsprechend ist das Thema »Weltweite Reformation – Johannes Calvin« vom 7/8 nach 9/10 gewandert.

Der Themenabschnitt »Martin Luther und die Bibel« (169–176) im Kursbuch 5/6 beginnt mit einer fast ganzseitigen schwarz-weißen Fotographie des Lutherdenkmals in Worms von 1868, das Ernst Rietschel (1804–1861) entworfen hat, vor dem SchülerInnen stehen und es betrachten. Das ganze Denkmal kommt nicht in den Blick, sondern die Fotographie beschränkt sich auf das Lutherstandbild in der Mitte des Denkmals. Der schon in der ersten Kursbuchreihe verwandte Kupferstich »Luther als Augustinermönch« von Cranach d. Ä. ist auf die Größe 3,8 cm und 4,8 cm weiter verkleinert und illustriert »Stationen auf Luthers Lebensweg« (173f.). Interessanterweise wurde hier nun die dritte Fassung des Stiches abgebildet.[27] Auf die lateinische

---

25 Martin Warnke, Cranachs Luther. Entwürfe für ein Image, Frankfurt a. M. 1984, 27.

26 A. a. O., 24.

27 Vgl. a. a. O., 26: »Von diesem letzten Zustand [...] gibt es etwa dreißig Abzüge aus dem 16. Jahrhundert, doch die meisten Papiere, denen sie aufgedruckt sind, weisen Wasserzeichen auf, die in die Jahrzehnte um 1570 zu datieren sind.« Der Brüsseler Ausstellungskatalog gibt als terminus post quem den Tod Luthers im Jahre 1546 an (Kat. Brüssel 2010, Welt, 219 [Nr. 128]). Abgebildet in: Kat. Nürnberg 1983, Martin Luther und die Reformation in Deutschland, Frankfurt a. M. 1983, 174 (Nr. 214).

Beschriftung, die Jahreszahl und das Cranach-Signet wurde verzichtet. Als Begleittext wurde dem Stich begeben »Von 1501 bis 1505 studierte Martin Luther an der Universität Erfurt; er wird Magister. 1505 tritt er in das Augustinerkloster in Erfurt ein« (172). Auf der folgenden Seite ist links oben ein Holzschnitt, der Luther vor dem Reichstag zu Worms darstellt, abgebildet (Größe: 10,1cm und 6,7cm), dessen Beitext lautet: »1521 wird Luther mit dem kirchlichen Bann belegt, d.h. er wird aus der Kirche ausgeschlossen. Auf dem Reichstag zu Worms soll er sich vor dem Kaiser seine Schriften widerrufen. Als er sich weigert, wird gegen ihn die Reichsacht verhängt« (173). Es handelt sich um eine Illustration aus Ludwig Rabus Historien.[28]

Das Kursbuch 7/8 wartet als Titelbild zum Abschnitt »Martin Luther und die Reformation« (115–130) mit einer modernen Luther-Darstellung von Michael Mathias Prechtl (1926-2003) auf: Plakat zum Nürnberger Gespräch »Martin Luther. dort und hier. damals und heute« vom 07.–10. Juli 1983, die durch die Stadt Nürnberg veranstaltet wurden. Luther ist als alter Mann abgebildet, der in einer Hand ein Buch mit leeren Seiten hält, auf das er mit der anderen Hand zeigt. Dass hier das Altar-Epitaph in Weimar als Vorlage für die Darstellung diente ist deutlich.[29] Zugleich hat Prechtl die Vorlage umgedeutet und aussagekräftige Änderungen vorgenommen. Er zeigt auf dem Talar Luthers die Kreuzigung Jesu Christi und im Gegensatz zum Altarepitaph von Weimar trifft der Blutstrahl nicht Cranach d.Ä.,[30] sondern das Buch in Luthers Hand, das keinen Text enthält. In Weimar sind Luther und Cranach in die Situation der Kreuzigung mit hinein genommen, bei Prechtl ist das Heilsgeschehen ins Innere Luthers verlagert. Auf Seite 123 wird der Aufenthalt Luthers auf der Wartburg vermittels eines Gespräches zwischen

---

[28] Ludwig Rabus, Historien: Der Heyligen Außerwölten Gottes Zeugen, Straßburg 1557. »Rabus – oder sein Verleger – wusste um den Wert des Bildes. Grobe Holzschnitte illustrieren die Schlüsselbegebenheiten der frühen Jahre: Augsburg, Leipzig, das Verbrennen der päpstlichen Bulle, der Kaiser in Worms, und es gibt sogar eine Illustration zu Worms mit einen cartoonähnlichen Gekrakel, das Luthers berühmte, vielleicht nie geäußerte Worte festhält: ›Hie steh ich, ich kan nicht anders, Got helffe mir Amen‹« (Roper, Doktor, 31ff.). Vgl. auch Armin Kohnle, Luther vor Karl V. Die Wormser Szene in Text und Bild des 19. Jahrhunderts, in: Stefan Laube/Karl-Heinz Fix (Hrsg.), Lutherinszenierung und Reformationserinnerung, in: Schriften der Luthergedenkstätten in Sachsen-Anhalt 2, Leipzig 2002, 35-62, hier 37.

[29] Prechtl ist mit dem Werk Cranachs vertraut: Im Jahr 1968 organisierte er eine Ausstellung mit dem Titel »Cranach und Picasso« (vgl. Jost Hermand, Politische Denkbilder. Von Caspar David Friedrich bis Neo Rauch, Köln 2011, 254).

[30] Vgl. Friedrich Ohly, Gesetz und Evangelium. Zur Typologie bei Luther und Lucas Cranach. Zum Blutstrahl der Gnade in der Kunst, Schriftenreihe der Westfälischen Wilhelms-Universität Münster NF 1, Münster 1985, 27ff.

dem Reformator und dem Burghauptmann dargestellt, dem der Holzschnitt mit Luther als Junker Jörg, der schon in der ersten Kursbuchreihe verwandt wurde, beigegeben ist. Bei der 6,3cm und 8,5cm großen Abbildung wurde wiederum die lateinische Inschrift weggelassen, dagegen der Rahmen und die Hintergrundwolken nicht. Als Illustration für den Wormser Reichstag (124) wird mit der Beschreibung »1521, Luther vor dem Kaiser« der entsprechende Holzschnitt aus dem Band 5/6 noch einmal abgedruckt (Größe: 9,5cm und 6,3cm). Der Abschnitt »Die deutsche Bibel« (127) wird durch das Titelblatt zum Neuen Testament der Bibel von 1546 veranschaulicht (Größe: 5,8cm und 7,9cm).[31] Vor dem Gekreuzigten knien zur Linken Friedrich der Weise[32] (1486–1525) und zur Rechten Martin Luther. In gleicher Weise ist der Seite zum Katechismus (129) das Titelblatt (Größe: 3,9cm und 5,4cm) einer Leipziger Katechismus-Ausgabe beigegeben, auf dem das Gesicht Luthers zu sehen ist.

Im Band 9/10 ist ein Luther-Bild zu finden: Im Abschnitt »Rechtfertigung: So wie ich bin« (100–113) hat Luther einen eigenen Unterabschnitt bekommen und wird mit dem Holzschnitt »Luther als Augustinermönch« von Baldung Grien dargestellt (104; Größe: 6,3cm und 8,4cm).

Der Zuwachs an Luther-Darstellung erklärt sich sicherlich auch aus der zeitlichen Nähe zum Luther-Jubiläums 1983, das durch das Prechtl-Plakat auch explizit angesprochen wird. Grundsätzlich lässt sich feststellen, dass der überwiegende Teil der Luther-Abbildungen die Funktion der Illustration hat, lediglich die beiden Titelbilder dürfen für sich selbst sprechen.

3. Kursbuch Religion Neuausgabe (1993–1995)

In der Neuausgabe tritt Luther im Band 5/6 noch weiter zurück, indem er nur noch innerhalb des Abschnitts »Die Bibel« zweimal auftaucht. Der Bezug auf Luthers antisemitische Äußerungen fehlt im Abschnitt »Nach Auschwitz: Juden und wir«. Im Abschnitt »Evangelische Kirche und Nationalsozialismus« wird Luther lediglich im Zusammenhang mit dem landesherrlichen Kirchen-

---

31 Vgl. Kat. Nürnberg 1983, Martin Luther, 282f. (Nr. 373).

32 So die Erklärung zum Bild; mittlerweile wurde die Darstellung Friedrich des Weisen in Frage gestellt und vielmehr als Kurfürst Johann der Beständige (1468–1532) identifiziert (vgl. Roper, Doktor, 16).

regiment erwähnt. Die »Weltweite Reformation« wird zu »Sie folgten ihm nach« transformiert. Johannes Calvin erscheint hier nur als einer von vier GlaubenszeugInnen (mit Paul Gerhard, Florence Nightingale, Dietrich Bonhoeffer).

Im Band 7/8 beginnt der Abschnitt »Martin Luther und die Reformation« (95–106) mit einer Darstellung der Verbrennung der Bannbulle aus dem 19. Jahrhundert, die die Szene vor den Toren der Reichstadt Nürnberg spielen lässt. Der Zugriff auf die Person und Wirken Luthers wird biographisch inszeniert (97–104); dabei dienen einige Abbildungen zur Illustration. Eines der wirkmächtigsten Bilder der Reformationszeit erscheint klein (Größe 3,4cm und 5,2 cm) und unten rechts auf Seite 97: Lucas Cranach d.Ä., »Bildnis Martin Luthers als Augustinermönch«, 1520.[33] Der Kupferstich ist nicht vollständig wiedergegeben, ihm fehlen der rechte Rand, sowie die lateinische Inschrift. Luther ist in einer Nische zu sehen und hält sich die linke Hand vor die Brust, die andere Hand hält ein Buch.[34] Der Stich ist schon deshalb bemerkenswert, da Cranach nur wenige Kupferstiche produziert hat. Martin Warneke interpretiert das Bild folgendermaßen: »Der Mönch erscheint nicht mehr zeitlos wie eine metallische Büste vor neutralem Hintergrund [...], sondern hinterfangen von einer Nische, deren Schattenpartien dem Gesicht die bewegten Linienzüge entzogen haben, so daß dieses in einem milden Licht verklärt erscheint. Raum- und Zeitkategorien sind breitgestellt, um den Mönch tätig zu zeigen: Der Oberkörper bekommt zwischen Nische und Inschriftplatte einen Aktionsradius abgesteckt, und der tiefere Ausschnitt erlaubt es, Luther die Bibel in die Hand zu geben. Aus der Lektüre ergibt sich der Himmelblick, den die Linke gestisch begleitet. Es ist ein meditativ eingestimmter Luther, der nicht schon weiß, sondern erwägt, argumentiert und wohl auch zweifelt.«[35] Um nicht vor dem Wormser Reichstag die Spannung zu verschärfen, hat der kurfürstliche Hof auf dieses Luther-Bildnis gesetzt, das in der Folge große Popularität erlangt hat. Die Seiten 100f. schildern Luthers Aufenthalt auf der Wartburg unter dem Titel »Einer gegen alle«, das durch den Abdruck des Historiengemäldes »Luther auf dem Reichstag zu Worms« von der Hand Anton von Werners (1843–1915) aus dem Jahr 1877 wirkungsvoll unterstrichen wird (Größe: 15,8cm und 8,3cm).[36] Der schon fast obligatorische Holzschnitt des Junker Jörg fehlt auch in dieser Kursbuch-Aus-

---

33 Bernhard, Lucas Cranach d.Ä., 210.

34 Vgl. Kat. Brüssel 2010, Welt, 219.

35 Warnke, Cranachs Luther, 29.

36 Vgl. Kohnle, Luther vor Karl V., 60.

gabe (7/8, 101) nicht: Etwas kleiner (Größe: 5,1cm und 6,9cm) und weiterhin ohne die lateinische Inschrift des Originals. Auf der Seite 103 folgen dann die aus der letzten Kursbuchreihe bekannten Titelblätter zum Neuen Testament (Größe: 5,8cm und 7,9cm) und dem Leipziger Katechismus (Größe: 3,9cm und 5,3cm). Im Kursbuch 9/10 finden sich keine Abbildungen Luthers.

4. Kursbuch Religion 2000 (1997–1999)

Im Kursbuch für die Klassenstufen 5/6 bleibt Luther im Abschnitt über die Bibel weiterhin kurz präsent (109). Der nachfolgende Band bringt weitreichende Änderungen, die sich in den weiteren Kursbuchreihen fortsetzen werden. Das Thema Reformation wird nicht mehr eigenständig behandelt, sondern bekommt neben »Christen im Römischen Reich« und »Christliche Welt des Mittelalters« als Unterabschnitt zu »Kirche in der Welt« (168–203) zum Stehen. Die in der vorherigen Reihe in die Klassenstufe 9/10 verschobenen Reformierten werden in den Reformationsabschnitt im Band 7/8 integriert (201–203). Der Band 9/10 enthält nun keinen weiteren Hinweis mehr auf Martin Luther. Grundsätzlich lässt sich feststellen, dass diese Kursbuchreihe am sparsamsten mit dem Wittenberger Reformator umgeht.

Die einzige Abbildung Luthers findet sich im Band 7/8 im Themenbereich Reformation als Illustration zum Abschnitt »Luthers Lebensweg« (196). Lucas Cranach d. Ä. hat um 1521 das Gemälde »Luther als Junker Jörg«[37] angefertigt, das heute im Weimarer Schloss ausgestellt wird und von dem im Kursbuch ein kleiner Ausschnitt mit dem Kopf (Größe: 4,9cm und 5,8cm) präsentiert wird.

---

[37] Max J. Friedländer/Jakob Rosenberg (Hrsg.), Die Gemälde von Lucas Cranach, Basel 1979, 100 (Nr. 149).

5. Das Kursbuch Religion (2005–2007)

Im Format und Design unterscheidet sich das Kursbuch Religion grundlegend von seiner Vorgängern: Es ist größer geworden und hat ein zeitgemäßes Design bekommen.[38] Aufbau und Anlage der mit Luther befassten Abschnitte folgen dem Konzept des vorherigen Kursbuchs 2000.

Im Band 1 unter dem Stichwort »Luther übersetzt die Bibel« (145) ist ein Ausschnitt (Größe: 6,1cm und 7,4cm) aus der Wittenberger Altarpredella zu sehen, der lediglich den rechten Teil mit Luther als Kanzelredner zeigt. Da sowohl die hörende Gemeinde wie auch der Gekreuzigte entfallen sind, scheint es so zu sein, dass Luther auf den beistehenden Text hinweist. Unterstrichen wird die Dekontextualierung Luthers durch die Bildunterschrift »Lucas Cranach, Martin Luther (um 1540)«.

Der Band 2 enthält den Reformationsabschnitt und auch hier darf der obligatorische Junker Jörg nicht fehlen, jedoch nicht im Kontext der Wartburg, sondern der kleine Ausschnitt aus dem Gemälde (Größe: 3,1cm und 3,6cm) wurde neben den Text »Luthers Leben vor den 96 Thesen« (195) platziert. Es gibt weder eine Bildunterschrift noch den Hinweis, dass der bärtige Luther nur eine kurze Episode geblieben ist. Der Kopf des Cranach-Bildes, das sich heute im Weimarer Schlossmuseum befindet, wurde zudem seitenverkehrt abgedruckt, sodass Luther nun zum Text hingewendet ist. Neben dem Textabschnitt »Kirchenbann« (197) findet sich ein kolorierter Holschnittausschnitt mit der Unterschrift »Martin Luther wirft vor dem Wittenberger Elstertor die päpstliche Bannandrohungsbulle ins Feuer. Zeitgenössischer Holzschnitt«.

Im Abschnitt »Rechtfertigung – Scheitern – Schuld – Vergebung« (78–83) des Bands 3 befinden sich zwei Lutherbilder: Das erste ist der Cranach'sche Holzschnitt »Luther als Augustinermönch« in der dritten Fassung (Größe: 6,0cm und 7,0cm). Es fehlen die lateinische Inschrift, Jahreszahl und Cranach-Zeichen. Das zweite ist ein Szenenbild aus dem Film »Luther« von 2003, das den angefochtenen Luther (Joseph Fiennes) im Gespräch mit Staupitz (Bruno Ganz) in der Erfurter Klosterzelle zeigt (11,2cm und 6,2cm). In

---

38 Vgl. Herrmann, Das Kursbuch Religion, 258: »›Das Kursbuch Religion‹ erscheint mit dieser Ausgabe in einem neuen Format, im Umfang, im Layout und im Zuschnitt. Im Vorwort an die Schülerinnen und Schüler erklärt es wie immer das didaktische Konzept: Zusammenfassende Texte (›Grundwissen Religion‹) und Tipps zu bestimmten Arbeitsmethoden (›Werkstatt Religion‹) treten nun neben das Themenspektrum aus dem Vorgängerbuch KB 2000, das nun erweitert und differenziert wird. Ansonsten orientiert sich die Diktion an dem bewährten KB-Profil, dem Angebot einer Reise, der Auswahl und der Reisebegleitung, die das KB anbietet.«

diesem Band des Kursbuches gibt es noch weitere Bezüge zum Film. Im Unterabschnitt »Nachfolge« (122–127) präsentiert sich ein Textausschnitt aus dem Film unter der Überschrift »Martin Luther (1483–1546): Hier stehe ich. Gott helfe mir.« (122), dem am linken Rand ein Ausschnitt (Größe: 4,0cm und 9,2cm) aus dem Weimarer Stadtkirchenaltar beigegeben ist, auf dem drei Personen hinter einander zu erkennen sind: Luther, Cranach d.Ä. und Johannes d. T. Das Altarepitaph für den sächsischen Herzog Johann Friedrich (1503–1554) und seine Familie wurde von Lucas Cranach d. J. (1515–1586) im Jahr 1555 geschaffen.[39] Vorbild für das Bildnis Luthers ist das Schweriner Portrait von 1546 und für Cranach das in Florenz aufbewahrte Selbstbildnis des Meisters von 1550.[40] Das Epitaph kann auch als ein Denkmal für die Freundschaft zwischen Reformator und Maler verstanden werden.[41]

Ausgangsort der Ganzkörperdarstellungen Luthers ist die Wittenberger Schlosskirche, für die Cranach d.Ä. aus Anlass des Todes Luthers das erste Porträt dieser Art angefertigte, das heute verloren ist. Die Botschaft dieses neuen Darstellungsweise ist: »Die Totenmemoria sowie das Bekenntnis zur Reformation, das zugleich ein Bekenntnis gegen die Papstkirche und damit auch gegen Kaiser und Reich war.«[42]

Albrecht Dürer (1471–1528) wollte Luther in Kupfer stechen, um ihm »ein langes Gedächtnis«[43] zu sichern. Auch wenn er seinen Wunsch nicht umsetzen konnte und ihm sein Kollege Cranach d.Ä. zuvor kam, »können wir von Luther anhand der fast fünfhundert überlieferten Bildnisse eine genaue Vorstellung«[44] gewinnen. Weitgehend ist dieses Bild durch die Bildgestaltung der beiden Cranache bestimmt, wenn man sich einem »authenti-

---

39 Vgl. FRIEDLÄNDER/ROSENBERG (Hrsg.), Gemälde, 158f. (Nr. 434).

40 A.a.O., 158. Das Cranach-Selbstbildnis ist abgebildet in: Kat. Brüssel 2010, 12 (Abb. 1).

41 Vgl. BERTHOLD HINZ, Lucas Cranach d.Ä., Reinbek ³2008, 61: »Das Bild des alten Meisters, Seite an Seite mit dem Reformator unter dem Kreuz Christi, wie es der Weimarer Altar des Sohnes Lucas von 1555 zeigt, hat wohl für alle Zeiten die Vorstellung einer hohen Zielen gewidmeten Einmütigkeit, zugleich einer Männerfreundschaft von echtem Schrot und Korn geprägt. Die in Grundzügen bis heute gültige Erinnerung an Cranach, den stets aufrechten, treuen und kernfesten Mitstreiter am großen Werk der Reformation, dem er seine besten künstlerischen Kräfte geweiht habe, empfing ihre Konturen aus der Nähe zum Reformator. Umgekehrt verdankt sich auch Luthers Bild für alle Zeiten dieser Konstellation.«

42 RUTH SLENCZKA, Lebensgroß und unverwechselbar. Lutherbildnisse in Kirchen 1546 bis 1617, in: Luther 82 (2011), 99–116, hier: 101.

43 WARNKE, Cranachs Luther, 15.

44 A.a.O., 6.

schen« Luther-Bild annähert. Diese Authentizitätsvorstellung liegt auch der Abbildungsauswahl in der Kursbuchreihe zugrunde, wenn sie vor allem auf die Werke aus der Cranach'schen Werkstatt zurückgreift. Im Zentrum stehen vor allem die Werke der Zeit 1520–1522 mit den Motiven »Luther als Augustinermönch« und »Luther als Junker Jörg«. In diesen Jahren entstehen auch Luthers reformatorische Hauptwerke. Die Gemälde zeigen den jungen Luther, der gemeinhin als attraktiver wahrgenommen wird als der alte: »Der ›junge‹ Luther gilt gemeinhin als interessanter und bahnbrechender als der ›alte‹, gilt als innovativ, kämpferisch, kreativ und offen, als begeisterungsfähig und aufwühlend; der ›alte‹ vielleicht als tiefsinnig und rechthaberisch, cholerisch und doktrinaristisch, im ganzen jedenfalls nurmehr als Schatten seiner selbst.«[45]

Was auffällt ist, dass die Kunstwerke nicht immer ganz abgebildet werden. Dabei ist kaum ersichtlich, was als vernachlässigbares Detail angesehen wird; je nach Auflage fällt die lateinische Inschrift zu einem Holzschnitt weg, der Hintergrund verschwindet oder taucht wieder auf. Es scheint so zu sein, dass manche Kunstwerke lediglich als Textillustrationen gesehen werden. Dabei ist freilich auch nicht immer sicher, dass sie das abbilden, was angekündigt wird. So liegt zwischen der Darstellung »Luther als Augustinermönch« und seinem Eintritt ins Erfurter Augustinerkloster ein Zeitabschnitt von mehr als 10 Jahren. Die gewählten Ausschnitte und überhaupt ein Großteil der Abbildungen zeigen den Kopf Luthers. So wird der Eindruck eines vergeistigten Reformators (gerade im Kursbuch Religion 2000 gibt es nur ein Bild!) erweckt, dessen Körperlichkeit eine untergeordnete Rolle zu spielen scheint. Das steht im Gegensatz zur gegenwärtigen Annäherung an Luther und seinen Körper: »Luther benutzte verdauungsbezogene Metaphern, um einige seiner tiefsten Einsichten zu vermitteln, seine Vorstellungen vom Guten und Bösen eingeschlossen, und er hatte, zum Teil wegen der Krankheiten, an denen er Zeit seines Lebens litt, ein intuitives Verständnis für die Verbindung von kreativen und körperlichen Vorgängen.«[46] In Bezug auf die Bildverwendung der Kursbuchreihe sollte gefragt werden, in welcher Weise es möglich wäre, diese weniger als Illustration zu verstehen. Es scheint doch angemessener, die Bildwerke entweder als historische Quellen oder als autonome künstlerische Produkte für sich sprechen zu lassen. In der letzten

---

[45] Kaufmann, Anfang, 589.

[46] Roper, Doktor, 9. Vgl. Ulrich Barth, Aufgeklärter Protestantismus, Tübingen 2004, 4: »Wer also war Luther, ein Stifter des nationalen Kulturerbes oder ein spätmittelalterlicher Kloakenfetischist?«

Kursbuchreihe findet man mit der Darstellung des Gemäldes »Gesetz und Gnade« in der Reformationseinheit einen Ansatzpunkt.[47] Grundsätzlich ist auch zu klären, ob die Art und Weise, in der Ausschnitte aus Kunstwerken gewählt und dekontextualisiert werden, einem nicht nur pädagogisch zu verantwortenden Umgang mit Kunst gerecht werden. Insgesamt wären bei einer näheren Betrachtung der Bildpolitik des Kursbuchs Fragen der Medienethik und Äthetik als Bezugsrahmen zu beachten.

Das Bildmotiv »Luther als Junker Jörg« zieht sich durch alle Auflagen des Kursbuchs hindurch, wenn es auch einen Wechsel vom Holzschnitt zum Weimarer Gemälde gibt. Nicht nur als eine Darstellung der Zeit auf der Wartburg wird dieses Bild verwendet, sondern ist durch alle Kursbuchreihen prominent. Doch bleibt offen, wie ein Bild, dass lediglich für einen kurzen Zeitabschnitt seines Lebens steht, wie im Kursbuch Religion 2000, zu dem Lutherbild werden kann: Luthers Markenzeichen ist die Bartlosigkeit – im Gegensatz zu seinem Freund Cranach d. Ä. Ute Mennecke hat die Bildsemantik heraus gearbeitet und dabei zeigt sich, dass der Titel zwar auf die beiden erhalten Gemälde mit dem Titel zutreffen, da Luther hier u. a. ein Schwert in die Hand bekommt, jedoch der wesentlich populärere Holzschnitt keinen Junker zeigt, da ihm die ritterlichen Attribute fehlen, und somit die Botschaft weniger in der Verkleidung, sondern im Übertreten des priesterlichen Bartverbotes liegt: »Als die Verkörperung der ›christlichen Freiheit‹ ist dieses erst eigentlich der reformatorische Luther. Sein historischer Hintergrund ist die Auseinandersetzung mit den Mönchsgelübden in den einsamen Wochen und Monaten auf der Wartburg, in denen Luther die christliche Freiheit auch sich persönlich theologisch erarbeitete. Auch wenn Luther den Bart wieder abnehmen ließ, wieder in seine Mönchskutte schlüpfte, die er erst 1524 endgültig ablegte, und erst 1525 heiratete – Cranach hat etwas Grundsätzliches gesehen und verstanden und in einem Porträt eingefangen.«[48]

---

47 Es wird eine Form der »Gothaer Fassung« des 1529 entstanden Gemäldetyps abgedruckt (vgl. FRIEDLÄNDER/ROSENBERG, Gemälde, 114 (Nr. 221). Vgl. OHLY, Gesetz, 16ff.

48 Vgl. UTE MENNECKE, Luther als Junker Jörg, in: LuJ 79 (2012), 63–99, hier: 99.

Begriffssemantiken

Historische Religionspädagogik mit Reinhart Koselleck?

Historiographische Perspektiven und methodologische Grundlagen

Stefanie Pfister

Die folgenden Überlegungen versuchen auszuloten, inwiefern begriffsgeschichtliche Zugänge einen Erkenntnisgewinn für die historisch-religionspädagogische Forschung markieren. Zwar haben in der Vergangenheit religionspädagogische Studien Aspekte der Begriffsgeschichte aufgegriffen, allerdings nicht in grundsätzlicher Perspektive gearbeitet.

David Käbisch etwa analysiert mit einem rezeptionsgeschichtlichen Zugang die Wirkungsgeschichte der theoretischen Entfaltungen des Begriffs ›Erfahrung‹.[1] Bei Peter Biehl und Karl Ernst Nipkow wird ebenfalls begriffsgeschichtlich auf den Begriff ›Bildung‹ verwiesen. Auch hier wird beschrieben, wie ein Begriff in einem bestimmten Kontext rezipiert und gedeutet wird.[2] In anderen Studien wird gelegentlich von Begriffsgeschichte gesprochen, um eine Genese des Begriffes, die etymologische Herleitung, Erläuterung oder Definition darzulegen. Oder Begriffsgeschichte wird genutzt, um die Neubildung oder erste Entstehung eines Begriffes zu markieren.[3]

Insgesamt stellt sich jedoch die Frage, inwiefern begriffsgeschichtliche Zugänge im Anschluss an Reinhart Koselleck einen grundsätzlichen metho-

---

1 Vgl. David Käbisch, Erfahrungsbezogener Religionsunterricht. Eine religionspädagogische Programmformel in historischer und systematischer Perspektive, Tübingen 2009; vgl. Bernd Schröder, Historische Religionspädagogik. Ein Literaturbericht zur Ausdifferenzierung einer theologischen Disziplin seit Mitte der 1990er Jahre (Teil II), in: Theologische Rundschau, Bd. 74 (2009), 377–409, 394.

2 Vgl. Peter Biehl/Karl Ernst Nipkow, Bildung und Bildungspolitik in theologischer Perspektive, Münster u.a. 2003, Schröder, Historische Religionspädagogik. Literaturbericht, Teil II, 394–395.

3 Vgl. Friedrich Schweitzer/Henrik Simojoki/Sara Moschner/Markus Müller, Religionspädagogik als Wissenschaft. Transformationen der Disziplin im Spiegel ihrer Zeitschriften (Religionspädagogik in pluraler Gesellschaft, hrsg. von Hans-Georg Ziebertz/Friedrich Schweitzer/Rudolf Englert/Ulrich Schwab, Bd. 15), Freiburg u.a. 2010, 14.

dologischen Fortschritt versprechen. In den letzten Jahren haben sich besonders Untersuchungen als weiterführend in der historisch-religionspädagogischen Forschung erwiesen, die unter einer leitenden systematischen Fragestellung mit einer Kombination von verschiedenen methodischen Instrumentarien, der mehrperspektivischen Erschließung[4] sowie mit interdisziplinären Bezügen operieren. So wird zunehmend auf Publikationen, Fragen und Konzepte *anderer* Wissenschaften Bezug genommen. Und etliche historisch religionspädagogisch Forschende sind in der Profan- oder Kirchengeschichte verwurzelt. Auch das Interesse an Personen und ihren *Theorien* nimmt zu, so werden auch Fragen nach Genese, Schulpolitik, epochenübergreifenden Entwicklungen und Medien gestellt. »Diese Wendung hin zur Alltags- und Wissenschafts(sozial)geschichte schließt an methodologische Entwicklungen in der Geschichtswissenschaft an und ist für die Religionspädagogik als Handlungswissenschaft adäquat [...].«[5]

Besonders innovative Forschungsperspektiven bieten daher neue Studien, die mit einer geschichtswissenschaftlichen Perspektive auf Sachverhalte der historischen Religionspädagogik zugreifen. Dadurch kann systematisch auf historische Praxisformationen zugegriffen werden. Als ein aktuelles Beispiel ist die Habilitationsschrift von Marcell Saß zu nennen, die einen diskurstheoretischen Zugriff auf die Feierpraxis zum Schulbeginn bietet.[6] »Der historiografische Impuls, die Praxis des Unterrichtens und der Erziehung auszuleuchten [...], ist nicht zuletzt um systematischer Fragestellungen willen wichtig – wird doch erst so die Interdependenz zwischen Theorie und Praxis nachvollziehbar, die auch der gegenwärtigen Religionspädagogik als Analyse- und Steuerungsproblem geläufig ist.«[7]

Eine geschichtswissenschaftliche Methodologie – wie die der Begriffsgeschichte – vermag daher neue Möglichkeiten in Hinblick auf die Erforschung der Unterrichtspraxis mit didaktischen und methodischen Prinzipien zu eröffnen. Dies lässt sich an meinem gegenwärtigen Forschungsprojekt »Religion an Realschulen« exemplarisch verdeutlichen. Als Religionspädagogin und insbesondere als Realschullehrerin liegt mein erkenntnisleitendes In-

---

4 Vgl. SCHRÖDER, Historische Religionspädagogik – Überlegungen zu Fokus und Funktion, in: Theo-Web. Zeitschrift für Religionspädagogik 10 (2011), H.2, 178–179; SCHRÖDER, Historische Religionspädagogik. Literaturbericht, Teil II, 408.

5 SCHRÖDER, Historische Religionspädagogik. Literaturbericht, Teil II, 407.

6 Vgl. MARCELL SASS, Schulanfang und Gottesdienst. Religionspädagogische Studien zur Feierpraxis im Kontext der Einschulung (Arbeiten zur Praktischen Theologie, hrsg. von WILFRIED ENGEMANN/CHRISTIAN GRETHLEIN/JAN HERMELINK, Bd. 45), Leipzig 2010.

7 SCHRÖDER, Historische Religionspädagogik. Literaturbericht, Teil II, 407.

teresse insbesondere in der Erschließung von Praxis: Wie gestaltet sich der Religionsunterricht an Realschulen in gegenwärtiger, aber insbesondere in *historischer* Perspektive – denn zurzeit zeichnet sich im Bildungswesen die folgende Entwicklung ab: das Schulsystem der Realschule wird gegenwärtig in den meisten Bundesländern aufgelöst bzw. ist gar nicht eingeführt worden - z. B. in den neuen Bundesländern.

Zur Erforschung des Religionsunterrichts an Realschulen stellt sich folgende Herausforderung: Wie können die beiden notwendigen Forschungsstränge – die mittelschulgeschichtlichen und die historisch-religionspädagogischen Fragestellungen – systematisch verfolgt und miteinander verbunden werden? Und wie kann dabei dem erkenntnisleitenden Forschungsinteresse – die Veranschaulichung der konkreten (Religions-)Unterrichtspraxis, d. h. die (fach-)didaktischen und methodischen Prinzipien im mittleren Schulwesen – adäquat nachgegangen werden?

Die Studien zur Geschichte des mittleren Schulwesens nehmen die Gesamtentwicklung und Faktoren (Personen, Daten, historische sowie politische Einflüsse) in den Blick, stellen aber weniger einen Bezug zum Religionsunterricht her. Andersherum nehmen die historisch-religionspädagogischen Untersuchungen selten explizit Bezug auf das Mittelschulwesen. Beiden genannten Forschungssträngen ist zudem eine weitere Begrenzung gemeinsam inhärent: Der Begriff ›Real‹ bzw. in der Pluralform ›Realien‹ bleibt unterbestimmt, der jedoch für meine Studie – als Ableitung von dem Begriff der ›Real-Schule‹ weiterführend und grundlegend ist. Dieser Begriff lässt zunächst darauf schließen, dass konkrete Materialien, Naturalien, kurz: gegenständliche ›Realien‹ im Unterricht einbezogen werden. Darüber hinaus umfasst dieser Begriff die ›Realien‹-Unterrichtfächer oder ›Realien‹, die unmittelbar der Anwendung dienen. D. h. die Art und Weise, wie ›Realien‹ in den Unterricht an einer Realschule bzw. an einer mittleren Schulform einbezogen werden – z. B. als Unterrichtsmaterialien, Lehrbücher, reale Lernumgebungen – kann Aufschluss darüber geben, welche Bedeutung ›Realien‹ im Unterricht von Realschulen bzw. mittleren Schulformen tatsächlich haben. Auch die Begründungen zum Einsatz von ›Realien‹ sind für diese Untersuchung von Bedeutung.

Der zweite tragende Begriff dieser Analyse ist der Begriff ›Religion‹, welcher im vorliegenden Zusammenhang auf die organisatorische Gestalt des Schulfaches Religion verweist. Eine religionstheoretische Auseinandersetzung würde den Rahmen der historisch-religionspädagogischen Untersuchung sprengen. Aufgrund dieser Begriffe liegt eine begriffsgeschichtliche Methodologie nahe.

Bei der Begriffsgeschichte – nach dem 2006 verstorbenen Historiker Reinhart Koselleck – handelt es sich um eine Form der Sozialgeschichte,[8] welche einerseits eine geschichtswissenschaftliche Teildisziplin zur Untersuchung sozialer Gegebenheiten darstellt und andererseits einen spezifischen Zugriff auf die allgemeine Geschichte bietet (ab 1970 auch Begriff ›Gesellschaftsgeschichte‹).[9]

Die Begriffsgeschichte versucht »nicht eine historische Wirklichkeit objektiv abzubilden«,[10] sondern die Perspektive der Zeitgenossen von der historischen Wirklichkeit darzustellen[11] und ist »geleitet von der Einsicht, dass das Bild, das sich die Nachgeborenen von einer historischen Wirklichkeit machen, keineswegs hochwertiger oder ›wahrer‹ ist als das Bild der Zeitgenossen. Beides sind Konstruktionen von Wirklichkeit und ein Inbezugsetzen der jeweils Erkennenden zu dieser Wirklichkeit.«[12]

Daher unterscheidet sich die Begriffsgeschichte gänzlich von der »verstehenden Geschichtswissenschaft«[13] des Historismus, dessen Hermeneutik die strukturellen Begebenheiten betont, in denen menschliches Denken und Handeln stattfindet[14] und welcher von der vermeintlich *tatsächlichen Wirklichkeit* ausgeht, die mit einem hermeneutischen Verständnis und kritischer Methode – sozusagen *verstehend* erkannt werden kann – methodologisch und inhaltlich zeigt sich dies z.B. in der kritischen Analyse »sowie in der kritischen Untersuchung der Quellen.«[15]

---

[8] Vgl. REINHART KOSELLECK, Begriffsgeschichten. Studien zur Semantik und Pragmatik der politischen und sozialen Sprache, Frankfurt a.M. 2006, 9f.; STEFAN JORDAN, Theorien und Methoden der Geschichtswissenschaft. Orientierung Geschichte, Paderborn 2009, 124.

[9] Vgl. JÜRGEN KOCKA, Sozialgeschichte, in: Lexikon Geschichtswissenschaft. Hundert Grundbegriffe, hrsg. von STEFAN JORDAN, Stuttgart 2002, 265–266.

[10] JORDAN, Theorien und Methoden, 125.

[11] Ebd.

[12] JORDAN, Theorien und Methoden, 126.

[13] FRIEDRICH JÄGER/JÖRN RÜSEN, Geschichte des Historismus. Eine Einführung, München 1992, 1.

[14] Vgl. GEORG G. IGGERS, Geschichtswissenschaft im 20. Jahrhundert. Ein kritischer Überblick im internationalen Zusammenhang, Göttingen 2007, 114.

[15] So bestand z.B. für Ranke der objektiv zu erfassende Gegenstand aus »lebenden Menschen, deren Handlungen zum Teil intentional waren, eingebettet in größere Einheiten wie Nation, Staat und Religion«, IGGERS, Geschichtswissenschaft im 20. Jahrhundert, 114. Vgl. a.a.O., 25.

Die Begriffsgeschichte geht daher – wie allgemein die neuere geschichtswissenschaftliche Forschung – davon aus, dass der Historiker nie seiner Welt entrinnen und sein Forschungsbereich nur durch die »Kategorien der Sprache, in denen er denkt«[16] erfasst werden kann. Demnach hat nur noch der Text bzw. die Kultur bestand, mit dem der Historiker arbeitet, nicht jedoch die Wirklichkeit, die über den Text hinausgeht. Somit wird nicht mehr als selbstverständlich vorausgesetzt, dass es eine gemeinsame kulturelle Tradition gibt. Diese Einsicht stellt insbesondere das Objektivitätspostulat von Geschichte infrage, da die Auswahl der Quellen und Texte nach den vom Forscher bestimmten Selektionskriterien erfolgt und daher keine objektive Wirklichkeit abbilden kann.

Damit gewinnt grade die Vorstellung der Kulturanthropologie – dass die historische Kultur und Lebensweise einen ›Text‹ bildet, den es indirekt – anhand von symbolischen und rituellen Handlungen – zu entdecken gilt, an Bedeutung, insbesondere bei Geertz' »Dichte Beschreibung«.[17] Hierbei gewinnt gerade die Uneindeutigkeit von Texten zunehmend an Bedeutung. So arbeitet die neuere Geschichtswissenschaft ebenfalls mit diesen ›Texten‹, jedoch ohne dabei von dem ›Text‹ als einer homogenen Einheit auszugehen – denn letztendlich geht auch eine *dichte Beschreibung* noch davon aus, dass die zu beschreibende Kultur – der Text – als eine homogene Einheit erfasst werden kann[18] – oder ohne die *tatsächliche Wirklichkeit* anzunehmen und »wahrheitsgetreu bzw. realitätsadäquat über vergangene Ereignisse und Prozesse«[19] zu berichten – wie bei der Deutung von Quellen. Der Text selber hat keinen eindeutigen Sinn mehr, »da er weder auf eine eindeutige Wirklichkeit verweist, noch die Absichten derer, die diesen Text verfasst haben, eindeutig wiedergibt«.[20]

Dadurch dass in der Begriffsgeschichte Geschichte ebenfalls als vielschichtiger und nicht als eindeutiger ›Text‹ angesehen wird und keinen *Tatsächlichkeitsanspruch* mehr hat, lassen sich Konstruktionen von Wirklichkeit beschreiben, z. B. über Begriffe. Da Begriffe sprachliche Bündelungen darstellen, erfolgt in der Begriffsgeschichte zudem die Aufnahme sprach-

---

[16] IGGERS, Geschichtswissenschaft im 20. Jahrhundert, 17.

[17] Vgl. CLIFFORD GEERTZ, Dichte Beschreibung. Beiträge zum Verstehen kultureller Systeme, Frankfurt a. M. 1983.

[18] Vgl. dazu IGGERS, Geschichtswissenschaft im 20. Jahrhundert, 90.

[19] DANIEL FULDA, Historiographie, in: Lexikon Geschichtswissenschaft. Hundert Grundbegriffe, Stuttgart 2010, 152.

[20] IGGERS, Geschichtswissenschaft im 20. Jahrhundert, 17.

theoretischer Einsichten, da auch in der *Sprachtheorie* die Frage nach dem Wirklichkeitsbezug eine bedeutende Rolle spielt.[21]

Die Begriffsgeschichte konzentriert sich somit auf die »sprachliche Erfassung der modernen Welt, ihre Bewußtwerdung und Bewußtmachung durch Begriffe«,[22] weil Geschichte doppelt über Sprache – durch (sprachliche) Quellen *und* durch wissenschaftliche (sprachliche) Darstellung dieser Quellen[23] – konstruiert und vermittelt wird. Sprache ist dabei das Mittel, um die gedanklichen Konstrukte zu transportieren.[24] Weil in der Begriffsgeschichte die »versprachlichte Wirklichkeit«[25] von historischen Texten, d. h. die Konstruktion der Wirklichkeit durch sprachliche Vermittlung[26] eine zentrale Rolle spielt, ist es möglich – anders als bei ideengeschichtlichen Zugängen – über *Begriffe* die Praxis zu erschließen.

Die wichtigste methodische Voraussetzung für die Begriffsgeschichte ist die Unterscheidung zwischen der Eindeutigkeit des Wortes – die sprachliche Konvention zur Bezeichnung eines Sachverhalts bzw. eines Gegenstandes – und der Vieldeutigkeit eines Begriffs, welcher auch mit mehreren Wörtern bezeichnet werden kann.[27] Dabei sind Begriffe – hier der Begriff ›Realien‹ – immer Indikatoren und Faktoren der konstruierten Wirklichkeit. D. h., einerseits erkennt man in der Definition des Begriffs ›Realien‹ an einer be-

---

21 Vgl. a. a. O., 103.

22 REINHART KOSELLECK, Einleitung, in: REINHART KOSELLECK/WERNER CONZE/OTTO BRUNNER (Hrsg.), Geschichtliche Grundbegriffe. Historisches Lexikon zur politisch-sozialen Sprache in Deutschland, Bd.1, Stuttgart 1972, XIV.

23 Vgl. ACHIM LANDWEHR, Geschichte des Sagbaren. Einführung in die historische Diskursanalyse (Historische Einführungen, herausgegeben von Andreas Gestrich et al, Bd. 8) Tübingen 2001, 10.

24 Vgl. JORDAN, Theorien und Methoden, 187-188.

25 LANDWEHR, Geschichte des Sagbaren, 11.

26 Vgl. ebd.

27 Vgl. insgesamt: KOSELLECK, Begriffsgeschichten.

stimmten Schulkonzeption, die jeweiligen Erfahrungen und Sachverhalte, die diesen Begriff prägen.[28] Andererseits kann man erkennen, wie diese Erfahrungen und Sachverhalte beschrieben, verarbeitet, kurz: begriffen werden (Faktoren).[29]

Diese zeigen sich in den Begründungen zum Einbezug von ›Realien‹ und deren spezifischer Funktion – z. B. die Notwendigkeit einer charakterlichen, religiös-sittlichen Grundbildung für einen bestimmten Berufsstand oder ein pansophischer Grundgedanke – wie der Begriff ›Realien‹ jeweils beschrieben, begründet und damit *begriffen* wird (Faktoren).

So geht Koselleck davon aus, dass zentrale Begriffe als »bedeutungsstabile, semantisch festgestellte Worte« über die historische Semantik hinaus »auf starke Thesen« zielen und als »Konzentrate vieler Bedeutungsgehalte« die vielfältigen Bedeutungen und Erfahrungszusammenhänge eines Wortes sprachlich bündeln, sodass sie in das gegenwärtige Sprachvermögen und Verhalten integriert werden können. Ein Begriff ist dabei mehr als ein Ereignis, mehr als ein Wort: Ein Wort wird erst dann zum Begriff, wenn die kompletten Bedeutungs- und Erfahrungszusammenhänge des Wortes in diesem zusammengefasst werden.

Folgerichtig werden als »Leitbegriffe der geschichtlichen Bewegung, die, in der Folge der Zeiten, den Gegenstand der historischen Forschung«[30] ausmachen, Ausdrücke, Schlüsselworte, Leitbegriffe, Schlagworte, theoretisch anspruchsvolle Kernbegriffe und große Ereigniszusammenhänge erschlossen.[31] Hierbei ist es methodisch nicht beabsichtigt, das gesamte Vokabular einer Epoche aufzuzeigen oder eine linguistische Semantik zu betreiben,[32] denn die begriffsgeschichtliche Vorgehensweise nach Koselleck setzt eine »Standortbezogenheit«[33] aller Begriffe voraus, »ihre pragmatische Feststel-

---

[28] So sind es bei den Lese-, Schreib- und Rechenschulen oder an den Ritterakademien die ›Realien‹ als berufsvorbereitende Fächer, in den niederen reformatorischen Schulen ist es die Muttersprache Deutsch, bei Comenius und Ratke sind es die ›Realien‹ an sich (Indikatoren).

[29] Vgl. Reinhart Koselleck, Begriffsgeschichte, in: Lexikon Geschichtswissenschaft, 40–44. Begriffsgeschichte, in: Lexikon Geschichtswissenschaft, 41; vgl. Jordan, Theorien und Methoden, 125.

[30] Koselleck, Einleitung, XIII.

[31] Vgl. a. a. O., XIV.

[32] Vgl. Landwehr, Geschichte des Sagbaren, 29.

[33] Reinhart Koselleck, Vergangene Zukunft. Zur Semantik geschichtlicher Zeiten, Frankfurt a. M. 1979, 176ff.

lung in konkreten Verwendungszusammenhängen«,[34] das heißt »wann, wo, von wem und für wen welche Absichten oder welche Sachlagen wie begriffen werden. Begriffsgeschichte fragt immer nach einmaligen Herausforderungen, auf die im konkreten Wortgebrauch begriffliche Antworten sprachlich kondensiert werden.«[35] Da der Wortgebrauch eines Begriffs immer ›standortbezogen‹ ist, haben Begriffe somit ihren *Standort,* von dem aus operiert wird, sodass zugleich die selektive Forschungsperspektive deutlich wird: in der Untersuchung zum Religionsunterricht an Realschulen sind es die Begriffe ›Realien‹ und ›Religion‹.

Diese – die Mehrschichtigkeit eines bestimmten Begriffs aufzeigende – Vorgehensweise hat die Verschränkung der synchronen mit der diachronen Ebene zur Folge: Zum einen wird der Wortgebrauch zu der jeweiligen Zeit historisch-kritisch betrachtet, zum andern diachron der Wandel der Begriffe durch die Zeit, indem sie aus dem Kontext gelöst werden.[36] Dadurch können punktuelle Analysen eines Begriffs und Vergleiche mit einer anderen punktuellen Analyse des Begriffs ›Realien‹ an einer anderen Schulform zu einer anderen Epoche gezogen werden. Damit prägt Koselleck ein verändertes Zeitverständnis, welches sich nicht an einen ungebrochenen, linearen Zeitablauf hält.

Methodologische Grenzen der Begriffsgeschichte liegen darin, dass einzelne Praxisformationen weniger in den Blick geraten können. Auch die Möglichkeit der punktuellen Analysen erlauben es nicht, an einer Stelle Einzelfälle zu erfassen und die Praxis des Schulalltags ausführlich darzustellen, da Begriffe gerade die gebündelten Zusammenfassungen darstellen und keinen Raum für das Aufzeigen von Einzelentwicklungen oder Beispielen gewähren. Zudem ist es zwar bei Koselleck möglich einzelne Begriffe – hier von ›Realien‹ und ›Religion‹ – aufzuzeigen, doch Zusammenhänge der Begriffe untereinander werden nicht vollzogen.

Eine Analyse der einzelnen Begriffe greift jedoch viel zu kurz, vielmehr gilt es den *Zusammenhang* von ›Realien‹ und ›Religion‹ zu veranschaulichen. Der konkrete Gegenstandsbezug dieser Studie ist gerade durch diesen Zusammenhang bestimmt.

---

34 Reinhard Mehring, Begriffsgeschichte mit Carl Schmitt, in: Begriffene Geschichte. Beiträge zum Werk Reinhard Kosellecks, hrsg. von Hans Joas/Peter Vogt, Berlin 2011, 156.

35 Koselleck, Begriffsgeschichte, in: Lexikon Geschichtswissenschaft, 41–42.

36 Vgl. Landwehr, Geschichte des Sagbaren, 30.

Innerhalb dieses Zusammenhangs lassen sich nun auch konkret die didaktischen und methodischen Prinzipien feststellen. So stellte sich in der Untersuchung heraus, dass eine Verdichtung von didaktischen und methodischen Prinzipien im Zusammenhang von ›Realien und Religion‹ an der »Realien-Schule« Franckes deutlich wird.

Um dieser Verdichtung von didaktischen und methodischen Prinzipien näher nachgehen zu können, wird für die historisch-religionspädagogische Studie eine weitere, neuere geschichtswissenschaftliche Theorie, der New Historicism, einbezogen, welche darauf abzielt, Texte »als Bestandteile eines intertextuellen Gewebes aufzuzeigen«.[37]

»Der New Historicism hat sich vorgenommen, sozusagen das Mikroskop auf das aus Diskursfäden gesponnene dichte Gewebe der Kultur bzw. Geschichte zu richten, und einzelne Fäden daraus zu verfolgen, um jeweils ein Stück Komplexität, Unordnung, Alogik und Vitalität der Geschichte zu rekonstruieren [...].«[38]

Deutlich wird dies an Nathalie Davis' eindrücklicher Schilderung der Geschichte des Martin Guerre, der als wohlhabender Bauer aus dem Languedoc seine Frau, sein Kind und den Hof verlässt. Nach einigen Jahren kehrt er zurück – so nimmt jeder an – doch nach geraumer Zeit behauptet seine Frau, dass er ein Betrüger sei. Davis gelingt es durch die Akten des Gerichtsprozesses und verschiedenster Quellen anhand dieses exemplarischen Einzelfalles Aufschlüsse über die bäuerliche Gesellschaft im 16. Jahrhundert zu ziehen.[39]

Historiographisch interessant ist dabei insbesondere, dass durch die Art der Schilderung von Davis die Erfassung von Praxis adäquat möglich ist. Es zeigt sich, dass die Außergewöhnlichkeit und Einmaligkeit des Falles Hinweise auf die Denkstrukturen der Bauern im 16. Jahrhundert geben kann: »Grade die Außergewöhnlichkeit des Falls Martin Guerre wirft ein Licht auf eine Normalität, die dokumentarisch nicht greifbar ist.«[40]

---

[37] Vgl. Jordan, Theorien und Methoden, 184. Damit knüpfte der New Historicism an die amerikanische Philologie an, die Texte in historische Kontexte einordnete, da »Texte immer mit Bezug auf andere Texte entstehen, wiederum andere Texte inspirieren, auf Texte anspielen, mit Zitaten arbeiten« a.a.O., 185.

[38] Moritz Bassler, Einleitung, in: Moritz Baßler (Hrsg.), New Historicism. Literaturgeschichte als Poetik der Kultur, Frankfurt a.M. ²2001, 15.

[39] Vgl. Nathalie Davis, Die wahrhaftige Geschichte von der Wiederkehr des Martin Guerre, München 1984.

[40] Carlo Ginzburg, Beweise und Möglichkeiten. Randbemerkungen zur Wahrhaftigen Geschichte von der Wiederkehr des Martin Gueere, in: Davis, Die wahrhaftige Geschichte, 185–213, 190.

Auch die außergewöhnliche Pädagogik in Franckes ›Realien‹-Schule kann aufgrund ihres paradigmatischen Charakters Aufschluss über die Praxis des Unterrichts im Kontext der Begriffe ›Realien‹ und ›Religion‹ geben. Zudem ist die Annahme einer Vielschichtigkeit eines *Textgewebe*s weiterführend, da auch in der vorliegenden Untersuchung Zusammenhänge zwischen Begriffen und Texten gezogen werden.

Insgesamt lässt sich damit folgendes zusammenfassen: Da sich die Studie ›Religion an Realschulen‹ für Begriffe interessiert, die konzentriert vage Bedeutungsgehalte erfassen und die vielfältigen Konnotationen eines Wortes sprachlich bündeln können, wird die Begriffsgeschichte genutzt, um Begriffe als Indikatoren und Faktoren der Praxis des Religionsunterrichts zu analysieren.[41]

Zudem werden ›zwei Begriffe in ihrem Zusammenhang‹ untersucht. Da der Begriffsgeschichte bisweilen die Isolierung einzelner Worte vorgehalten wird,[42] bietet es sich gut an zwei Begriffe und deren Verbindungen zueinander hervorzuheben.

---

41 Modifiziert wird dabei die Ausweitung des zu untersuchenden Zeitraum auf den bei Koselleck bisher nicht üblichen Zeitraums auch vor 1770. Koselleck prägt den Begriff der »Sattelzeit« als Übergangszeit bzw. Epochenschwelle zwischen früher Neuzeit und Moderne, die Zeit von 1750 bis ca. 1850/1870.

42 Vgl. u. a. LANDWEHR, Geschichte des Sagbaren, 33. Zudem wird der Begriffsgeschichte die fehlende Berücksichtigung des diskursiven Kontexts vorgeworfen, z. B. würde die Untersuchung an einigen, exzeptionellen Texten nicht ausreichen, um einen Begriff tatsächlich zu erfassen. Deshalb bezog Rolf E. Reichardt in seinem »Handbuch politisch-sozialer Grundbegriffe« serielle und symbolische Quellen verstärkt mit ein. Vgl. ROLF E. REICHARDT/HANS-JÜRGEN LÜSEBRING (Hrsg.), Handbuch politisch-sozialer Grundbegriffe in Frankreich 1680–1820. Heft 16–18. Femme, liberté, Modération, Modére, Modérantisme, Mœurs, Petits-maîtres, Muscadins, Incroyables, Merveilleuses (Ancien Régime, Aufklärung und Revolution, hrsg. von Rolf Reichhardt und Hans-Ulrich Thamer), München 1995; vgl. KOSELLECK, Begriffsgeschichte, in: Lexikon Geschichtswissenschaft, 43. Und STEINMETZ (STEINMETZ, Das Sagbare und das Machbare. Zum Wandel politischer Handlungsspielräume - England 1780–1867, Stuttgart 1993) bezog gerade diesen diskursiven Kontext verstärkt ein. Vgl. JORDAN, Theorien und Methoden, 127f. Zur Kritik an der Hypothese, man könne Begriffe isoliert untersuchen, weist Koselleck darauf hin, dass jeder Begriff auf seinen Kontext bezogen ist, in Begriffsnetze eingespannt sind und auf größere Texteinheiten verweist. Vgl. Koselleck, Begriffsgeschichte, in: Lexikon Geschichtswissenschaft, 43.

Diese modifizierte begriffsgeschichtliche Methode wird kombiniert mit den Einsichten aus dem New Historicism. Die Darstellung der außergewöhnlichen Unterrichtspraxis, theologischer Begründungen, des Schulalltags und der didaktischen und methodischen Prinzipien – im Zusammenhang von ›Realien und Religion‹ – erlauben es den Forschungsgegenstand transparent zu machen und ihn »sachimmanent zu gliedern, ohne daß man sich an chronologische Triaden halten [...] müßte«[43] und dabei die Zusammenhänge in der Lebenspraxis bzw. Schul- und Unterrichtspraxis, den Einsatz von ›Realien‹ sowie die aus diesem Zusammenhang folgenden didaktischen und methodischen Prinzipien zu verschiedenen Zeiten darzustellen.

Insgesamt verläuft diese Studie nicht linear, sondern es können Epochen übersprungen bzw. zusammengefasst und punktuelle konkrete Analysen an den Stellen vorgenommen werden, an denen ein Zusammenhang von ›Realien und Religion‹ deutlich wird. So können Konzeptionen, die aus vor-pietistischen Zeiten stammen (z.B. von Johann Amos Comenius und Wolfgang Ratke mit einer theologischen Begründung von ›Realien‹) durch die konzentrierten Bedeutungszusammenhänge und die Veranschaulichung der Praxis zusammengefasst dargestellt, Querverbindungen veranschaulicht und Modifikationen begriffsgeschichtlich nachvollzogen werden. Zugleich lassen sich dadurch auch spätere Transformationen in anderen Konzepten (Bürgerschulen, Industrieschulen) bzw. Substituierungen (Mittelschulen) skizzieren.[44]

So lässt sich bereits eine erste Transformation in der Schrift von Johann Jakob Rambach »Erbauliches Handbüchlein« (1734) erkennen, welcher nun nicht mehr im Zusammenhang von ›Realien und Religion‹ operiert, sondern statt ›Realien‹ wiederum schriftliche Anordnungen und Beispiele von Kindern als katechetische Grundlage des Religionsunterrichts einführen möchte.[45]

---

43 Reinhart Koselleck, Wozu noch Historie?, in: Carsten Dutt (Hrsg). Reinhart Koselleck. Vom Sinn und Unsinn der Geschichte. Aufsätze und Vorträge aus vier Jahrzehnten, Berlin 2010, 50.

44 Vgl. ausführlich zu den didaktischen und methodischen Prinzipien: Stefanie Pfister, Religion an Realschulen – eine historisch-religionspädagogische Untersuchung, Habilitationsschrift.

45 Vgl. Stefanie Pfister/Malte van Spankeren, Johann Jacob Rambach: »Erbauliches Handbüchlein für Kinder«, in: Religiöse Bildung im Diskurs, Bd. 4, Jena, erscheint Ende 2013.

Der Mehrwert für die historisch-religionspädagogische Studie zeigt sich darin, dass durch die Forschungsperspektive auf den Zusammenhang zweier Begriffe eine deutliche Wahrnehmung und Veranschaulichung von Praxis ›Religion‹ im Kontext von ›Realien‹ möglich ist. Dadurch werden Zusammenhänge von Fachdidaktik und Methodik deutlich und eine konkrete Praxisbeschreibung ist möglich.

Aber auch gegenwärtig sind die Ergebnisse religionspädagogisch bedeutsam, denn die modifizierte begriffsgeschichtliche Methodologie in Kombination mit den Anregungen aus dem New Historicism spiegelt die Dynamik von Theorie und Praxis wieder, welche zur Gegenstandsbestimmung von historischer Praxis und gegenwärtigen handlungsleitenden Theorien notwendig ist. Denn die Auswahl und Kombination von Theorien, Methodologien und Forschungsperspektiven entspricht der Komplexität der Thematik und kann fortan auf weitere Forschungsbereiche angewandt werden.

Dietrich Bonhoeffers Bildungsverständnis

Fortschritt oder Rückschritt gegenüber demjenigen der »Evangelischen Unterweisung«?

Reinhold Mokrosch

1. Fragestellung und Problementfaltung:

Warum verwandte Bonhoeffer den Begriff des Lernens häufiger als den des Bildens/Sich Bildens oder der Unterweisung? Wie verhielt er sich zum Bildungsverständnis der »Evangelischen Unterweisung«?

Ich möchte mit einer Brief-Passage aus »Widerstand und Ergebung« beginnen, in der Dietrich Bonhoeffer erstaunlich oft das Wort »Lernen« verwendet. Es ist der wohl ergreifendste Brief an Eberhard Bethge, geschrieben am 21. Juli 1944, also einen Tag nach dem misslungenen Attentat vom 20. Juli. Die Passage lautet:

> »Ich habe in den letzten Jahren mehr und mehr die tiefe Diesseitigkeit des Christentums kennen und verstehen gelernt; nicht ein *homo religiosus*, sondern ein Mensch schlechthin ist der Christ, wie Jesus [...] Mensch war. Nicht die platte und banale Diesseitigkeit der Aufgeklärten, der Betriebsamen, der Bequemen oder der Lasziven, sondern die tiefe Diesseitigkeit, die voller Zucht ist, und in der die Erkenntnis des Todes und der Auferstehung immer gegenwärtig ist, meine ich. Ich glaube, dass Luther in dieser Diesseitigkeit gelebt hat.
>
> Ich erinnere mich eines Gespräches, das ich vor 13 Jahren in Amerika mit einem französischen jungen Pfarrer (Jaque Lasserre, Vf.) hatte. Wir hatten uns ganz einfach die Frage gestellt, was wir mit unserem Leben eigentlich wollten. Da sagte er: Ich möchte ein Heiliger werden (und ich halte es für möglich, dass er es geworden ist); das beeindruckte mich damals sehr. Trotzdem widersprach ich ihm und sagte ungefähr: Ich möchte glauben lernen. Lange Zeit habe ich die Tiefe dieses Gegensatzes nicht verstanden. Ich dachte, ich könnte glauben lernen, indem ich selbst so etwas wie ein heiliges Leben zu führen versuchte. Als das Ende dieses Weges schrieb ich wohl die ›Nachfolge‹. Heute sehe ich die

> Gefahren dieses Buches, zu dem ich allerdings nach wie vor stehe, deutlich. Später erfuhr ich und erfahre es bis zu dieser Stunde, dass man erst in der vollen Diesseitigkeit des Lebens glauben lernt.«[1]

Warum beginne ich mit diesem Zitat, das scheinbar nichts mit Bonhoeffers Bildungsverständnis und Katechetik zu tun hat? Ich habe es aus dem Artikel »Was heißt bei D. Bonhoeffer ›lernen‹? Eine Längsschnittstudie« von Jürgen Henkys im »Handbuch Dietrich Bonhoeffer«, herausgegeben von Christiane Tietz, übernommen.[2] Dieses Zitat steht fast am Ende des kurzen 39-jährigen Lebens von Bonhoeffer. Ich möchte fünf Fragen im Rückblick auf Bonhoeffers Verständnis von Lernen und Bildung stellen:

1. Warum redete Bonhoeffer niemals vom Bilden/Sich Bilden und so oft vom Lernen? Der Bildungsbegriff kommt in seinem gesamten Werk ganz selten vor und hat keine konstitutive Bedeutung für seine Katechetik. Warum nicht? Der Begriff »Lernen« kommt dagegen häufig vor. Warum?
2. Warum redete Bonhoeffer von »glauben lernen«? Was meinte er damit? Ist das ein katechetischer Begriff?
3. Warum kommt der Begriff »Unterweisung« bzw. »Evangelische Unterweisung« bei ihm nicht vor? Hatte er nichts von Gerhard Bohne, Martin Rang, Oscar Hammelsbeck u. a. gewusst oder gehört? Oder wollte er nichts von ihnen wissen und hören?
4. Warum sah Bonhoeffer in der Geschichte seines eigenen »glauben Lernens« einen Bruch nach dem Buch »Nachfolge« 1937? Was hat ihn dazu geführt, seitdem so intensiv von der Diesseitigkeit des Christseins zu reden?
5. Stand er in irgendeinem Verhältnis zum pädagogischen Bildungsverständnis der 20er/30er Jahre und zum kirchlich-religionspädagogischen Bildungsverständnis?

---

1 Eberhardt Betge u. a. (Hrsg.), Dietrich Bonhoeffer Werke (DBW), Gütersloh 1994, 8, 541f.

2 Vgl. Christiane Tietz (Hrsg.), Handbuch Dietrich Bonhoeffer, Tübingen 2013.

2. Das Erziehungs-, Bildungs- und Unterweisungsverständnis der evangelischen Kirchen und der »Evangelischen Unterweisung« in den Jahren 1919–1949.[3]

2.1 1919-1935: Das völkische Bildungsverständnis

Die Weimarer Reichsverfassung von 1919 forderte im Art. 148: »In allen Schulen ist sittliche Bildung [...] im Geiste des deutschen Volkstums und der Völkerversöhnung zu erstreben«.[4] Dem schloss sich 1921 der Deutsche Evangelische Kirchenausschuss an, als er in seinen »Leitsätzen über Erziehung und Schule« forderte: Bildung und Erziehung sollen den Schülern/innen klar machen, dass sie »Menschen Gottes in dem ihnen bestimmten Lebenskreis Gottes« sind und dass sie für die »Einheit des deutschen Volkes« zu sorgen haben.

Vierzehn Jahre später, 1935, mitten in der Nazi-Herrschaft, interpretierten sowohl der Evangelisch-lutherische Landeskirchenrat Bayerns als auch der Evangelische Oberkirchenrat Stuttgarts (»Erlass zur Einführung der Gemeinschaftsschule«) Bildung als »Charakterbildung« und »sittliche Bildung«. - Diese Bildungsvorstellungen von 1919 bis 1935 bewegten sich noch alle auf der Ebene von Bildung, eingebunden in völkische Bildung. Das humanistische Bildungsideal stand - trotz der Katastrophe von 1919 - noch immer Pate. Karl Barth blieb ein einsamer Gegner.

2.2 1936-1943: Preisgabe des Bildungs- und später des Erziehungsbegriffs zugunsten Evangelischer Unterweisung

Erst 1936 trat eine Wende im kirchlichen Bildungs- und Erziehungsverständnis ein: Die Bekenntnissynode der »Deutschen Evangelischen Kirche« in Bad

---

[3] Im Folgenden orientiere ich mich an der Quellensammlung: Sebastian Müller-Rolli, Evangelische Schulpolitik in Deutschland 1918–1958, Göttingen 1999; und an Karl Ernst Nipkow, Zur Bildungspolitik der Evangelischen Kirche seit dem Ende der Staatskirche. Eine historisch-systematische Studie, in: Peter Biehl/Karl Ernst Nipkow, Bildung und Bildungspolitik in theologischer Perspektive, Münster 2003, 153–251. Deshalb verzichte ich darauf, alle Dokumente, auf die ich im Folgenden eingehe, mit ihrer ersten Quellenfundstelle zu belegen.

[4] Die Verfassung des Deutschen Reichs, 11. August 1919, § 148: »In allen Schulen ist sittliche Bildung, staatsbürgerliche Gesinnung, persönliche und berufliche Tüchtigkeit im Geiste des deutschen Volkstums und der Völkerversöhnung zu erstreben.«

Oeynhausen verabschiedete 1936 einen »Beschluss über die Schulfrage« und verwarf den Bildungs-Begriff zugunsten des Erziehungs-Begriffs: »Erziehung im Geiste Jesu Christi gegen die Selbstverherrlichung des Menschen (durch Bildung)« forderten die Synodalen. Der Bildungsbegriff stand im Verdacht, die gottlose Selbstverherrlichung, Selbstbemächtigung und Selbstermächtigung des Menschen zu fördern. Die Leitung der DEK übernahm dann auch im gleichen Jahr 1936 in ihrem Erlass »Kirche – Schule –Elternhaus« den Begriff »Evangelische Unterweisung«. Sie hatte ihn von Gerhard Bohne in dessen berühmtem Werk »Wort Gottes und Unterricht« von 1929 übernommen. Dort hatte Bohne vorgeschlagen, den Begriff »Religionslehre« durch denjenigen der »Evangelischen Unterweisung« zu ersetzen. Diese »Evangelische Unterweisung« sollte im Sinne der »Theologie des Wortes Gottes« von Karl Barth die Bibel in das Zentrum des Unterrichts und der Unterweisung rücken. Bohne hatte (genauso wie Delekat, Heckel, Rang u. a.) Karl Barths Forderung an die Christenheit, sich angesichts der totalen Krise von 1919 entweder für die völkische Kultur oder für das Wort Gottes zu entscheiden, zur Grundlage des Unterrichts in der Schule gemacht. Die Religionslehrkraft sollte die Schüler/innen in die Entscheidung stellen, entweder Gott oder der völkischen Kultur zu gehorchen. Diese sollten sich gegen menschliche Machtbedürfnisse, gesellschaftliche Machtansprüche und gegen menschliche Selbstbehauptungen entscheiden.

Dieses Konzept der frühen Evangelischen Unterweisung hatte, wie gesagt, die DEK 1936 von Bohne und implizit von Karl Barth übernommen. Und 1943 ging die Bekennende Kirche in ihrer Schrift »Kirche und Schule. Forderungen der Kirche für die Gestaltung der christlichen Schule« noch weiter: Sie warf auch den Erziehungsbegriff über Bord und warnte – natürlich auf dem Hintergrund der totalitären Erziehungsansprüche der Nazis – vor einem Glauben an die »Allmacht der Erziehung«. Auch Erziehung war verdächtigt, Selbstverherrlichung und Gottlosigkeit zu fördern. Deshalb setzte sich die Bekennende Kirche für eine »Christenlehre« und eine »Schule mit der Bibel« ein.

Das waren radikale Gegensätze im Bildungs-Verständnis: 1919 bis 1935 herrschte sowohl im Staat als auch in der evangelischen Kirche noch das humanistische Bildungsideal mit sittlicher Bildung und Charakterbildung mit dem Ziel völkischer Bildung vor. Ab 1936 bis 1943 aber wurden von den evangelischen Kirchen Bildung und Erziehung über Bord geworfen zugunsten von »Evangelischer Unterweisung«.

2.3 1945-1949: »Evangelische Unterweisung« und Bildung

Das änderte sich ab 1945 ein wenig: Der Kreisauer Kreis hielt an sittlicher Bildung gegen den Nazistaat fest. Und die Bekenntnissynode in Spandau 1945 forderte, dass Evangelische Unterweisung und klassische humanistische Bildung nebeneinander stehen sollten. Aber Bildung und Erziehung müssten »entpolitisiert« werden. Oscar Hammelsbeck redete 1946 sogar von einer »volkserzieherischen Verantwortung« der Kirche. Und die Evangelische Kirche von Westfalen formulierte 1949 in ihrer Schrift »Zur Frage der Schulreform«: Erziehung zum Willen Gottes hat Vorrang vor Bildung zur Selbstentfaltung. Sie verwarf den Bildungsbegriff nicht gänzlich und führte den Erziehungs-Begriff wieder ein. Damit war auch wieder ein Anschluss an die Pädagogen hergestellt, die 1949 bei einer Pädagogen-Tagung in Hermansburg zwar betonten, dass Bildung keineswegs die im Dritten Reich verlorene Substanz wieder zurückbringen könnte (das wäre eine Überschätzung von Bildung), die aber auch betonten, dass Evangelische Unterweisung nicht über die Verkündigung verfügen könne, denn Gott sei prinzipiell unverfügbar. Ausgerechnet der Allgemein-Pädagoge Prof. Weniger erinnerte daran, dass auch Kinder und Jugendliche erst Gottes Rechtfertigung erfahren und empfinden müssten, bevor sie sich für Erziehung und Unterweisung öffnen könnten.

3. Dietrichs Bonhoeffers Verständnis von Lernen, Erziehung und Bildung 1933–1944

Wie verhielt sich Bonhoeffer zum Erziehungs- und Bildungsverständnis der DEK bis 1935 (Bildung als völkische sittliche Bildung und Charakterbildung) und ab 1936 (Erziehung und Bildung werden über Bord geworfen und der Evangelischen Unterweisung geopfert)? – Ich gehe historisch vor und orientiere mich zum Teil an Jürgen Henkys' bereits erwähntem Artikel »Was heißt bei D. Bonhoeffer ›lernen‹?«.[5]

---

5 Vgl. Tietz, Handbuch, (s. o. Anm. 2).

3.1 Station 1

Die Begriffe »Lernen«, »Lehren«, kaum diejenigen der »Bildung« und »Erziehung«, spielten für Bonhoeffer überhaupt erst seit 1933 eine Rolle. Erst die Machtergreifung der Nazis ließ ihn nachdenken, wie man Widerstand gegen diese lehren und lernen kann. Seine Äußerungen schienen voll auf der Linie der »Evangelischen Unterweisung« von Bohne zu liegen: In seiner Schrift von 1934 »Was soll der Student der Theologie heute tun?« antwortete er: Er solle lernen, auf Gottes Wort zu hören und das Gericht Gottes über ihn wahrzunehmen. Und er solle verlernen, eigenmächtig und selbstmächtig leben zu wollen. Und er solle das auch später als Pfarrer lehren.[6] – Und in seinen Vorarbeiten zur »Nachfolge« in Finkenwalde forderte er: Christen sollten lernen, geistlich diszipliniert die Bibel zu lesen und zu beten. Sie sollten lernen, Jesus Christus in der Bibel zu begegnen. Und ausdrücklich forderte er: Pfarrer (Pfarrerinnen gab es damals noch nicht) sollten nicht an die Lebenswelt ihrer Kinder, Konfirmanden und erwachsenen Gemeindeglieder anknüpfen, sondern sie sollten diese lehren, wie man von sich selbst loskommt, um sich dem Wort Gottes zu öffnen.[7] – In seinem »Konfirmandenunterrichtsplan« von 1936 betonte er, »dass alles Lernen mit dem Kopf nichts hilft, wenn du nicht mit dem Herzen und der Tat gehorchen willst.«[8]

3.2 Station 2

In seinem 1937 gedruckten Buch »Nachfolge«, besonders in dem Kapitel »Der Ruf in die Nachfolge«,[9] betonte er, dass es für Christen nur ein »geistliches« Lernen, Lehren und Erziehen geben dürfe. Ein »weltliches« Lernen, Lehren und Erziehen schloss er a limine aus. Und was hieß für ihn »geistliches Lernen«? Er unterteilte es in drei Schritte.[10] Erster Schritt: Wir Christen sollten den Ruf Jesu Christi in seine Nachfolge hören; zweiter Schritt: Wir sollten uns für diesen Ruf und für die Nachfolge Jesu Christi entscheiden; dritter Schritt: Wir sollten in der Nachfolge Jesu Christi leben. Nachfolge bedeutete

---

6 Vgl. DBW 12, 416–419, 417; vgl. auch die ausführlichen Ausführungen von Jürgen Henkys zu diesem kurzen Traktat, in: Tietz, Handbuch.

7 Vgl. DBW 14, 721ff. und 820ff.

8 Vgl. a.a.O., 786–819, 788.

9 Vgl. DBW 4, 45–67.

10 Vgl. a.a.O., 50ff.

für ihn: Sich als Geschöpf Gottes verstehen und achten lernen. Geistliches Lernen bedeutete für ihn, auf den Heiligen Geist zu hören, auf Frieden zu hoffen, den Nächsten, sich selbst und auch den Feind zu lieben, Gott das Richteramt zu überlassen und gewaltlos zu leben.

3.3 Station 3

Nur kurz ziehe ich auch die Katechetik-Vorlesung heran, die Bonhoeffer 1935/36 in Finkenwalde gehalten hat, die uns aber leider nicht in einer Originalhandschrift von Bonhoeffer vorliegt, sondern nur in den Nachschriften von Eberhard Bethge und Jochen Kanitz aus dem Sommer-Semester 1935 und von Friedrich Trentepohl aus dem Winter-Semester 1935/36, als Bonhoeffer diese Vorlesung noch einmal hielt.[11] Es ist strittig, ob er allein kirchlichen Unterricht, also Kindergottesdienst und Konfirmandenunterricht vor Augen hatte, oder ob er auch an Religionsunterricht in der Schule gedacht hatte. Vieles spricht für die erste These, zumal Bonhoeffer niemals in einer Schule unterrichtete. Aber es ist zu vermuten, dass er sein hier impliziertes Bildungsverständnis auch für den Religionsunterricht in der Schule geltend gemacht hätte.[12]

Es war für ihn in der Vorlesung klar, dass christlicher Unterricht ein Teil christlicher Verkündigung ist. Christlicher Unterricht (von Unterweisung redete er nicht) ist möglich, so Bonhoeffer, weil die Kinder und Jugendlichen schon von Gott gerechtfertigt und angenommen sind, bevor sie im Unterricht erscheinen. Der Pfarrer hat nur die Aufgabe, den Kindern und Jugendlichen bewusst zu machen, dass sie von Gott geliebt sind und wie sie das im Leben in Nächstenliebe umsetzen könnten. Sie, die Kinder und Jugendlichen, sind, so behauptete Bonhoeffer, von Christus in die Nachfolge berufen worden und der Pfarrer muss ihnen zeigen, was das heißt. Nämlich: auf das eigene Recht verzichten, keine Gewalt anwenden, keinen Krieg führen, sich für Verfolgte

---

11 DBW 14, 530–554.

12 Ich habe mich zu dieser Vorlesung mehrfach geäußert: Vgl. Reinhold Mokrosch, Dietrich Bonhoeffer als Religionspädagoge, in: Horst Rupp u. a. , Denk-Würdige Stationen der Religionspädagogik, FS für Rainer Lachmann, Jena 2005, 277–292; Reinhold Mokrosch: »Gott ist mitten in unserem Leben jenseitig.« Ist dieser religionspädagogische Grundsatz D. Bonhoeffers angesichts der Gottesbilder und Gotteserfahrungen Jugendlicher noch heute relevant?, in: John W. De Gruchy u.a. , D. Bonhoeffers Theologie heute. Ein Weg zwischen Fundamentalismus und Säkularismus?, Gütersloh 2009, 244–261; Reinhold Mokrosch, The Theologian Dietrich Bonhoeffer – a Protestant Saint?, in: Bangalore Theological Forum, United Theological College Bangalore/India, 212, 25–42.

(insbesondere für Juden) einsetzen, bereit sein zu leiden usw. Und aufgrund dieses Aufgabenkataloges schloss er: Das könne der Pfarrer nie und nimmer mit reformpädagogischen Methoden und Didaktiken oder gar mit Anknüpfungen an die Vorstellungswelt von Kindern und Jugendlichen bewerkstelligen. Ganz im Gegenteil: Kindliche Religiosität mit dem »religiösen Spuk von Nikolaus, Gespenstern und Osterhasen« muss im christlichen Unterricht abgewiesen werden. »Das Kind ist wie der Mensch überhaupt Götzendiener [...] Kindliche Religiosität ist das Einbeziehen Gottes in die Tyrannei der Herrschaft des Kindes«.[13] Deshalb forderte er: »Anknüpfung der religiösen Erziehung an die Phantasie des Kindes ist unerlaubt!«[14] – Und ebenso brutal äußerte er sich über die Religiosität Jugendlicher:

> »Aus der Welt der kindlichen Tyrannei [...] entsteht beim Jugendlichen die gebrochene, entzweite Wirklichkeit [...] Seine Welt zerfällt in Idee und Erscheinung, das Andere und ich.«[15]

Und er, der Jugendliche, versuche, diese Zweiheit durch ein Idol wieder zusammenzubringen – sei es durch ein negatives oder ein positives Idol. Bei Jugendlichen heute, in der NS-Zeit, dienten der Führer und die NS-Helden als solche Idole. Daran dürfe auf keinen Fall angeknüpft werden.[16] Christliche Anknüpfung kann nur eine »Anknüpfung durch Ärgernis« sein, denn es ist ärgerlich, den Feind zu lieben, für seinen Verfolger zu beten, dass Christus den Sündern und Kriminellen vergeben hat usw. Der Jugendliche kann die Liebe Gottes und die Aufforderung zum gewaltlosen Friedenstiften nur verstehen, wenn er die Krise des Scheiterns seiner eigenen Selbstmächtigkeitsversuche am eigenen Leib erlebt und sich Gott geöffnet hat. Bonhoeffers Katechetik war total antithetisch ausgerichtet.

Wieso rechnete er so brutal mit der Religiosität von Kindern und Jugendlichen in dieser Katechetik-Vorlesung ab, zumal Jesus doch Kinder selig gesprochen hatte? Ich kann nur eine Antwort geben: weil er die brutale Verführbarkeit von Kindern und Jugendlichen durch das Hitler-Regime gesehen hatte und sich radikal dagegen wenden wollte. Und er fürchtete, dass besonders Jugendliche sich prinzipiell von Verführern verführen lassen würden, sei es von NS-Schergen oder von anderen Demagogen.

---

13 DBW 14, 541.

14 Ebd.

15 A. a. O., 543.

16 Vgl. a. a. O., 542–546 .

3.3.1 Exkurs: Vergleich mit der Evangelischen Unterweisung und deren Vorläufern

Entsprechen diese Vorstellungen Bonhoeffers von Lernen, Lehren und z.T. Erziehen in den Jahren 1934–1937 (1.–3. Station) den Vorstellungen der Vorläufer der Evangelischen Unterweisung (bes. Bohne neben Delekat, Heckel, Rang) und denen der Vertreter der späteren Evangelischen Unterweisung selbst (Hammelsbeck, Kittel u. a.)? Ja und Nein!

Vergleich mit Gerhard Bohne

Der »Ruf in die Entscheidung« bei G. Bohne entspricht präzis Bonhoeffers Aufforderung, sich für die Nachfolge Christi zu entscheiden (2. Station). Bohne formulierte 1929:

> »Das Ziel des Evangelischen Religionsunterrichts...kann es nur sein, dass er das ihm aufgetragene Wort Gottes dem jungen, werdenden Menschen in menschlicher Lebendigkeit und steter psychologischer Anknüpfung an seine Entwicklung (!) sagt und ihn dadurch in die Entscheidung stellt oder doch ruft.«[17]

Und wie Bonhoeffer setzt Bohne voraus, dass die Adressaten des Wortes Gottes schon in die Entscheidungssituation und in Frage gestellt worden seien, wenn er schreibt:

> »Da geht es nicht mehr darum, dass er [der Schüler] sich entscheidet über seine Stellung zu Gott, sondern dass er spürt, wie Gott über ihn entscheidet, indem die Begegnung mit dem lebendigen Gott ihn selbst notwendig in eine Entscheidung zwingt.«[18]

Und auch Bonhoeffers Impetus des »glauben Lernens«, des »Christsein Lernens«, des »nachfolgen Lernens« und des »Lernens, auf Gottes Wort zu hören und seine egoistische Selbstmächtigkeit aufzugeben« entsprach den christ-

---

17 GERHARD BOHNE, Das Wort Gottes und der Unterricht. Zur Grundlegung einer evangelischen Pädagogik. Berlin ³1965, 117; z.T. zitiert nach BARTHOLOMÄUS VRIJDAGHS, Gerhard Bohne, in: HENNING SCHRÖER/DIETRICH ZILLESSEN (Hrsg.), Klassiker der Religionspädagogik, Frankfurt a. M. 1989, 223-235, hier 224.

18 A. a. O., 139.

lichen Lernbemühungen, die Bohne und die anderen Vorläufer der Evangelischen Unterweisung von Kindern, Jugendlichen und Erwachsenen einforderten.

Aber in der Frage der »Anknüpfung« an die Vorstellungswelt der Kinder und Jugendlichen unterschied sich Bohne, wie wir sahen, von Bonhoeffer, als er in dem o.g. Zitat schrieb: »In steter psychologischer Anknüpfung an die Entwicklung« der Schüler/innen solle der Religionslehrer das Wort Gottes in der Schule verkündigen. Zwar diente diese Anknüpfung bei Bohne vorrangig dazu, den Schülern/innen klar zu machen, dass sie falsche Vorstellungen von sich und Gott hätten und dass sie von sich selbst loskommen müssten, um Gottes Liebe und Gerechtigkeit Raum zu geben. Sie diente der Antithetik seiner Verkündigung. Aber es war immerhin eine »Anknüpfung«, wenn auch via negationis, die auf die Entwicklung der Schüler/innen einging und diese berücksichtigte. Bonhoeffer dagegen war überhaupt nicht bereit, entwicklungspsychologische Überlegungen auch nur zur Kenntnis zu nehmen und sich in religionspädagogischer Verantwortung in die Psyche von Kindern und Jugendlichen hineinzuversetzen. Das hatte ihm ja auch schon während seines Examens im Jahr 1928 den Vermerk »eigentlich nicht bestanden« in seiner Katechese eingebracht; und er hätte deshalb fast das gesamte Examen nicht bestanden.[19] Er wehrte sich gegen psychologisches Denken in der christlichen Katechetik.

Und auch in der Reich-Gottes-Vorstellung unterschieden sich Bonhoeffer und Bohne: Während Bohne zwischen Reich Gottes und Reich der Welt bzw. im Sinne Karl Barths zwischen Königsherrschaft Christi und staatlicher Gewalt unterschied, lehnte Bonhoeffer jede Zwei-Reiche-Unterscheidung ab. Er erkannte das Reich Gottes mitten im Reich der Welt. Er redete bewusst nur von *einer* Wirklichkeit und nicht von *zwei* Wirklichkeiten. Insofern *könnte* seine Katechetik ein Fortschritt gegenüber derjenigen Bohnes gewesen sein, weil er ja theoretisch noch intensiver als Bohne an die vorfindliche Wirklichkeit der Schüler/innen, die von der Wirklichkeit Gottes durchdrungen sei, hätte anknüpfen *können*. Aber er tat es nicht!

---

[19] Sein Prüfer in Berlin hatte ihm 1927 für seine Examenskatechese bescheinigt »eigentlich nicht bestanden« und hinzugefügt: »Keine Anknüpfung an die Lebenswelt der Kinder; kein einziger religionspsychologischer Gedanke; keine methodische Reflexion; nur Indoktrination von christlicher Lehre [...] In der Erwartung, dass der Kandidat sich bemühen wird, nach der katechetischen und psychologischen Seite sich ernstlich weiterzubilden, soll die Arbeit noch bestanden gewertet werden.« (Betge, DBW 9, 186f.).

Vergleich mit Hammelsbeck, Kittel u. a. Vertretern der EU

1947, zwei Jahre nach der Ermordung Bonhoeffers, hatte Oscar Hammelsbeck sein Werk »Der kirchliche Unterricht« und zeitgleich Helmuth Kittel sein grundlegendes opus »Vom Religionsunterricht zur Evangelischen Unterweisung« veröffentlicht.[20] »Der Ruf zur Entscheidung« war auch für sie wie für Bonhoeffer das Zentrum christlicher Erziehung. Die Schüler/innen sollten sich – entsprechend der oben beschriebenen Forderung Karl Barths aus dem Jahr 1919 – »für Gott oder für die Kultur«, für ein »Leben als Kulturmensch oder als Christenmensch« entscheiden.[21] – Ferner lehnten sie – anders als Bohne, aber wie Bonhoeffer – Psychologie, insbesondere Entwicklungspsychologie als Hilfswissenschaft für christliche Erziehung ab.[22] Auch für eine negative Inanspruchnahme der kindlichen und jugendlichen Psyche waren ihnen – wie Bonhoeffer – entwicklungspsychologische Einsichten unwichtig. – Und ebenso wie Bonhoeffer, wie Bohne und wie die Bekenntnissynode 1936 verwarfen sie den Bildungsbegriff. Hammelsbeck lobte noch 1947 Bohnes Position von 1929: »Bohne zerstreut die Illusion, dass die Religion organisch in ein Bildungsganzes gehöre und zeigt auf, wie sie in solcher Funktion ihre kulturkritische Kraft verliert.«[23] Und er, der Pädagoge, stellte sich damit manchen (wie ich oben angedeutet habe) Nachkriegsbemühungen, den Bildungsbegriff wieder vorsichtig aufzunehmen, entgegen.

Aber Hammelsbeck, Kittel und die anderen Vertreter der Evangelischen Unterweisung unterschieden sich von Bonhoeffer doch in zweierlei anderer Hinsicht: Zum einen wollten sie christliche Erziehung an die vorfindliche (bekennende) Kirche und an die vorfindlichen (bekennenden) Gemeinden anbinden, als sie Martin Rangs Dictum von 1936 »Der Religionsunterricht ist Kirche in der Schule«[24] mehrfach wiederholten.[25] Bonhoeffer dagegen wollte

[20] Oskar Hammelsbeck, Der kirchliche Unterricht. Aufgabe, Umfang, Einheit, München 1947; Helmuth Kittel, Vom Religionsunterricht zur Evangelischen Unterweisung, Hannover ^{2}1949.

[21] Vgl. Hammelsbeck, Unterricht, 56 und 60.

[22] Vgl. a. a. O., 57.

[23] A. a. O., 54.

[24] Martin Rang, Biblischer Unterricht, Berlin 1936, 120.

[25] Z. B. Hammelsbeck, Unterricht, 54f.; Kittel, Religionsunterricht, passim.

christliche Erziehung allein an die göttliche, d. h. nicht empirisch vorfindliche Communio Sanctorum binden.[26] Er war von der DEK, auch in der Form der Bekennenden Kirche, dermaßen enttäuscht, dass er sich und die Erziehung nur an die – meistens unsichtbare – Kirche Jesu Christi binden wollte. – Und zum zweiten lehnten die EU-Vertreter Spiritualität und geistliche Exerzitien ab, weil sie dahinter »religiöse Erweckung« im Sinne des Liberalismus witterten.[27] Bonhoeffer dagegen hatte in Finkenwalde regelmäßiges spirituelles »Gemeinsames Leben« mit den Vikaren eingeführt, um »Glauben und Christsein zu lernen«. Dafür wurde er schon 1936/37 kritisiert und katholischer als auch liberalistischer Praktiken bezichtigt. Diese Kritik setzte sich eben bis in die späten 40er und 50er Jahre fort. Spiritualität verhindere, so meinten die EU-Vertreter, die Einsicht, dass wir von Gott in Frage und in die Entscheidung gestellt seien. Sie fördere vielmehr den Versuch geistlicher Selbstermächtigung.

Bonhoeffers Lern-, Lehr und (eingeschränktes) Erziehungsverständnis in den Jahren 1933-1937 stimmte also, wie wir sahen, mit dem Erziehungsverständnis Bohnes, der DEK und der späteren Vertreter der Evangelischen Unterweisung hinsichtlich »Entscheidungs-Ruf«, Kultur-Ablehnung, Psychologie-Kritik und Bildungs-Verurteilung durchaus überein. Aber hinsichtlich einer Zwei-Reiche-Unterscheidung, der Anbindung christlicher Erziehung an die empirische Kirche und spiritueller Praktiken, um Glauben zu lernen, unterschied er sich sehr von ihnen. Trotzdem: Die radikale Antithetik zwischen dem Wort Gottes und der menschlichen Kultur verband ihn und sein Erziehungsverständnis sehr stark mit der Evangelischen Unterweisung.

---

[26] Vgl. DBW 6 (Ethik), 48f., wo er es ablehnt, Kirche mit der empirischen Kirche zu identifizieren.

[27] Hammelsbeck urteilte: »An der Verflechtung mit der Kultur geht der Religionsunterricht zugrunde, und die Weckung religiösen Lebens hat mit Christlichkeit nichts zu tun.« (Hammelsbeck, Unterricht, 54).

3.4 STATION 4

Das änderte sich aber in dem Augenblick, als Bonhoeffer die Menschwerdung Gottes in unsere Wirklichkeit hinein total ernst nahm. Seit 1940 redete er in seinen Ethik-Fragmenten nur noch von unserer Wirklichkeit als einer Christus-Wirklichkeit.[28] Seine Ausführungen klingen wie ein persönliches Bekenntnis:

> »Die Wirklichkeit Gottes erschließt sich nicht anders als indem sie mich ganz in die Weltwirklichkeit hineinstellt [...] (Denn) die ganze Weltwirklichkeit ist bereits in Christus hineingezogen [...] Wie in Christus die Gotteswirklichkeit in die Weltwirklichkeit einging, so gibt es das Christliche nicht anders als im Weltlichen, das ›Übernatürliche‹ nur im Natürlichen, das Heilige nur im Profanen, das Offenbarungsmäßige nur im Vernünftigen [...] Es gibt kein wirkliches Christsein außerhalb der Wirklichkeit der Welt.«[29]

Die ganze Wirklichkeit sei seit der Menschwerdung Gottes *potentiell* von Christi Geist durchdrungen. Und daraus folgere, so betonte der Konspirateur und Widerstandskämpfer Bonhoeffer seit 1940 auf seinen geheim gehaltenen Ethik-Zettelchen unermüdlich, dass Christen vollkommen und einzig und allein in der Diesseitigkeit leben und auch lernen und lehren müssten. Christen sollten begreifen, dass Gott in *diese* Wirklichkeit eingegangen sei und dass in *dieser* Wirklichkeit Frieden und Liebe potentiell möglich seien. Aber eben nur potentiell. Realiter herrschten Tod, Vernichtung und Tyrannei, welche die Liebe und den Frieden Gottes verdeckten. Aber christliche Erziehung bestehe eben gerade darin, trotzdem in der Tiefe die Wirklichkeit Gottes und den Geist Christi zu entdecken und den Schülern/innen zu erschließen.

Und das wurde für ihn jetzt zur Aufgabe des Lehrens und Lernens. J. Henkys macht in seinem o.g. Handbuch-Artikel eine interessante Beobachtung: Er stellt fest, dass Bonhoeffer in seinem Essay 1942/43 »Nach zehn Jahren« betont, dass »wir grenzenlos vertrauen gelernt haben«,[30] trotz grauenhaften Misstrauens angesichts der grauenhaften »Maskerade des Bösen«.[31] Und Henkys meint, dass dieses »vertrauen lernen« die weltliche Variante des

---

[28] Vgl. DBW 6, 31–61 passim.

[29] A. a. O., 40,44 und 47.

[30] DBW 8, 31.

[31] A. a. O., 20.

geistlichen »glauben Lernens« in der »Nachfolge« sei. Da Christus nach Bonhoeffers neuer Ausrichtung mitten im Alltag zu finden sei, bedeute »glauben lernen« im Alltag für ihn »vertrauen lernen«. Das ist, so bin auch ich überzeugt, Bonhoeffers neuer Weg, Christi Geist in der Weltwirklichkeit zu entdecken und zu erschließen. Bonhoeffer redete »weltlich« von Gott und seine Lernwege, zu Gott zu kommen, waren ab jetzt »weltliche« Wege.

So ist es nicht verwunderlich, dass er in einem Brief aus der Haft in Tegel vom 23. Januar 1944 an E. Bethge sogar den Bildungs-Begriff wieder aufnahm. Aber er drehte das gesamte klassisch-humanistische Bildungssystem um: »Bildung« so schrieb er, »muss der Gefahr und dem Tod gegenübertreten können [...] wenn sie ihn auch nicht ›überwinden‹ kann.«[32] Bildung hieß für ihn, bereit sein zu leiden, den Feind zu lieben, Unrecht zu ertragen usw. Warum? Weil der Christ fest glaubt, dass Christi Liebe, Gerechtigkeit und Frieden letztlich doch siegen werden – aber nur, wenn wir auch zum Leiden bereit seien.

Und in diesem Sinne argumentierte er eben auch in dem berühmten, von mir eingangs zitierten Brief sechs Monate später am 21. Juli 1944, einen Tag nach dem gescheiterten 20. Juli. Ich wiederhole noch einmal den Anfang:

> »Ich habe in den letzten Jahren mehr und mehr die tiefe Diesseitigkeit des Christentums kennen und verstehen gelernt; nicht ein homo religiosus, sondern ein Mensch schlechthin ist der Christ, wie Jesus [...] Mensch war. Nicht die platte und banale Diesseitigkeit der Aufgeklärten, der Betriebsamen, der Bequemen oder der Lasziven, sondern die tiefe Diesseitigkeit, die voller Zucht ist, und in der die Erkenntnis des Todes und der Auferstehung immer gegenwärtig ist, meine ich [...] und (ich) erfahre es bis zu dieser Stunde, dass man erst in der vollen Diesseitigkeit des Lebens glauben lernt.«

4. Ist Bonhoeffers Bildungsverständnis ein Rückschritt oder ein Fortschritt gegenüber der Evangelischen Unterweisung? Schlussthese

Meine Schlussthese lautet: Bis 1937 erscheint Bonhoeffers Vorstellung vom christlichen Unterricht als antithetische christliche Verkündigung eher als Rückschritt gegenüber der Evangelischen Unterweisung! Bohne hielt es für notwendig, die Einsichten der Psychologen zur Entwicklung von Kindern

---

32 DBW 8, 292.

und Jugendlichen zur Kenntnis zu nehmen, um dann bei der Verkündigung deren Vorstellungen freilich entgegenzuwirken. Bonhoeffer aber war nicht einmal bereit, in die Entwicklungspsychologien hineinzusehen. Er lehnte jede – auch negative – Anknüpfung an die Entwicklung von Kindern und Jugendlichen ab; Freilich lehnte später auch Hammelsbeck Entwicklungspsychologie als »Hilfswissenschaft« ab. Aber er äußerte sich nicht so radikal wie Bonhoeffer.

Bis 1937, so sahen wir, redete der Leiter des illegalen Predigerseminars nur vom geistlichen Lernen und Lehren, das sich radikal gegen die Religiosität von Kindern, Jugendlichen und Erwachsenen wenden müsse. Zwar unterschied er nicht so entschieden wie Bohne und die anderen Vertreter der Evangelischen Unterweisung zwischen Reich Gottes und Reich der Welt, sondern entdeckte das Reich Gottes mitten in der Welt. Aber trotzdem weigerte er sich, an die religiöse Lebenswelt von Kindern und Jugendlichen anzuknüpfen. Er, der in Berlin-Wedding, in Barcelona und in London so intensiv Kinder- und Jugendarbeit betrieben hatte, entdeckte in der kindlichen und jugendlichen Psyche nichts anderes als Selbstmächtigkeits- und Eigenmächtigkeitsstreben.

Wahrscheinlich deshalb redete er auch niemals von »Bilden/Sich Bilden«, sondern allein vom demütigen »Lernen«. Auch der Begriff der Erziehung spielte bei ihm fast keine Rolle. Er entsprach damit – bewusst oder unbewusst – den Vorgängern der Evangelischen Unterweisung und den Synoden der DEK und der BK, die seit 1936 ja auch die Begriffe »Bildung« und »Erziehung« eliminiert und durch »Evangelische Unterweisung« ersetzt hatten. Diesen Begriff nahm der Finkenwalder Direktor und spätere Widerstandskämpfer allerdings gar nicht auf. War er ihm nicht bekannt? Ich habe keine andere Erklärung.

Und nicht nur hinsichtlich der Ablehnung von »Bildung«, sondern auch hinsichtlich der emphatischen Aufnahme von »Entscheidung« stimmte Bonhoeffer mit der EU überein. Aber die Nichtbereitschaft zu irgendeiner Art von »Anknüpfung« unterschied ihn von deren Vertretern und markierte m. E. einen Rückschritt.

Das alles änderte sich aber, wie wir sahen, ab 1940, als er nur noch von »weltlichem Lehren und Lernen« redete und forderte, dass die Christuswirklichkeit mitten in der Weltwirklichkeit zu suchen sei und dass es Christenpflicht sei, in dieser und für diese zu leben und gegebenenfalls zu sterben. Er versuchte, mitten im Alltag des Misstrauens Vertrauen untereinander zu pflegen und in solchem Vertrauen Christus-Vertrauen zu erschließen. Er wollte »weltlich« von Gott reden. Denn, so war er überzeugt, es gibt »kein wirkliches Christsein außerhalb der Wirklichkeit der Welt.«[33]

Er hätte jetzt eine neue Katechetik schreiben können und müssen. Aber im Gefängnis war ihm dazu keine Möglichkeit gegeben. Hätte er sie geschrieben, so wäre diese, davon bin ich überzeugt, nicht so antithetisch ausgefallen wie diejenige von 1935/36 – trotz der fortwährenden Verführbarkeit von Kindern und Jugendlichen durch die nationalsozialistischen demagogisch-satanischen Verführer. Sie wäre ein Fortschritt gegenüber der Evangelischen Unterweisung gewesen, weil sie die Kinder und Jugendlichen »weltlich« erreicht hätte. Aber es war ihm nicht vergönnt, weiter zu leben und weiter zu schreiben. Er wurde mit 39 Jahren als christlicher Märtyrer von den Nazis gehängt. Er starb im tiefen Glauben, den er *gelernt* hatte.

---

33 DBW 6 (Ethik), 47.

Die Neubegründung der Religion im amerikanischen Pragmatismus

Spuren von Charles Sanders Peirce, William James und John Dewey im theologisch-religionspädagogischen Diskurs der Gegenwart

Hein Retter

> Man kann den Pragmatismus nicht verstehen, wenn man nicht vor allem seine Religionsphilosophie in Betracht zieht.
>
> Wilhelm Wundt[1]

1. Der Pragmatismus als Missverständnis

Wer den Begriff ›Pragmatismus‹ kennt, damit jedoch keine tiefere Bedeutung verbindet, könnte meinen, es handle sich um eine aus Amerika stammende Sichtweise oder Methode, die es mit dem Praktischen und Nützlichen zu tun habe. In der Fachliteratur wird diese Ansicht von den Experten als »Missverständnis« zurückgewiesen. Wer so etwas behaupte, habe den Pragmatismus nicht verstanden.[2] Der James-Schüler Ralph Barton Perry betonte, dass »die moderne Bewegung, die als Pragmatismus bekannt ist, größtenteils das Ergebnis aus dem Missverständnis Peirces durch James«[3] darstellt.

---

1 Wilhelm Wundt, Probleme der Völkerpsychologie, Stuttgart ²1921, 97.

2 Vgl. Helmut Pape, Der dramatische Reichtum der konkreten Welt. Der Ursprung des Pragmatismus im Denken von Charles S. Peirce und William James, Weilerswist 2002, 48, Fn. 14. – Ferner: Klaus Oehler, Sachen und Zeichen. Zur Philosophie des Pragmatismus, Frankfurt a. M. 1995, 7.

3 Ralph Barton Perry, zitiert von Elisabeth Walther in der Einleitung zu: Charles Sanders Peirce, Lectures on Pragmatism. Vorlesungen über Pragmatismus, hrsg. v. Elisabeth Walther, Hamburg 1973, XLII.

In der Tat verfolgten Peirce und James nicht nur unterschiedliche philosophische Interessen, auch ihre philosophischen Ansichten unterschieden sich in wichtigen Punkten,[4] ohne dass James, der den Pragmatismus in akademischen Kreisen der USA bekannt machte, dies deutlich genug hervorhob, wenn er auf Peirce als dessen Urheber verwies – den weithin unbekannten Gelehrten, der ab 1891 in seinem Haus in den »einsamen Wäldern von Pennsylvania«[5] ein karges Leben fristete. James prägte in Deutschland bis zum Ersten Weltkrieg und ebenso in den zwanziger Jahren das Bild vom amerikanischen Pragmatismus. Dass die neue Philosophie im deutschsprachigen Raum nicht nur negative Reaktionen auslöste, sondern thematische Anschlussmöglichkeiten bot und Interesse auslöste, wurde erst in jüngerer Zeit herausgestellt.[6]

Missverständnisse können durchaus fruchtbar sein. William James forderte – in der ihm eigenen ironisch-drastischen Sprache – von der pragmatischen Wahrheit, dass sie *cash value* habe: Einen hohen *Barwert*[7], der sie bezahlt macht durch den Erfolg ihrer praktischen Anwendung. Er setzte damit den Pragmatismus einmal mehr dem Missverständnis aus, eine kapitalistische Ideologie zu sein. Was James tatsächlich meinte, war, am aktuellen Beispiel illustriert: Wer trotz eines langen Konferenztages einem spätabends gehaltenen Vortrag über Pragmatismus noch zuzuhören gewillt ist, erwartet davon selbstverständlich einen Gewinn. Nur Einsichten, die sich auszahlen, rechtfertigen langes Zuhören, könnte man im Sinn von James formulieren. Während für James das Interesse am Pragmatismus bestimmt wurde von der Absicht, die im Alltag sich stellenden Fragen eines sinnvollen Lebens zu reflektieren mit dem Ziel, dem Einzelnen Handlungsoptionen aufzuzeigen,

---

4 Ausführlich dazu: PAPE, Reichtum, 33–39; 43–51; 140–158. – Peirce war von der populistischen Deutung des Pragmatismus durch James und weitere Zeitgenossen so betroffen, dass er seine Spätphilosophie ›Pragmatizismus‹ nannte, um sie vor Fehlinterpretation zu schützen. Er betonte, dass es den »Tod des Pragmatizismus« bedeute, »wenn er wirklich das Handeln zum ein und alles des Lebens machen würde«. Peirce, zitiert von LUDWIG NAGL, Charles Sanders Peirce, Frankfurt a. M. 1992, 81.

5 PAPE, Reichtum, 40. – Über die Jugend von Peirce, seinen berühmten Vater, die Beziehungen zu William James und den Zeitgeist berichtet brillant: LOUIS MENAND, The Metaphysical Club. A Story of Ideas in America, New York 2002.

6 Zu Ludwig Wittgensteins Interesse für den Pragmatismus und zu seiner fruchtbaren Auseinandersetzung mit dem Werk von James, vgl. RUSSELL B. GOODMAN, Wittgenstein and William James, Cambridge 2002.

7 In der deutschen Erstausgabe des Pragmatismus-Bandes von James wird ›cash-value‹ mit »Kassenwert« übersetzt. Vgl. WILLIAM JAMES, Der Pragmatismus. Ein neuer Name für alte Denkmethoden, hrsg. v. KLAUS OEHLER, Hamburg ²1994, 33 und 47.

war Peirce sehr viel mehr daran interessiert, die Einsicht, dass das Denken des Menschen im Handeln seine Bewährung findet, in den Horizont einer wahrheitsfähigen Theorie und Logik zu stellen.[8] Gemeinsam ist beiden Philosophen (und ebenso Dewey) ein weites Verständnis von Erfahrung und ein gegen die tradierten philosophischen Systeme europäischer Herkunft gerichteter Antifundamentalismus.[9]

Mein Beitrag behandelt die Religion aus der Sicht der drei Gründergestalten des klassischen Pragmatismus. Es sind die amerikanischen Philosophen Charles Sanders Peirce (1839–1914), William James (1842–1910) und John Dewey (1859–1952).[10] Abschließend wird ihre Bedeutung für Religionspädagogik und Theologie der Gegenwart betrachtet. Die im Folgenden zu entfaltende These lautet: Der klassische Pragmatismus von Peirce, James und Dewey eröffnet neue Perspektiven, wenn man ihn primär nicht als philosophische Programmatik, sondern als Neubegründung der Religion begreift. Religion ist dabei nicht institutionell zu verstehen, sondern als Wiederbesinnung auf den Zusammenhang von Erfahrung, Glauben und Handeln.

Die These ist den Arbeiten Hermann Deusers verbunden. Sie ist eher als Einladung zum experimentierenden Erproben von Interpretationsspielräumen gedacht, als dass sie stringente Argumentation darstellt. Nicht bei allen Interessenten der ›American Philosopy‹ findet die Intention Unterstützung, Peirce *theologisch* ernst nehmen zu wollen. Die von Deuser aufgezeigte Verbindung zwischen Trinität und Pragmatismus ist nach Matthias Jung der »persönlichen Gläubigkeit von Peirce geschuldet«, ansonsten jedoch »metaphysisch-religiöser Ballast«.[11] Deusers Studien lassen die Gegenthese zu, dass die Qualität der Peirceschen Philosophie nicht auszuschöpfen sei, wenn nicht ihr Fundament, die christliche Religion, in den Blick genommen wird. Seine Sicht erhielt jüngst indirekt Unterstützung durch John W. Woell, der die Vernachlässigung des religiösen Aspekts in Interpretationen

---

8 Pape, Reichtum, 45.

9 A. a. O., 23.

10 Darüber hinaus sind als Vertreter des frühen Pragmatismus zu nennen: Der mit Dewey befreundete George Herbert Mead (1863–1931), der in England (später in den USA) lehrende James-Interpret deutscher Abstammung Ferdinand Canning Scott Schiller (1864–1937) und schließlich – mit einiger Abschwächung – der vom deutschen Idealismus geprägte, mit James in Harvard lehrende Josiah Royce (1855–1916).

11 Matthias Jung, »Qualitative thought« – Deweys holistischer Erfahrungsbegriff als Basis einer pragmatischen Religionsphilosophie, in: Günter Kruck (Hrsg.), Gottesglaube – Gotteserfahrung – Gotteserkenntnis. Begründungsformen religiöser Erfahrung in der Gegenwart, Mainz 2003, 69–84; hier 69–74.

des klassischen Pragmatismus kritisierte, wie sie für den Neopragmatisten (und Atheisten) Richard Rorty kennzeichnend sei. Woell verwies darauf, dass Peirce ein Wissenschaftsverständnis ohne religiösen Glauben für wertlos hielt.[12] Volle Zustimmung findet das Buch von Woell in einem Begleittext des amerikanischen Religionsphilosophen Michael L. Raposa. Er führte die Kennzeichnung der Peirceschen Philosophie als ›Theosemiotic‹ ein,[13] die von Deuser aufgegriffen wurde.

Als Geburtsstunde des Pragmatismus gilt ein von Peirce 1878 formulierter Grundsatz, der später die Bezeichnung ›pragmatische Maxime‹ erhielt: Danach ist der Begriff eines Gegenstandes identisch mit der Gesamtheit möglicher *Wirkungen* praktischer Bedeutung, die wir ihm zuschreiben. Die pragmatische Maxime wollte Peirce nicht nur dann angewandt sehen, wenn Begriffe diffus oder mehrdeutig sind; sie ist eine der Peirceschen Logik zugehörige Operationsvorschrift für allgemeintheoretische, gleichwohl im Horizont von Erfahrung stehende Aussagen, um deren Reichweite und Bedingungen zu überprüfen.[14] Denn, so die Überlegung von Peirce, Konzepte gewinnen an Klarheit, wenn man ihre *Wirksamkeit* im Kontext von Praxis ermittelt.[15] »Was keine Frage möglicher Erfahrung ist, das ist auch keine Tatsachenfrage«,[16] notierte Peirce 1866. Nicht alle Tatsachen sind direkter Erfahrung zugänglich, sehr wohl aber machen wahrnehmbare Wirkungen ihre Existenz erschließbar.

Die Anwendung der pragmatischen Maxime soll das Denken klären, um die Festigung von Überzeugungen zu ermöglichen. Erstaunlicherweise führte sie eher zu Verwirrung als zu gedanklicher Klärung, indem ahnungslosen Rezipienten ein besonders schwer wiegendes Missverständnis unterlief mit der *unzutreffenden* Annahme, dass der Pragmatismus die Wirklichkeit auf

---

12 John W. Woell, Peirce, James and a Pragmatic Philosophy of Religion, London 2012, 156.

13 Michael L. Raposa, Peirces Philosophy of Religion, Bloomington 1989, 142ff.

14 So Elisabeth Walther in der Einleitung zu: Peirce, Lectures, XLV. – Definitionen der pragmatischen Maxime von Peirce in späterer Zeit weisen gewisse Veränderungen gegenüber der Erstdefinition auf. Vgl. Charles Sanders Peirce, Vorlesungen über Pragmatismus, hrsg. v. Elisabeth Walther, Hamburg 1991, 3f.

15 Nagl erläutert dies: »Was also ein Begriff wirklich bedeuten kann, das lässt sich nicht in einer Sequenz von handlungsdistanten, theoretischen Urteilen ausmachen: Soll die Relevanz einer Aussage über die physische und soziale Realität geklärt werden, so müssen wir sie in ›konditionale Sätze‹ transformieren, die eine ›imperativische‹, zum handelnden Erproben auffordernde Struktur haben.« Nagl, Peirce, 69.

16 Charles Sanders Peirce, Religionsphilosophische Schriften, hrsg. v. Hermann Deuser, Hamburg 1995, 25.

beobachtbare Wirkungen reduziere. Richtig ist das Gegenteil: Im Unterschied zum klassischen Positivismus war es ein Anliegen der Gründerväter des Pragmatismus, sich jedem reduktiven Szientismus entgegenzustellen. Die programmatische Bezeichnung ›radical empiricsm‹ (James) bzw. ›immediate empiricism‹ (Dewey) steht im amerikanischen Pragmatismus nach 1900 für den Grundsatz, dass die Wirklichkeit weder durch *Begriffe* (im Sinne des Descartesschen Rationalismus) noch durch isolierte *Sinnesdaten* (im Sinne des von John Locke und David Hume vertretenen Empirismus) erfassbar ist. Der mechanisch-atomistischen Deutung der Wirklichkeit setzt der Pragmatismus eine Alternative entgegen. Nach James stiften erfahrungsgespeiste Bedeutungen einen Bezug, der die Welt nicht als Chaos von isolierten Einzelheiten erscheinen lässt, sondern jede Einzelheit in einen größeren Zusammenhang stellt und sie dadurch begreifbar macht.[17] Die Wirklichkeit ist nur zu verstehen, wenn sie als eine erfahrbare, in ständiger Entwicklung befindliche komplexe Ganzheit aufgefasst wird.

Zum pragmatischen Weltbezug gehört jener Erfahrungsraum, der das Wissen um die Endlichkeit des menschlichen Lebens übersteigt. *Religiöse* Erfahrung bildete für Peirce, James und Dewey die eigentliche Tiefendimension von Erfahrung – ein Tatbestand, der in allgemeinen Darstellungen des Pragmatismus meist zu kurz kommt.

Die Pragmatismus-Vorlesungen von William James machten die neue Philosophie aus den USA durch die 1908 erschienene Übersetzung ins Deutsche auch in Mitteleuropa bekannt.[18] Der gedanklichen Tiefe des Pragmatismus von Peirce konnte James damit allerdings nicht gerecht werden. Auf dem dritten Internationalen Kongress für Philosophie in Heidelberg im September 1908 wurde der Pragmatismus den Philosophen Europas von amerikanischen Kollegen persönlich vorgestellt.[19] Allerdings waren seine Hauptvertreter Peirce, James und Dewey abwesend. Das Hauptreferat hielt Josiah Royce, der, in Distanz zu Dewey stehend, eine stark idealistische Sicht des

---

17 Vgl. William James, Pragmatismus und radikaler Empirismus, hrsg. v. Claus Langbehn, Frankfurt a. M. 2006, 29ff.

18 Vgl. James, Pragmatismus. – Der Band geht zurück auf Vorlesungen, die James 1905 in Chicago und in Keene (N.Y.), in erweiterter Form im Dezember 1906 am ›Lowell Institute‹ in Boston sowie im Januar 1907 an der Columbia Universität, New York City, hielt. Sie erschienen 1907 als Buchveröffentlichung unter dem Titel: Pragmatism. A New Name for Some Old Ways of Thinking. Vgl. William James, Pragmatism and Other Writings. Edited with an Introduction and Notes by Giles Gunn, New York 2000, 5.

19 Vg. Theodor Elsenhans (Hrsg.), Bericht über den 3. Internationalen Kongress für Philosophie (International Congress of Philosophy) zu Heidelberg, 1.–5. Sept. 1908. Heidelberg 1909.

Pragmatismus besaß. Diese Konstellation trug zum *deutschen Missverständnis* der ›American Philosophy‹ erheblich bei. Dennoch: Dass der Pragmatismus anfangs nur Gegner in Deutschland vorfand, ist unzutreffend. Richtig ist, dass er wie zuvor in den USA »lebhafte Diskussionen«[20] auslöste. Die ganze Breite der Auseinandersetzung der Philosophen Kontinentaleuropas mit dem frühen Pragmatismus enthüllte 1913 die Vorrede zur zweiten Auflage des Hauptwerkes von Hans Vaihinger (1852–1933), einem heute fast vergessenen Philosophen des Neukantianismus. Die Übereinstimmungen der Vaihingerschen Philosophie des ›Als Ob‹ mit dem Pragmatismus sind beeindruckender als die ebenso vorhandenen Differenzen. Vaihinger erwähnte neben James und Ferdinand Canning Scott Schiller auch Peirce. Dessen Grundgedanken sah Vaihinger in der Nähe seiner eigenen Philosophie. Gegenüber dem Nutzenkriterium des »unkritischen Pragmatismus« (damit war James gemeint) hatte Vaihinger starke Vorbehalte, nicht aber gegenüber Ferdinand Canning Scott Schillers »Humanismus«.[21] Zum Bestandteil seiner an James orientierten pragmatischen Philosophie machte Schiller allerdings auch eugenische Grundsätze, die in den USA und in manchen europäischen Staaten als Mittel der Bevölkerungspolitik eine problematische »Pragmatik« beinhalteten – lange bevor im NS-Staat die ›Rassenhygiene‹ in den Dienst der sytematischen Tötung ›lebensunwerten Lebens‹ genommen wurde.[22]

Nach dem Ende des Ersten Weltkrieges wurde der Pragmatismus primär durch Dewey mit seinen Schülern in theoretischer Ablösung von Peirce und James weitergeführt, während Mead und Schiller in der Öffentlichkeit geringere Beachtung zuteil wurde. Jetzt erst hatte sich der Pragmatismus in den USA als trendbestimmend durchgesetzt und stand international für ›American Philosophy‹.

---

20 OEHLER, Sachen, 52.

21 Vgl. HANS VAIHINGER, Die Philosophie des Als Ob. System der theoretischen, praktischen und religiösen Fiktionen der Menschheit auf Grund eines idealistischen Positivismus, Berlin [2]1913, XIff.

22 Vgl. FERDINAND CANNING SCOTT SCHILLER, Social Decay and Eugenical Reform, London (Constable & Co) 1932; hier 94–114. – Zum komplizierten Verhältnis zwischen ›pragmatism‹ und ›eugenics‹ vgl. HEIN RETTER, Dewey's Progressive Education, Experience and Instrumental Pragmatism with Particular Reference to the Concept of »Bildung«, in: PAULI SIJANDER u. a. (Eds.): Theories of ›Bildung‹ and Growth. Connections and Controversies Between Continental Educational Thinking and American Pragmatism, Rotterdam 2012, 281–302; hier 287f.

Im Deutschen Reich zur Zeit der Weimarer Republik fanden *pragmatism* und *radical empiricism* durchaus Widerhall – doch nicht immer ohne die Gefahr eines Missverständnisses heraufzubeschwören.[23] Am geringsten bestand diese Gefahr bei deutschen Religionsphilosophen wie Heinrich Scholz oder Traugott K. Oesterreich, ebenso bei (liberalen) Universitätstheologen und Religionspädagogen. Neue deutsche Übersetzungen der Werke von Peirce, James oder Dewey lagen im Zeitraum 1919–1929 nicht vor. James war der in der ersten Hälfte des 20. Jahrhunderts am häufigsten ins Deutsche übersetzte Philosoph des Pragmatismus. 1925 erschien die vierte (!) Auflage der deutschen Ausgabe seines religionspsychologischen Hauptwerkes.[24]

Die deutsche Rezeptionslinie der neuen amerikanischen Philosophie beginnt 1899 mit der Übersetzung einer Auswahl der 1897 in den USA veröffentlichten Essays von James mit dem Titel »The Will to Believe«. Der hochangesehene Friedrich Paulsen (1846–1908) versah die deutsche Ausgabe mit einem freundlichen Vorwort.[25] Allerdings wird in diesem Band der Jamessche Pragmatismus noch nicht programmatisch entfaltet.

James' Standardwerk »The Principles of Psychology« von 1890 war in Deutschland in akademischen Fachkreisen auch ohne Übersetzung bekannt. Deweys pädagogisches Hauptwerk »Demokratie und Erziehung« (amerikanisch 1916) erschien erst 1930 in deutscher Sprache. Es fand Beachtung, doch den Bezug des Buches zum Pragmatismus machte Dewey nicht durch ein eigenes Kapitel deutlich; das Thema findet nur beiläufig Erwähnung.[26] Deweys früher Pragmatismus fand zwar 1910 in einer von Wilhelm Wundt betreuten Dissertation positive Resonanz,[27] doch als Philosoph des Pragmatismus wurde Dewey in Deutschland auch nach dem Ersten Weltkrieg kaum wahrgenommen. Selbst in den USA waren Deweys Auseinandersetzungen mit gesellschaftspolitischen Fragen und sein Kampf mit Gegnern der ›pro-

---

[23] ›Radical‹ meint, dass der Empirismus »weder ein nicht unmittelbar erfahrenes Element zulassen noch ein unmiittelbar erfahrenes daraus ausschließen« will. James, Empirismus, 29.

[24] William James, Die religiöse Erfahrung in ihrer Mannigfaltigkeit. Materialien und Studien zu einer Psychologie und Pathologie des religiösen Lebens. Deutsche Bearbeitung von Georg Wobbermin, Leipzig [4]1925.

[25] William James, Der Wille Zum Glauben. Und andere popularphilosophische Essays. Ins Deutsche übertragen von Dr. Th. Lorenz. Mit einem Geleitwort von Professor Dr. Fr. Paulsen, Stuttgart 1899.

[26] John Dewey, Demokratie und Erziehung. Eine Einleitung in die philosophische Pädagogik. Deutsch von Erich Hylla, Braunschweig [2]1949 (Deutsche Erstauflage Breslau 1930), 440f.

[27] John M. MacEachran, Pragmatismus, Leipzig 1910.

gressiven Erziehung‹ in den zwanziger Jahren öffenlichkeitswirksamer als sein pragmatischer Instrumentalismus, den er 1925 in seinem bedeutenden, aber schwer zu lesenden Werk »Experience and Nature«[28] philosophisch begründete. Phänomenologie, Existenzphilosophie und dialektische Theologie hatten in Deutschland vor 1933 neue Diskussionshorizonte eröffnet, für die der Pragmatismus kaum Anschlussmöglichkeiten besaß. Sie boten sich erst sehr viel später und waren dann allerdings ein besonderer Gewinn.[29]

In einer zeitverschobenen Parallele zum amerikanischen Neopragmatismus – in Verbindung mit Philosophen wie Richard Rorty oder Hilary Putnam – lässt sich im deutschen Sprachraum seit drei Jahrzehnten von einer Wiederentdeckung des frühen amerikanischen Pragmatismus in seiner ganzen Breite sprechen. Dafür sorgten in der Bundesrepublik vor allem der Philosoph Klaus Oehler und der Soziologe Hans Joas. Die These von Joas, das spezifisch ›deutsche Denken‹ habe die Rezeption des Pragmatismus zu einer »Geschichte eines Missverständnisses«[30] gemacht, war nur auf den ersten Blick richtig. Sie kursierte auch in der Erziehungswissenschaft,[31] doch sie bedarf der Relativierung. Der Pragmatismus ist ein durchaus heterogenes Konstrukt, in sich keineswegs widerspruchsfrei. Es waren vor allem seine Begründer selbst, die für Missverständnisse sorgten, und dies nicht nur in Deutschland, sondern von Anfang an in den USA. Nachdem James dort den Pragmatismus in akademischen Kreisen populär gemacht hatte, musste er ständig gegen ›Missverständnisse‹ bei seinen Fachkollegen ankämpfen. 1908 kennzeichnete er acht Fehldeutungen seines pragmatischen Wahrheitsbegriffs.[32] Zu meinen, Amerika habe von Beginn an bis heute hinter Peirce, James oder Dewey gestanden, und nur das politisch rückständige, von antia-

---

28 John Dewey, Experience and Nature. Chicago 1925. Deutsche Ausgabe: John Dewey, Erfahrung und Natur, Frankfurt a. M. 1995.

29 Erst der Neopragmatist Rorty konnte Dewey, Heidegger und Wittgenstein in einen gemeinsamen Kontext stellen mit der These, ihnen sei zu verdanken, dass die tradierte Rolle der Philosophie als alles bestimmende Fundamentalwissenschaft, die sie noch in der Nachfolge Kants wahrnahm, ausgedient habe. Richard Rorty, Der Spiegel der Natur. Eine Kritik der Philosophie, Frankfurt a. M. 1981, 15f.

30 Vgl. Hans Joas, Pragmatismus und Gesellschaftstheorie, Frankfurt a. M., 114ff. – Die Meinung, nach dem Ersten Weltkrieg habe Ressentiment und Antiamerikanismus in Deutschland zur Ablehnung des Pragmatismus geführt, blendet die außerdeutsche Kritik aus. Vgl. Oehler, Sachen, 7.

31 Vgl. Hein Retter, Pragmatismus und Pragmatismusforschung in der Pädagogik – eine Kritik, in: Pädagogische Rundschau 62 (2007), 37–53.

32 Vgl. James, Empirismus, 117–138. – Vgl. ferner: Christoph Seibert, Religion im Denken von William James, Tübingen 2009, 330f.

merikanischen Vorurteilen erfüllte Deutschland habe sich dem Pragmatismus verweigert, ist ein überlebter Mythos.[33] Richtig ist, dass dem Pragmatismus bei uns *mehrere* Gegner erwuchsen, weil er dem deutschen Idealismus, Historismus und Marxismus nichts abgewinnen konnte. Die daraus resultierende Grundsatzkritik war zu erwarten, doch sie war keineswegs unfruchtbar.

John Dewey, der in seiner reichen Publikationstätigkeit keine Buchveröffentlichung schrieb, die im Titel von Pragmatismus spricht (und der den Begriff auch sonst nicht allzu oft benutzte), wurde 1905 durch die deutsche Übersetzung seiner Schrift über die 1896–1904 existierende ›Laboratory School‹ in Chicago hierzulande relativ früh bekannt als Reformpädagoge: Die Wahrnehmung Deweys als Philosoph des Pragmatismus erfolgte, wenn man von der 1938 erschienenen Studie von Eduard Baumgarten über Emerson, James und Dewey absieht, erst nach dem Zweiten Weltkrieg in Deutschland. Dass Deweys Philosophie in Amerika nach seinem Tod verdrängt wurde, durch die ›Analytische Philosophie‹ und den ›Logischen Empirismus‹, verzögerte die Dewey-Rezeption in der Bundesrepublik erheblich. Eine Rolle dabei spielte die Dewey-Kritik der aus den USA nach 1945 zurückgekehrten deutschen Philosophen. Zu erwähnen ist insbesondere Max Horkheimer mit seiner ›Kritik der instrumentellen Vernunft‹; weniger bekannt, doch nicht weniger wichtig, ist die Dewey-Kritik von Robert Ulich.[34]

Matthias Jung zeigte, dass die bislang zu Antagonisten erklärten Hauptvertreter des deutschen Historismus (Dilthey) und des amerikanischen Pragmatismus (James, Dewey) sich eher als Bundesgenossen, denn als Gegner erwiesen in dem Versuch, die Gefahr des Positivismus, Szientismus und Reduktionismus abzuwenden, durch die Verankerung der Philosophie in lebensweltlicher Erfahrung.[35] Während Dewey als Philosoph der Demokratie

---

[33] Zu den schärfsten Kritiker des pragmatischen Wahrheitsbegriffs von James gehörten die englischen Gründerväter der Analytischen Philosophie George Edward Moore und Bertrand Russell. Vgl. KARL MICHAEL HINGST, Zur Sechsten Vorlesung: James' pragmatische Deutung der Korrespondenztheorie der Wahrheit, in: KLAUS OEHLER (Hrsg.), William James. Pragmatismus. Ein neuer Name für einige alte Wege des Denkens, Berlin 2000, 131–164; hier 153f. – Ferner: siehe unten Anm. 44.

[34] Vgl. HANSJÖRG HOHR/HEIN RETTER, Gesellschaft, Religion und Ästhetik in der Erziehungsphilosophie John Deweys, Bad Heilbrunn 2009, hier 122 (Horkheimer), 129 (Ulich).

[35] Vgl. MATTHIAS JUNG, Religiöse Erfahrung. Genese und Kritik eines religionsphilosophischen Grundbegriffs, in: MATTHIAS JUNG u.a. (Hrsg.): Religionsphilosophie. Historische Positionen und systematische Reflexionen, Würzburg 2000, 135–150. Vgl. ferner den Abschnitt »Diltheys Hermeneutik der Lebenserfahrung«, in: MATTHIAS JUNG, Hermeneutik zur Einführung, Hamburg 2001, 72ff.

und als geistiger Führer der ›progressive education‹ in den USA wie international einen hohen Bekanntheitsgrad besaß, wurde die überragende Bedeutung der Philosophie von Peirce erst lange nach seinem Tod erkannt, nachdem ab den dreißiger Jahren des 20. Jahrhunderts in mehreren Bänden Peirces ›Collected Papers‹ veröffentlicht wurden.[36]

Überraschenderweise waren es deutsche Theologen, die ein besonderes Interesse für den frühen Pragmatismus zeigten, indem sie der Religionspsychologie von James besondere Aufmerksamkeit schenkten. Das fiel nach 1900 keinem geringeren auf als Wilhelm Wundt, der mit dem Theologen und James-Übersetzer Georg Wobbermin sogleich in Streit geriet.[37] Wundt meinte, »dem in theologischen Kreisen vielgepriesenen amerikanisch-englischen Pragmatismus«[38] sei in Deutschland auf Grund seiner Inanspruchnahme durch die Theologie Missdeutungen ausgesetzt. Der erkenntnistheoretische Voluntarismus Wundts und der antiidealistische, auf den Glauben bezogene Voluntarismus von James bilden eine gewisse, wenn auch schmale Verständigungsbasis.[39] Beide Wissenschaftler kamen von der Medizin (bzw. der Physologie) zur Philosophie (einschließlich Psychologie). Heute ist das Interesse von Theologen und Religionsphilosophen an Peirce, James und Dewey wieder erwacht, und dies keineswegs nur in protestantischen Kreisen.

2. Pragmatismus und Kirche - Wettbewerb der Sinnangebote

Eine pensionierte Pastorin drückte mir vor einiger Zeit ein Buch in die Hand und sagte, sie finde den Text schrecklich, völlig ohne Hoffnung. Es handelte sich um den Band »Kirchendämmerung«[40] von Friedrich Wilhelm Graf. Darin wird unter anderem die Kirchliche Hochschule in Neuendettelsau als Relikt reaktionärer evangelisch-bayerischer Kirchenpolitik bewertet und gleichsam

---

36 Vgl. Jürgen v. Kempski, Charles S. Peirce und der Pragmatismus, Stuttgart 1952, 5.

37 Vgl. Georg Wobbermin, Vorwort zur zweiten Auflage, in: James, Erfahrung, XVII–XXII.

38 So Wilhelm Wundt schon 1911, in: Wundt, Probleme, Vorwort zur ersten Auflage.

39 Vg. a. a. O., 91ff.

40 Vgl. Friedrich Wilhelm Graf, Kirchendämmerung. Wie die Kirchen unser Vertrauen verspielen, München ²2011, 46.

zum Abschuss freigegeben, während der Autor gleichzeitig der exzellenten Berufungspolitik seiner Münchener Universität bei der Besetzung theologischer Lehrstühle hohes Selbstlob zollt.

Dies zu erwähnen in einem Beitrag über Pragmatismus aus Anlass einer religionspädagogischen Tagung an der Augustana Hochschule Neuendettelsau gehört zur stillen Pflicht des Autors. In Bezug auf die Kirche als Institution, ihre vertikale Struktur und ihre Machtausübung dürfte Grafs Kritik von Pragmatisten geteilt werden. William James sagte allerdings auch: »Was die Religion am Leben erhält, sind nicht theologische Fakultäten und ihre Professoren«, sondern, »allein die individuelle [religiöse] Erfahrung«[41]. Wenn jedoch die Ironie geschwängerte Rhetorik des Theologen Graf deutlich macht, dass die bekannte Theologin Margot Käßmann in der Öffentlichkeit als ›Ich-AG‹ auftrete, die Trivia ihres Lebens den Medien anvertraue und ihren protestantischen Moralpopulismus als moderne Theologie ausgebe, um eine neue Form des Klerikalismus zu praktizieren, dann ist der in der ›Frankfurter Allgemeinen‹ gern gelesene Kritiker Graf sowohl der kritisierten Kollegin nahe, als auch dem ›Pragmatismus‹. Denn für William James bildete der »freieste Wetbewerb zwischen den verschiedensten Arten von Glauben und ihre offenste Anwendung auf das Leben die günstigsten Bedingungen für das Überleben des *tauglichsten* Glaubens«.[42]

James konnte nicht ahnen, wie scharf heute der Wettbewerb um Sinnangebote geworden ist, in welchem die Kirchen kräftig mitmischen. Die Eventkultur macht die Teilnehmerquote zum Erfolgsmaßstab – auch für die Kirchen, egal ob Kirchentag, Papstbesuch oder Lutherjubiläum anstehen. Frau Käßmann sorgt in der Tat für Quote, auch wenn sie viellecht nicht von allen Universitätskollegen zur ›großen Theologin‹ gekürt wird. Als ›Ich-AG‹ agiert allerdings auch ihr Kritiker Graf. In welcher Hinsicht er quotenbewusst aufzutreten versteht, verrät der plakative Untertitel seines eben erwähnten Bandes: »Wie die Kirchen unser Vertrauen verspielen.« Das klingt eher nach BILD als nach FAZ. Wer ist »wir«, wenn es um »unser Vertrauen«

---

41 Stefan Goertz, Vom Nutzen der Religion für das Handeln. Hundert Jahre »Die Vielfalt religiöser Erfahrung« von William James, in: Theologie der Gegenwart 45 (2002), 174–188; hier 182. – Der erste Teil des Zitates stammt von William James, im Nachsatz (»allein die individuelle Erfahrung«) wird James von Goertz sinngemäß interpretiert.

42 Graf, Kirchendämmerung, 71f. – William James, Der Wille Zum Glauben. Und andere popularphilosophische Essays. Ins Deutsche übertragen von Dr. Th. Lorenz. Mit einem Geleitwort von Professor Dr. Fr. Paulsen, Stuttgart 1899, XV.

gehen soll, das »verspielt« sei - oder spricht er im *pluralis majestatis?* Trägt er selbst »Kirche« mit oder betreibt er - neben der Kirche - nur eine Art *Speakers' Corner* englischen Art? Möglicherweise hat die deutsche Theologie mehr zu bieten, als manche ihrer Quotenträger ahnen lassen.

Die Welt und ihre Wahrheit sind im Pragmatismus nicht ein Zustand, sondern etwas Prozesshaftes. Wahrheit ist nicht abstrakt, sondern eingebunden in einen lebensweltlichen Kontext.[43] Der klassische Wahrheitsbegriff, die Übereinstimmung des Denkens mit der Sache *(adaequatio intellectus et rei)*, geht uns leicht von den Lippen. Aber zu fragen, was heißt denn Übereinstimmung und welche Kriterien gibt es für die *adaeqatio*, ist viel wichtiger.[44] Die Wahrheit des Einmaleins ist etwas anderes als die Wahrheit eines kritischen Grenzwertes für Luftverschmutzung (weil er von Experten festgelegt wird) oder die Wahrheit der Religionen (weil sie alle behaupten, wahr zu sein).

Wahrheit erhält »ihre Bestimmungen im Sinne einer Bewährung, widergespiegelt an der Empirie [...] in Form einer gelingenden humanen Orientierungsleistung.«[45] Wenn eine Behauptung, auch eine kritisch gemeinte, zu einer allseits anerkannten festen Überzeugung wurde, die in der Lage ist, eine Übereinstimmung herzustellen zwischen dem, was uns als Problem erscheint und dem, was uns hilft, das Problem zu lösen, ist sie pragmatisch gesehen *wahr.*[46] Dass in der Religion, und nicht zuletzt der christlichen, Menschen Sicherheit, Zuversicht und Hoffnung erfahren, sie also das leistet, was

---

43 Vgl. Jörg Wernecke, Handeln und Bedeutung. L. Wittgenstein, Ch.S. Peirce und M. Heidegger zu einer Propädeutik einer hermeneutischen Pragmatik, Berlin 2007, 267.

44 Vgl. Karl Michael Hingst, Zur Zweiten Vorlesung: James' Transformation der pragmatischen Maxime, in: Oehler, William James, 33–67; hier 45. – Dass der Wettbewerbs- und Herstellungsgedanke als Gültigkeitskriterium für Wahrheit im Pragmatismus sozialdarwinistische Züge enthüllt, war Tenor der Kritik von B. Russell an W. James und F.C.S. Schiller: »Gibt es kein anderes Wahrheitskriterium als den Erfolg, dann ist es nur einleuchtend, daß die vertrauten Methoden des Kampfes ums Dasein für die Klärung schwieriger Fragen verwendet werden und Panzerschiffe und Maschinengewehre die letzten Schiedsrichter über metaphysische Wahrheit sein müssen.« Bertrand Russell, Pragmatismus (1909), in: Kurt R. Fischer, Die Angloamerikanische Philosophie in der ersten Hälfte des 20. Jahrhunderts. Ein Literaturskriptum, Wien 2000, 23–42; hier 41.

45 Wernecke, Handeln, 267.

46 Mein Definitionsversuch ist in seinem ersten Teil Peirce, im zweiten Teil James und Dewey geschuldet. James betonte die Interessengeleitetheit allen Denkens und Handelns. Das gilt auch für die Wahrheitsfrage. »Wahrheit« verlangt keine Definition, sondern den Erweis ihrer Bedeutung, sie wird »gemacht«, so James. Insofern konnte James behaupten: »Nach pragmatischen Gesichtspunkten ist die Hypothese von Gott wahr, wenn sie im weitesten Sinn des Wortes befriedigend wirkt.« (Zitiert von Klaus Oehler, Einleitung, in James, Pragmatismus, XXV. – Vgl. ferner: Seibert, Religion, 333.

heute als ›Kontingenzbewältigung‹ bezeichnet wird,[47] war für James keine Frage, selbst wenn sich diese Erfahrung nicht immer bestätigt.[48] So oder so wird die Bewährung in der Lebenswelt zum zentralen Moment für die pragmatische Religionsauffassung. Damit ist nichts Oberflächliches gemeint. James erlebte in einer Phase anhaltender Depression absolute Hoffnungslosigkeit, von der ihn ein Lichtstrahl des Glaubens befreite. Religiöse Bekehrungserlebnisse sind fester Bestandteil der Kultur Amerikas.[49]

Eine Theologie, welche die Natur *aller* je geborenen Menschen durch die ›Ursünde‹ als von vornherein ›verdorben‹ erklärt, um die erlösungsbedürftige Menschheit der Zuständigkeit christlicher Soteriologie zu unterstellen, versuchte in der Vergangenheit, missionarisch aufzutreten und auf Gläubige wie Nichtgläubige Einfluss zu nehmen. Sie tat dies, indem sie mittels der erzeugten Schuldgefühle angstvolle Unsicherheit über ein angeblich existierendes Jenseits mit Gottesgerichtsbarkeit erzeugte, damit die Hoffnung auf himmlisches Erbarmen für die kleine Gruppe der von Gott Erwählten, von der aber niemand weiß, wer dazu gehört, umso glaubenswirksamer wird. Eine solche Doktrin, die die göttliche Gnade an die Angst und Schrecken auslösende drohende Verdammung bindet, um die Menschen zur Umkehr zu bewegen – wie dies im Evangelium nach Matthäus deutlich wird (vgl. Mt 25,31–46), ist für gläubige Pragmatisten inakzeptabel. Die Kirchen beginnen, dies ähnlich zu sehen.

Glaube und Kirche wollen heute als offenes, attraktives Angebot in Erscheinung treten. Der Aufbruch zu neuen Ufern zeigt sich im Interesse an der ökumenischen Begegnung, ebenso im interreligiösen Dialog (wie ihn Nikolaus von Kues 1453 mit der Schrift »De pace fidei« begann),[50] vor allem aber in der Ausweitung des sozialen, karitativen Engagements, in der Unterstützung von Bürgerinitiativen und von gesellschaftlich ausgegrenzten

---

47 Vgl. HERMANN LÜBBE, Kontingenzerfahrung und Kontingenzbewältigung, in: GERHART V. GRAEVENITZ/ODO MARQUARD (Hrsg.), Kontingenz, München 1998 (Poetik und Hermeneutik, 17), 35–47. – Ferner: KURT WUCHTERL, Kontingenz oder das Andere der Vernunft. Zum Verhältnis von Philosophie, Naturwissenschaft und Religion, Stuttgart 2011.

48 Eine aus Erfahrung abgeleitete Religion führt »nirgendwo auf Gott«; vielmehr sei es »die alte Klage aller Rechtschaffenden«, »dass die böse Sache oft über die gute triumphiert«, betonte der Theologe und Philosoph Scholz: Vgl. HEINRICH SCHOLZ, Die Religionsphilosophie des Als-Ob. Eine Nachprüfung Kants und des idealistischen Positivismus, Leipzig 1921, 13.

49 Vgl. EDWIN DILLER STARBUCK, Religionspsychologie. Empirische Entwicklungsstudie religiösen Bewusstseins, Leipzig 1908, 21–195.

50 Vgl. NIKOLAUS VON KUES, Vom Frieden zwischen den Religionen. Lateinisch – deutsch, hrsg. v. KLAUS BERGER/CHRISTIANE NORD, Frankfurt a. M. 2002.

Gruppen. Wichtig geworden ist das engagierte Handeln des Christen in der Öffentlichkeit. Dabei ist die Zahl der Zweifler in der Kirche eher größer als kleiner geworden. Sich ihrer zu erbarmen, um sie dem ewigen Feuer der Hölle zu entreißen, war das Gebot der Stunde für die christlichen Urgemeinden (Jud 22). Ihr Glaube lebte von der unumstößlichen Gewissheit des Apostels Paulus, die Parusie des Herrn, das Auferstehen der Toten aus ihren Gräbern und das Ende der Welt stünden unmittelbar bevor (1Kor 15,22–31); hatte doch auch Jesus gepredigt, das himmlische Königreich Gottes sei nahe herbeigekommen (Mk 1,15; Mt 4,17; Lk 10,9).

Dem Irrtum beider verdankt die Welt den allgemeinen Glauben der christlichen Religion. Das Missverständnis erwies seine Fruchtbarkeit besonders durch die im Glauben fortlebende kraftspendende Fiktion naher, wenn auch kontingenter Heilserwartung. Deren Ausbleiben ermöglichte die ethischen und kulturellen Leistungen des Christentums, führte aber auch zu bedrückender Schuld, die das Böse keineswegs als Folge des Sündenfalls, sondern als die fragwürdigste Weise des Machtmissbrauchs institutionalsierter Frömmigkeit im Namen Christi ausweist. Die Realgeschichte des Unrechts, in welcher die Religion der Liebe und der Vergebung eine blutige Spur der Verfolgung, Folter und grausamen Tötung von Andersdenkenden hinterließ, ist bekannt. Der Allmächtige lässt nicht nur der Gewalt freien Lauf, sondern ermöglicht dem Kreis der von ihm Erwählten auch teilzuhaben an der Gnade, zu »baden in des Gottlosen Blut« (Ps 58,11). Gegenüber der martialischen Botschaft des Neuen Testaments vom Sieg über die Feinde Gottes und vom Sieg über den Tod als dem »letzten Feind« (1Kor 15,26), bevorzugen pragmatisch orientierte Christen heute eine andere Sinngebung des Handelns: *Aufhören mit dem Siegenwollen!* [51] *Mut zur Endlichkeit entwickeln! Mithelfen, dass niemand fallen gelassen wird in dieser Welt!* Die Einsicht, dass wir unsere Existenz nicht uns selbst verdanken, lässt uns die eigene Fragmentarität besonders spüren, hilft aber auch, sie leichter zu ertragen.

Wenn die Frauenordination im Luthertum erst seit dem Zweiten Weltkrieg existiert, obwohl das allgemeine Priestertum der Gläubigen Grundlage des evangelischen Kirchenbegriffs ist, wird deutlich, dass der Versuch,

---

[51] Diese und die nachfolgenden Aussagen des Abschnitts entnehme ich: Fulbert Steffensky, Mut zur Endlichkeit. Sterben in einer Gesellschaft der Sieger, Stuttgart 2007, 29 und 32.

neue Wege zu gehen, auch mit Widerstand ›von oben‹ zu rechnen hat. Notlagen beflügeln pragmatisches Vorgehen. Der Pragmatismus besitzt eine demokratische Funktion, die innerhalb der Kirche zur Teilhabe aller an allem ermuntert.

3. Der Konflikt zwischen christlicher und wissenschaftlicher Wahrheit – historische Aspekte

Die Entfremdung von der christlichen Religion unter dem Einfluss von Materialismus, Positivismus und Atheismus beherrscht seit der Aufklärung die westliche Welt. David Friedrich Strauß, Ludwig Feuerbach, Karl Marx und Friedrich Nietzsche waren um 1900 im Deutschen Reich nicht nur bei Philosophen Aushängeschilder für die Distanzierung vom Christentum. Künstler und Literaten (darunter Theodor Fontane) standen mit ihrer Gesellschaftskritik ebenso in Distanz zur Amtskirche, doch nicht zu freier Religiosität. Die Darwinsche Evolutionstheorie verstärkte den Trend, die Bibel als Hort der Wahrheit in Frage zu stellen. Das Phänomen aufkommender Glaubenslosigkeit, das in der Einleitung zu Schleiermachers »Reden über Religion« (1799) angedeutet wird, war 100 Jahre später zu einer der zentralen Hintergrundfragen des christlichen Europas geworden.[52] In den USA wurde Darwins Lehre an den Universitäten geradezu gefeiert, so dass auch hier eine Konfliktlage zwischen christlich-biblischer Lehre und (natur-)wissenschaftlicher Erkenntnis bestand. Doch die Antwort des Pragmatismus auf diesen Konflikt war eine ganz andere, als sie die europäische Philosophie geben konnte: Diese Antwort war versöhnlich, indem sie aus dem Dilemma herausführte, sich entweder der christlichen oder der wissenschaftlichen Wahrheit anvertrauen zu müssen.

---

[52] In vieler Hinsicht vertrat Schleiermacher Positionen, die einer Vorbereitung der klassischen pragmatischen Religionsphilosophie gleichkommen. Dies wird deutlich in Scholz' theologischer Dissertation: HEINRICH SCHOLZ, Christentum und Wissenschaft. Schleiermachers Glaubenslehre, Leipzig ²1911. Scholz ging hier nicht auf den Pragmatismus ein, betonte jedoch Schleiermachers Bestreben, Christentum und Wissenschaft zu versöhnen (33) durch »Überwindung des Kontradiktorischen« (107). Erkennbar wird der »pragmatische« Zug Schleiermachers in der Definition des Religionsbegriffs als ›Gefühl schlechthinniger Abhängigkeit‹, der Erkenntnis Gottes durch »das, was auf uns *wirkt*« (91), der »evolutionistischen Methode« (97ff.), der Transformation von historischen Bildern des Glaubens in zeitgemäße anthropologische Kategorien (131), der »Erweichung der dogmatischen Grundbegriffe« (131).

Im amerikanischen Bundesstaat Massachusetts und den Nachbarstaaten bildete sich Mitte des 19. Jahrhunderts der ›Neuenglische Transzendentalismus‹ als eine geistige Bewegung, die rasch überregionale Bedeutung gewann. Ihr Führer wurde der Philosoph, Essayst und Theologe Ralph Waldo Emerson (1803–1882). Er war der Familie James in Boston freundschaftlich verbunden und wurde Pate des 1842 geborenen William James. Die romantisch-neuidealistische Strömung formte Naturnähe, mystische Erfahrung und das einfache Leben zu einer, die Poesie beflügelnden geistigen Einheit. Den religiös freisinnigen und demokratischem Anschauungen des Transzendentalismus waren die frühen Pragmatisten besonders verbunden.[53] Wenn überhaupt »Kirche« sein soll, dann kann sie nur Universalkirche der Menschheit sein, war die Überzeugung von Peirce und James. Ein Bewusstsein von geistiger Einheit wiederzugewinnen gehörte zu den Zielen der Begründer des Pragmatismus. Die Bausteine dieser Einheit bildeten eine neu formulierte Logik und eine philosophische Haltung, welche der Beziehung zwischen Erfahrung, Denken und Handeln Rechnung trug.[54] Getragen von einer kraftvollen religiösen Spiritualität war es ein Bedürfnis von Transzendentalisten und frühen Pragmatisten, in Einklang mit dem Universum zu leben.

Im Prinzip wollte dies auch Immanuel Kant, dessen Kritizismus den Ausgangspunkt des klassischen Pragmatismus bildete. Peirce, James und Dewey kamen immer wieder auf Kant zurück, allerdings in erster Linie, um ihm in zentralen Punkten zu widersprechen; Dewey distanzierte sich am entschiedendsten von Kant.

---

[53] Vgl. Russell B. Goodman, American Philosophy and the Romantic Tradition, Cambridge 1990. – Von diesem Geist bestimmt waren die in einem Gesprächskreis junger Wissenschaftler, genannt »Metaphysical Club«, in Cambridge/Mass. ab 1872 geführten Diskussionen, an denen Peirce und James maßgeblich beteiligt waren. Die Grundideen des Pragmatismus als genuin amerikanische, gegen die europäische Metaphysiktradition gerichtete Denkweise wurden hier geboren, im geistigen Umfeld der Harvard Universität, zum Teil aber auch in Opposition zu ihrem Intellektualismus stehend . Vgl. Menand, Club; ferner: Pape, Reichtum, 43f.

[54] Bei James und Dewey spielt von Anfang an die praktische Handlungsrelevanz als Moment von Wirksamkeit eine Rolle, während Peirce »Handeln« im Sinne der pragmatischen Maxime theoretisch verstand: Das ›Denkhandeln‹ entwickelt Kriterien für einen vorstellbaren Handlungsprozess.

4. Religiöse Individualität und universale Pluraliät bei William James

Während der Aufklärer Kant die sittliche Verbesserung der Welt aus dem moralischen Gesetz ableitete und sie für unbedingt notwendig hielt, sind es bei James die Glaubenserfahrungen, die Handlungsimpulse freisetzen, begleitet von einer Vorstellung, die den Kosmos, die Welt und die moderne Gesellschaft als Entwicklung begreift. Darwins Evolutionslehre ist Teil dieses umfassenden Konzeptes. In dieser kosmischen Einordnung steht sie nicht mehr als Speerspitze der Religion gegenüber.

James war um 1900 der populärste und international bekannteste Philosoph Amerikas. Nachdem er 1890 sein fast 1400 Seiten starkes, zweibändiges Werk »The Principles of Psychology« abgeschlossen hatte, wandte er sich ganz der Philosophie zu. Es gab für ihn als Naturwissenschaftler ein Problem, das die vorherrschende *physiologische* Psychologie nicht lösen konnte. Ihr kausler Determinismus stand im Widerspruch zur Erfahrung, dass der Mensch geistige Freiheit besitzt. Ein freier Wille ist notwendig Voraussetzung für autonomes moralisches Handeln. James sah es als Faktum an, dass im Strom des Bewusstseins Elemente auftreten, die *nicht* über die Sinne erfahrbar sind. Er bekannte sich einerseits zum radikalen Empirismus, war andererseits Gegner des psychischen Determinismus.

Der erste Schritt zur Bewusstmachung der Willensfreiheit ist, an sie zu glauben. Die Verteidigung des freien Willens hing für James eng mit der Wahrheits- und der Gottesfrage zusammen. Der Essay »The Will To Believe« (1896) war eine Verteidung des Rechts auf den persönlichen religiösen Glauben in einer deterministisch-szientistischen Welt.[55] Für gläubige Pragmatisten ist höhere geistige Erkenntnis nur durch Erfahrung zu gewinnen. Die Frage »Wie ist wissenschaftliche Erkenntnis möglich?« führte direkt auf Immanuel Kant zurück. Er löste das Problem so,[56] dass die Metaphysik und die Naturwissenschaften nicht mehr miteinander in Konflikt geraten konnten, was bis dahin laufend der Fall war. Wenn heute Richard Dawkins als Naturwissenschaftler vom »Gotteswahn« spricht, müsste ihm Kant entgegnen: Gott und die Unsterblichkeit unterstehen keiner empirischen Beweisfähigkeit.

---

[55] Zur Bedeutung dieser Schrift, wie der Religionsphilosophie James' generell: Friedo Ricken, Religionsphilosophie, Stuttgart 2003, 56–76.

[56] Vgl. Immanuel Kant, Prolegomena zu einer jeden künftigen Metaphysik, die als Wissenschaft wird auftreten können, in: Immanuel Kant, Schriften zur Metaphysik und Logik I, hrsg. v. Wilhelm Weischedel (Werkausgabe Bd. V), Frankfurt a. M. 1977, 111–164, hier 141.

Aber jedem steht frei, an sie zu *glauben*. Ebenso bereitete Kant mit der »Kritik der reinen Vernunft« dem unzulässig in Anspruch genommenen Recht der Kirche ein Ende, über naturwissenschaftliche Erkenntnisse dogmatisch zu urteilen – und zu verurteilen.

Kants Lösung hieß »Transzendentalphilosophie« – eine geniale Lösung, die allerdings Erkenntnis durch Erfahrung ausschloss, wenn es um die Religion geht. Daran entzündete sich die Grundsatzkritik des frühen Pragmatismus. Die »sonderbare Lehre« von Kant behauptet, so die Kritik von James, dass Aussagen über Gott, Schöpfung, Seele, Freiheit, die die Lebenspraxis bestimmen, theoretisch wertlos seien, da sie »nicht Gegenstand möglicher Erkenntnis«[57] sein können. Dies stehe völlig im Widerspruch zu dem realen Wissen, das religiöser Erfahrung entspringt und das Bewusstsein prägt. James meinte mit *religiösem Bewusstsein* »die Gefühle, Handlungen und Erfahrungen von einzelnen Menschen [...] die von sich selbst glauben, dass sie in Beziehung zum Göttlichen stehen«[58]. Die individuelle religiöse Erfahrung bewahrt trotz ihrer Vielfalt eine eigene Qualität, die weder mit Moral zu verwechseln ist, noch sich ableitet aus der kollektiven Erfahrung religiöser Gemeinschaften (wovon Émile Durkheim ausging).[59]

Jenseits der Dogmatik des kirchlichen Gottesverständnis und jenseits der Attacken von Naturwissenschaftlern auf die Religion verfolgte James einen Mittelweg, der Gegensätze aufhebt, indem er die Erfahrung zum Zentrum einer empirisch-pragmatischen *Religionsphilosophie* machte.[60] 1902 schilder-

---

57 JAMES, Erfahrung, 43f. – Ganz anders als James sah Peirce in konkreter Erfahrung immer ein Allgemeines und Vernünftiges mitschwingen. Peirce betrachtete konkrete Erfahrung »im Netz der Ordnung logischer Beziehungen ... die zwischen unseren Begriffen und unseren Überzeugungen bestehen«. PAPE, Reichtum, 129.

58 James, hier zitiert nach HANS GLEIXNER, »Wenn Gott nicht existiert...«. Zur Beziehung zwischen Religion und Ethik, Paderborn 2005, 22.

59 Vgl. HANS JOAS, Der amerikanische Pragmatismus und die frühe Religionssoziologie, in: VOLKHARD KRECH/HARTMANN TYRELL (Hrsg.), Religionssoziologie um 1900, Würzburg 1995, 195–208; hier 197ff.

60 Der Vater von James war Swedenborgianer, von daher waren William James mystische und okkulte Erlebnisse nicht fremd. Kant hatte gegen den schwedischen Theosophen Emanuel Swedenborg (1686–1772) mit seiner 1766 erschienenen Abhandlung, »Träume eines Geistersehers, erläutert durch Träume der Metaphysik«, eine geistsprühende, ironische Kritik der religiös-visionären Schriften Swedenborgs verfasst (in KANT-Werkausgabe, Bd. II, hrsg. v. W. WEISCHEDEL. 1977, 921–989). – Dass James visionäre Erscheinungen ernst nahm, war für den Tübinger Philosophen und Psychologen T.K. Österreich (1880–1949) besonders wichtig. Vgl. TRAUGOTT KONSTANTIN ÖSTERREICH, Einführung in die Religionspsychologie als Grundlage für Religionsphilosophie und Religionsgeschichte, Berlin 1917, Vorwort, sowie 156.

te James die »Vielfalt religiöser Erfahrung« anhand von religiösen Erlebnisse aus einer Fülle von Biographien, ebenso Erfahrungen von Mitbürgern aus Briefen, die er erhielt: Alltägliche Begebenheiten mit religiösem Hintergrund, Bekehrungserlebnisse, erfahrene Hilfe von Gott bei der Herausführung aus Krankheit und persönlicher Not, Dankbarkeit, dem Bösen widerstanden zu haben, Erfahrung von Gnade, mystische Erlebnisse – eine ungeheure Vielfalt von persönlichen Glaubenszeugnissen, die James zusammentrug. Das machte ihn als Religionspsychologen bekannt, ist vielleicht aber auch im historischen Kontext empirischer Religionspädagogik von Interesse. Der katholische Moraltheologe Stefan Goertz zählt das Jamessche Buch über »Die Vielfalt religiöser Erfahrung« zu den »wenigen Meisterwerken über die Religion«.[61]

In dem umfassenden Werk von Mirjam Zimmermann zur »Kindertheologie« von 2012,[62] findet man zwar Hinweise auf die Reformpädagogik, aber nicht auf James. Unerwähnt bleibt auch Theophil Thun, der in den sechziger Jahren an der katholischen Pädagogischen Akademie Paderborn über die Religiosität von Kindern und Jugendlichen forschte: »›Jesus ist eine alte mist krüke‹, buchstabierte ein 17jähriger katholischer Jungarbeiter, ›und ich halte nichts von ihm ... Für mich hat nur mein Obermeister eine bedeutung, wenn der mich raus schmeist, kommt auch kein Jesus und stellt mich wieder ein.‹«[63]

Üblicherweise kommt sofort der Vorwurf des naturalistischen Fehlschlusses, wenn im Pragmatismus zwischen dem Ist-Zustand einer Aussage und dem normaltiven *Seinsollen* keine prinzipielle Differenz sichtbar wird. Das Problem hat auch die ›Kindertheologie‹, wenn sie das, was nach dogmatischem Maßstab als Glaubensdefizit einzustufen wäre, umfunktion-

---

[61] Goertz, Nutzen, 82, Fn. 33. Goertz zitiert hier zustimmend John Leslie Mackie, Das Wunder des Theismus, Stuttgart 1985, 284. – Dass James und Peirce als Religionsphilosophen heute bei katholischen Hochschullehrern Interesse finden, belegen Arbeiten von Friedo Ricken, *SJ*. Vgl. Friedo Ricken, Religionsphilosophie. – Friedo Ricken, William James über den religiösen Grundakt, in: Klaus Dethloff (Hrsg.), Religion, Moderne, Postmoderne. Philosophisch-theologische Erkundungen (Schriften der Österreichischen Gesellschaft für Religionsphilosophie, Bd. 3), Wien 2002, 137–150. – Friedo Ricken (Hrsg.), Religiöse Erfahrung. Ein interdisziplimärer Klärungsversuch, Stuttgart 2004.

[62] Vgl. Mirjam Zimmermann, Kindertheologie als theologische Kompetenz von Kindern. Grundlagen, Methodik und Ziel kindertheologischer Forschung am Beispiel der Deutung des Todes Jesu, Vluyn 2012.

[63] Theophil Thun, Die religiöse Entscheidung der Jugend, Stuttgart 1963, zitiert in: DER SPIEGEL 33 (1963), v. 14.8.1963. Online-Archiv: http://www.spiegel.de/spiegel/print/d-46171509.html. (Stand: 29.4.2013).

iert, um in neudeutscher Begrifflichkeit bewundernd von der ›theologischen Kompetenz von Kindern‹ zu sprechen. Pragmatisch korrekt entspricht dies dem Anliegen der *Melioriation,* der Verbesserung der Welt, in der wir leben. Sie beginnt damit, dass man eine zweckdienliche Begrifflichkeit wählt, damit die Sache, um die es geht, ein exzellentes Erscheinungsbild gewinnt. Auf diese Weise kann das Sein durchaus das Sollen bestimmen. Der religiöse Glaube ist nicht abgestandene Brühe, sondern kreativ. Er schafft Fakten und leistet dessen Verifikation.[64] Die Attraktivität der Kindertheologie liegt in der Versuchung, die erheblichen Transformationsleistungen, die dem Theologen immer größere Schwierigkeiten bereiten, aus nicht mehr vermittlungsfähigen Glaubensinhalten eine zeitgemäße Botschaft herzustellen, durch Kindermund Unterstützung erfahren zu lassen. Erwachsene Rezipienten zeigen ein Lächeln des Verstehens, wenn das, was sie selbst nicht verstehen, wie unbefleckte Empfängnis, Auferstehung, Himmelfahrt oder Trinität Gegenstand kindlich-kreativer Deutung wird.[65] Eine theologische Interpretation wird damit nicht ersetzt, sie erhält jedoch flankierende Unterstützung durch die sprachliche Kreativität von Kindern im Umgamg mit Transzendenz.

Die Absicht des modernen Menschen, die Welt zu verbessern und die Hoffnung, dies leisten zu können, entspringen nach James allein der Religion. Gott ist für James nichts Absolutes, sondern endlich und menschenfreundlich. Wer James vorwirft, er bastele sich seinen eigenen Gott zurecht, sollte einräumen, dass der christliche Glaube nie etwas anderes tat, als sich in seiner Geschichte fortwährend selbst zu generieren, falls die Kirche nicht eingriff mit Mitteln, die so wirksam wie fragwürdig waren. James verteilt keine Schuld, doch klar ist: »Ein allmächtiger Gott, der es mit seiner Güte vereinbar findet, das unsägliche Leid, in dem Mensch und Getier leben, geschehen zu lassen, bedeutet für den Menschen soviel wie gar kein Gott.«[66]

Bei der bloßen Beschreibung der Mannigfaltigkeit von Glaubenserfahrungen blieb James nicht stehen. Nach seiner Überzeugung ist die sichtbare Welt Teil eines geistigen, nicht sichtbaren Universums, das zu erfahren die eigentliche Bestimmung des Menschen sei. Teilzuhaben an der kosmischen Transzendenz durch Gebet, mystische Gotteserfahrung, Weitergabe

---

[64] Vgl. Eduard Baumgarten, Der Pragmatismus. R.W. Emerson, W. James, J. Dewey, Frankfurt a.M. 1938, 174.

[65] Vgl. Gerhard Büttner/Martin Schreiner (Hrsg.), »Manche Sachen glaube ich nicht.« Mit Kindern das Glaubensbekenntnis erschließen, Stuttgart 2008.

[66] So Eduard Baumgarten über James' Gottesbegriff. Zitiert von Rainer Diaz-Bone/Klaus Schubert, William James zur Einführung, Hamburg 1996, 120.

der eigenen spirituellen Energie an andere und mitzuwirken, die Welt von Not, Gewalt, Ungerechtigkeit zu befreien, bilden die Basis pragmatischer Religioslität. Sie setzt voraus, mit sich selbst einig zu sein im Tun des Guten gegenüber dem Nächsten.

Für James ist »Gott« eine unverzichtbare Hypothese, weil sie sich täglich bewährt. Weder dem Deismus der Aufklärung noch einem Untertanenverhältnis zwischen Mensch und Gott stand er nahe. In seiner Metaphysik des *universalen Pluralismus* vertrat James unter dem Einfluss von Gustav Theodor Fechner und Henry Bergson einen ›Panpsychismus‹, der den Dualismus von Leib und Seele, Materie und Geist, Erfahrung und Vernunft zu überwinden suchte, aber auch eine Versöhnung christlicher Dogmatik mit der Evolutionstheorie wollte. Die dem Schöpfungsakt zu verdankende Ebenbildlichkeit des Menschen mit Gott (Gen 1,27) macht es undenkbar, dass zwischen Gott und Mensch eine absolute Differenz existiert, so dass James sagen konnte:

> »Da aber nach dem Pluralismus Gott nicht das Absolute ist, sondern selbst nur einen Teil des Universums bildet, so kann seine Tätigkeit als nicht völlig unähnlich derjenigen der anderen kleineren Teile des Universums angenommen werden – folglich auch nicht unähnlich unserer eigenen menschlichen Tätigkeit.« Gott steht »dem Menschlichen nicht fern, wie es das geschichtslose, zeitlose Absolute suggeriert.«[67]

Die Überzeugung, dass die Allmacht Gottes alle menschliche Vorstellung überschreitet, fußt nicht nur auf biblischen Belegen, sondern ist auch bis heute theologische Lehrmeinung. Die Gewalttätigkeit, Eifersucht und Willkür Gottes ist ebenfalls biblisch belegbar, dient aber gewöhnlich nur als theologische Kulisse, um umso stärker seine Liebe zu betonen. Man kann das auch so sehen: Die absolute Liebe prägt die Verkündigung christlicher Theologen, die Gewalt dagegen prägt die Geschichte des christlichen Abendlandes, die wahrlich keine Heilsgeschichte ist. Nach dem eingestandenen Scheitern der Aufklärung führte sie folgerichtig zur Totsagung Gottes. Nietzsches bekannte Rhetorik suchte Entlastung von fatalen Illusionen. Die Verabschiedung des Absoluten aus der Lebenswelt bewirkte notwendig Trauer bei denjenigen, die Nietzsche im Grunde Recht gaben, doch die Folgelasten spürten – wie Hans Blumenberg. Dessen Theologiekritik ist als eine im Verborgenen vol-

---

[67] William James, Das pluralistische Universum. Vorlesungen über die gegenwärtige Lage der Philosophie. Ins Deutsche übertragen von Julius Goldstein, hrsg. v. Klaus Schubert/Uwe Wilkesmann, Darmstadt 1994, 206.

lzogene philosophische Bemühung um die *Wiederkehr Gottes* deutbar.[68] Vor knapp 100 Jahren war es die Absicht der Gründerväter des Pragmatismus einen durch theologischen Absolutismus zu absoluter Willkür und Unverstehbarkeit verurteilten Gott der menschlichen Erfahrung wieder zugänglich zu machen. Diese Intention tritt bei James besonders deutlich in Erscheinung, ist in anderem Zusammehang aber auch bei Peirce und Dewey nachweisbar.

James' Konzeption eines personalen, menschlich nahen Gottes führt zur Spaltung wie zur Wiederkehr Gottes – sie ist ein Spiegel der abduktiven Bearbeitung der Gottesfrage als Reaktion auf die religiöse Krise der Zeit. Die großen Schrecken des 20. Jahrhunderts waren bei James noch nicht mitgedacht. Die Shoah lässt dem Nachdenken über Gott die Wahl, entweder einen unverstehbaren Allmächtigen anzunehmen, der die Ausrottung von Millionen geschehen lässt, die ihm vertrauen, oder einen endlichen, schwachen Gott der liebenden Zuwendung, der die Allmacht ganz in seine Schöpfung legte, sich für sie hingab, und dem Menschen allein die Verantwortung für das Böse übertrug. [69] Hans Jonas' Gedanke besitzt Aktualität nicht nur mit Blick auf Auschwitz, wie auch James' Gottesvorstellung Zeitnähe zeigt.

Die Bedeutung von James für die Religionspädagogik liegt in seinem optimistischen Umgang mit religiöser Vielfalt, begleitet von einer persönlichen Haltung der Friedfertigkeit und der Toleranz. Es fragt sich, ob eine Doktrin, die die religiös gestützte Lebensführung gesellschaftlich für so wertvoll hält, wie James sie sah, als Begründung für *politische* Entscheidungen heute eine Rolle spielen soll[70] – sei es im persönlichen Engagement für eine Bürgerinitiative, sei es im Entscheidungsprozess der politischen Führrung beim Einsatz militärischer Mittel gegen »Schurkenstaaten«. Der Bildungsauftrag des Religionsunterrichts hat mit diesem Fragehorizont durchaus zu tun.

Der Einwand von Theologen gegen James besagt, in seinem Eintreten für Pluralität bleibe der eigene Glaube unklar.[71] Das Christentum besitze

---

[68] Vgl. PHILIPP STOELLGER, Metapher und Lebenswelt. Hans Blumenbergs Metaphorologie und ihr religionsphänomenologischer Horizont, Tübingen 2000, 419ff.

[69] Vgl. HANS JONAS, Der Gottesbegriff nach Auschwitz: Eine jüdische Stimme, Frankfurt a.M. 1987.

[70] Vgl. SEIBERT, Religion, 395.

[71] Vgl. GOERTZ, Nutzen, 181ff. – Herms kritisierte: »Die in der Religionstheorie James' am meisten in die Augen fallende Schwierigkeit ist die Unfähigkeit, das Spezifikum des religiösen Bewußtseins anzugeben. An der Lösung dieser Aufgabe hängt das Recht, ein solches Bewußtsein als existent anzugeben.« EILERT HERMS, Radical Empiricism. Studien zur Psychologie, Metaphysik und Religionstheorie William James'. Gütersloh 1977, 264. – Dem lässt sich mit Goertz entgegenhalten: »In der religiösen Erfahrung erfährt sich das Subjekt in Kontakt mit einer helfenden höheren Macht außerhalb seiner selbst, so James«.

zentrale Lehrinhalte mit absolutem Wahrheitsanspruch. Der Pragmatist erwidert, dass sich christliche Theologen nie einig waren über das, was sie als wahr verkündeten. Wenn ihre Lehre außerdem noch für viele Menschen bedeutungslos geworden ist, kann sie nicht absolut gültig sein. Deshalb ist sinnvollerweise allein nach den – guten – *Konsequenzen* zu fragen, die aus der christlichen Religion für die Führung eines sinnvollen Lebens resultieren, um an ihr festzuhalten.

Die Frage nach der Gerechtigkeit Gottes in einer von Unrecht heimgesuchten Welt verlagerte James von der Ebene unfruchtbarer allgemeiner Erörterung in den persönlichen Glauben. Die Stärke seiner Gotteshypothese ließ ihn die Spannung des Problems ertragen im Bewusstsein der Selbstverantwortlichkeit des Menschen für eine bessere Welt.[72]

Die Wirkungen des Glaubens machen heute eindrucksvolle Spielfilme deutlich. Sie wecken in uns Entsetzen oder heitere Anteilnahme, doch in jedem Fall Nachdenklichkeit. Im Film »Das weiße Band« (Regie: Michael Haneke; 2009) nimmt der Pastor eines Dorfes vor dem Ersten Weltkrieg das Evangelium ernst, indem er die vermeintlchen »Sünden« seiner eigenen Kinder durch körperliche Züchtigung austreibt. Der Film klagt nicht an, sondern macht funktionale Wirkungen sichtbar im Alltag eines Gutsdorfes ohne Liebe, dessen Normalität von religiösen Zwängen, wechselseitiger Entfremdung der Ehepartner, Gewalt der Eltern gegenüber ihren Kindern und sexuellen Missbrauch bestimmt wird. Die inhumanen Konsequenzen dieser Situation enthüllen sich bruchstückhaft im Fortgang der Handlung: Die Kinder des Dorfes begehen heimlich, aber in der Gewissheit, dass dies gerechte Strafe sei, für erlittene Demütigungen Racheakte. Unter anderem werden schwächere Gleichaltrige Opfer ihrer grausamen Misshandlungen, wie sie selbst Misshandlungen ausgesetzt sind.

Im Film »Babettes Fest« (Regie: Gabriel Axel; 1987) nach einer Novelle von Tania Blixen geht es um einen frommen Kreis von alten Menschen eines skandinavischen Dorfes, die zum Beten und Bibellesen regelmäßig zusammenkommen, untereinander aber durch Hass und Missgunst völlig zerstritten sind. Die Zwietracht gefährdet das Fortbestehen des Kreises, der nur vom Gedenken an seinen Gründer, den verstorbenen Dorfpastor, noch

---

Goertz, Nutzen, 182, Fn. 31.

72 So Deusers Deutung. Vgl. das Kapitel »William James: Pragmatism and Religion. Die achte Vorlesung über Pragmatismus von 1906«, in: Hermann Deuser, Was ist Wahrheit anderes als ein Leben für die Idee? Kierkegaards Existenzdenken und die Inspiration des Pragmatismus. Gesammelte Aufsätze zur Theologie und Religionsphilosophie, hrsg. v. Niels Jørg Cappelørn/Markus Kleinert, Berlin 2011, 498–522; hier 513.

zusammengehalten wird. Nicht die Bibel, sondern ein französisches Essen, zu dem der Kreis aus besonderem Anlass eingeladen wurde, verändert alles. Bei Tisch zunächst einer Strategie der Verweigerung folgend, weil sich der frommen Schar die Gewissheit aufgedrängt hatte, das außergewöhnliche Ereignis sei eine Versuchung des Teufels, wird im Fortgang des Menüs an den Mienen und Gesten sichtbar, wie der Genuss der köstlichen Speisen nach und nach aus vormals bösartigen Greisen Mitmenschen macht, die wieder miteinander anteilnehmend kommunizieren können und sich in liebevoller Wertschätzung begegnen – bewirkt durch die Kunst einer mit besonderen Fähigkeiten ausgestatteten Köchin.

Wir sollten uns – auch im Religionsunterricht – des komplexen Wirkungsgefüges bewusst sein, das Dilemmata und Paradoxien des Glauben erzeugt, indem das Böse im Gewand des Guten und das Gute nicht selten als zutiefst bösartig in Erscheinung tritt.

5. Zur Theosemiotik von Charles Sanders Peirce

In einem Brief an seinen drei Jahre jüngeren Förderer und Freund William James vom 22. Juli 1905 verwies Peirce nicht zum ersten Mal darauf, dass er sich von James populistisch und nur teilweise korrekt interpretiert sehe. Post scriptum bemerkte Peirce:

> »Mein einziger Trost ist die Religion. Ich *bin* ein Theist. – nicht ein Heide wie Du. Auch das Heidentum ist eine Religion, aber meiner Ansicht nach kaum besser als gar keine. Dieser Dein endlicher Gott muss ohne Zweifel Konkurrenten haben. ... Und ich nehme an, daß die überhaupt keine Religion haben. Sie sind erbärmliche Atheisten ohne Ideale.«[73]

Gleichzeitig war die Kritik von Peirce an Kirchen und Theologen scharf, die mit Hilfe von schlechter Metaphysik die Wissenschaft bekämpfen.[74]

Der Naturwissenschaftler, Mathematiker und Philosoph Peirce war zutiefst überzeugt von der Existenz eines persönlichen Gottes, dessen Wesen die vollkommene und selbstlose Liebe sei.[75] Er war ein Universalgelehrter, für dessen christliche Weltanschauung der in der Frühscholastik ausgebrochene

---

[73] Peirce, Schriften, 284.

[74] A.a.O., 116, 248 und 316.

[75] A.a.O., 70.

Universalienstreit eine zentrale Rolle spielte. Nicht dem Nominalismus folgte Peirce, wie dies naturwissenschaftlich geprägte Philosophen normalerweise tun aus der Überzeugung heraus, dass alle konkreten Einzeldinge Realität besitzen, das Allgemeine jedoch Abstraktionen des Konkreten ohne Realität seien. Peirce vertrat die alte, vom Nominalismus überwundene Anschauung, die Welt werde in ihrer Realität durch ein Allgemeines bestimmt, das durch kein denkbares noch größeres Allgemeines ersetzbar sei. Man muss nicht auf Platons Ideenlehre zurückgreifen, um in diesem Sinn ein moderater Realist zu sein, sondern kann sich auf Anselm von Canterbury oder Johannes Duns Scotus berufen. Dem entsprach Peirce, wenn er ›Gott‹ als *ens necessarium*, als die allen Einzeldingen vorgeordnete Realität begriff. Eine zentrale Rolle spielt dabei das Trinitätsdogma. Es kann ja nur gelten, wenn Vater, Sohn und Heiliger Geist in ihrer substanziellen Einheit *höchste* Realität besitzen und nicht leere Abstraktion sind.[76]

Das Universum (die Schöpfung), Gott, die Menschen – alles überhaupt Denk- und Erfahrbare – stehen für Peirce in einem strukturellen (›semiotischen‹) Bezug zueinander, und dies dreifach. Die semiotische Struktur *von etwas* umfasst ein Erstes, Zweites und Drittes.[77] Das *Zeichen*, das ikonisch, indexikalisch oder als Symbol auftreten kann, ist das Erste. Es verweist auf ein *Objekt* als ein Zweites. Erstes und Zweites bedürfen eines Dritten, genannt: *Interpretant*. Es steht für die *Bedeutung* des Zusammenhanges und macht das »etwas« verstehbar.[78] *Zeichen* haben bei Peirce die Funktion, derartige Verbindungen herzustellen. Die Kraft des Zeichens besteht darin, »zwischen seinem *Objekt* und einer *geistigen Instanz* zu vermitteln«[79]. Gott zu erfahren ermöglicht dem Menschen, seine Zeichen zu erkennen. Als unsichtbares Wesen macht der Schöpfer seine Kraft und Göttlichkeit für uns erfahrbar *in seinen Werken* (so Paulus Röm 1,20). Gott im Glauben zu begegnen heißt, zu ihm in eine lebendige Beziehung zu treten. Sie bedarf unmittelbar oder im späteren Nachdenken der interpretativen Vergewisserung.

---

76 Deuser stellt Augustins' Trinitätsverständnis dar und bezieht die Trinität anschließend auf die triadische Semiotik von Peirce: HERMANN DEUSER, Gottesinstinkt. Semiotische Religionstheorie und Pragmatismus, Tübingen 2004, 118–240.

77 Vgl. zum Folgenden das Kapitel ›Trinität: Relationenlogik und Geistesgegenwart‹, in: DEUSER, Wahrheit, 588–603.

78 Peirce unterscheidet drei ›Universen der Erfahrung‹: die ›Ideen‹, deren Realität sich in der ›Möglichkeit‹ erschöpft, sie zu denken, zweitens das Universum der »rohen Tatsachen« und drittens jenes Universum, in dem zwischen verschiedenen Objekten Beziehungen existieren – auch solche zwischen verschiedenen Universen. PEIRCE, Schriften, 330f.

79 A. a. O., 331.

Mit Blick auf meine Vortragsthese ist der triadisch verstandene Glaube bei Peirce nicht etwa ein spezifisch theologischer Anwendungsfall des sog. semiotischen Dreiecks, mit dem Peirce in die Lehrbücher wanderte. Vielmehr gilt die Umkehrung: Die semiotische Grundstruktur der Kommunikation ist ein spezieller Anwendungsfall des Universalienrealismus, die das Fundament der Peircesche Theosemiotik bildet. Deuser zeigte, dass die triadische Grundbeziehung des Gottes- und Weltbezuges bei Peirce nicht inhaltsleere Abstraktion konkreter Verhältnisse ist.[80] Vielmehr wird sein Pragmatismus zu einer Methode, »das Sich-Ereignen der Erfahrung des Glaubens an Gott im Erkenntnis- und Lebenszusammenhang«[81] zu erschließen.

Die deutsche Peirce-Rezeption im 20. Jahrhundert trug auch ohne religiösen Bezug Früchte – man denke an die Sprachphilosophie Karl-Otto Apels und die Diskurstheorie Jürgen Habermas'. Beiden Philosophen entging wiederum, dass Wahrnehmung, Denken und Handeln bei Peirce im Dienst einer metaphysisch begründeten ›Theosemiotik‹ stehen.

Glauben (engl. belief) ist sowohl religiös zu verstehen (faith), als auch Ausdruck der Selbstüberzeugtheit von der Richtigkeit erworbenen Wissens, das begründetem Zweifel siegreich widerstehen konnte. Wenn wir etwas sicher wissen, glauben wir es. Nach einer Definition des von Peirce geschätzten schottischen Philosophen Alexander Bain ist Glauben (belief) »dasjenige, gemäß dem ein Mensch bereit ist zu handeln«[82]. Unser Glauben bildet im

---

80 Dittmer betont, dass »überraschend viele Affinitäten zwischen Peirce und Schleiermacher bestehen« hinsichtlich Semiotik und dreistelliger Relationenbildung: JOHANNES MICHAEL DITTMER, Schleiermachers Wissenschaftslehre als Entwurf einer prozessualen Metaphysik in semiotischer Perspektive, Berlin 2001, 445, vgl. 454, Fn. 17. – Schleiermachers Distanz zum Trinitätsdogma zeigt vermittelnde Züge, indem er dem abgestuften Bedeutungsverhältnis von Vater, Sohn und Geist gegenüber der Personen-Gleichheit den Vorzug gab. FRIEDRICH SCHLEIERMACHER, Der christliche Glaube nach den Grundsäzen der evangelischen Kirche. Bd. 2, Berlin [6]1861, 532f. (§ 171). Vgl. DEUSER, Gottesinstinkt, 53. – Eine besondere Bedeutung In Deusers Peirce-Rezeption besitzt die heilige Trinität als triadische Relation, die von Peirce selbst allerdings nur sehr selten angesprochen wurde. Vgl. Deusers Anmerkung zu: PEIRCE, Schriften, 442f., Anm. 4. – Ferner: CHARLES S. PEIRCE. Semiotische Schriften, Bd. 1, hrsg. v. CHRISTIAN J.W. KLOESEL/HELMUT Pape, Frankfurt a.M. 1986, 144–146.

81 Vgl. DEUSER, Wahrheit, 591. – Erinnert sei auch an: MARTIN VETTER, Zeichen deuten auf Gott. Der zeichentheoretische Beitrag von Charles S. Peirce zur Theologie der Sakramente, Marburg 1999.

82 CHARLES S. PEIRCE, Semiotische Schriften, Bd. 3, hrsg. v. CHRISTIAN J.W. KLOESEL/ HELMUT PAPE, Frankfurt a.M. 1993, 235.

Alltag durch Erwartungen, die im Handeln immer wieder als richtig bestätigt werden, feste Gewohnheiten aus. *Gewohnheit* (habit) ist ein Schlüsselbegriff des Pragmatismus.[83] Bei Peirce spielt er in mehrfacher Hinsicht eine Rolle.

Erstens bilden sich die Schlussformen der Logik als Gewohnheiten aus. Bei Peirce sind dies Abduktion, Induktion, Deduktion. Sofern unser Denken etwas Neues entdeckt, wird es in die Form einer Hypothese gebracht, die das Neue mit denkbaren Konsequenzen in Verbindung bringt. Diesen Vorgang kreativer Hypothesenbildung nannte Peirce ›Abduktion‹.[84] Aus der neuen Idee lassen sich nach Peirce *deduktiv* Voraussagen für eine Regel ableiten, die im dritten Schritt *induktiv* durch die sie bestätigende Fakten untermauert wird.

Zweitens: Gewohnheiten können das Verhalten auch einengen. Damit dies im Nachsinnen über den Kosmos, Gott, Natur und die eigene Existenz nicht geschieht, ist eine Einstellung empfehlenswert, die Peirce ›musement‹ nannte. Der schwer übersetzbare Ausdruck meint eine Art von spielerisch experimentierendem Denkhandeln (Deuser übersetzt dies mit »Versonnenheit«). In einer Welt, die durch Zeichen erschließbar wird, eröffnet die spielerisch reflektierende Haltung dem religiösen Bezug wie der Alltagsbewältigung neue Horizonte. Indem wir aus Alternativen auszuwählen vermögen, kommt unserem Denkhandeln eine »unabhängige Wirklichkeit« zu, die zukunftsoffen ist und alle Dualismen überwindet.[85]

Drittens: Typisch für die Ausbildung gesicherter Überzeugungen ist der ständige Wechsel von *Glauben* und *Zweifel.* Unsere Erwartungen, Gewohnheiten und Überzeugungen erfahren im zeitlichen Kontinuum Veränderungen, manchmal sehr plötzliche, die uns fragen lassen: Habe ich mich getäuscht? Nach Peirce ist der Fallibilismus – die Möglichkeit, sich zu irren – Bestandteil des Erkenntnisvermögens. Zeichen sind mehrdeutig, auch die Ze-

---

[83] Peirce versteht die »Gewohnheit einerseits als kosmologische ›Affinität zur Welt‹, die den wachsenden Einklang von Selbst und Common Sense umfasst. Andererseits ist das gewohnheitsmäßige Sinnen bei Peirce handlungsfördernd, dadurch dass es einen spielerischen Ruhepol bildet, die von dem Wechselspiel zwischen Zweifel und Überzeugung vorübergehend befreit.« Heidi Salaverria, Spielräume des Selbst. Pragmatismus und kreatives Handeln, Berlin 2007, 143.

[84] Zu den drei Schlüssen der Logik bemerkte Peirce: »Deduktion beweist, dass etwas sein *muss;* Induktion zeigt, dass etwas *tatsächlich* wirkt. Abduktion legt nur nahe, dass etwas *sein kann.«* Peirce, Vorlesungen, 115.

[85] Vgl. Pape, Reichtum, 344. – Einen besonderen Zugang zu seiner Gedankenwelt bieten die Zeichnungen von Peirce, mit denen er seine Ideen veranschaulichte. In welchem Umfang dies geschah, ist erst seit kurzem bekannt: Franz Engel u. a. (Hrsg.), Das bildnerische Denken: Charles S. Peirce, Berlin 2012.

ichen Gottes. Wer nach einem schweren Verkehrsunfall das Glück erfuhr, heil geblieben zu sein, wird dies als ein Zeichen für sein weiteres Leben deuten. Aber es gibt auch Ereignisse, die uns im Schmerz mit Unverständnis fragen lassen: Herrgott, warum? Immer bleibt ein Bereich der Unerklärbarkeit im Leben, der wiederum zentral ist für den Glauben. Die Wahrheit der Erfahrung benötigt den Zweifel und dessen Ausräumung, um größere Sicherheit zu gewinnen.[86]

Diese Einsicht gilt für Alltagskommunikation, Glauben und wissenschaftliche Hypothesenbildung gleichermaßen. Für die Religionspädagogik eröffnet die Theosemiotik von Peirce ein Feld, das bislang kaum betreten wurde,[87] dem Verstehen aber auch gewisse Schwierigkeiten bereitet. Sein Gottesbegriff erschließt sich nicht ohne weiteres unserem nominalistischen Habitus. Von den »Zeichen Gottes« zu sprechen ist dennoch ein Gewinn. Damit wird ein komplexerer Weltbezug herstellbar, als es die Rede vom »Wort Gottes« vermag.

Deuser spricht im Zusammenhang seiner Peirce-Interpretation vom »Gottesinstinkt«.[88] Die Metapher steht für die Selbstverständlichkeit der Gotteserfahrung im *Realismus* von Peirce: Gott, Trinität, Schöpfung sind *real* und damit für jedermann unverstellte, *lebendige* Erfahrung.

---

86 Zur Bedeutung des Zweifels im Forschungsprozess für den Gewinn gesicherter Überzeugungen bei Peirce vgl. die Einführung von Karl-Otto Apel, Charles, S. Peirce. Schriften I. Zur Entstehung des Pragmatismus, Frankfurt a. M. 1976, 117ff. – sowie Peirce ›passim‹ in den Bänden I und II der von Apel herausgegebenen Schriften von Peirce.

87 Der Einfluss von Peirce auf den amerikanischen Theologen George Arthur Lindbeck (*1923) war bedeutend. Vgl. Hans-Joachim Tambour, Semiotische Überlegungen zu George A. Lindbecks kulturell-sprachlichem Ansatz, Münster 2003.

88 Deuser (Gottesinstinkt, VII–VIII) gewinnt in seiner Peirce-Interpretation den Begriff »Gottesinstinkt« durch positive Umkehrung der Negativbewertung Kants für das »gefühlte Bedürfnis, etwas zu tun oder zu genießen, wovon man noch keinen Begriff hat«. Peirce benutzte den Instinktbegriff zur Kennzeichnung der erfahrungsbezogenen Erkenntnisfähigkeit, die es ermöglicht, trotz vager Vorstellung unfehlbar das Richtige zu treffen. Vgl. den Abschnitt »Begriff und Funktion des Instinktes« im Kapitel über Peirce, in: Ricken, Religionsphilosophie, 79–82.

6. John Dewey: Entsakralisierung der Religion als Sakralisierung der Demokratie[89]

Deweys politische Vision ist die herrschaftsfreie Demokratie, die gleichermaßen personale Freiheit und soziale Teilhabe ermöglichen soll. In Deweys Leben vollzog sich ein Säkularisierungsprozess, der ihn vom frommen Christen zum überzeugten Atheisten werden ließ. Auf diesem Hintergrund lässt sich Deweys Erziehungs-, Gesellschafts- und Politiktheorie deuten als Ergebnis der Transformation seines Puritanismus in den Glauben an die Demokratie als optimale Lebensform einer in der Moderne sich ständig im Wandel befindlichen Gesellschaft. 1892, Im Alter von 33 Jahren, hielt der Philosophiedozent John Dewey in einem Sonntagmorgen-*meeting* der Studentengemeinde seiner Universität eine Andacht über ›Christentum und Demokratie‹:

> »Man kann zeigen, dass jede Religion ihre Wurzeln im sozialen und intellektuellen Leben einer Gemeinschaft hat.«[90] Die wichtigste Aufgabe des Christen sei es, Gott zu offenbaren. Die Wahrheit des Glaubens aber steht in einem besonderen Verhältnis zur Realität: Ist der Glaube in unserem Bewusstsein schon vorhanden, so hat der Mensch erst durch sein Handeln die Realität dieses Glaubens in der äußeren Welt herzustellen. »Gottes Königreich ist in uns [...] ist mitten unter uns.«[91]

Durch seinen Philosophielehrer Henry Augustus Pearson Torrey an der Universität von Vermont lernte Dewey die Schriften und Editionen des Transzendentalisten James Marsh (1794–1842) kennen, was auf den jungen Dewey nicht ohne Einfluss blieb. Als frommer Christ war Dewey überzeugt, dass demokratisches Bewusstsein und christliche Heilserfahrung derselben Quelle entspringen: Beide entstammen der sozialen Disposition des

---

89 Ich wähle die Kapitelüberschrift im Anschluss an eine Formulierung von Hans Joas: »Sakralisierung und Entsakralisierung. Politische Herrschaft und religiöse Interpretation« lautete der Titel seiner Freiburger Antrittsvorlesung, am 11.10.2012. Online: http://www.frias.uni-freiburg.de/history/events/VorlesungJoas (Stand: 29.4.2013).

90 Zitate und Interpretationen dieses Abschnittes über Dewey entstammen dem Aufsatz: Hein Retter, Demokratie und Erziehung als spirituelle Erfahrung. Liberale und antiliberale Aspekte der Religionskritik John Deweys, in: Pädagogische Rundschau, 61 (2007), 473–487.

91 A. a. O., 474. – Deweys religionskritische Schrift »A Common Faith« findet sich in: John Dewey, The later works 1925–1952. Vol. 9: 1933–34, ed. by Jo Ann Boydston, Carbondale/Edwardsville 1986, 1–58.

Menschen. Der Widerspruch zwischen Jesu Botschaft und dem Zustand der Welt sei offenbar. Die Auflösung des Widerspruchs liege im Anruf an jeden Einzelnen, durch praktisches Handeln diese Situation zu verändern. Dewey interpretiert hier demokratisches Handeln und die demokratische Lebensform als *Konsequenz* der christlichen Offenbarung, die nicht einmaliger Akt ist, sondern sich im zeitlichen Kontinuum umso vollkommener enthüllt, je wirksamer soziale Barrieren, Benachteiligung und Ausbeutung überwunden werden. Die Demokratie wird für Dewey, so gesehen, zum *Maßstab* für die Befreiung der göttlichen Wahrheit von ihren real existierenden Unvollkommenheiten, verursacht durch den Menschen als Medium dieser von Gott herabgebrachten Wahrheit:

> »Die fundamentale Bedeutung der Demokratie als Offenbarung besteht darin, dass sie uns befähigt, Wahrheiten in einer realen, dem Alltag entsprechenden Weise zu erfahren, die anderenfalls nur in einem etwas unnatürlichen, gefühlsschwangeren Sinn zu begreifen sind. [...] Es ist die Demokratie, in welcher die Gemeinsamkeit der Ideen und Interessen durch die Gemeinsamkeit des Handelns bestimmt wird und in welcher die Inkarnation Gottes im Menschen ... zu einer lebendigen, gegenwärtigen Sache wird, die ihren normalen und realen Sinn hat. Diese Wahrheit ist zum Leben herab gebracht worden; ihre bisherige Abspaltung wurde beseitigt. Sie ist eine allgemeine Wahrheit, die alle Bereiche des Handelns ergreift und nicht in einer isolierten Sphäre, die wir die religiöse nennen, verbleibt.«

Demokratisches Handeln gewinnt seine spirituelle Kraft durch die Offenbarung der christlichen Wahrheit. Aber diese Wahrheit macht noch nicht wirklich frei, wenn sie nur *individuell* wahrgenommen wird. Erst wenn die Botschaft die Öffentlichkeit, die Gesellschaft, erreicht, ist sie im eigentlichen Sinne wahr. Die nur individuell wahrgenommene Botschaft ist eingeschränkt. Sie erzeugt kein gemeinsames Bewusstsein.

Der Aufruf zu einer sittlich besseren, weil sozial gerechteren Gesellschaft, macht den aufklärerischen wie den säkularisierenden Aspekt in Deweys Religionsauffassung deutlich. In seiner weiteren Entwicklung vertraute Dewey auch in religiösen Fragen ganz auf die Antworten der sich erfolgreich fortentwickelnden Natur- und Technikwissenschaften. Die Wissenschaft habe keinen Gott entdeckt, wohl aber vermag sie die Mythen der Religion zu entzaubern. Die Fähigkeit des Menschen zur Bewältigung seines eigenen Schicksals lassen für den späten Dewey die transzendenten Instanzen »Gott«, »Christus« und »Jüngstes Gericht« entbehrlich erscheinen. Vor allem aber die

Behauptung einer durch Sünde verdorbenen Natur des Menschen, aus der die göttliche Liebe erretten soll, wurde für ihn untragbar. So tritt die Annahme eines persönlichen Gottes zurück zugunsten eines religiösen Naturalismus. Deweys innerweltlicher Glaube richtet sich mit unverminderter Kraft auf die humane Entwicklung der Gesellschaft, deren Ziel die soziale Demokratie ist. Das *gute Leben* durch *gemeinsam geteilte Erfahrung* herzustellen, ist die zu leistende Aufgabe einer in Entwicklung befindlichen Gesellschaft. Göttliche Transzendenz wandelt sich zur Summe aller Kulturleistungen und Werte im Sinne eines atheistischen Humanismus.

Die Religionsphilosophie des Neukantianismus zeigte lange vor Deweys Schrift »A Common Faith« verblüffend ähnliche Tendenzen. Am deutlichsten sind die Parallelen zu Deweys Reigionsauffassung bei Paul Natorp: Einordnung der Religion in die Kultur, Verzicht auf »Gott« als transzendentem Objekt, Verlust der Eigenständigkeit der Religion durch ihr Aufgehen in den Ideen des Wahren, Guten und Schönen als den höchsten Werten der Kultur; das religiöse Bewusstsein als reine Subjektivität. Im Sinne Schleiermachers wird es zum Ausgangspunkt gesteigerten Kulturschaffens. »Das bringt eine weitgehende Transformation der historischen Offenbarungsreligion in eine Religion der Humanität mit sich.«[92]

Die Religion darf nach Dewey nicht etwas von allem anderen Handeln Abgeschiedenes sein. Sie beinhaltet Bereitschaft, die eigene Erfahrung mit anderen zu teilen. Die Vorstellung *gemeinsamer* Erfahrung im sozialen Miteinander wird zum zentralen Moment der Forderung Deweys, die Demokratie als gerechte Gesellschaft zu rekonstruieren. Die Abkapselung der Religion von der Gesellschaft war nicht erst für den atheistischen, sondern schon für den gläubigen Dewey Ausdruck von Pharisäertum und Selbstüberheblichkeit.

Die Chicagoer Jahre von 1894 bis 1904 übten auf Deweys religiöse Überzeugungen einen nachhaltigen Einfluss aus. In der Großstadt Chicago gehört er zu einer Gruppe von engagierten Reformern, die gegen soziale und ökonomische Not der arbeitenden Bevölkerung, insbesondere der Masse sozial unterprivilegierter Immigrantenfamilien, durch Schaffung von Bildungseinrichtungen ankämpften. Sowohl durch die Zusammenarbeit mit Jane Addams (1860–1935), als auch durch die Gründung einer eigenen Versuchsschule an der Universität (›Laboratory School‹), bekräftigte Dewey, dass der Weg zur Demokratie nur über die Erziehung führe. Die sozialreformerische Kraft, die diese Bewegung prägte, war religiösen Ursprungs. *Social Gospel,* die für

---

[92] HANS-LUDWIG OLLIG, Der Neukantianismus, Stuttgart 1979, 151.

Demokratisierung und soziale Gerechtigkeit eintretende Initiative liberaler Theologen und Mitbürger, schlug Dewey in ihren Bann. Deweys Religiosität erfuhr in den zehn Jahren seiner Tätigkeit an der Universität Chicago eine Transformation in die soziale Welt, die einherging mit der Entfremdung von seiner Kirche.

Die neue Sicht erhielt 1934 ihre letzte Ausformulierung in Deweys Vorträgen (»The Terry Lectures«) an der Yale-Universität. Sie wurden unter dem Titel: »A Common Faith« veröffentlicht. Dewey trennte hier die institutionalisierte »Religion« von »religiöser Erfahrung«.

Die *religiöse Erfahrung* wurde für Dewey das einigende Band aller Menschen. Ihr stellt er mit negativem Vorzeichen die »Religion« gegenüber. Deweys *allgemeiner Glaube* (common faith) tritt an die Stelle der allgemeinen christlichen Kirche, deren Dogmen, Priesterschaft und Machtausübung er kritisiert. Sie bewirken nach Dewey Partikularismus und gesellschaftliche Spaltung. Mit Schleiermacher und James stimmt Dewey darin überein, dass das mystische und kosmische Erleben existenzielle Bedeutung haben kann. Ansonsten verortete er die Religiosität des Durchschnittsamerikaners dort, wo sie zwar schwer identifizierbar ist, aber als funktional vorhanden angesehen werden darf, nämlich in allen kulturellen und sozialen Aktivitäten, sofern sie wertvoll sind. Da Demokratie, Wissenschaft und Alltagskommunikation humane Werte beinhalteten, verkörpern sie auch religiöse Werte. Dazu bemerkte Joas:

> »Deweys Sakralisierung der Demokratie endet somit in einer Paradoxie. Gerade der Denker, der die Fragen der Entstehung der Werte auf die wertbildende Erfahrung der Kommunikation bezogen hat, entzieht sich der Klärung partikularer Bindekräfte. Er überspringt den Partikularismus der je einzelnen Erfahrung und landet mit seinem ›gemeinsamen Glauben der Menschheit‹ in einem leeren Universalismus des Demokratischen, dessen Motivationskraft unerfindlich bleibt.«[93]

Dewey führte mit seiner Kritik keinen Kampf gegen die Kirche, sondern forderte zu einer Revitalisierung des religiösen Lebens auf durch stärkere Ausrichtung auf humane Werte und soziale Zusammenhänge. Er fand damit vor 80 Jahren nur unter Freidenkern Widerhall. Tatsächlich haben sich die Kirchen ein Stück weit in die von Dewey skizzierte Richtung bewegt. So ist heute das Interesse für den »Allgemeinen Glauben« Deweys größer geworden.[94] Mit

---

93 Hans Joas, Die Entstehung der Werte, Frankfurt a. M. 1997,194.

94 Vgl. Matthias Jung, »Qualitative thougtht« – Deweys holistischer Erfahrungsbegriff

der Gegenüberstellung von *religiöser Erfahrung* (gut) und *Religion* (schlecht) gerät man allerdings in jenen Dualismus, den der pragmatische Wahrheitsbegriff überwinden wollte. Dewey unterschätzte die Bedeutung von Institutionen für Präsentation, Austausch und Teilhabe religiöser Erfahrung. Seine Sozialphilosophie, die zeitweilig einem milden organischen Sozialismus zuneigte, übte Kritik am Konkurrenzprinzip und an bestehenden sozialen Barrieren in der modernen Gesellschaft, ohne dass er die Paradoxien der liberalen Demokratie als funktional *notwendig* zu erkennen in der Lage war. Dewey sah entsprechend seiner an sozialer Teilhabe orientierten Philosophie in staatlicher und religiöser Institutionalisierung eher die Gefahr von Machtkonzentration, als dass er ihren Nutzen für die Planungs- und Funktionssicherheit in einer sich in ständigem Wandel befindlichen Gesellschaft bereit war anzuerkennen. Deweys Erziehungs- und Gesellschaftstheorie mit Joas als *sakrale Theologie* zu deuten liegt nahe. Seine Visionen von sozialer Teilhabe sind Bestandteil einer Theorie humanen Wachstums. *Gesellschaftliches Wachstum* (growth) lässt wirklich werden, was sich in humaner Hinsicht als wünschenswert ausbildet. Dabei geht die visionäre Gewissheit, die gerechte Demokratie herstellen zu können, dem Wissen um ihren unvollkommenen Ist-Zustand voraus. Ihre Verwirklichung hat bereits begonnen, wenn sie im Bewusstsein entworfen wird, lautet die optimistische Prognose.

7. Spuren des Pragmatismus in der Religionspädagogik der Gegenwart

Als neutralem Berichterstatter liegt es mir fern, den klassischen Pragmatismus der Religionspädagogik als Heilmittel anzupreisen. Jedes Lamentieren, wie es in der Allgemeinen Pädagogik noch vor kurzem zu hören war, die Disziplin habe es zu ihrem Nachteil versäumt, dem Pragmatismus Aufmerksamkeit zu schenken, erscheint unangebracht. Der alte und der neue Pragmatismus hat seine überzeugten Verfechter – auch in der Theologie. Er ist aber nie eine Massenbewegung gewesen, sondern eher Angelegenheit einzelner philosophischer Wegweiser, die zeitweise sehr große, in der Regel jedoch überschaubare Anhängerschaften um sich scharten. Mit etwas Sarkasmus lässt sich vermuten, dass die zahlreichen Missverständnisse um den

---

als Basis einer pragmatischen Religionsphilosophie, in: GÜNTER KRUCK (Hrsg.), Gottesglaube – Gotteserfahrung – Gotteserkenntnis. Begründungsformen religiöser Erfahrung in der Gegenwart, Mainz 2003, 69–84.

Pragmatismus offenbar dazu beitrugen, ihn am Leben zu erhalten. Im Folgenden geht es allein darum, seine Bedeutung für die Religionspädagogik im historischen Kontext zu skizzieren, bereits bestehende Berührungspunkte zu erwähnen und auf eventuelle Kontroversen hinzuweisen. Das erleichtert Religionspädagogen die Antwort auf die Frage, ob mein Thema für sie einer tiefer gehenden Beschäftigung wert sei.

Die Religionsphilosophie des klassischen Pragmatismus war liberal und empiristisch (erfahrungs-, subjekt-, welt- und wissenschaftsbezogen). Den tradierten Kirchen stand sie fern. Im Zeitalter der Reformpädagogik (vor 1933) unterstützte das Interesse von deutschen Gymnasiallehrern an William James und am radikalen Empirismus ihr Bemühen, im Fach ›Religion‹ gegenüber kirchlich-autoritativer Kontrolle in stärkerem Maß pädagogische Eigenverantwortlung zu gewinnen. Im Auftrag der Kirche bekenntnisgebunden durchgeführt, als schulische Veranstaltung jedoch unter der Aufsicht des Staates stehend, sollte Religionsunterricht (RU) nicht mehr verlängerter Arm kirchlicher Autorität sein. Von Fachlehrern erteilt, besitzt er sachliche, psychologische, didaktische sowie lehrplantheoretische Grundlagen, die fachliche Autonomie einfordern. Mit dem Ende der liberalen Theologie und der Wirksamkeit neuer theologischer Paradigmen – verkündet von protestantischen Theologen wie Karl Barth, Rudolf Bultmann und später auch Paul Tillich – hatte die Religionsphilosophie des Pragmatismus kaum Gemeinsamkeiten, um weiterhin Interesse zu wecken – schon gar nicht bei den Vertretern politisch-völkischer Theologie.

Eine breitere Diskussion des RU-Standortes zwischen Kirche, Schule und Gesellschaft kam erst nach 1945 langsam in Gang. Die 1968er wie die 1980/90er Jahre bilden Schnittstellen für neue Impulse.[95] Die Geschichte des Verhältnisses zwischen Kirche und RU wird maßgeblich bestimmt durch den Prozess der Verselbstständigung des RU, der nun auch von den Kirchen als *gesellschaftlicher* Auftrag verstanden wird.[96]

---

[95] Als Beispiel einer ideologiekritischen Sicht des Religionsunterrichts mit »emanzipatorischer« Intention sei genannt: Matthias Hahn, Die Evangelische Religion im Lehrplan. Ideologiekritische Analyse ausgewählter Lehrpläne für den evangelischen Religionsunterricht an Hauptschulen zwischen 1980 und 1990. – Eine umfassende Übersicht über die RU-Lehrplanentwicklung in Deutschland gibt Veit-Jakobus Dietrich, Religionslehrplan in Deutschland (1870–2000), Göttingen 2007.

[96] Vgl. »Religiöse Bildung ist gesellschaftlicher Auftrag. Kirchenpräsident Jung erteilt 162 Religionslehrern die Bevollmächtigung zur Erteilung evangelischen Religionsunterrichts.« Pressemitteilung der Evangelischen Kirche in Hessen und Nassau. Online: http://www.ekhn.de/aktuell/detailmagazin/news/religioese-bildung-ist-gesellschaftlicher-auftrag.html (Stand: 29.4.2013)

Kein anderes angewandtes Universitätsfach mit Bezug zur öffentlichen Schule produzierte in den letzten fünfzig Jahren eine derartige Vielfalt von Grundlegungen, Konzeptionen, systematischen Ansätzen wie die Didaktik des RU. Das lässt zum einen auf bedeutende Freiräume schließen, zum anderen auf eine besondere Problemlage, die offenbar ständig neue Antworten erfordert. Chiffren wie »Krise« oder »Traditionsbruch« haben die Selbsteinschätzung des Faches durch die Zeit begleitet und rissen nie ab. Das sinkende Interesse der Bevölkerung an den Großkirchen erreichte ab 1990 mit Blick auf die neuen Bundesländer eine neue Dimension – mit Konsequenzen für den Bildungsauftrag des RU. Jüngste Sexualskandale gaben der Entfremdung der Bevölkerung von kirchlichen Institutionen weiteren Auftrieb.

Es ist kein Widerspruch, dass zu gleicher Zeit einflussreiche Wissenschaftler die weit verbreitete These von der dramatischen Zunahme der Säkularisierung unserer Gesellschaft für falsch halten und stattdessen von der *Rückkehr des Religiösen* in die Gesellschaft sprechen.[97] In den jüngsten Versuchen, die Säkularisierungsthese zu widerlegen, spielen Pragmatismus, religiöse Spiritualität und die These von der humanen *Selbsttranszendenz* eine Rolle.[98] Damit ist die Fähigkeit gemeint, die Grenzen des wahrnehmenden Bewusstseins in Richtung auf ein ›Unbedingtes‹ (Paul Tillich) überschreiten zu können. Die Unantastbarkeit der Menschenwürde ist als obersten Grundsatz einer freien demokratischen Rechtsordnung kaum geltend zu machen, ohne die Verankerung des Humanums in einer höheren, transzendenten Wertsphäre mitzudenken.

In Abwandlung eines bekannten Wortes von Wilhelm Dilthey lässt sich behaupten: »Was die Religionspädagogik sei, das sagt ihr allein ihre Geschichte.«[99] Blickt man auf 100 Jahre Religionspädagogik zurück, so bleibt festzuhalten, dass psychologieinteressierte liberale Religionspädagogen wie Richard Kabisch oder Friedrich Niebergall[100] den amerikanischen Pragmatismus in Form seiner Religionspsychologie mit Interesse rezipierten.[101] Ander-

---

97 Vgl. Detlef Pollack, Rückkehr des Religiösen? Studien zum religiösen Wandel in Deutschland und Europa II, Tübingen 2009, 1ff.

98 Vgl. Sabine Schössler, Der Neopragmatismus von Hans Joas. Handeln, Glaube und Erfahrung, Münster 2011.

99 Wilhelm Dilthey, Gesammelte Schriften, Bd. VIII: Weltanschauungslehre, Leipzig 1931, 224.

100 Vgl. David Käbisch, Erfahrungsbezogener Religionsunterricht. Eine religionspädagogische Programmformel in historischer und systematischer Perspektive, Tübingen 2009, 96; hier auch Fn.124.

101 Unter den Begründern des klassischen Pragmatismus war es William James, der in

erseits erarbeiteten Vertreter der Religionsdidaktik, angefangen von Hubertus Halbfas und Peter Biehl bis zu Thomas Klie[102], didaktische Konzepte mit Zeichen-, Symbol- und Handlungsrelevanz, ohne dass dabei eine Verbindung zum Pragmatismus bestand.

Das Interesse für ›American Philosophy‹, das in den neunziger Jahren bei Vertretern der Religionssoziologie, der Erziehungswissenschaft und der systematischen Theologie einsetzte, lässt fragen, ob damit in der RU-Didaktik dem Pragmatismus Beachtung zuteil wurde. Die von Deuser 1995 editierten und ins Deutsche übersetzten religionsphilosophischen Schriften von Peirce erhöhten die Chancen seiner theologischen Rezeption. Von der Systematischen Theologie wurde der amerikanische Pragmatismus intensiver wahrgenommen als von der Praktischen Theologie. Erst seit anderthalb Jahrzehnten spielen Peirce, James und Dewey in der deutschen Religionspädagogik eine gewisse Rolle.

Symboltheoretische RU-Konzeptionen setzten Anfang der siebziger Jahre mit der Rezeption der Theologie Paul Tillichs ein. Eine Kontroverse um den Religionsbegriff Tillichs als Gegenstand des RU zeichnete sich ab, nachdem Hubertus Halbfas ihn 1968 zum Thema seiner ›Fundamentalkatechetik‹ gemacht hatte.[103] Als Reaktion darauf erfuhr Halbfas sowohl Ablehnung seitens seiner eigenen (katholischen) Kirche als auch Kritik von evangelischer Seite, hier vor allem von Karl Ernst Nipkow.[104] Einflussreich wurde die Symbol-

---

Deutschland von Anfang an Interesse auslöste, und dies vor allem mit seinen Schriften zur Religionspsychologie. Peirce und Dewey wurden zu dieser Zeit ›religionsphilosophisch‹ weder in den USA noch in Deutschland wahrgenommen. Ersterer veröffentlichte einzelne Aufsätze in amerikanischen Zeitschriften, letzterer schrieb seine Hauptschrift zur Religion 1934. Es gab nach Ende des Ersten Weltkrieges keinen Verfasser eines Lehrbuches der Religionsphilosophie, der James nicht erwähnte.

[102] Die beeindruckende Habilitationsschrift von Thomas Klie (Zeichen und Spiel. Semiotische und spieltheoretische Rekonstruktion der Pastoraltheologie, Gütersloh 2003), greift zwar auf Fachliteratur zur Semiotik zurück, jedoch nicht auf Peirce. Dasselbe gilt für die von Klie entworfene ›performative Religionsdidaktik‹, die kreative szenische Handlungselemente in den Religionsunterricht einbrachte: Thomas Klie/Silke Leonhard (Hrsg.): Performative Religionsdidaktik. Religionsästhetik – Lernorte – Unterrichtspraxis, Stuttgart 2008.

[103] Vgl. Hubertus Halbfas, Fundamentalkatechetik. Sprache und Erfahrung im Religionsunterricht, Düsseldorf 1968.

[104] Vgl. Johannes Kubik, Paul Tillich und die Religionspädagogik. Religion, Korrelation und Protestantisches Prinzip, Göttingen 2011, 33ff. – Halbfas wurde von der katholischen Bischofskonferenz die Lehrbefugnis entzogen. Aus heutiger Sicht, so Kubik, hat sich alle Kritik an Halbfas als letzter Versuch des Widerstandes gegenüber einer Öffnung des Religionsunterrichts erwiesen, die heute Realität sei (Kubik, Paul Tillich, 96ff.).

didaktik Peter Biehls[105], die dem Symbolverständnis von Tillich verbunden war, es aber auch kritisierte und sich weiteren Interpreten öffnete.[106] Wenn nach Tillich Symbole »von der Tiefe des Seins als dem Ort letzter Erkenntnis (bzw. der Offenbarung Gottes)« reden, so sei eine Didaktik, die dies zum Thema mache, der Gefahr der »Ontologisierung« ausgesetzt und unfähig, die Kontingenzen der Lebenswelt wahrzunehmen – meinten Kritiker der Symboldidaktik wie Michael Meyer-Blanck.[107] Zu berücksichtigen ist, dass Tillichs Grundlegung des Symbolbegriffs von 1928 eine Trennung von Zeichen und Symbol vornimmt, die einer völligen Entwertung des Zeichenbegriffs gleichkommt: Das Symbol habe »eine ihm selbst innewohnende Macht«, die es vom »ohnmächtigen Zeichen« unterscheide. Das Zeichen sei »willkürlich austauschbar«, meinte Tillich: »Es hat keine Notwendigkeit, weil es keine innere Macht hat.«[108]

Der Gewinn bleibt schmal, wenn man anstelle der zweistelligen Symbollogik Tillichs die dreistellige Zeichenlogik der Semiotik religionspädagogisch nutzt. Der universale *Realismus* von Peirce (dem das Symbolverständnis von Karl Rahner nahe steht) wird damit nicht erfasst. In der breiten Rezeption der religionspädagogischen Symboldidaktik setzte sich die Unterbewertung von Zeichen und Zeichentheorie zugunsten des Symbolbegriffs fort. Diese Entwicklung versperrte zunächst den Blick auf die kategoriale Semiotik von Peirce, in der das Symbol sich dem Zeichen unterordnet. Doch Tillichs Offenheit für die Wissenschaftssytematik der Moderne muss nach Deuser »nicht mit einem ontologischen Sonderanspruch der Symbollehre belastet werden, wenn semiotisch wie religionstheoretisch die Vermittlung des Unmittelbaren so darstellbar erscheint, dass das eine nicht auf das andere reduziert wird.«[109]

---

105 Vgl. INGRID WIEDENROTH-GABLER, Konzeptentwicklung zwischen Integration und Pluralität. Exemplarische Untersuchungen zu Peter Biehls Ansatz. Münster 2003. – Ferner: KÄBISCH, Religionsunterricht, 241–308.

106 Vgl. PETER BIEHL, Symbole geben zu lernen. Einführung in die Symboldidaktik anhand der Symbole Hand, Haus und Weg. Vluyn 1989.

107 Hier wiedergegeben von DIETRICH ZILLESSEN, Hat die Religionspädagogik theologische Disziplin? In: FRIEDRICH SCHWEITZER/THOMAS SCHLAG (Hrsg.), Religionspädagogik im 21. Jahrhundert. Freiburg 2004, 17–35. – Vgl. MICHAEL MEYER-BLANCK, Vom Symbol zum Zeichen. Symboldidaktik und Semiotik. Hannover 1995. – Zur Kritik an Meyer-Blanck vgl. auch KUBIK, Paul Tillich, 160ff.

108 PAUL TILLICH, Hauptwerke. Bd. 4. Religionsphilosophische Schriften, hrsg. v. John Clayton, Berlin 1987, darin: Das religiöse Symbol (1928), 213–228; hier 213.

109 Vgl. das Kapitel »Gottes Poesie oder Anschauung des Unbedingten. Semiotische Religionstheorie bei C.S. Peirce und P. Tillich«, in: DEUSER, Wahrheit, 604–625; hier 617f. und 625.

Der versuchsweise vollzogene Übergang von der Symbolik zur Semiotik blieb meist bei Umberto Eco oder einem anderen Lehrbuchautor der Linguistik hängen.[110] Dietrich Zilleßen vermutete, dass die zeichentheoretische Didaktik Meyer-Blancks in erhöhtem Maße der Ontologisierung ausgesetzt sei.[111] Dem »Streit zwischen Symboldidaktik und semiotisch orientierter Zeichendidaktik«, lägen differente theologische Modelle zu Grunde: Es handle sich um die »Alternative von ontologischer Versicherung oder nominalistischer Verunsicherung«.[112] Falls Peirce dabei mitgedacht wurde, ist die Gegenüberstellung korrekturbedürftig. Seine kategoriale Semiotik nominalistisch zu deuten hieße, sie zu verkennen.[113] Die Auseinandersetzung belegt, dass Peirce in der Religionspädagogik der Gegenwart noch nicht nicht wirklich angekommen ist.

Die Zweitauflage des Bandes von Meyer-Blanck von 2002 war gegenüber der Erstauflage von 1995 erheblich ausgeweitet.[114] Da auch sie nur eine abrisshafte Einführung in das Thema darstellte, ist der Vorwurf der Ontologisierung (Zilleßen) zu stark gewichtet. Meyer-Blanck startete erkennbar einen Versuch, die Dominanz der Symboldidaktik in der Religionspädagogik und das Gewicht des Symbolbegriffs in der Systematischen Theologie zu relativieren durch Verweis auf religionsdidaktische Alternativen. Das ist völlig legitim. Aus einem Abstand von mehr als einem Jahrzehnt ist die Vielzahl der Kritiker, die dieser Versuch auf den Plan rief, vielleicht das Bemerkenswerteste. Dieser Sachverhalt sagt weniger etwas aus über das Thema als über die Festgefügtheit der Sichtweisen in der gegenwärtigen Religionspädagogik.

Die Symboldidaktik war einer jener Flöze im Bergwerk des Herrn, die bei hohem Schürfaufwand zu gewissen Erträgen in der religionspädagogischen Lehrbuchproduktion führten. Sie beschäftigte die Foren der Fachzeitschriften und wanderte in die Fachlexika. Aber bedeutete dies nicht gleichzeitig die Hintanstellung jener Konzepte, die unmittelbare Begegnung viel höher schätzen und dem Symbol dabei eine vor allem sakramentale, keinesfalls jedoch ausufernde Funktion zuweisen? Im religionsdidaktischen Grubenbau werden durch eine jüngere Generation von Autoren bereits neue Stollen vor-

---

110 So die Kritik von Vetter, Zeichen, 25, Fn. 84.

111 Vgl. Zillessen, Religionspädagogik, 22.

112 Vetter, Zeichen, 22.

113 Vgl. Burkhard Möhring-Plath, Das Symbol und die unterrichtete Religion. Eine Grundlegung für ein religionspädagogisches Symbolkonzept, Münster 2001.

114 Vgl. Michael Meyer-Blanck, Vom Symbol zum Zeichen. Symboldidaktik und Semiotik, Rheinbach ²2002.

angetrieben, die die Verfüllung des symboldidaktischen Schachtes erwarten lassen. Das dauert etwas, denn der Widerhall der Symboldidaktik war groß, gemessen am Ausmaß der Diskussion in Hochschulen, Ausbildungsseminaren und Publikationsforen. Die *pragmatische Maxime* fragt nur: Welche Konsequenzen hatte diese (oder eine andere) Didaktik für die Schülerschaft? Wenn es solche Konsequenzen nicht gab, haben die betreffenden Didaktiken, pragmatisch gesehen, keine Bedeutung und somit keine hinreichende Existenzberechtigung.

Das gilt für eine *pragmatische* RU-Didaktik in gleicher Weise. Es sind Inseln des Interesses, die sich heute in Theologie und Religionspädagogik für den Pragmatismus ausgebildet haben. Sowohl die Hinwendung zu Lehrbüchern der Semiotik als auch das Interesse am pragmatischen Wahrheits-, Sprach- und Denkhandeln verhinderten bisher zumeist, der Bedeutung der *Religion* für die Gründerväter des Pragmatismus Aufmerksamkeit zu schenken. Die Theosemiotik des gläubigen Christen Charles Peirce, die Frage von William James nach Sinn und Wirksamkeit religiöser Bemühungen im Pluralismus der Glaubenshaltungen, die Anknüpfungsmöglichkeiten, die John Deweys weltimmanente Religionsauffassung bietet, um jenseits eines aggressiven Atheismus des G*laubens* im Unglauben gewahr zu werden – dies und noch mehr aus den Quellen des klassischen Pragmatismus liegt ausgebreitet vor den Toren der Religionspädagogik und kann bei Bedarf in Anspruch genommen zu werden.

8. Religionspädagogik und Kirche

Die *Kirche* spielte für die Konzeptionen des RU in den letzten Jahrzehnten eher eine randständige Rolle. Als zentrale Referenzgröße wird sie von der Religionspädagogik allerdings auch nicht außer Acht gelassen.[115] Mit Bezug auf das Thema »Religion und Pragmatismus« lässt sich fragen, wie Kommunikation zwischen Theologie und Religionspädagogik heute generell stattfindet. Welche aktuellen Fragen nimmt die Systematische Theologie von der Religionspädagogik auf? Und welche aktuellen Diskussionsbeiträge der Theologie werden zentral für den Religionsunterricht? Vor allem: Welche Rolle spielen die Kirchen in dieser Diskussion? Nach meinem Eindruck ist der wechselseitige Kontakt meliorationsfähig. Dass die Ausdifferenzierung der

---

115 Vgl. Christine Bendrath, Kirche als Bildungsperspektive des Religionsunterrichts, Münster 2011.

modernen Gesellschaft zu funktionaler Entfremdung führt zwischen Bereichen, die urprünglich zusammengehörten, stand am Anfang der Systemtheorie von Niklas Luhmann. Während Luhmann ein subjektloses System von Beobachterqualitäten etablierte, um gesellschaftliche Kommunikationsprobleme zu beschreiben, besteht ein durchgehendes Motiv des klassischen Pragmatismus darin, die bestehende Gespaltheit zwischen Philosophie und Praxis, ebenso zwischen der institutionalisierten Religion und dem religiösen Handeln, zu überwinden.

Bekannte Konzepte des RU wie Symboldidaktik, korrelative Didaktik, erfahrungsbezogener RU, Kindertheologie, performative Didaktik u. a. offenbaren ein Professionsbewusstsein, das liberaler, flexibler, weniger konservativ und in vieler Hinsicht moderner in Erscheinung tritt, als dies für die kirchliche Verkündigung gilt. Zu beurteilen, ob sich daraus im Blick auf die Zukunft beider Institutionen, Kirche und RU, Vorteile oder Nachteile ergeben, kann der weiteren Diskussion überlassen bleiben zu klären. Die Geschichte der Religionspädagogik in Deutschland zeigt sowohl für den politischen Umbruch ab November 1918 als auch für die Zeit nach Hitlers Machtergreifung 1933, dass öffentlicher Religionsunterricht ohne Bezug zur *(bekennenden)* Kirche Gefährdungen ausgesetzt war, sei es dass er aus dem öffentlichen Raum gedrängt werden sollte oder politischer Instrumentalisierung ausgesetzt war. Heute könnte er der Versuchung erliegen, jeweils vorherrschenden Leitbildern der Gesellschaft aufzusitzen, so dass die *Botschaft* des RU mit den *tools* ihrer Vermittlung leicht zu verwechseln ist. Erhält das Evangelium für überwiegend kirchenferne Schülerinnen und Schüler im Szenario der Didaktik die Funktion eines fremden Landes mit unverständlicher Sprache, so wird dieses Land dank moderner didaktischer Intervention betretbar und das allzu fremd wirkende Idiom in verständliche Rede transformiert. Zu lernen mit religiöser Vielfalt umzugehen, gehört heute zu den zentralen Aufgaben der Religionspädagogik.[116]

Bleibt die Frage: Ist es noch ein Ziel des Religionsunterrichts, Schülerinnen und Schüler das Evangelium nahe zu bringen?[117] Oder ist dieses Ziel, das tatsächlich einmal existierte, untergegangen zwischen Qualitätskriter-

---

116 Vgl. Rainer Lachmann (Hrsg.), Christentum und Religionen elementar. Lebensweltlich – theologisch – didaktisch, Göttingen 2010. – Horst E. Rupp/Klaas Huizing (Hrsg.), Religion im Plural, Würzburg 2011.

117 Adolf von Harnack formulierte in seiner ersten Vorlesung über »Das Wesen des Christentums« (1900) die Antwort auf die Frage, was dieses Wesen ausmache: »Jesus Christus und sein Evangelium« Adolf v. Harnack, Das Wesen des Christentums. Online: http://de.wikisource.org/wiki/Das_Wesen_des_Christentums (Stand 8.5.2013).

ien, Bildungsstandards und Kompetenzgeraune? Mit dieser Frage soll nicht etwas verteidigt oder als nicht mehr haltbar bewertet werden. Es ist eine pragmatische Frage,
deren Antwort offen ist. Ein pragmatisches Unterrichtsverständnis müsste bereit sein, den Grad seiner Wirkung durch Selbstevaluation zu ermitteln – als Bestandteil des didaktischen Konzeptes, in welchem die einzellnen Schritte des Evaluationsprozesses darzustellen sind. Empirische Forschungsbefunde belegen:

> »Mit überwältigender Mehrheit werden von der niedersächsischen ReligionslehrerInnenschaft in ihrer Gesamtheit unterrichtliche Bemühungen unterstützt, die eine Emanzipation der SchülerInnen zu personaler Entfaltung auf der Basis christlich-biblischer Wertvorstellungen erreichen wollen. Aufgabenstellungen einer eher konfessionell-dogmatischen Informationsvermittlung bzw. ‚Lehre' verfallen mehrheitlich der Ablehnung: *Der Mensch im Mittelpunkt - die Religion in emanzipierender Zuordnung auf ihn.*«[118]

Wie Erwachsene sind auch Jugendliche vielfach nicht in der Lage einzuschätzen, ob sie glauben, was sie glauben, was sie nicht glauben, aber offenbar glauben sollen, selbst wenn sie auf präzise gestellte Fragen irgendeine Antwort geben. Das ist zu akzeptierende Normalität und kein Defizit. Doch Jugendliche haben ein waches Gespür für Glaubhaftigkeit und Authentizität hinsichtlich der Aussagen, die ihre Lehrkräfte treffen – zum Beispiel zur Frage, was man als verlässlich im Leben ansehen kann. Religiöse Pluralittät und religiöse Gleichgültigkeit sind Faktum und keine »Anfechtung«.[119] Glaube und Unglaube sind weder Feinde, noch lassen sie sich trennen im Bewusstsein jedes einzelnen. *Interreligiosität* ist nicht eine Sache des Gesprächs zwischen Religionsführern auf höchster Ebene, sondern Alltag in der Schulklasse für jeden Religionslehrer. Interkulturelles Lernen im Horizont der Religionen gehört zu den wichtigsten Aufgaben des heutigen Religionsunterrichts.

---

118 ANDREAS FEIGE, »Religion« bei ReligionslehrerInnen. Religionspädagogische Zielvorstellungen und religiöses Selbstverständnis in empirisch-soziologischen Zugängen, Münster 2000, 286.

119 ZILLESSEN,Religionspädagogik, 35.

9. Religion im klassischen Pragmatismus - mögliche Erkenntnisgewinne

Die *religionsphilosophischen* Anschauungen der Begründer des Pragmatismus bieten eine Option, Glaubensfragen neu zu durchdenken, und dies in mehrfacher Hinsicht: Sie kennen nicht die Differenz zwischen Glauben und Naturwissenschaft. Sie vermeiden, zwischen dem religiösen Glauben und dem Glauben der Alltagserfahrung eine Barriere zu errichten. Sie reduzieren nicht das religiöse Bewusstsein auf ein immaterielles oder materielles Substrat, sondern denken die Welt in erfahrungsoffenen, bedeutungsvollen Zusammenhängen. Die religiöse Grunderfahrung der klassischen Pragmatisten ist, so sehr ihre Sicht im Detail differeriert, das Aufgehobensein des Einzelnen in einem größeren Zusammenhang, der die Einzelerfahrung transzendiert:

A. Bei dem bekennenden Naturalisten *Dewey* ist dieser Zusammenhang ein sozialer. *Soziale Teilhabe* (shared experience) ist kein Beschreibungsbegriff für ein überall und jederzeit stattfindendes Geschehen, sondern ein die bloße Erfahrung transzendierender Begriff, der spirituelle Qualität besitzt. Dasselbe gilt für Deweys Vision von Demokratie. Deren Wertigkeit übersteigt bei weitem die Wirklich keit, die von politischem Missbrauch, menschlicher Schwäche und Korruption gezeichnet ist. So gesehen nimmt die Demokratie bei Dewey als Lebensform des sozialen Miteinanders transzendierende, quasi-religiöse Züge an. Deweys Verständnis des Religiösen lässt »Kirche« weit hinter sich. Das religiöse Bewusstsein richtet sich auf die Vorbilder, Ideale und Kulturleistungen der Menschheit, doch lässt Dewey die Möglichkeit offen, *religiöse Erfahrung* auch über das Bedürfnis nach transzendentem Erleben zu gewinnen, das ihm selbst in der Naturmystik erhalten blieb.

B. Der gläubige Christ *Peirce* stiftet den »größeren Zusammenhang«, in dem das Individuum sich befindet, zum einen durch das Netz semiotischer Beziehungen, zum anderen durch eine kosmologische Metaphysik, die gekennzeichnet ist durch die drei Leitbegriffe: Tychismus (eine von Zufall und Spontanität bestimmte Selbstorganisation der Materie), Synechismus (ein Kontinuum des sich entwickelnden Geistes. der in der Ausbildung von Materie und Naturgesetzen die Evolution vorantreibt) und Agapismus (die den Kosmos durchwaltende Liebe Gottes, welche menschlichen Egoismus über windet, das Erleben von Harmonie mit dem Universum ermöglicht und Nächstenliebe bewirkt).[120]

C. Der von der Religiosität R.W. Emersons geprägte Kosmopolit *James* begreift das Aufgehobensein des Menschen in der individuellen Beziehung zur Transzendenz als *persönliche* Religion. Sie kann eine persönliche Gottesbeziehung wie auch das Sichverbunden fühlen mit der kosmischen Ordnung beinhalten. In der Vielgestaltigkeit, in welcher die persönliche Religion in Erscheinung tritt, bildet sie eine »unhintergehbare Pluralität«[121], mit der jede institutionalisierte Form der Religion in einer freien Gesellschaft zu rechnen hat.

Fragt man nach dem Wert der religiösen Anschauungen von Peirce, James und Dewey für Theologie und Religionspädagogik der Gegenwart, so ist klar: Sie stehen für den Gewinn positiver Weltgestaltung im Horizont transzendenter Erfahrung.

1. Wer Gott und die Welt als eine zeichentheoretische Einheit verstehen und dem christlichen Glauben Kreativität verleihen will, sollte sich Peirce zu wenden, dessen Religionsphilosophie von Hermann Deuser und seinen Schülern neu erschlossen wurde.
2. Wer die positive Bedeutung des religiösen Erlebnisses in seiner globalen Vielfalt als bedeutsam für das Handeln in der Welt nachvollziehen will, darf an William James nicht vorbeigehen. Der James-Interpreten sind viele. Die Wiederentdeckung James' in der deutschen Theologie ist ein Verdienst von Eilert Herms.[122] Sein Schüler Christoph Seibert verfasste 2009 als Tübinger Habilitationsschrift eine

---

[120] Vgl. Joachim Lege, Pragmatismus und Jurisprudenz. Über die Philosophie des Charles Sanders Peirce und über das Verhältnis von Logik, Wertung und Kreativität im Recht, Tübingen 1999.

[121] Matthias Jung, Erfahrung und Artikulation. Zur Unhintergehbarkeit religiöser Pluralität, in: Klaus Dethloff u.a. (Hrsg.): Religion, Moderne Postmoderne. Philosophisch-theologische Erkundungen, Berlin 2002, 121–136.

[122] Von Interesse – auch für die Religionspädagogik – ist die Abhandlung von Eilert Herms, Theologie – eine Erfahrungswissenschaft, München 1978. Herms' Rückgriff auf Kant für eine ›erfahrungswissenschaftlich‹ gegründete Theologie führt hinsichtlich der Frage nach der empirischen Prüfung der Wahrheit von Glaubenssätzen zu Aporien. Dessen ungeachtet belegt die Studie die Erfahrungsoffenheit der Theologie.

umfassende religionsphilosophische Studie zu James. Die gesteigerte Pluralität religiöser Erfahrung angesichts einer Vielzahl von Glaubens- und Sinnangeboten verleihen James' Analysen Aktualität.

3. Wer dem institutionalisierten Glauben mit analytischer Distanz begegnet, die Transformation der Religion in innerweltliche Wertsphären als unaufhaltsam betrachtet, gleichwohl für religiöse Erfahrung und religiöses Leben eintritt, halte sich an John Dewey sowie an die religionsphilosphischen Arbeiten von Hans Joas. Der Begriff menschlicher Sakralität im Sinn von »Selbsttranszendenz«, den Joas prägte, besitzt eine Brückenfunktion zwischen der Religion und der »Sakralität der Person« (Émile Durkheim). Menschenwürde und entsakralisierte Christlichkeit gehen bei Joas eine einge Beziehung ein.[123]
4. Wer die hermeneutischen Verbindungen zwischen amerikanischem Pragmatismus, kontintaleuropäischer Religionsphilosophie und deutschem Historismus nachvollziehen will, der greife zu religionsphilosophischen Interpretationen von Matthias Jung und zu Studien vergleichender Religionssoziologie.[124]
5. Wer die Bedeutung erfahrungsorientierter Konzeptionen unter Berücksichtigung des frühen Pragmatismus in der Religionspädagogik der letzten 100 Jahre nachvollziehen möchte, lese den Band »Erfahrungsbezogener Religionsunterricht« von David Käbisch.[125]
6. Unterzieht man die religiösen Auffassungen von Peirce, James und Dewey einer Prüfung durch die pragmatische Maxime, kommt James wohl nach wie vor die nachhaltigste Bedeutung zu, während die Theosemiotik von Peirce zwar Impulse freisetzt, aber ihre Bedeutung und Wirkung für die Religionspädagogik noch nicht einschätzbar ist. Deweys *Common Faith* hat bis jetzt eher eine *marginale* Wirkungsspur hinterlassen. Aber sie kann im Zuge fortschreitender Säkularisierung durchaus breiter werden. Deweys Religionstheorie bedarf weiterer Ausarbeitung.

---

[123] Vgl. Hans Joas, Braucht der Mensch Religion? Über Erfahrungen der Selbsttranszendenz, Freiburg ²2004. – Hans Joas, Die Sakralität der Person. Eine neue Genealogie der Menschenrechte, Frankfurt a. M. ³2012. – Schössler, Neopragmatismus, 112ff.

[124] Vgl. Bettina Hollstein u. a. (Hrsg.), Handlung und Erfahrung. Das Erbe von Historismus und Pragmatismus und die Zukunft der Sozialtheorie. Frankfurt a. M. 2009. – Ferner: Krech/Tyrell, Religionssoziologie.

[125] Käbisch, Religionsunterricht, Anm. 100.

10. Fiktionalität und Spiritualität als Modi pragmatischer Kontingenzbewältigung

Gemeinden schrumpfen heute und werden zusammengelegt. Doch christliches Gemeindeleben ist vielerorts so lebendig wie seit jeher. Der Pragmatismus würde missbraucht werden, wenn man unter Berufung auf das Fehlen eines gesellschaftlichen Bedarfs der öffentlichen Präsentation der Religion die Existenzberechtigung abspricht – mit der pragmatischen Begründung, die *scientific community* empfehle nachdrücklich auf der Basis ihrer gesicherten Überzeugung, dass kein Gott nachweisbar sei, sich von der Gottesillusion zu trennen. Da der Allerhöchste zu solchen Behauptungen wie immer schweigt oder durch Abwesenheit glänzt, ist dieser Gedanke, der im Realsozialismus offizielle Doktrin war, in einer von pragmatischen Erwägungen bestimmten liberalen Gesellschaft nicht völlig absurd[126] – unabhängig vom Faktum des rechtsstaatlichen Schutzes, den Religionsgemeinschaften, die freie Religionsausübung und die Wahrung des religiösen Friedens genießen. Die Menschen mit und ohne christlichen Glauben müssen selbst für eine bessere Welt sorgen – so lautet, religionsphilosophisch betrachtet, die pragmatische Maxime. Der Pragmatismus legt das Handeln Gottes ganz in den Aufgabenkreis der Menschen, wobei Peirce und James an der Wirksamkeit des Gottesglaubens nicht zweifelten, während Dewey ihn transformierte in religiöse Erfahrung als Bestandteil eines innerweltlichen Humanitätsglaubens.

Der Gottesglaube wirkt als geistige Kraft zur Bewältigung von persönlichen Schuld- und Angstgefühlen. Er hat Bedeutung für Danksagungen, Bittgebete und für die Verarbeitung von Trauer im privaten wie im öffentlichen Raum. Der Glaube ist für viele Menschen Hilfe zur aufrechten Lebensführung. Dabei waren die christlichen Gottesvorstellungen von Anfang an Wandlungen, pluralen Ausdifferenzierungen und konflikthaften Spannungen ausgesetzt. Ob Gott als menschlich nah wie von William James oder als der ganz *Andere* wie von Karl Barth gesehen wird, beruht hier wie dort auf einer fiktiven Annahme, die dem Wandel der Zeit unterliegt. Für den Pragmatisten ist die Unterscheidung zwischen real und fiktiv nicht maßgebend, denn erfahrungsbezogene Wirklichkeitskonstrukte sind, wie die Studien von Paul Watzlawick[127] oder auch von G.H. Mead deutlich machen, von Erwar-

---

[126] Vgl. Richard Schröder, Abschaffung der Religion? Wissenschaftlicher Fanatismus und die Folgen, Freiburg 2008.

[127] Vgl. Paul Watzlawick, Wie wirklich ist die Wirklichkeit? Wahn – Täuschung – Verstehen, München 1977.

tungen bestimmt, die einen hohen Grad von Fiktionalität besitzen. Das fiktiv Gedachte ist real, wenn es bedeutungsvoll, handlungsrelevant, erfolgversprechend ist und Bestätigung erhält.

Man kann der Transzendenz im Gebet unmittelbar nah sein. Vernünftig über Gott öffentlich zu reden in einer religiös durchmischten verweltlichten Gesellschaft lässt es andererseits durchaus rational erscheinen, angesichts des pluralen Charakters der Gottesvorstellung zu behaupten, sie beruhe auf Fiktion. Faktisch sind die Gottheiten der monotheistischen Religionen Ergebnis eines von pluralen Glaubensgewissheiten bestimmten historischen Ausformungsprozesses, der vom antiken Judentum und dessen Gott ausging. Eine von den Göttern selbst vorgenommene Einigung ihrer Welt- und Himmelsherrschaft ist auf Grund ihres fiktiven Charakters nicht zu erwarten. Demgegenüber birgt eine Rückbesinnung auf das Wirken Jesu kein theologisches Risiko. Seinen Worten und Werken Sinn zu geben, wie sie überliefert sind, bietet die Chance, sich in den Dienst seiner Bergpredigt zu stellen. Damit wird das Band eines von sozialethischer Verantwortung bestimmten Glaubens gefestigt, der kirchliche Dogmen nicht unbedingt berührt. Ein fiktives Verständnis der christlichen Lehre ist nicht nur möglich, sondern wird ständig praktiziert. Kant und der Pragmatismus helfen dabei.[128]

Dazu ein aktuelles Beispiel. Der SPD-Kanzlerkandidat Peer Steinbrück lebte nach dem Kirchenaustritt viele Jahre ohne kirchliche Bindung, wie er in einem TV-Interview mit Günther Jauch am 7.10.2012 mitteilte. Die Medien berichteten: »Gefragt, weshalb er nach 40 Jahren wieder in die Kirche eingetreten sei, offenbarte er, dass er diese inzwischen für eine stabilisierende Institution halte. Und, ja, er sei insofern gläubig, als er Gott als friedliches Prinzip für das Zusammenleben der Menschen erachte.«[129]

Ein solcher Standpunkt ist pragmatisch. Die Entscheidung für Kirche und Christentum wird primär nicht vom Wahrheitsgehalt ihrer Lehre abhängig gemacht, sondern von bewährten lebenspraktischen Konsequenzen, die sie für den Einzelnen und die Gesellschaft hervorbringt. Die pragmatische Bereitschaft Christ zu sein, ist demnach von paradoxen Zügen nicht frei:

---

[128] In seiner Auseinandersetzung mit dem Pragmatismus hob Vaihinger unter Verweis auf Kant hervor, dass wir Vorstellungen bilden, »welche vom theoretischen Standpunkt aus direkt als falsch erkannt werden, die aber dadurch gerechtfertigt sind und darum als ›praktisch wahr‹ bezeichnet werden können, weil sie uns gewisse Dienste leisten«. Daraus ergibt sich eine Denkhaltung des *Als Ob*. Vaihinger, Philosophie, XI.

[129] Mathias Zschaler, Steinbrück bei Jauch. Spiegel-Online: www.spiegel.de/kultur/tv/television-peer-steinbrueck-zu-gast-bei-guenther-jauch-a-859986.html (Stand: 29.04. 2013).

Man kann gläubiger Christ sein, auch wenn »Erlösung von der Sünde«, »ewiges Leben« und die Sorge um Ort und Art postmortaler Endlagerung in den Wohngeschossen himmlischer Ewigkeit, die lange das Zentrum christlicher Kontingenzbewältigung bildeten, kaum mehr Konturen im Bewusstsein aufweisen. Die historische Gewordenheit der Glaubensinhalte zu erkennen erweitert die Chance, sich auf »Kirche« einzulassen.

Pragmatisches Christentum ist mit der modernen Naturwissenschaft versöhnt.[130] Es will seinen spirituellen wie praktischen Beitrag leisten zur Herstellung von Gerechtigkeit in dieser Welt und verdrängt dabei nicht, dass Religion und Kirche heute einer größeren Anzahl von Menschen gleichgültig geworden sind. Das Faktum ist Bestandteil gesellschaftlicher Pluralität. Wenn die christliche Religion heute bei vielen Menschen Indifferenz oder Abwendung hervorruft, liegt dies etweder an der fehlenden Überzeugungskraft ihrer Botschaft oder am Unvermögen, sie glaubwürdig zu vermitteln. Der pragmatische Umgang mit dieser Einsicht ermöglicht zu prüfen, ob damit die »Kultur des Verhaltens zum Unverfügbaren« (Hermann Lübbe), die die Religion stiftet, ihr Ende findet. Vieles spricht dafür, dass dies nicht der Fall ist. Die Leistung der Religion für die moderne Gesellschaft harrt noch ihrer Würdigung.[131]

Offenbar hat die institutionalisierte Religion im modernen Leben die Funktion, ein bestimmtes Bedarfsspektrum von sinnsuchender Orientierung, Entlastung vom Ungewissen, sozialer Zuwendung und symbolisch-kultischer Präsentation abzudecken, das andere gesellschaftliche Institutionen nicht bieten. Zwar wirken die handlungsrelevanten Sicherungssysteme, die das Leben dank des Fortschritts in Wissenschaft und Technik schützen, kontingenzmindernd, aber der Fortschritt schafft auch neue Probleme, ohne dass die alten schon alle gelöst sind. Die profanen Sicherungen des Alltags haben ihre Lecks – mit katastrophalen Auswirkungen. Die dafür von den Verantwortlichen in Umlauf gesetzten Euphemismen werden für die Masse der Betroffenen zu ironischen Zustandsbeschreibungen der eigenen Prekarität. Unwörter wie ›sozialverträgliches Ableben‹, ›Restrisiko‹, ›Rettungsschirm‹ oder ›Kollateralschäden‹ stehen für erwartungswidrige Ereignisse mit daseinsbedrohenden Konsequenzen, die jeden treffen können – sei es durch Verlust oder dauerhafte Beeinträchtigung des Lebens, durch ungeahntes Schuldigwerden gegenüber unschuldigen Mitmenschen oder durch das Er-

---

130 Vgl. HERMANN DEUSER, Kleine Einführung in die Systematische Theologie, Stuttgart 1999, 47.

131 POLLACK, Rückkehr, 5.

leiden von tiefstem Unrecht. Die angstbesetzten Risiken menschlicher Existenz bestehen fort und mehren sich jenseits aller zur Verfügung stehenden Absicherungen. Das Wissen um die Zufälligkeit des eigenen Daseins, die Gewissheit des eigenen Todes und die Frage nach dem Danach sorgen für Kontingenzbewusstsein[132] – besonders, wenn junges Leben gefährdet ist.

Der religiöse Glaube ermöglicht, das Abenteuer der eigenen Existenz emotional, mental und handelnd mit einer gewissen Zuversicht bestehen zu können. Die christliche Religion trägt dem Verlangen Rechnung, dem eigenen Leben Sinn in einem größeren Zusammenhang zu geben, etwa durch die Zurücknahme der eigenen Machtansprüche zugunsten der Zuwendung zum bedürftigen Nächsten, um seine Last selbstlos mitzutragen (Gal 6,2). Es ist nicht allein das wechselseitige Empfinden von Güte und Dankbarkeit, sondern auch die Erfahrung des Aufgehobenseins in der Gemeinschaft Gleichgesinnter desselben Glaubens, die sinngebend ist. Sie bietet die Option für ein gutes, in aller Selbstbescheidung geführtes, Leben. Zwangsläufig drängt sich die Frage auf, was *danach* kommt – oder nicht kommt. Neugierig zu sein, gehört zur menschlichen Natur. Ständig stellt sie Fragen, die sie nicht beantworten kann.[133]

Wer an Himmel und Hölle glaubt, wird dort vermutlich auch landen. Die christliche Erlösungsrelgion ist ganz vom Glauben abhängig. Wer daran nicht glaubt, für den stellt sich das Problem zum Glück nicht. Die Glaubensziele sind heute im Umbruch befindlich. In aller Stille haben Theologen der Großkirchen den Glauben an die Hölle begraben. Damit aber verliert der Himmel als Ort der Erlösung an Bedeutung. Da Paulus die menschliche Natur als sündhaft und den Tod als deutliches Zeichen der ›Ursünde‹ bezeichnete, führte seine Theologie der Naherwartung himmlischer Erlösung zur Abwertung menschlichen Lebens und zur Verteufelung des Todes. Wer Paulus' Lehre nicht folgen wollte, hatte von ihm mit dem Schlimmsten zu rechnen (1Kor 16,22; Gal. 1,8 u.a.). Durch Verfluchung, Verfolgung und Tötung Andersdenkender wurde das Böse schon sehr früh Bestandteil des Handelns derjenigen, die christiche Erlösung predigten – spätestens als sich das Christentum mit weltlicher Macht gepaart hatte.

---

132 LÜBBE, Kontingenzerfahrung, 40f.

133 Vgl. den Beginn der Vorrede [A], in: IMMANUEL KANT, Kritik der reinen Vernunft 1, hrsg. v. WILHELM WEISCHEDEL (Kant-Werkausgabe, Bd. III). Frankfurt a.M. 1974, 11.

Pragmatisches Christentum sucht einen anderen Weg. Der Tod ist nicht der Sünde Sold (Röm 6,23), sondern im Falle eines langen Lebens sein natürliche Ende (Gen 5,5) und manchmal auch Erlösung – von langem qualvollem Leiden. Was danach kommt, ist in einer wunderbaren Weise offen. Die Erwartungen sollten bescheiden sein, fern jeder großspurigen Erlösungssemantik. Wichtig ist, in Würde Abschied nehmen zu können.[134] Sich dabei zu vergegenwärtigen, im eigenen Leben versucht zu haben etwas zu leisten für das Fortleben *anderer*, gibt Hoffnung. Diese Hoffnung ist anspruchslos. Pragmatisches Christentum wehrt sich gegen jede konzeptionelle Aufplusterung der Sünde wie der Erlösung. Die fiktive Überdimensionierung des Göttlichen wurde durch *Menschen*, in der Regel Theologen, in die Welt gebracht – nicht durch Gott. Natürliche Folge ist langfristig der Zusammenbruch des überbeanspruchten Gottesbildes. DieTendenz zur theologischen *Höhertreibung*[135] rückt die Transzendenz für die Gläubigen in weite Ferne, wie sie gleichzeitig Theologen ungewollt eine machtausübende Vermittlerrolle verleiht.

Der Pragmatismus setzt sich bescheidenere Maßstäbe. Transzendenz muss erreichbar bleiben und Spiritualität als *Atem Gottes* erfahrbar sein. Pragmatisches Christentum schürt nicht die egoistische Sorge um das *eigene* postmortale Schicksal. Es wertet das Geschenk des Lebens nicht ab durch das paulinische Postulat seiner Verdorbenheit. Näher liegt für ein handlungsbereites Christentum heute der Gedanke, sich zu jener historischen Schuld zu bekennen, die dank christlicher Herrschaft durch Glaubenskriege, Antijudaismus, ausbeutende Missionierung, Hexenprozesse, Inquisition, intolerante Kirchengesetzgebung und exkludierenden Nationalismus über Epochen hinweg angehäuft wurde. Dafür ein tieferes Empfinden zu entwickeln, als die gelegentlich geäußerten offiziellen Stellungnahmen von Kirchenleitungen vermitteln, ist eine noch zu leistende Aufgabe, um mitzuhelfen die Schuld abzutragen durch ein Handeln im Sinne der Ethik Jesu. Wird die institutionalisierte Religion nicht mehr als *glaub-würdig* empfunden, bedeutet die Abwendung von ihr nicht schon Verzicht auf Kontingenzbearbeitung. Die areligiöse Lebensführung ist möglich, hat aber ihre eigenen bewusstseinsimmanenten Bewältigungsprobleme. Sie muss Unsicherheiten, Ängste, Risiken, welche religiöse Spiritualität in der Lage ist aufzuheben, auf andere Weise bearbeiten. Jeder Einzelne gibt sich selbst die Antwort, wenn die Frage: ›Was

---

134 Vgl. dazu das Kapitel »Diesseitsverantwortung und Jenseitsglaube«, in: Hein Retter, Protestantische Selbstvergewisserung zwischen Theologie und Pädagogik. Was nun, wenn Gott nur barmherzig, doch nicht allmächtig ist? Münster 2011, 135–156.

135 Vgl. Stoellger, Metapher, 484.

gibt mir innere Kraft?‹ auf dem Prüfstand steht. Echte Spiritualität bewirkt persönliche Ausstrahlung, erhöhte Zuversicht und inneren Frieden. Sie schafft Vertrauen und überträgt sich auf andere, die daran teilhaben. Pragmatische Erfahrung lehrt: Auf der Suche nach letzter Gewissheit finden die Strategien der Kontingenzbwältigng ihre sinnträchtigen Bindungen eher im Horizont von Transzendenz als in der bloßen Profanität.

Spatial Turn

›Transnationale Bildungsräume‹

Methodische und thematische Anregungen für die Historische Religionspädagogik

Johannes Wischmeyer

Wissen ist nicht statisch, sondern dynamisch; in seiner Dynamik macht es häufig nicht Halt an Grenzen, weder nationaler noch ideologischer noch konfessioneller Natur. Von jeher waren Historiker bestrebt, derartige Prozesse der Wissensweitergabe zu beobachten, zu beschreiben und zu interpretieren. Dies ist methodisch anspruchsvoller, als mit festen Einheiten zu arbeiten, etwa indem das Werk eines Bildungstheoretikers oder die Unterrichtspraxis einer schulischen Institution untersucht werden – allerdings nur auf den ersten Blick, denn einzelne Personen und Institutionen partizipieren selbstverständlich allesamt an der Zirkulation von Wissensbeständen und tragen ihrerseits auch zu deren Neuformierung bei.

Besonders nationale Grenzen, die häufig mit Sprachbarrieren einhergehen, haben lange Zeit die Wahrnehmung historischer Phänomene und daraus abgeleitete Fragestellungen beeinflusst, in der historischen Bildungsforschung nicht weniger als anderswo. Doch im gleichen Maße wie sich die Erziehungswissenschaft gegenüber internationalen Fragestellungen nachhaltig öffnet, sind derartige Themen inzwischen auch in der historischen Bildungsforschung von großem Interesse. Hier tritt allerdings erschwerend hinzu, dass bei der Untersuchung bildungsgeschichtlicher Phänomene neben der Genese und der Verbreitung der entsprechenden intellektuellen Gehalte immer auch deren Praxisdimension berücksichtigt werden muss, denn in Pädagogik und Erziehungslehre sind nirgendwo Phänomene rein theoretischer Natur zu beobachten.

Bisweilen herrscht allerdings eine gewisse methodische Unsicherheit: Einerseits kommen altbewährte Ansätze wie etwa die Rezeptionsforschung angesichts heutiger Interessenlagen an ihre Grenze – nicht nur, weil sie kaum die Praxisdimension einzufangen vermögen, sondern weil sie auch zu linear im Sinne einseitiger Wirkungsrichtungen angelegt sind und das Charakteristische an Kommunikationsprozessen, nämlich deren Reziprozität, vernachlässigen. Andererseits können auch die Methoden der allgemeinen

Erziehungswissenschaften nur unter großen Vorbehalten für historische Untersuchungen, selbst zeitgeschichtliche, angewandt werden; sie sind zu stark systematisch im Sinne bestimmter aktueller Erziehungstheorien vororientiert und von soziologischen Modernisierungstheorien abhängig. Der Begriff ›transnationale Bildungsräume‹, der im Folgenden im Mittelpunkt steht, wurde beispielsweise von Christel Adick als analytischer Forschungsbegriff für die ›International und Interkulturell Vergleichende Erziehungswissenschaft‹ eingeführt: Er entfaltet dort ganz andere Konnotationen als im vorliegenden Beitrag.[1] Womöglich ergibt sich eines Tages aus dem Dialog historischer und systematischer Perspektiven aber ein Mehrwert.

Im Folgenden wird ein neuer Ansatz vorgestellt, der dabei hilft, Austauschphänomene auch innerhalb der Theorie und Praxis religiöser Erziehung zu untersuchen. Das zugrundeliegende Untersuchungskonzept der transnationalen Bildungsräume hat sich bereits im Rahmen eines bildungshistorischen Forschungsprojekts bei einer Reihe von Fallstudien bewährt, im Bereich der Elementar- und der weiterführenden Schulbildung ebenso wie mit Bezug auf das Hochschulstudium[2]. Dabei hat sich herausgestellt, dass Religion eine entscheidende Konstituante in den transnationalen Bildungsdiskursen speziell des 19. Jahrhunderts darstellt.[3] Insofern erscheint das Konzept geeignet, um auch nach dem transnationalen Profil von Religionslehre und religiöser Erziehung in der Neuzeit zu fragen.

---

1 Er dient als Oberbegriff für drei Aspekte von Transnationalisierung: 1. transnationale Konvergenzen als weltweite Ähnlichkeiten und Angleichungen vor allem von Bildungssystemen und Bildungsabschlüssen; 2. ›transnational education‹ als Entstehung staatenübergreifender Bildungsorganisationen und Bildungsgänge; 3. transnationale Bildungsräume im engeren Sinne als vorwiegend durch Transmigration hervorgerufene »lebensweltliche Verknüpfung grenzüberschreitender Beziehungen und Sozialisationsprozesse« – Christel Adick, Transnationalisierung als Herausforderung für die International und Interkulturell Vergleichende Erziehungswissenschaft, in: Tertium Comparationis. Journal für International und Interkulturell Vergleichende Erziehungswissenschaft 11 (2005), 243–269.

2 Einführend Esther Möller/Johannes Wischmeyer, Transnationale Bildungsräume – Koordinaten eines Forschungskonzepts, in: Esther Möller/Johannes Wischmeyer (Hrsg.), Transnationale Bildungsräume. Wissenstransfers im Schnittfeld von Kultur, Politik und Religion, VIEG.B 91, Göttingen 2013, 7–20; vgl. die Fallstudien im selben Band.

3 A.a.O., 15.

Zunächst zum konzeptionellen Hintergrund der Formel ›Transnationale Bildungsräume‹:

Die transnationale Perspektive repräsentiert keine eigenständige Methodik: Sie schärft vielmehr bei der Untersuchung historischer Phänomene im Zeitalter der Nationalstaaten den Blick für die vielfältigen Aktivitäten, die sich zwar auf den Einzelstaat beziehen, ihn jedoch durch Abhängigkeiten, Transfers oder Verflechtungen als Handlungsrahmen überschreiten und gleichzeitig nicht – wie die internationale Politik – als Ausdruck offizieller zwischenstaatlicher Beziehungen gelten können.[4]

Das Stichwort ›Transfer‹ ruft allerdings doch eine konkrete Methodik auf: Während der Vergleich ursprünglich vor allem in der an Strukturen und Institutionen orientierten Gesellschaftsgeschichte eingesetzt wurde, verdankt sich das Transfermodell dem Interesse der neuen Kulturgeschichte am Austausch von Gütern und Sinngehalten infolge menschlicher Kommunikation sowie an den Handlungsspielräumen von Individuen. Herkömmlicherweise werden beim Vergleich, etwa von Bildungssystemen, die historischen Untersuchungsobjekte anhand sozialwissenschaftlicher Theorien kategorisiert, um vor allem im großen Maßstab gesellschaftlicher Strukturen und ihrer Transformationen zu aussagekräftigen Differenzierungen zu gelangen. Die Kulturtransferforschung untersucht demgegenüber, meist im kleineren Rahmen, raum- und kulturübergreifende Austauschprozesse. Ihr besonderes Interesse gilt den Personen bzw. Akteuren, die derartige Transfers initiieren und dadurch die Rolle eines Vermittlers einnehmen, außerdem der mit neuen Sinngebungen verbundenen Aneignung bzw. Abwehr der fremden kulturellen oder intellektuellen Güter in ihrem Rezeptionskontext.[5] Inzwischen ist nach eingehenden Methodendiskussionen klar, dass die vergleichende Fragestellung auch bei der Bearbeitung kultur- und wissensgeschichtlicher

---

[4] Grundlegend Kiran Klaus Patel, Überlegungen zu einer transnationalen Geschichte, in: ZGW 52 (2004), 626–645 (die hier wiedergegebene Definition a. a. O., 632f.); einen Katalog einschlägiger Themen transnational orientierter Historiographie bietet z. B. Johannes Paulmann, Grenzüberschreitungen und Grenzräume. Überlegungen zur Geschichte transnationaler Beziehungen von der Mitte des 19. Jahrhunderts bis in die Zeitgeschichte, in: Eckart Conze u. a. (Hrsg.), Geschichte der internationalen Beziehungen. Erneuerung und Erweiterung einer historischen Disziplin, Köln/Weimar/Wien 2004, 169–196.

[5] Vgl. aus einer Vielzahl von Publikationen nur: Michel Espagne, Jenseits der Komparatistik. Zur Methode der Erforschung von Kulturtransfers, in: Ulrich Mölk/Susanne Friede (Hrsg.), Europäische Kulturzeitschriften um 1900 als Medien transnationaler und transdisziplinärer Wahrnehmung, AAWG.PH 3, Bd. 273, Göttingen 2006, 7–32.

Fragestellungen wertvolle Erkenntnisse bringt,[6] während umgekehrt Kulturtransfer – ein Beispiel aus dem hier interessierenden Themenspektrum wäre der Import angelsächsischer Organisationsformen wie der Sonntagsschule im deutschen Sprachraum – zunehmend auch in seiner Funktion als Indikator gesellschaftlicher Dynamiken ernst genommen wird.[7]

Die Metapher des ›Bildungsraums‹ verdankt sich im weiteren Sinne dem sozialwissenschaftlichen Interesse an nicht-kausalen bzw. nicht-zeitlich strukturierten Konstellationen von Personen und Objekten, das unter dem Programmbegriff ›spatial turn‹ firmiert. Seit einiger Zeit nimmt auch die historische Bildungsforschung die Kategorie ›Raum‹ in mehrfacher Hinsicht wieder verstärkt wahr[8]: Zum einen greift Raum als geographischer Parameter bei der Unterscheidung von regionalem, nationalem und transnationalem Handlungsmaßstab. Dazu gehört auch die Auseinandersetzung mit den oft als Gegensatzpaar wahrgenommenen Polen ›global‹ und ›lokal‹ beziehungsweise das Phänomen des ›Glokalen‹ als Synonym für die Rückwirkung globaler Prozesse auf lokale Zusammenhänge.[9]

---

6 Vgl. Hannes Siegrist, Perspektiven der vergleichenden Geschichtswissenschaft. Gesellschaft, Kultur und Raum, in: Hartmut Kaelble/Jochen Schriewer (Hrsg.), Vergleich und Transfer. Komparatistik in den Sozial-, Geschichts- und Kulturwissenschaften, Frankfurt a. M./New York 2003, 305–340.

7 Christiane Eisenberg, Kulturtransfer als historischer Prozess. Ein Beitrag zur Komparatistik, in: Kaelble/Schriewer (Hrsg.), a. a. O., 399–417.

8 Eckhardt Fuchs/Christoph Lüth, Transnationale Bildungsbemühungen und die Konstruktion des Raumes in historischer Perspektive, in: Bildung und Erziehung 61 (2008), 1–10.

9 Vgl. Roland Robertson, Glokalisierung. Homogenität und Heterogenität in Raum und Zeit, in: Ulrich Beck (Hrsg.), Perspektiven der Weltgesellschaft, Frankfurt a. M. 1998, 192–220. In der historischen Bildungsforschung scheint dieser Begriff im Unterschied zur aktuellen erziehungswissenschaftlichen und fachdidaktischen Diskussion (die das »globale Lernen« thematisieren) bisher kaum eine Rolle zu spielen; vgl. dazu Klaus Seitz, Bildung in der Weltgesellschaft. Gesellschaftstheoretische Grundlagen Globalen Lernens, Frankfurt a. M. 2002; Christoph Wulf, Anthropologie kultureller Vielfalt. Interkulturelle Vielfalt in Zeiten der Globalisierung, Bielefeld 2006; und (unter Bezugnahme auf Robertson) Henrik Simojoki, Globalisierte Religion. Ausgangspunkte, Maßstäbe und Perspektiven religiöser Bildung in der Weltgesellschaft, PThGG 12, Tübingen 2012.

Zum anderen beinhaltet der Begriff ›Raum‹ die Idee eines ›sozialen Raumes‹, die das geographische Verständnis transzendiert. Der Begriff des ›sozialen Raumes‹ geht insbesondere auf die Untersuchungen Pierre Bourdieus[10] und auf die an ihn anschließende Kultursoziologie zurück.[11] Bildungseinrichtungen stellen Beispiele par excellence für sozialräumliche Arrangements dar: Insbesondere Schulen und Hochschulen sind immer auch Orte, die soziale Formationen widerspiegeln und diese dabei oft festigen, manchmal aber auch infrage stellen oder transformieren.[12] Die Bildungseinrichtungen beherbergen ihrerseits überschaubare soziale Räume wie die Klasse oder den Jahrgang eines Lehrerseminars, wo die eigentlichen produktiven Bildungsleistungen geschehen.

Was die geographische Dimension betrifft, hat sich die Bildungsforschung im Einklang mit der historischen Wissenschaft allgemein in der jüngsten Zeit immer stärker vom Nationalstaat mit fest definiertem Territorium als alleinigem Referenzrahmen verabschiedet. Dieser besaß im 19. Jahrhundert zwar zentrale Bedeutung für die Bildungseinrichtungen, hat sich aber als allein bestimmende Größe für Untersuchungen zu Bildungseinrichtungen als zu eng herausgestellt.[13] Diese Erweiterung hat sich zum einen in einem stärkeren Fokus auf die regionale Ebene manifestiert:[14] Die Kultushoheit der

---

10 Vgl. z. B. Pierre Bourdieu/Jean-Claude Passeron, La reproduction. Éléments pour une théorie du système de l'enseignement, Paris 1970; Pierre Bourdieu, Sozialer Raum und Klassen. in: Pierre Bourdieu, Sozialer Raum und Klassen. Leçon sur la leçon. Zwei Vorlesungen, übersetzt v. Bernd Schwibs, Frankfurt a. M. 1985, 9–46.

11 Martina Löw, Raumsoziologie, Frankfurt a. M. 2001, 180f., stimmt Bourdieu zu, insoweit dieser den Einfluss sozialer auf physische Räume betont; sie kritisiert aber, dass Bourdieu die Rückwirkung physischer Räume auf soziale Räume ausblendet.

12 Vgl. Heinz-Elmar Tenorth, Historische Bildungsforschung, in: Bernhard Schmidt/Rudolf Tippelt (Hrsg.), Handbuch Bildungsforschung, Wiesbaden 2010, 135–153, hier 135.

13 Eckhardt Fuchs, Bildungsgeschichte als internationale und Globalgeschichte. Einführende Bemerkungen, in: Eckhardt Fuchs (Hrsg.), Bildung international. Historische Perspektiven und aktuelle Entwicklungen, Würzburg 2006, 7–25.

14 Vgl. Heidemarie Kemnitz u. a., Der Ort des Pädagogischen. Eine Sammelbesprechung bildungshistorischer Lokal- und Regionalstudien, in: Zeitschrift für Pädagogik 44 (1998), 127–147.

deutschen Einzelstaaten z. B. ließ Konzentrationsprozesse im Bildungssektor kaum im nationalen Rahmen zu.[15] Andererseits hat sich in den letzten Jahren die transnationale Dimension oberhalb der Ebene des Staates als besonders hilfreich erwiesen, um deutlich zu machen, dass Bildungspolitik und Bildungspraktiken, auch und gerade bereits im 19. Jahrhundert, über nationalstaatliche Grenzen hinweg funktionierten.[16] In besonderem Maße sind grenzüberschreitende Phänomene außerdem für die koloniale Bildung charakteristisch. Während es hier immer um den Umgang mit einem Gefälle in den Standards, Inhalten und Zielsetzungen der Bildung ging, stand in der Kommunikation zwischen den Vertretern nationalstaatlicher Bildungssysteme, die sich über bereits bestehende, relativ ähnliche Strukturen austauschten, einerseits der Aspekt der Optimierung von Gesamtsystemen und bestimmten Institutionen, andererseits das Interesse an internationaler Durchsetzung der eigenen Maßstäbe in der Konkurrenz mit anderen ›Kulturnationen‹ im Vordergrund. Durch den zeitgleich mit der Phase der Kolonisierung laufenden, aber auch daran anschließenden Prozess der Globalisierung schließlich kam es zur Universalisierung von Bildungsdiskursen, gleichzeitig aber auch zu einer stärkeren Ausdifferenzierung der Strukturen und Praktiken von Bildung und Ausbildung.[17]

---

[15] Vgl. Eckhardt Fuchs/Sylvia Kesper-Biermann, Regionen in der deutschen Staatenwelt. Bildungsräume und Transferprozesse im 19. Jahrhundert, in: Eckhardt Fuchs u. a. (Hrsg.), Regionen in der deutschen Staatenwelt. Bildungsräume und Transferprozesse im 19. Jahrhundert, Bad Heilbrunn 2011, 9–27.

[16] Vgl. Anm. 4; aus aktueller soziologischer Perspektive Sabine Hornberg, Potential of the World Polity Approach and the Concept ›transnational educational Spaces‹ for the Analysis of new Developments in Education, in: Journal for Educational Research (Online Journal für Bildungsforschung) 1 (2009) 1, 241–253; Fallstudien zu einer Beispielregion versammelt Anja Wilhelmi (Hrsg.), Bildungskonzepte und Bildungsinitiativen in Nordosteuropa (19. Jahrhundert), Wiesbaden 2011.

[17] Vgl. Jürgen Schriewer, Weltkultur und kulturelle Bedeutungswelten – zum Thema des Bandes, in: Jürgen Schriewer (Hrsg.), Weltkultur und kulturelle Bedeutungswelten. Zur Globalisierung von Bildungsdiskursen, Frankfurt a. M./New York 2007, 7–20, hier 10–11; Annette Scheunpflug, Stichwort: Globalisierung und Erziehungswissenschaft, in: Zeitschrift für Erziehungswissenschaft 6 (2003) 2, 159–172; die nach wie vor unhintergehbare Rolle des Staates betont Roger Dale, Globalization. A new World for comparative Education?, in: Jürgen Schriewer (Hrsg.), Discourse Formation in comparative Education, Frankfurt a. M. u. a. 2012, 87–109.

Das Konzept des ›Bildungsraums‹ – das mit systematischem Anspruch vor allem von Sylvia Kesper-Biermann entwickelt wurde – möchte die skizzierten verschiedenen Dimensionen der historiographischen Kategorie ›Raum‹ miteinander in Beziehung setzen. Die Rede von ›Bildungsräumen‹ soll bei Kesper-Biermann zunächst dazu dienen, die genannten heterogenen Bedingungen zu charakterisieren, unter denen sich im 19. Jahrhundert moderne Bildungssysteme in den Einzelstaaten des Deutschen Bundes entwikkelten.[18] Bildungsräume können auch hier zunächst kleinräumig im Sinne einzelner Gebäude und Institutionen sein. Die Bezeichnung dient jedoch vor allem zur Identifikation geographischer bzw. politischer Einheiten – Beispiele sind das Königreich Bayern oder nach 1871 das Deutsche Kaiserreich – sowie mentaler Konstruktionen – wie etwa ›Süddeutschland‹. Sie umfassen sowohl sämtliche Ebenen des Bildungswesens, also Universitäten, Schulen und andere Formen bzw. Institutionen der Bildungsvermittlung, als auch verschiedene räumliche Ausdehnungen, also lokale, regionale, nationale und transnationale Räume.[19] Die Verschränkung dieser Ebenen und die Wechselwirkung zwischen ihnen war Kesper-Biermann zufolge in Deutschland besonders stark. Zwar ist ein langfristiger Trend zu einer zunehmenden Angleichung der Bildungssysteme feststellbar, das Konzept stellt aber ebenso die bleibenden Unterschiede und teilweise auch widerstreitenden Entwicklungen der deutschen Bildungsgeschichte heraus.

Die Zusammenführung der transnationalen Perspektive mit dem auf die gezeigte Weise profilierten Konzept des Bildungsraums erlaubt es, Mechanismen von fachpädagogischem Austausch und Kommunikation auf den unterschiedlichen Handlungsfeldern zwischen regionalem und globalem Maßstab differenziert und gleichzeitig unter übergreifenden Fragehinsichten zu beobachten. Dabei wird unter anderem deutlich, dass den europäischen Bildungssektor im 19. Jahrhundert in besonderem Maße eine Dialektik zwischen nationaler und transnationaler Ebene kennzeichnet. Während inner-

---

[18] Vgl. FUCHS/KESPER-BIERMANN, Regionen; SYLVIA KESPER-BIERMANN, Kommunikation, Austausch, Transfer. Bildungsräume im 19. Jahrhundert, in: ESTHER MÖLLER/JOHANNES WISCHMEYER (Hrsg.), Transnationale Bildungsräume. Wissenstransfers im Schnittfeld von Kultur, Politik und Religion, VIEG.B 91, Göttingen 2013, 21–41.

[19] Vgl. als Fallstudie zur Geschichte religiöser Bildung JOHANNES WISCHMEYER, »nur im engsten Anschlusse an die Kirche«. Transregionale Koordination des Bildungsraums in Bayern 1850–1870 und die Handlungsräume der kirchlichen Schulaufsicht, in: ECKHARDT FUCHS u. a. (Hrsg.), Regionen in der deutschen Staatenwelt. Bildungsräume und Transferprozesse im 19. Jahrhundert, Bad Heilbrunn 2011, 57–85.

halb nationalstaatlicher Grenzen meist – wenn auch teilweise mit erheblicher zeitlicher Differenz – auf zentralisierte und homogenisierte Bildungssysteme hingearbeitet wurde, kam es gleichzeitig zur bereits beschriebenen intensiven Kommunikation zwischen und gegenseitiger Beobachtung von Bildungsexperten und -institutionen über Staatsgrenzen hinweg. Nationales Prestigedenken bzw. im kolonialen Kontext das Ziel der Machtsicherung durch die Konsolidierung kultureller Deutungshoheit verbanden sich also eng mit wissenschaftlicher Neugier auf pädagogische Innovationen.

Die Verstetigung der Kontakte und Wissenstransfers zwischen pädagogischen Experten und Praktikern führte zur zeitweiligen Existenz von ›transnationalen Bildungsräumen‹, die in Form personaler Netzwerke, medialer Repräsentation und Rezeption, institutioneller Kooperation sowie durch die Schaffung oder die Nutzung internationaler Foren konstituiert wurden. Die transnationale Kommunikation, die in diesen Formen realisiert wurde, war unterschiedlich intensiv, zielgerichtet und nachhaltig. Ihr gemeinsamer Nenner war jedoch das Thema Bildung, das in der Moderne auf neue Art und Weise verwissenschaftlicht, politisiert und praktisch-organisatorisch angeeignet wurde.

Im Folgenden wird die Anwendung des Konzepts transnationaler Bildungsräume auf die Geschichte religiöser Bildung im 19. Jahrhundert diskutiert. Auch für die Erforschung der Religionspädagogik des 20. Jahrhunderts ist das Konzept gewinnbringend; unter den Bedingungen zunächst einer ungleich stärkeren Ideologisierung und dann, nach 1945, von stark auf gesamtstaatlicher und -kirchlicher Ebene ablaufenden, also international koordinierten Angleichungsprozessen sind dort aber die Stellschrauben der Untersuchung anders zu justieren. Reizvoll bei der Betrachtung des 19. Jahrhunderts sind die organisatorische Informalität, in der vieles geschah, und die Bedeutung persönlicher Initiative und freundschaftlicher Kontakte zwischen gelehrten Pädagogikexperten, Kirchenleuten und Schulmännern.

In einem solche Milieu entstand auch die bekannte, federführend von Karl Adolf Schmid (1804–1887)[20] herausgegebene ›Encyklopädie des gesamten Erziehungs- und Unterrichtswesens‹ (1. Aufl. 1859–1875; 2. Aufl. 1876–1887), aus deren reichem Themenschatz allein viele Beispiele für transnationale Aspekte im protestantischen Diskurs über religiöse Bildung herangezogen werden können. Schmid selbst, Ulmer und später Stuttgarter Gymnasialrektor, ist in seinem Leben nie weiter als bis Berlin gereist; doch unterhielt er direkt und über Mittelsmänner ein Korrespondenznetzwerk,

---

20 Zur Person: THEODOR SCHOTT, Art. Schmid, Karl Adolf, in: ADB 31 (1890), 676–679.

das den europäischen Kontinent umspannte und auch über den Atlantik und in die asiatischen Missionsgebiete reichte. In ihrem Vorwort kündigt die Redaktion an, man habe den Stoff des Lexikons in vier Sparten eingeteilt: 1. grundlegende Begriffe der Pädagogik, Psychologie, Didaktik etc.; 2. Schulkunde; 3. Geschichtliches, v. a. biographische Porträts; 4. Statistik. Nur im Bereich der Biographien sollen laut Redaktion »das deutsche Vaterland und die ihm an Bildung und Gesittung nächststehenden Länder« vorrangig berücksichtigt werden.[21] Ansonsten ist das Ziel, »das Erziehungs- und Unterrichtswesen der civilisirten Welt« insgesamt darzustellen. Dies geschieht in unterschiedlicher Ergiebigkeit: Besonders detailliert informiert die Encyklopädie über Bildungssysteme und dabei auch stets in spezieller Weise über die äußeren Bedingungen und die inhaltliche Ausgestaltung des Religionsunterrichts anderer Länder. Der Artikel zum Amerikanischen Erziehungs- und Unterrichtswesen von Gustav Baur beispielsweise umfasst bereits in der ersten Auflage 35 dichtbedruckte Seiten. In der zweiten Auflage wird er in Nord- und Südamerika unterteilt; daneben steht ein neuer Artikel zum kanadischen Bildungswesen, »da« – so der Herausgeber – »sich Gelegenheit bot, die eigenthümlich interessanten Schulverhältnisse der unermeßlichen Länderstrecken im Norden der Vereinigten Staaten von einem Staatsmanne darstellen zu lassen, welcher selbst in entscheidender Stellung darauf eingewirkt hat«[22]. Es handelt sich um Pierre-Joseph-Olivier Chaveau, den ehemaligen Unterrichts- und Premierminister der Provinz Quebec,[23] der auf 76 Seiten eine grundlegende Gesamtdarstellung des kanadischen Bildungswesens gibt. Während die Frage nach den Strukturen von Bildungseinrichtungen seit dem ›Cultural Turn‹ auch von Seiten der Bildungsforschung zuweilen vernachlässigt wird,[24] lässt sich an solchen Beispielen zeigen, mit welcher

21 Vorwort [der Redaktion], in: Encyklopädie des gesamten Erziehungs- und Unterrichtswesens, Bd. 1, [1]1859, V–VIII.

22 [Karl Adolf] Schmid, Vorwort zur zweiten Auflage, in: Encyklopädie des gesamten Erziehungs- und Unterrichtswesens, Bd. 1, [2]1876, VI–IX, hier VIII.

23 Art.: Canada, der öffentliche Unterricht in, in: Encyklopädie des gesamten Erziehungs- und Unterrichtswesens, Bd. 1, [2]1876, 816–883. Zum Autor: Jean Hamelin/Pierre Poulin, Chauveau Pierre-Joseph-Olivier, in: Dictionnaire biographique du Canada, vol. 11, 1982 – http://www.biographi.ca/fr/bio/chauveau_pierre_joseph_olivier_11F.html (Stand: 28.6.2013).

24 Eine wegen der gewählten transnationalen Perspektive gewinnbringende Ausnahme bildet Marcelo Caruso, Geist oder Mechanik. Unterrichtsordnungen als kulturelle Konstruktionen in Preußen, Dänemark (Schleswig-Holstein) und Spanien 1800–1870, Frankfurt a. M. u. a. 2010.

Akribie sich die Zeitgenossen des 19. Jahrhunderts über Trends und Alternativen zum eigenen System bis in kleinste Details informierten und austauschten.[25]

Die Zunahme an transnationalen Kommunikationsmöglichkeiten und -gelegenheiten im Verlauf des 19. Jahrhunderts legte den Akteuren im Bildungssektor ein solches Interesse nahe. Teilweise kehrte sich die Wirkungsrichtung auch um, und man präsentierte die eigenen Modelle werbend im internationalen Rahmen, wie dies etwa für die Sonntagsschulbewegung gilt, die auf den Foren der Evangelischen Allianz von amerikanischen Evangelikalen als probates Modell auch für europäische Kirchen beworben wurde. Deutsche Theologen legten unterdessen ihren Glaubensbrüdern in den USA – mit weniger Erfolg – immer wieder ans Herz, sich für die Einführung von Konfessionsschulen zu engagieren; wie intensiv man die amerikanischen Schulkämpfe verfolgte, zeigt ein Blick in die positionellen Kirchenzeitungen ab ca. 1860.[26] Dies ist gleichzeitig ein Beispiel dafür, dass die Bedeutung internationaler Organisationen für die globale Durchsetzung bestimmter Bildungsziele, -inhalte und -methoden – die bisher unter dem Schlagwort des ›edukativen Multilateralismus‹ vor allem für die Politik- und Sozialwissenschaften einen Untersuchungsgegenstand dargestellt hat – auch in historischer Perspektive nicht zu vernachlässigen ist.[27]

Der Artikel über die Sonntagsschule in Schmids ›Encyklopädie‹ bietet gleichzeitig ein Beispiel für die kulturellen Hybridisierungen, die sich infolge von gelungenen Kulturtransfers unweigerlich ergeben: Der Autor hält fest, dass die Heimat der Sonntagsschule auch in der Form eines Kindergottesdiensts unbestritten in England und Amerika liege, »sofern dort zum erstenmal der Versuch gemacht worden ist, religiöse Unterweisung mit

---

25 Vgl. zur transregionalen Diskussion über die Struktur katechetischer Universitätsseminare etwa JOHANNES WISCHMEYER, Protestantische Katechetik. Institutionelle Kontexte und wissenschaftliche Profile im langen 19. Jahrhundert, in: BERND SCHRÖDER (Hrsg.), Institutionalisierung und Profil der Religionspädagogik. Historisch-systematische Studien zu ihrer Genese als Wissenschaft, PThGG 8, Tübingen 2009, 51–85.

26 JOHANNES WISCHMEYER, Transatlantische Austauschprozesse im Protestantismus des 19. Jahrhunderts, in: Europäische Geschichte Online (EGO), hrsg. vom Institut für Europäische Geschichte (IEG), Mainz European History Online (EGO), published by the Institute of European History (IEG), Mainz URL: http://www.ieg-ego.eu/wischmeyerj-2010-de URN: urn:nbn:de:0159-2010101168 (Stand: 3.12.2010).

27 Vgl. ECKHARDT FUCHS/JÜRGEN SCHRIEWER (Hrsg.), Internationale Organisationen als Global Players in Bildungspolitik und Pädagogik, Zeitschrift für Pädagogik 52/2, Weinheim 2007.

gottesdienstlich-liturgischen Formen zu umkleiden, und zugleich Laienkräfte für diesen Dienst an Kindern heranzuziehen«. Diese Merkmale habe die Sonntagsschule auch auf deutschem Boden erhalten, »nur mit der unserer deutsch-evangelischen Kirche angemessenen und charakteristischen, unzweifelhaft heilsamen doppelten Unterschiedenheit, dass einmal das didaktische Element hinter dem liturgisch-erbaulichen zurücktritt, und sodann dass die Laienkräfte nur in Verbindung mit dem geistlichen Amte ihres Dienstes in der Kirche warten.«[28] Der Autor nimmt hiermit implizit aber deutlich Distanz gegenüber der Ekklesiologie, die den methodistisch-kongregationalistischen Herkunftskontext des Sonntagsschulmodells charakterisiert.

Ein weiteres aktuelles bildungshistorisches Forschungsfeld ist die Internationalisierung von Bildungsinhalten und -methoden.[29] Marcelo Caruso und andere haben beispielsweise die Bedeutung der weltweit adaptierten Bell-Lancester-Methode, derzufolge ältere, erfahrene Schüler jüngere unterrichten sollten, hervorgehoben.[30] Auch hierzu liefert Schmids Encyklopädie einen ausführlichen Artikel, der in der zweiten Auflage um eine differenzierte Kritik ergänzt wird.[31]

---

28 D.[Franz Theodor] Förster, Art.: Sonntagsschulen, in: Encyklopädie des gesamten Erziehungs- und Unterrichtswesens, Bd. 8, ^{2}1887, 874–880, hier 875 ; vgl. demgegenüber die noch ganz aus amerikanischer Perspektive geschriebene Darstellung von Philipp Schaff, Art.: ›Sonntagsschulen‹, in: Encyklopädie des gesamten Erziehungs- und Unterrichtswesens, Bd. 8, ^{1}1870, 877–880.

29 Vgl. etwa die Beiträge zur internationalen Rezeption des pädagogischen Herbartianismus im 19. Jahrhundert in: Rotraud Coriand (Hrsg.), Herbartianische Konzepte der Lehrerbildung. Geschichte oder Herausforderung?, Bad Heilbrunn (Obb.) 2003; zur Projektmethode: María del Mar del Pozo Andrés, The transnational and national dimensions of pedagogical ideas. The case of the project method. 1918–1939, in: PH 45 (2009), 561–584.

30 Marcelo Caruso, An der Schwelle zur Internationalisierung. Rezeption und Variation der Bell-Lancester-Methode am Beispiel Kolumbiens (1820–1844), in: Eckhardt Fuchs (Hrsg.), Bildung international. Historische Perspektiven und aktuelle Entwicklungen, Würzburg 2006, 231–252; Jana Tschurenev, »Pathsalas into Schools«. Das monitorial System of Education in Bengalen (ca. 1815–35), in: Jahrbuch Historische Bildungsforschung 16 (2011), 11–38; Jana Tschurenev, Schulreform im imperialen Bildungsraum. Das Modell des wechselseitigen Unterrichts in Indien und Großbritannien, in: Esther Möller/Johannes Wischmeyer (Hrsg.), Transnationale Bildungsräume. Wissenstransfers im Schnittfeld von Kultur, Politik und Religion, VIEG.B 91, Göttingen 2013, 43–62.

31 G. A. Riecke, Art.: Bell und Lancaster, in: Encyklopädie des gesamten Erziehungs- und Unterrichtswesens, Bd. 1, ^{1}1859, 521–526; G. A. Riecke, Art.: ›Bell und Lancaster‹, in: Encyklopädie des gesamten Erziehungs- und Unterrichtswesens, Bd. 1, ^{2}1876, 524–531.

Bildungsräume präsentieren sich nicht zuletzt immer wieder auch als von Spannungen und teilweise radikalen Auseinandersetzungen gekennzeichnet. Ideologischen Charakter tragen die Diskussionen des 19. Jahrhunderts um religiöse Bildung naturgemäß vor allem, wo es um den Laizismus, besonders im deutschen Nachbarland Frankreich, geht,[32] sodann im Kulturkampf, wo Protestanten der Gegenseite unter anderem unterstellten, die Schulorden seien Teil einer unheimlichen ›schwarzen Internationale‹. Genauso entwikkelten sich innerhalb des Protestantismus widerstreitende Positionen, die ideologisch überhöht auch in Bildungsfragen klare Freund-Feind-Strukturen etablierten und im internationalen Kontext durchzusetzen versuchten[33]. Vor allem zu Ende des Jahrhunderts wurde nicht nur in Deutschland, sondern auch in England und Skandinavien intensiv über die Historisierung der Inhalte der Religionserziehung diskutiert, wie ein Blick in die zeitgenössischen religionspädagogischen Zeitschriften verrät.

Eine politische Ideologie, die lagerübergreifende Verbindungen stiftete, war seit dem frühen 19. Jahrhundert der Nationalismus, der mit sehr unterschiedlichen Spielarten von Bildungsvertretern propagiert wurde und seinerseits die Schulen als Hort und Medium seiner Verbreitung und Verfestigung benötigte. Unterschiedlich akzentuierte Leitbilder von Wissenschaft und Bildung wurden im Interesse einer ›Nationalerziehung‹ gegeneinander in Stellung gebracht. Die zunehmende Verwissenschaftlichung der Pädagogik trug zu dieser Entwicklung bei.[34] Ebenfalls bereits erwähnt wurde, wie in der Begegnung mit den außereuropäischen Gebieten, die seit der Neuzeit immer stärker in kolonialer Abhängigkeit von verschiedenen europäischen

---

32 Mona Ouzouf, L'École, l'Église et la République (1871–1914), Paris 1982, 13; Maurice Agulhon, La République. L'élan fondateur et la grande blessure (1880–1923), Paris 1990, 39–42; zur Situation in Deutschland bzw. England vgl. Manuel Borutta, Antikatholizismus. Deutschland und Italien im Zeitalter der europäischen Kulturkämpfe, Bürgertum. NF 7, Göttingen 2010, 315–329; John T. Smith, A Victorian Class Conflict? Schoolteaching and the Parson, Priest and Minister. 1837–1902, Portland 2009.

33 Zu den Kontrovesen über Religionsunterricht im Sinne einer betont freisinnigen protestantischen Theologie vgl. Johannes Wischmeyer, Innerprotestantische Kulturkämpfe: Der ›Grazer Kirchenstreit‹ 1871–1873 und die kirchenpolitische Debatte um den theologischen Liberalismus, in: JGPrÖ 127/128 (2011/2012), 9–58, bes. 29.

34 Jürgen Schriewer/Marcelo Caruso (Hrsg.), Nationalerziehung und Universalmethode. Frühe Formen schulorganisatorischer Globalisierung, Comparativ 15/1, Leipzig 2005.

Staaten standen, der Transfer von Bildungsinhalten und -systemen oft unmittelbar zu einer Ideologisierung führte, da die einheimischen Formen und Inhalte von Bildung per se als minderwertig und gegenüber der europäischen Bildung als reformbedürftig angesehen wurden – auch und gerade in der Arbeit der Missionsschulen, die man in Europa sehr genau verfolgte. Von einem protestantisch-theologischen Standpunkt aus finden sich zu beiden Punkten mehrere aufschlussreiche Beiträge in Schmids Encyklopädie.[35] Besonders interessant ist der zweite Artikel zum Lemma »Methode« aus der Feder von Wilhelm Thilo, verfasst 1865[36], der eine persönlich, konkret und geschichtlich aufzufassende »Volksbildung« propagiert. Er mahnt die »Pflege der Nationalität« durch Eingehen auf das »Geschichtsleben der Nation« an. Hierzu trage der Religionsunterricht wesentlich bei. Er sei dementsprechend nicht mehr nur als ›dienermäßige Vorarbeit für den confirmirenden Kleriker, der in die Ernte des Schulmannes tritt‹, zu betrachten, sondern stelle ein unhintergehbares Element zur Schaffung eines nationalen und geschichtlichen Selbstgefühls dar.

Die Geschichte des transnationalen kommunikativen Austauschs zum Thema Bildung in der Moderne ist in weiten Teilen noch zu schreiben. Sicher ist, dass dieser Austausch erheblichen Einfluss sowohl auf die Entwicklung der modernen nationalstaatlichen Bildungssysteme als auch auf die theoretische Konzeptualisierung von Bildung bzw. Erziehung als einer zentralen gesellschaftlichen Aufgabe gewann – und dass religiöse und religionspädagogische Themen ein bedeutender Bestandteil dieses Diskurses waren, den es näher zu untersuchen lohnt.

---

35 Vgl. [Ludwig] von Rohden, Art.: Missionsschulen in Heidenländern, in: Encyklopädie des gesamten Erziehungs- und Unterrichtswesens, Bd. 4, [1]1865, 724–753.

36 Wilhelm Thilo, Art.: Methode 1, in: Encyklopädie des gesamten Erziehungs- und Unterrichtswesens, Bd. 4, [1]1865, 712–724.

Vom (religions-)pädagogischen Umgang mit kultureller und religiöser Diversität

Zur Genese und Geschichte von Pluralität, Perspektivität und Anerkennung im Raum Schule

Kathrin Winkler

Einleitung

Es ist ein durchaus interessantes Phänomen. In schulischen Zusammenhängen wird häufig von kultureller Diversität und Heterogenität der Schülerschaft gesprochen, es gibt ernstzunehmende Konzeptionen und Projekte zum Thema »Interkulturelle Bildung in der Schule«, viele Schulen versuchen sich handlungs- und sprachfähig zu machen im Hinblick auf interkulturelle Überschneidungssituationen, im Hinblick auf interkulturelle Kommunikation und ihre Probleme bzw. ihre Bewältigungsstrategien, im Hinblick auf interkulturelle Trainings.

Wird jedoch die Frage gestellt nach der Beziehung zwischen Kultur und Religion, wird nach den sozial-emotionalen Dimensionen, zu denen religiöse wie ethische Haltungen, Wertevorstellungen, kulturelle wie religiöse Ausdrucksformen etc. zählen, gefragt, wird nach kultureller wie religiöser Identität gefragt, ist das Erstaunen zunächst groß. Dieser Zusammenhang ist nicht üblich, nicht angedacht – und nicht selten entbrennen dann angeregte Diskussionen darüber, ob Religion überhaupt etwas mit Interkultureller Bildung zu hat und welchen Stellenwert Religion in der Schule einnimmt und weshalb diese Fragen überhaupt zu stellen seien? Religion sei doch Privatsache, oder?

Was im Inneren eines Menschen vor sich geht, ist unverfügbar. Dementsprechend ist nichts so privat wie Religion. Um jedoch dies leben zu können, um Menschen vor Menschen wirksam schützen zu können, und um Religion als unverfügbare Freiheit zu betrachten, bedeutet dies, sich auf einen demokratisch weltanschaulich neutralen Staat verlassen zu können. Damit hat

Religion einen öffentlichen Charakter. Das gilt gerade auch für schulische Kontexte. Und damit wird das Grenzgebiet zwischen Kultur und Religion, zwischen Interkulturalität und Interreligiosität, zwischen Interkultureller Pädagogik und Religionspädagogik in interreligiöser Perspektive offensichtlich.

Die geschichtlichen Entwicklungslinien vom Umgang mit Kultur und Religion im deutschen Bildungssystem aufzuzeigen, eröffnen aufschlussreiche Blickwinkel. In Theorie und Praxis sind dazu seit geraumer Zeit divergierende bzw. getrennte Diskurse zu beobachten. Immer wieder werden diese sich scheinbar ausschließenden Positionen in der Gegenwart debattiert, doch wo liegen ihre historischen Wurzeln?

Problemaufriss

Zwei Problempunkte sollen dazu exemplarisch benannt werden, bevor einige geschichtliche Entwicklungslinien kurz aufgezeigt werden.

Punkt 1: Schule steht im Spannungsfeld zwischen Kultur und Religion. Die kulturelle wie religiöse Landkarte der Schule ist groß, je genauer man sie betrachtet, desto bunter wird sie. Kultur und Religion sind auf unterschiedlichste Weise durch die an der Schule beteiligten Personen, sozialen Gruppen und ihrer Bedürfnisse lebendig präsent. Auffällig ist, dass viele Schulen sich des Handlungsbedarfes im Blick auf kulturelle Heterogenität bewusst sind, es an vielen Schulen interkulturelle Trainingsformen gibt, es mannigfaltige Überlegungen gibt, die kulturelle Vielfalt sichtbar zu machen. Die Frage jedoch, was Religion mit Kultur zu tun hat und in welcher Beziehung Religion und Schule stehen, ist im allgemeinen pädagogischen Diskurs merkwürdig abwesend und wird auch in Literatur und Forschung zur Schulentwicklung beharrlich ausgeblendet.

Martin Jäggle konstatiert: »Religion ist im Blick auf Heterogenität und Diversität kein Thema des erziehungswissenschaftlichen Diskurses zur Schulentwicklung.«[1] »Die Blindheit für religiöse Differenz im Kontext kultureller Differenz ist besonders merkwürdig angesichts der Nähe von Religion und Kultur.«[2]

Punkt 2: Der Umgang mit Pluralität, Perspektivität und Anerkennung an Schulen ist geprägt von vielfältigen Bemühungen, aber auch Frustrationen. Dazu einige sozialphilosophische Vorüberlegungen: Damit Leben überhaupt Anerkennung zuteilwerden kann, muss es zunächst als solches wahrgenommen werden. Die bestimmten selektiven Rahmungen geben vor, inwiefern das Leben anderer als bedroht, schutzbedürftig oder fremd bemerkt wird. Diese Raster, die sog. frames, wie Judith Butler sie nennt, sind immer schon politisch mitbestimmt. Und mit ihnen stellt sich das ontologische Problem, was das Leben und seine Anerkennung ausmacht. Vielleicht liegt es daran, das Interkulturelle Bildung in der Schule häufig als zäh, nicht selten als ineffektiv, empfunden wird, weil zwar viel Erkenntnis über kulturelle Diversität unter Schülerinnen und Schülern vorhanden ist, die Voraussetzungen für Anerkennung aber nicht gegeben sind. Der Wunsch nach Wissen über die verschiedenen Herkünfte und Kulturen in einer Schule sind verständlich und auch beachtenswert; die Bemühungen, die kulturelle Vielfalt in einer Schule sichtbar zu machen, sind beeindruckend. Und trotzdem – es sind die sog. frames, also die sozialen und gesellschaftlichen Raster oder Rahmungen, mit denen die Andersheit wahrgenommen und ihr ein Ort zugewiesen wird.[3] Die vielfältigen Aktivitäten können nicht darüber hinweg täuschen, dass Anerkennung zunächst eine Auseinandersetzung mit Normen und Kategorien braucht, die die Anerkennbarkeit von Fremden erst ermöglicht. Es muss somit nach Bedingungen gefragt werden, die es gestatten Leben bzw. eine bestimmte Gruppe von Leben, also Schülerinnen und Schüler mit unterschiedlichen kulturellen und religiösen Herkünften, als gleichwertiges Leben im Kontext Schule zu begreifen, das nicht nur in ein Vorhandenes integriert, sondern im Vollsinn anerkannt werden will.

---

1 Martin Jäggle/Thomas Krobath/Robert Schelander (Hrsg.), lebens.werte.schule. Religiöse Dimensionen in Schulkultur und Schulentwicklung, Wien 2009, 51.

2 Martin Jäggle, Wie nimmt Schule kulturelle und religiöse Differenz wahr?, in: Burkard Porzelt/Ralph Güth (Hrsg.), Empirische Religionspädagogik. Grundlagen – Zugänge – Aktuelle Projekte, Münster 2000, 120.

3 Vgl. Judith Butler, Gefährdetes Leben. Politische Essays, Frankfurt a. M. 2005, 154–178.

Für beide Problemanzeigen braucht es bildungstheoretische Überlegungen über das historische Gewordensein, um für die Gegenwart Handlungsoptionen entwickeln zu können.

Geschichtliche Entwicklungslinien – Einige Schlaglichter

Die Auseinandersetzung mit Pluralität, Perspektivität und Anerkennung ist in der neueren Geschichte Deutschlands durch die Herausforderungen der Migration seit den 1950er Jahren angestoßen worden. Zu betonen ist damit die neuere Geschichte, denn faktisch ist es so, dass Deutschland eine weitreichende multikulturelle wie multireligiöse Historie mit nationalen und religiösen Gruppierungen hat. Die Neuerung besteht darin, dass diese Pluralität tatsächlich als solche wahrgenommen und stärker öffentlich diskutiert wird, dass die Frage nach dem Umgang mit Diversität in Bildungsprozessen immer drängender wird.

Migrationsprozesse in einer Einwanderungsgesellschaft wie Deutschland, haben eine zweifache Lernherausforderung zur Folge: Auf der einen Seite sind Einwanderer veranlasst, sich auf die Lebensbedingungen in der Aufnahmegesellschaft einzulassen. Auf der anderen Seite sind Einheimische herausgefordert zur Auseinandersetzung mit den Prozessen des sozialen, kulturellen und religiösen Wandels, die durch Migration mit bedingt sind oder durch die Anwesenheit von Migranten in besonderer Weise sichtbar werden.

1. Migration als gesellschaftliche Lernherausforderung

Es gilt an dieser Stelle, einige kritische Reflexionen vorzunehmen und folgendes festzuhalten: Migration wird im politischen und medialen Diskurs weniger als Lernanlass, sondern primär als Problemgenerator, nämlich als Ursache unterschiedlicher sozialer Probleme und Konflikte, in den Blick genommen. Dies ist nicht alleinig Folge einer Einwanderungsgeschichte und Einwanderungspolitik, die Migranten mehrheitlich die Position einer ökonomisch benachteiligten, gering qualifizierten und von politischer Repräsentanz ausgeschlossen Bevölkerungsgruppe zuwies. Mit bedingt ist diese Sichtweise vielmehr auch durch institutionalisierte Sichtweisen und Denkrichtungen, deren Grundlage die nach wie vor einflussreiche Vorstellung ist, dass Gesellschaften im Idealfall weitgehend homogene nationale Gemeinschaften mit gemeinsamer Geschichte, Sprache und Kultur sein sollen. Soziale, kulturelle und religiöse Differenzen zwischen Bevölkerungsgruppen gelten als prinzipielle Störungen oder Gefährdungen, die es abzuwehren gilt. Die Zugezogenen werden dabei als scheinbar homogene Sozialgruppe gesehen, die sich von der deutschen Mehrheitsgesellschaft unterscheidet.[4] Ein Wissen über die Albaner, die Spätaussiedler, die Russen, die Roma, aber auch die Muslime, die Juden, die Orthodoxen ist inzwischen Bestandteil des sog. Alltagswissens und auch zu beobachten bei Studierenden und pädagogischen Fachkräften.

Für die Herstellung und Verfestigung von solchen gesellschaftlichen Konstrukten sind Schulen von wesentlicher Bedeutung. Sie vermitteln durch implizite und explizite Curricula systematisch, welchem Selbstverständnis die soziale und politische Ordnung gehorcht. In schulischer Kommunikation werden nach wie vor normativ akzentuierte Vorstellungen von Grundprinzipien der gesellschaftlichen Ordnung formuliert, die auch das Verhältnis von Einheimischen und Migranten, Mehrheiten und Minderheiten betreffen. In ihnen werden, wie Sabine Mannitz nachweist, immer noch dichotomische Unterscheidungen von Deutschen und Ausländern bzw. Einheimischen und Migranten, von Muslimen und Christen sowie eine problemfixierte Sichtweise von Migration und Migranten reproduziert.[5] Und diese Sichtweisen beziehen sich kreuz und quer auf kulturelle, religiöse wie ethnische Haltungen. Grundsätzlich ist festzuhalten: Bildung und Erziehung sind in den widersprüchlichen Prozess der Bearbeitung von Migrationsfolgen eingebunden, sie sind ein zentrales Element von Migrations- und Gleichstellungspolitik.

Provokativ drückt dies Franz Hamburger aus: »Die Schule steht im Zentrum der Migrationsfolgen, denn sie ist die Institution der kulturellen Vereinheitlichung der gesamten nachwachsenden Generation und sie ist über

---

4 Vgl. ULRIKE HORMEL/ALBERT SCHERR, Migration als gesellschaftliche Lernprovokation – Programmatische Konturen einer offensiven Bildung für die Einwanderungsgesellschaft, in: FRANZ HAMBURGER/TAREK BADAWIA/MERLE HUMMRICH (Hrsg.), Migration und Bildung. Über das Verhältnis von Anerkennung und Zumutung in der Einwanderungsgesellschaft, Wiesbaden 2005, 295–310.

5 Vgl. SABINE MANNITZ, Identifikations- und Integrationsstrategien von Berliner Migrantenkinder, in: FRANZ HAMBURGER/TAREK BADAWIA/MERLE HUMMRICH (Hrsg.), Wider die Ethnisierung einer Generation, Frankfurt/London 2004, 149–166.

ihre Berechtigungszertifikate die hauptsächliche Agentur zur Verteilung von Teilhabechancen. Sie integriert alle und selektiert die Erfolgreichen und die Verlierer. Dieser Widerspruch spitzt sich bei Einwanderung besonders zu, denn die Einheimischen wollen ihre Privilegierung sichern und die Zugewanderten können nur durch Bildung Teilhabe erreichen.«[6]

2. HISTORISCHE ENTWICKLUNGEN IM DEUTSCHEN BILDUNGSSYSTEM

Mit dem eben eingenommenen sozialkritischen Blick soll nun die Genese im Umgang mit Pluralität, Perspektivität und Anerkennung in Pädagogik und Religionspädagogik betrachtet werden. Hierbei ergeben sich interessante Entwicklungen. So stellt Willems fest:

> »Die gängige Literatur einer interreligiös interessierten Religionspädagogik bezieht sich nicht oder kaum auf die Arbeit zur interkulturellen Pädagogik, und die interkulturelle Pädagogik vernachlässigt religiöse und interreligiöse Fragen ebenfalls nahezu vollständig.«[7]

Dieser Befund erstaunt, wenn man die historischen Auslöser für die Entstehung interkultureller und interreligiöser Pädagogik betrachtet und die Herausforderungen bedenkt, die damit verbunden sind. In beiden Fällen handelt es sich um Reaktionen auf gesellschaftliche Pluralisierungen, im Speziellen die ethnisch-kulturell-religiösen Pluralisierungen durch die verstärkte Arbeitsmigration seit den 1950er Jahren und später in Folge der zunehmenden Globalisierung.

Unter einer historischen Perspektive wird die allgemeine Reaktion *pädagogischer Systeme* zuweilen als Abfolge von der Ausländerpädagogik in den 1970er Jahren zur Interkulturellen Pädagogik in den 1980er Jahren, die Aspekte der Menschenrechtspädagogik, der antirassistischen Pädagogik sowie der Diversity Pädagogik beinhaltet, beschrieben.

Prinzipiell ist zu benennen, dass seit Mitte der 1990er Jahre die Interkulturelle Öffnung in den meisten Fällen, besonders aber im Bildungssystem,

---

6 FRANZ HAMBURGER, Abschied von der Interkulturellen Pädagogik. Plädoyer für einen Wandel sozialpädagogischer Konzepte, Weinheim/Basel ²2012, 8.

7 JOACHIM WILLEMS, Interreligiöses und interkulturelles Lernen – notwendige Bezüge und notwendige Unterscheidungen, in: interculture journal- online Zeitschrift für Interkulturelle Studien 2009, Interkulturalität als Gegenstand in Lehre, Training, Coaching und Consulting, 8. Jahrgang/9. Ausgabe 2009, 23.

als ein Prozess des Wissenszuwachses über kulturelle Diversität gestaltet wurde.

Diese in Gang gesetzten Entwicklungen fanden ihre Fortführung darin, dass die Interkulturelle Öffnung schnell in ein Diversitymanagement überging und zwar im eigentlichen Sinn des Wortes als Management oder besser Organisation der Vielfalt. Sie zielte auf Assimilation und Eingliederung der benachteiligten Gruppierung. Affektive Haltungen und Einstellungen gegenüber Migranten wurden auf diese Weise umgehend de-thematisiert und die damit verbundenen Stereotypisierungen blieben meist unreflektiert.

Im schulischen Kontext setzten sich diese Prozesse wirksam fort durch die Einrichtung spezieller Ausländerklassen, die zum einen dem Homogenisierungswunsch schulischer Einrichtungen Rechnung trugen und zum anderen das Problem der sog. »Migrationsanderen« verlagerte. Nach dieser Phase wurden Schülern und Schülerinnen mit Migrationsgeschichte in die Klassen integriert, ihnen wurden bestimmte Fördermaßnahmen zuteil und die vorgesehenen Positionen im System zugewiesen.[8]

Eine Zuspitzung der damit zugeschriebenen Nichtzugehörigkeit von Schülerinnen und Schülern mit Migrationsgeschichte scheint sich vor allem durch die PISA-Vergleichsstudien, aber auch durch andere Bildungsstudien wie z. B. die TIMSS-Studie, zu ergeben. Das schlechte Abschneiden des deutschen Schulwesens lässt einen Legitimationsdruck entstehen, der die Schuldigen für das Versagen finden muss. Dies vollzieht sich jedoch nicht systemkritisch, sondern indem in nicht-öffentlichen Diskursen die sog. »Kinder mit Migrationshintergrund« nicht nur für ihr eigenes Unvermögen, sondern auch für das Defizit des deutschen Schulsystems haftbar gemacht werden.

Franz Hamburger dazu:

> »Die Spaltung der Thematisierung von ›Schule und Migration‹ in eine öffentliche und nicht-öffentliche Kommunikation ist der zentrale Mechanismus, wie eine ethnozentrische Gesellschaft die ernsthafte Gefährdung ihres Selbstbildes abwehrt. Die weit verbreitete Überlegung, wie ›Deutschland‹ abschneiden würde, wenn die Kinder mit Migrationshintergrund ›herausgerechnet‹ würden, ist ein zentrales Deutungsmuster, das entgegen vieler wissenschaftlicher Hinweise und Differenzierungen die Struktur der Abwehr bestimmt.«[9]

---

8 Vgl. Paul Mecheril, Pädagogik der Anerkennung. Eine programmatische Kritik, in: Franz Hamburger/Tarek Badawia/Merle Hummrich (Hrsg.), Migration und Bildung. Über das Verhältnis von Anerkennung und Zumutung in der Einwanderungsgesellschaft, Wiesbaden 2005, 311–328.

9 Hamburger/Badawia/Hummrich (Hrsg.), Migration, 7.

Vor diesem Hintergrund sollte einer Vorstellung entgegengewirkt werden, die den pädagogischen Diskurs in einer linearen Geschichtsschreibung rekonstruiert, in der eine historische Stufe die nächst vorhergehende ablöst. Paul Mecheril weist daraufhin, dass etwa die sogenannte Ausländerpädagogik keineswegs eine historisch überkommene Programmatik und Diskursform ist, betrachtet man eben genannten PISA-Berechnungen.

Insgesamt ist auffallend, dass die sozial-emotionalen Dimensionen, zu denen religiöse wie ethische Haltungen, Wertevorstellungen, kulturelle Ausdrucksformen etc. zählen, in pädagogischen Ansätzen kaum Beachtung fanden. Dies ist vor allem insofern von Interesse, als die sozial-emotionalen Dimensionen, die in hohem Maße für Identitätsbildung und das Verständnis von gemeinschaftlichem Zusammenleben verantwortlich sind, den Stellenwert von Kultur und Religion im Rahmen interkultureller Bildung in der Schule in den Fokus rücken und eine Auseinandersetzung damit anregen. Sie sind es letztendlich, an denen es sich entscheidet, ob Identität, Wertschätzung und Anerkennung inmitten von Heterogenität gelingt.

Es lässt sich festhalten: Religion als Faktor des Migrationsprozesses wird in der Regel erst im Konfliktfall entdeckt, wie die Kopftuchfrage, Ehrenmordfälle etc. zeigen. Die Art und Weise ihrer Entdeckung und des Umgangs mit dieser Entdeckung verschärft die ohnehin vorhandenen Konflikte kultureller Diversität. Deutlich wird aber auch, dass die zu bearbeitenden Probleme oft interkulturell und interreligiös zugleich interpretierbar sind und, dass sich interkulturelle und interreligiöse Pädagogik zwar auf dieselbe gesellschaftliche Situation beziehen, aber es kaum zum Austausch zwischen ihnen kommt.

Auf der anderen Seite hat sich die *Religionspädagogik* in interreligiöser Perspektive der Herausforderung der gesellschaftlichen Multikulturalität aus einem anderen Blickwinkel genähert. Vor allem die Annäherung an das Thema Weltreligionen und die Auseinandersetzung damit stand im Vordergrund. Diese Geschichte der Auseinandersetzung mit den Weltreligionen in der religionspädagogischen Disziplin ist als ein vielfältiger, sukzessiver Lernprozess zu verstehen, der nicht ohne Verengungen, Einseitigkeiten und Rückschläge von Statten ging. Dies hat vor allem theologiegeschichtliche Gründe. Die Beschäftigung mit anderen Religionen ist, bedingt durch eine weitgehende Einseitigkeit und Beharrlichkeit der christlichen Perspektive vom Mittelalter über die Neuzeit bis ins 20. Jahrhundert hinein, theologisch aber auch pädagogisch nicht als Notwendigkeit gesehen worden, sich für die Horizonte Andersgläubiger zu öffnen. Seit Beginn der 1970er Jahre ist die Bedeutsamkeit der theologischen wie religionswissenschaftlichen Arbeit am

Dialog mit den Weltreligionen durch den gesellschaftlichen Wandel ins Bewusstsein gerückt und seitdem ständig in der Entwicklung. Die Reichhaltigkeit der gemeinsamen Herausforderungen für den Dialog lässt den Schwerpunkt in den 1970er Jahren auf das Wahrnehmen und die authentische Begegnung mit Vertretern der anderen Religion legen. Hieraus entstanden folgerichtig die Frage nach der religionspädagogischen Reflexion dieser Begegnungsaufgabe sowie die nicht selten schmerzhafte Frage nach dem Wahrheitsanspruch des Christentums im Verhältnis zu den anderen Religionen.[10]

Seit Ende der 1980er Jahre hat sich die Religionspädagogik vor allem dem Thema Weltreligionen in ihrer Bedeutung als verantwortungsfähige Sinnsysteme in einer globalen Welt gewidmet und den Begriff »Dialog«, bzw. »interreligiöser Dialog« kultiviert, wobei Lähnemann zu Recht feststellt: »[...] auch wenn es bisher eher einen Seitenstrang der Religionspädagogik darstellt.« »Diese neue Diskussionslage«, so konstatierte er, »ist nur daher zu verstehen, dass sich gleichsam ›quer‹ zu den zwischen den Religionen weltweit bestehenden Konfliktfeldern, ja, gelegentlich durch sie vorangetrieben, ein Gespräch zwischen den Religionen entwickelt hat, das an Intensität, Qualität und Breite keine geschichtlichen Vorbilder kennt. Das lässt sich besonders am Verhältnis Christentum und Islam zeigen, was um so weniger selbstverständlich erscheint, als sich auch theologisch auf beiden Seiten starke Kräfte einer offenen Begegnung widersetzen.«[11]

Verstärkt wurden mit Beginn der 1990er Jahre die Erkenntnisse dieses theologischen wie religionspädagogischen Lernprozesses in bildungstheoretische Überlegungen und unterrichtliche Umsetzungen einbezogen. Dabei ergaben sich folgende Herausforderungen: eine differenzierte Wahrnehmung und Beschäftigung mit der eigenen wie der fremden religiösen Tradition, die Berücksichtigung der Vielfalt der Religionen als Unterrichtsprinzip und nicht nur eines Schulfaches, die notwendige existentielle Begegnung mit Vertretern der verschiedenen Religionen, Ermöglichung von Orientierung in einer pluralen Gesellschaft mit einer Vielzahl von Sinnsystemen.

Die Frage nach sozialisationsbedingten und kulturellen Voraussetzungen, warum der Dialog zwischen den Vertretern verschiedener Religionen sich nicht selten als schwierig herausstellte, wurde dabei religionspädagogisch kaum bedacht. Migrationsprozesse und die daraus folgenden Herausforderungen wie beispielsweise Migration und Bildung, Migration und Iden-

---

10 Vgl. JOHANNES LÄHNEMANN, Evangelische Religionspädagogik in interreligiöser Perspektive, Göttingen 1998, 129–141.

11 A.a.O., 128.

titätskonfusion, die ideologische Interpretation von Integration, Urteile und Fehlurteile in der multikulturellen Schulwirklichkeit, Religion und Identität usw. traten, wenn auch verständlich im Hinblick auf die mannigfaltigen Anforderungen, kaum ins Blickfeld.

Der Effekt dieser Zugangsweise war, dass in den Lehrplänen und Curricula zwar die verschiedenen Weltreligionen, vor allem Judentum und Islam, aber auch Hinduismus und Buddhismus, thematisiert wurden, ohne jedoch wirklich eine Bedeutungs- bzw. Erfahrungsrelevanz zu erzeugen im Hinblick auf die Bezogenheit von kultureller und religiöser Herkunft. Kaum einer der Schülerinnen und Schüler kannte jüdische Mitbürger, kaum einer hinduistische oder buddhistische Familien, obwohl es Schülerinnen und Schüler an der Schule gab, die diese religiöse Zugehörigkeit hatten. Muslimische Schülerinnen und Schüler kannte man als die Anderen, deren Fremdheit auffiel und durch die schnell Verstehensgrenzen sichtbar wurden. Dies führte nicht selten dazu, dass im schulischen Alltag in Unterricht wie im Gespräch unter Schülerinnen und Schülern religiöse Identität ethnifiziert wurde. Nicht die Vielfalt an nationaler Herkunft von muslimischen Mitschülern wurde wahrgenommen, sondern die Rede entstand von den Muslimen als sogenannte Ethnie.

Ebenso gab es für die Wahrnehmung verschiedener religiöser Prägungen innerhalb des Christentums wenige adäquate pädagogische Handlungsoptionen. Damit zeigte sich die Problematik, dass Religion als intern kulturell homogen suggeriert wurde. Aus dem Blick geriet dabei die große Varianz innerhalb einer Religion oder Konfession, die sich aus unterschiedlichen Inkulturationen und den dynamisch-wechselseitigen Beziehungen zwischen Individuen und der miteinander verwobenen Kultur und Religion ergeben.

Dass es von kultureller wie religiöser Bedeutung ist, ob ein christlicher Schüler aus Deutschland, Rumänien, Bulgarien, Kasachstan oder aus der Ukraine kommt, ist in religionspädagogischen Überlegungen nur gelegentlich thematisiert worden. Willems betont deshalb: Religiöse Bildungsprozesse, die blind sind für die interkulturelle Dimension, werden der Komplexität des Gegenstands nicht gerecht und erhöhen sogar die Wahrscheinlichkeit, dass es zu eigentlich unerwünschten Stereotypisierungen kommt.[12]

Hilfreiche Kenntnisse aus den Bezugswissenschaften der interkulturellen Pädagogik bzw. Interkulturellen Kommunikationswissenschaft fanden noch zu selten eine Aufnahme in religionspädagogischen Diskursen, obwohl Leimgruber vor einigen Jahren betonte, dass interkulturelles und interreli-

---

[12] Vgl. WILLEMS, Lernen, 34–36.

giöses Lernen integrierte Bestandteile einer modernen Bildungstheorie und Religionsdidaktik sind. Er stellte fest: »Ihr deutlichstes Kennzeichen besteht darin, dass sie, die Religionspädagogik, eine interdisziplinäre Verbundwissenschaft geworden ist, die theologische, religionswissenschaftliche und humanwissenschaftliche Erkenntnisse verarbeiten muss, und zwar im Hinblick auf (interkulturelle und inter-) religiöse Lernprozesse.«[13] Dies bleibt ein Desiderat, solange die Zusammenhänge von Kultur und Religion und den daraus folgenden Erkenntnissen nicht weiter gedacht werden.

Beim Blick auf die geschichtlichen Entwicklungslinien der beiden pädagogischen Disziplinen wird deutlich, dass jeweils unterschiedliche Bezogenheiten und Anforderungen differente Betrachtungsweisen und Theoriebildungen evoziert haben. Beide Disziplinen haben sich auf notwendige Lernprozesse eingelassen und evidente Erkenntnisse ermöglicht. Sie gilt es jedoch aufgrund stetiger gesellschaftlicher Veränderungen, aufeinander zu beziehen.

3. Anforderungen an pädagogische Professionalität

Die in aller Kürze dargestellten groben Entwicklungslinien lassen sich abschließend thesenartig zusammenführen: Es braucht ein Joint Venture, ein gemeinsames Wagnis, was es im eigentlichen Wortsinn meint. Pädagogische wie religionspädagogische Diskurse sind angewiesen auf die Kenntnis jeweiliger Theoriebildung, um den gegenwärtigen Herausforderungen einer pluralen Gesellschaft und damit einer äußerst heterogenen Schülerschaft begegnen zu können. Dazu ist folgendes zu bedenken:

- Interkulturelle und interreligiöse Pädagogik haben die gemeinsame Zielperspektive, zu lernen mit anderen Weltdeutungen umzugehen. Darin ist die Herausforderung enthalten, mit kulturellen und religiösen Überschneidungssituationen umgehen zu können. Dies beinhaltet, den eigenen, oft unbewussten kulturellen/religiösen Hintergrund zu reflektieren, andere Weltdeutungen wahrzunehmen und übliche Zuschreibepraktiken hinterfragen zu können. Gleichzeitig führt dies nicht zu einer Beliebigkeit und Verhandelbarkeit von freiheitlich-demokratischen Grundwerten, die letztlich die Vielfalt der Gesellschaft selbst garantieren.

---

[13] Stefan Leimgruber, Interreligiöses Lernen, München 2007, 24.

- Es besteht das Erfordernis, interkulturelles und interreligiöses Lernen aufeinander zu beziehen, weil Kultur und Religion, ohne dass beide an dieser Stelle hinlänglich thematisiert wurden, ineinander verschränkt und aufeinander bezogen sind. Das Lernen an interreligiösen und interkulturellen Überschneidungssituationen erfordert eine mehrperspektivische Betrachtungsweise und führt zum Hinterfragen von Kulturalisierungen, Ethnisierungen und religiösen Zuschreibungen.
- Gleichzeitig ist es unerlässlich, beide Perspektiven auch zu differenzieren. Dabei kommen die benannten unterschiedlichen geschichtlichen Entwicklungen zum Tragen und gewinnen neu an Bedeutung. Obwohl es offensichtlich ist, dass Religion und Kultur mit einander verwoben sind, kann es einer Pädagogik, die nicht zwischen Kultur und Religion unterscheidet, nicht gelingen, entsprechende gesellschaftliche Diskurse abzubilden, sie zu reflektieren und gegebenenfalls zu dekonstruieren.

Dies alles ist kein leichtes Unterfangen und trotzdem benötigen Lehrende wie Lernende die Fähigkeit, in beiden Diskursen theoretisch wie praktisch zu Hause zu sein, um erweiterte Interpretationsräume einnehmen zu können und sie für ihre Schülerschaft fruchtbar zu machen. Dies gilt im Besonderen für die Theoriebildung und Praxis in der Lehrerausbildung. Mit Blick auf die geschichtlichen Entwicklungslinien und dem darin enthaltenen Veränderungspotential sind aus bildungstheoretischer Sicht also sowohl Kooperation als auch Autonomie gefragt. So kann der Blick frei werden für Synergien. Das sind die Grundlagen und Ziele eines Joint Ventures.

Dann kann es passieren, es entsteht ein Drittes, ein neuer Raum, The Third Space. Dieser Third Space ist ein Aushandlungsort, an dem strategische und selektive Aneignungen von Bedeutung Raum schaffen für Handelnde, deren Freiheit und Gleichheit gefährdet ist. Er ermöglicht eine distanzierte und kreative Perspektive auf die eigene und die fremde Kultur bzw. Religion. Der Kulturwissenschaftlers Homi Bhabha formuliert es folgendermaßen: Menschen kommen mit unterschiedlichen Einstellungen und geschichtlichen wie kulturellen Erfahrungen zusammen und streiten miteinander um Bedeutungen. Und dabei entstehen neue Freiräume – The Third Space![14]

---

[14] Jonathan Rutherford, The Third Space. Interview with Homi Bhabha, in: Jonathan Rutherford (Hrsg.), Identity: Community, Culture, Difference, London 1990, 207–211.

Autorenverzeichnis

Dr. Jonas Flöter ist Studienrat am Domgymnasium Naumburg und Privatdozent an der Erziehungswissenschaftlichen Fakultät der Universität Leipzig.

Vanessza Heiland M. A. ist Mitglied am Graduiertenzentrum »Geistes- und Sozialwissenschaften«, Graduiertenklasse »Säkularitäten: Konfigurationen und Entwicklungspfade« der Universität Leipzig.

Richard Janus M. A. ist Lehrkraft für besondere Aufgaben am Institut für Evangelische Theologie an der Fakultät für Kulturwissenschaften der Universität Paderborn.

Sylvia E. Kleeberg M. A. ist Vollstipendiatin des Landesgraduiertenkollegs »Protestantische Bildungstraditionen in Mitteldeutschland« an der Friedrich-Schiller-Universität Jena.

Dr. Reinhold Mokrosch ist em. Professor für Praktische Theologie und Religionspädagogik am Fachbereich Evangelisch Theologie der Universität Osnabrück.

Dr. Stefanie Pfister ist Professurvertreterin für Evangelische Theologie/ Schwerpunkt Religionspädagogik an der Technischen Universität Dortmund.

Dr. Dr. h.c. Dieter Reiher ist Religionspädagoge und ehemaliger Staatssekretär für Bildung und Erziehung im Ministerium für Bildung und Wissenschaft der letzten DDR-Regierung.

Dr. Hein Retter ist em. Professor für Allgemeine Pädagogik am Institut für Erziehungswissenschaft der Technischen Universität Braunschweig.

Dr. Antje Roggenkamp ist apl. Professorin für Praktische Theologie an der Theologischen Fakultät der Georg-August-Universität Göttingen.

Dr. Werner Simon ist Professor für Religionspädagogik, Katechetik und Fachdidaktik Religion an der Katholisch-Theologischen Fakultät der Johannes Gutenberg-Universität Mainz.

Dr. Michael Wermke ist Professor für Religionspädagogik an der Theologischen Fakultät der Friedrich-Schiller-Universität Jena und Direktor des Zentrums für Religionspädagogische Bildungsforschung (ZRB).

Dr. Kathrin Winkler ist Professorin für Religionspädagogik und -didaktik an der Evangelischen Hochschule Nürnberg.

Dr. Johannes Wischmeyer ist Wissenschaftlicher Mitarbeiter in der Abteilung für Abendländische Religionsgeschichte am Leibniz-Institut für Europäische Geschichte Mainz.